日本古代の庭園と景観

本中　眞著

吉川弘文館

目次

挿図表目次

序説

一　本研究の目的

日本庭園の歴史に関する従来の論考の多くは、各時代ごとの景観構成手法の特性を抽出することに力点が置かれてきた。その初源的な段階には、現存遺構を念頭に置きつつも、あらゆる文献史料を渉猟する中で時代別に日本庭園の特徴を考究することを試みた例が先行し[(1)〜(3)]、続いて現存遺構や文献上知り得る庭園遺跡の現地形を正確に実測することによって意匠、構造だけでなく庭園の立地環境にまで論点を拡大させ、その史的展開の過程を跡づけていこうとする研究動向が注目されるようになった[(4)]。そして近年では埋蔵文化財の発掘調査が激増する傾向と軌を一にして埋蔵庭園、発掘庭園の成果も量的に高まり、これら生の資料をもとに庭園の造営当初の姿やその後の変転の過程を具体的に復原し、作庭意匠や構築手法にまで言及する研究成果も登場してきている[(5)〜(7)]。これらの各研究の中で明らかにされた事実は膨大な量にのぼり、また各論者によって新しい解釈や説が提案されて、日本庭園史研究は常に新たな発展展開を見てきたといっても過言ではない。

しかしながら、上記の研究成果の中でも未解決のまま残されている課題も少なくない。この中には史料的根拠が希薄で新史料の発見や新資料の獲得なくしては解決し得ない問題も存在するが、しかし一方では事実の誤認が放置されていたり、論理だけがひとり歩きすることによって新たなる誤謬や混乱が生じている場合も少なからず認められるのである。本書が対象とする日本庭園における眺望に関わる問題などは、その最も代表的なテーマのうちに数えることができる。

従来日本庭園から園外の景観を望み見る行為、すなわち眺望は「借景」とほぼ同義語として理解されてきた傾向がある。「借景」という用語は十七世紀前半に計無否が『園冶』(8)の中で用いたのが最初で、日本にこの用語が移入され造園界において慣用されるようになるのは十九世紀以降のことである。『園冶』によれば「借景」は「遠借」「隣借」「仰借」「俯借」の四種に区分され、それらの明確な定義はしないもののおのおのが庭園の立地条件に即した特殊な景観構成手法であることがうかがえる。こうした特殊な用語を、古代の初期的・未分化な段階から高度に発展した段階に至るまで連綿として発展してきた日本庭園における眺望を包括的に意味する用語として同義に取り扱うことに無理があるのは自明であろう。庭園における「眺望」と「展望」さらには「借景」を厳密に区別認識しようとする研究成果も認め得るが(9)、しかしそれは端緒的な所産にとどまり、なお園外景観の眺望という行為を全面的に包括する解釈とはなり得ていないように思われる。

こうした先験的な定義とは対照的に、従来の日本庭園史研究では、多くの現存遺構や地下遺構において現状で園外の眺望が可能でありさえすれば、専らこれを「借景」と短絡的に結び付けて捉えられてきたのであった。極端な場合には、十七世紀に外国で提唱され、近世以降に外来語として定着した用語を、日本の古代庭園における眺望に延用する場合すらあった(10)(11)。このような混乱もしくは誤謬は、庭園の空間的側面における歴史的発展過程を無視して、現状に遺存する形態面からのみ庭園の様式を解釈しようとする学説においてとりわけ顕著である。これらの学説では、眺望を規定する物理的要因を定義し、これらの諸要因の広範な特性に着目して体系的、歴史的に眺望を把握する観点が欠如しているのである。そしてさらに重要なことは、庭園史研究者における上記の混乱が他の分野の研究者にも波及しつつあることである。発掘庭園の件数が飛躍的に増加しつつある現状は先述のとおりであるが、とりわけ歴史的埋蔵庭園を発見する機会に多く接し、これに解釈を与えることを責務とする多くの考古学研究者や歴史学研究者に、上記の混乱が徐々に波及している事実を見逃すわけには行かない(12)(13)。

上記のような研究状況を踏まえるならば、今や一般用語として定着した感のある「借景」の明確な定義づけを早期に行うことが求められているといえるだろう。そのためには、まず、眺望を規定する諸要因に着目しながら個別の事例ごとに園外景観の眺望の形式を検討し、園外景観が庭園全体の景観構成に対してどのような位置を占めているかについて考察しなければならない。そして、眺望の形式と園外景観の持つ意味とが歴史的に変化してきた過程を追跡し、その中における「借景」の位置づけを明らかにする必要がある。もっとも、これらの一連の作業は、古代から近代までのおよそ一五〇〇年間という きわめて長い期間を対象としているため、筆者の力量では一朝一夕にしてなし得るものではない。

したがって、本書は日本庭園の景観構成手法の中でも園外景観の眺望に焦点を絞り、その史的展開の過程を明らかにすることを最終的な目標に掲げてはいるが、浅学と怠慢の故にこれらの過程を全面的に解釈・叙述するまでには至らず、とりわけ古代庭園における眺望の特性抽出にとどまるものであることを断わっておきたい。それゆえ、近世以降に発展・定式化する、いわゆる「借景」の語義規定について本書では直接的には触れていない。最終的に「借景」の性格を明らかにするうえで、庭園から園外景観を望み見る行為を包括的・広義的に「眺望」と名付け、とりわけ古代庭園における眺望の特性を抽出することに目的を限定しているのである。この眺望の史的展開の過程を全面的に問うことは、最終的に「借景」の語義規定を問うことに他ならず、本書は上記の全過程のいわば前半部に位置するものと理解されたい。

二　対象とする時代

本書が対象とする古代庭園の年代については、おおむね以下のとおりである。

いわゆる政治史における「古代」は、通常平安時代末期まで、すなわち十二世紀末までを対象とするが、本書では古代から中世への過渡期をも一部包摂して「古代」と呼ぶこととする。すなわち日本に庭園築造に関わる文化が伝来する四～六世紀以降、古代の終焉を迎え中世への過渡期として位置づけられる十三～十四世紀までを本書の考察の対象とする。それは、九世紀以降発生して十二世紀に爛熟期を迎える寝殿造住宅形式が十三～十四世紀にも存続し、これに伴って庭園の形式も平安時代以降、寝殿造住宅庭園の範疇の中でさらに発展を継続するためである。

また本書では古代を大きく前・後期に二分し、大陸文化の強い影響のもとに庭園文化が徐々に根づき始める八世紀以前の時代を「古代前期」（第Ⅰ章）、平安遷都とともに独自の庭園文化が多彩な発展を開始する九世紀以降の時代を「古代後期」（第Ⅱ章）と呼び分けて、それぞれ考察を進めることとする。

三　構　成

本書の構成はおおむね以下のとおりである。

まず第Ⅰ章では古代前期（四世紀以降八世紀末まで）の庭園を対象として眺望の特性を抽出する。その際には、この時代の庭園に関わる文献がきわめて少ないことに鑑み、主として発掘調査によって確認した遺跡庭園の情報をもとに、眺望を規定する三要素（視点・遮蔽物・眺望対象）に着目しながら眺望景観を推定復原する作業から開始し、上記三要素に基づく特徴抽出を行った。また文献史料から推知し得る当時の人間の自然観や、都市と農村の景観的対比関係に関する考察を傍証としている。

第Ⅱ章では古代後期（九〜十三世紀）の庭園を考察対象としている。前節でも触れたように、建築の側面から古代後期の住宅形式の典型である寝殿造住宅が十三世紀にまで存続することから、いわゆる政治史上で古代後期とする平安時代だけでなく鎌倉時代をも対象に含めている。第一節では、第Ⅰ章第一節で提示した分析手法のうち、眺望を規定する三要素から派生する三カテゴリー（建物・庭園・自然）の観点から、主として文献史料をもとに寝殿造住宅庭園における眺望の分析・考察を行っている。第Ⅱ章第二節では、平安時代の作庭家として名高い橘俊綱が当代名園の第一に選定した石田殿の立地環境を明らかにし、第三節において彼が名園選考の基準に掲げた「地形」「眺望」の意味を考察するうえでの導入部とした。また第四節では周辺環境を占地の条件ともする浄土庭園をとりあげ、浄土空間と自然景観の眺望との不可分の関係について論究した。

そして結語に、第Ⅰ・Ⅱ章で得た成果をもとに、古代庭園における眺望の形式と眺望景観の特性を要約し、それらが古代を通じてたどった展開の過程について言及した。

注

（1）小沢圭次郎「園苑源流考」『国華』国華社、五～一八一、一八九〇～一九〇五。
（2）外山英策『室町時代庭園史』思文閣出版、一九三四。
（3）森蘊『平安時代庭園の研究』桑名文星堂、一九四五。
（4）森蘊「寝殿造系庭園の立地的考察」『奈良国立文化財研究所学報』第一三冊、奈良国立文化財研究所、一九六二。この研究を筆頭として、森は地形実測に基づく庭園の立地環境の復原考察を継続的に発表している。
（5）牛川喜幸「池泉の庭」『日本の庭園』講談社、一九八一。
（6）田中哲雄「古代庭園の立地と意匠」『造園の歴史と文化』養賢堂、一九八七。
（7）光谷拓実「古代庭園の植生復元」『文化財論叢』（『奈良国立文化財研究所創立三〇周年記念論集』）奈良国立文化財研究所、一九八三。
（8）『園冶』「日本造園古書叢書」一〇、加島書店、一九七二。
（9）村岡正『文化財用語辞典』京都府文化財保護基金、一九七六。
（10）『平城京左京三条二坊六坪発掘調査概報』奈良国立文化財研究所、一九七七。
（11）吉永義信「庭園　無量光院跡」『埋蔵文化財発掘調査報告』第三、文化財保護委員会、一九五四。
（12）馬渕和雄「鎌倉永福寺とその苑池」『仏教芸術』一六四、毎日新聞社、一九八六。
（13）「石神遺跡第二次発掘調査現地説明会資料」奈良国立文化財研究所飛鳥藤原宮跡発掘調査部、一九八二。

Ⅰ　古代前期の庭園における眺望

第Ⅰ章では八世紀以前（奈良時代と、それ以前）の庭園を対象とし、景観構成手法のなかでもとりわけ園外景観の眺望に関わる特徴を抽出する。この時代の庭園に関する文献史料は皆無であるため、史料から作庭意識を復原したり、庭園から園外景観の眺望が可能であったか否かはもちろんのこと、もしそれが可能であったとしても眺望景観に対する意識を推論することも不可能である。しかしながら、この時代の庭園は発掘調査によって遺構として確認されたものも多数存在し、その中には全容が解明されたものも二例ある。したがって以下に展開する分析と検討では、おおむね発掘調査の成果をもとに遺構の上部構造を復原し、視点からの眺望景観を推定復原することによって、眺望の特性を抽出することとする。

一　「眺望」を分析する際の手法

1　分析手法

眺望景観を復原する際の前提として、以下に復原の方法と復原した眺望景観の分析手法について記す。

眺望を物理的に規定する要因には、(A)視点、(B)遮蔽物、(C)眺望対象の三点を挙げることができる（図1）。したがって各事例における眺望景観の復原は、上記の三点にわたる規定要因を可能な限り正確に復原する作業から出発しなければならない。この作業は第二節および第三節—3において行っている。

次に推定復原眺望景観から眺望の形式を分析する際に最も重要な点は、眺望景観の扱われかたの問題である。換言すれば、庭園景観と園外景観とを含めた景観全般の見せ方の問題だといえよう。眺望という行為の形式と景観の見せ方とは不可分の対応関係にある。したがって、上記三つの規定要因から導き出される以下の諸点に基づく分析が求められるわけである。

まず第一に、空間の配列状況と視点の移動によって、どのような景観（眺望対象）の見せ方が行われるか、いわば動線とその途上における景観、眺望対象の展開手法の問題である。

第二に遮蔽物の内側と外側、すなわち庭園と眺望対象との関係で、生活空間としての庭園がどのように使われ、その庭園の使用に際して眺望景観が果たす役割の問題である。この点に関しては、視点の移動に伴って、庭園景観と眺望景観とがどのような関係をもつかという問題と密接につながっている。

第三に、視点と眺望対象の間に存在し、庭園景観と自然景観とを画する装置として機能する遮蔽物の問題である。ここでは、その素材の材質感と眺望対象の見せ方との関係が問われることになる。

以上のように眺望の分析に際しては、眺望を物理的に規定する(A)視点、(B)遮蔽物、(C)眺望対象の三要因から派生して、動線、庭園の使用目的、遮蔽物の三点から各庭園における眺望の形式、眺望景観の扱われかたについて比較検討する必要がある。第四節の前半部では、上記の三点に即した比較検討を行っている。

さて、眺望の分析項目を以上の三点に規定すれば、さらにこれらの規定要因を視点や遮蔽物および自然景観の各ピークのような点的存在として捉えるのではなく、それらの存在するある一定の広がりをもつ空間として捉えることが可能となる。(A)視点は視点の存在する建物、(B)遮蔽物は遮蔽物の存在する庭園、(C)眺望対象は眺望対象の存在する自然というふうにいいかえることが可能である。そしてこれらの空間的側面に着目すれば、各々を「カテゴリー」と呼称することも可能であろう。すなわち、建物・庭園・自然という三つのカテゴリーが眺望を規定しているのだともいえるのであり、各事例間における眺望の相異を問うことは、この三つのカテゴリーの関係の相異性を問うことにほかならない(図2)。第四節後半部では、上記の三カテゴリーに即した比較検討を行っている。

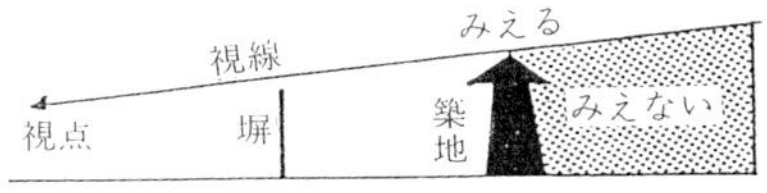

図1　眺望を決定する3要素の関係

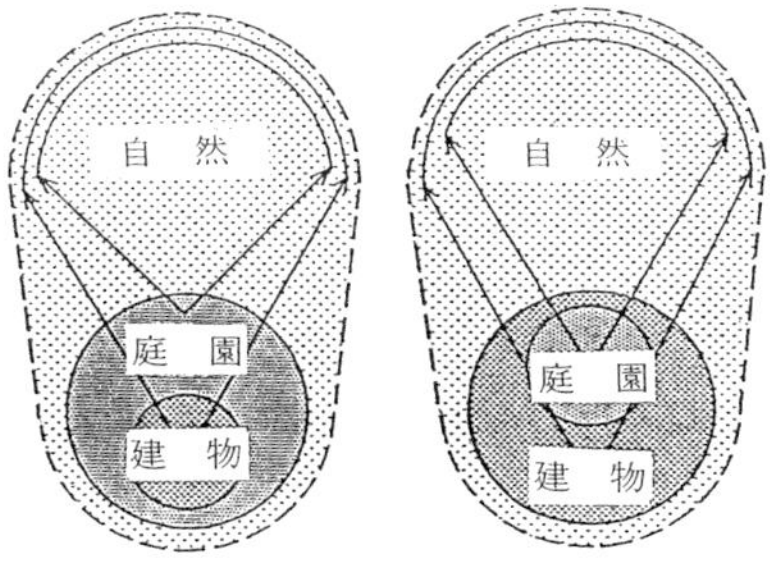

図2　眺望を規定する3カテゴリーの関係

2　分析対象となる事例の検討

1で述べた分析手法に基づいて庭園からの眺望景観の推定復原を行う際に、ケーススタディの対象となり得る古代前期の庭園を予め選択しておく。選択の条件は以下の三点である。

a　園外の景観を望む位置に立地していること。

b　視点の位置となり得る建物遺構を検出していること。

c　眺望をさえぎる遮蔽物の位置が明確であること。

ただし、この復原作業では奈良時代以前に属する庭園遺構を対象外としている。それは眺望を規定する三要素を実際の遺構として充分に検出し、上記の三つの条件を満たす例が皆無だからである。したがって以下に述べる分析対象は、とりあえず奈良時代庭園（八世紀）の中から抽出することとする。

現在までに発掘調査によって平城京内にその存在が明らかとなっている奈良時代庭園は計九例ある（表1）。(注) このうちA・B・D・E・F・Iは庭園の一部を検出したにとどまり、付随する建物の位置、遮蔽物の位置を把握できなかった点で、上記のb・c項に該当しない。また、Cは園池の東に接して建物があり東方景観の眺望は意識されていないため、上記のa項の観点から分析対象とはなり得ない。Iは付属建物を検出してはいるものの園池の西に接して宅地を限る築地があり、おそらく発掘調査区外に相当する園池東方に園池に臨む建物群が想定され、西面する庭園であったものと考えられるため、これも上記のa項に対して不適格である。

これに対して、G平城宮東院庭園、I平城京左京三条二坊宮跡庭園は園池の全貌、付属建物、および遮蔽物の位置

表1　平城京と宮の園池(1)

名称と位置	発掘調査	規模形状	意匠	現況
A　伝称徳天皇御山荘跡（平城京西四坊北辺）西大寺奥院北西200m 西の京丘陵の北端 渓流状の地形	1979年　第118-2・20次調査 東岸・南岸の一部を検出	南北18m，東西55m 水深約20cm ヒョウタン形 1,160m²	中島，北西隅に湧泉 護岸は地山の掘り込み	溜池
B　佐紀池 平城宮内・奈良山丘陵の谷筋	1975年　第92次調査―西南池尻，1976年第101次調査―北側東西岸一部検出	南北150m，東西160m，形状は現況に類似，水深50cm，16,500m²	岸辺10°の緩勾配で挙大石敷の幅2mの洲浜	用水池 特別史跡
C　平城宮 平城宮内大膳職地区	1960年　第4次調査―池全容を検出	南北17m，東西18mの不規則形．最深部の深さ80cm，150m²	護岸は整地土の掘り込み．東に隣接して南北棟が建つ	特別史跡 整備済（池平面表示）
D　平城宮北辺地域（大蔵省推定地）平城宮北辺大垣と松林苑の間，市庭古墳後円部北西	1980年　第126次調査―市庭古墳の外堤の一部を利用した園池を一部検出	南北幅16m 水深60cm	外堤の葺石を利用して5°の勾配の幅3mの洲浜	分譲住宅建設地
E　平城京左京一条三坊十五坪 不退寺（業平別邸）の真西	1969年　第56次調査―平塚2号墳前方部の一部を利用した園池の東半検出	南北10m，東西20mの曲池，水深20～30cm．150m²	前方部の葺石利用して3°の勾配の洲浜，庭石6個	24号バイパス　平城資料館中庭に移転展示
F　法華寺 平城宮東辺	1980年　第123-4次調査―池の一部を検出	一部（南北10m,東西7m）	礫敷の護岸・洲浜	宅地
G　平城宮東院 東院東南隅，宇奈多理神社林丘東	1967年　第44次，1976年　第99次，1978年　第110次，1979年　第120次各調査で池の全容，付属建物検出	南北60m，東西60m鍵の手状に複雑に屈曲した汀線，水深40cm．1970m²	初期の庭は汀線に安山岩を敷きつめ，後期の庭は全面礫敷，景石・中島・橋を設ける	特別史跡 整備中
H　平城京左京三条二坊六坪 東に隣接して菰川が流れ，池は六坪の中心に位置する	1975年　第96次，1978年　第109次，1980年　第121次各調査で池の全容，付属建物検出	南北延長55m，東西幅15mの曲池，水深25cm．220m²	全面石敷の池で，洲浜，庭石を持つ	特別史跡 復原整備済
I　平城京左京三条一坊十四坪 十四坪の南西端	1968年　第46次調査で西側小路に沿った築地，門その内側に建物，園池の一部検出	一部（南北5m，東西10mの円形の池，水深25cm	中島と径20cmの玉石が裾部に一部残存，庭石1個	電電公社敷地

を明確に示しており、上記のa～cの観点をすべて充足している。したがって次節以下に展開する分析・検討は、基本的にこれら二者の発掘調査成果に基づくものとする。

（注）田中哲雄「平城宮と京の園池」『平城宮北辺地域発掘調査報告書』奈良国立文化財研究所、一九八一。ただし、この中には一九八一年以降に発見された高円離宮跡（白毫寺遺跡）園池は触れられていない。詳しくは第Ⅰ章第五節を参照されたい。

二　平城京左京三条二坊宮跡庭園

1　序　言

平城京左京三条二坊宮跡庭園は平城京左京三条二坊六坪に位置し、一九七六年に奈良国立文化財研究所が奈良郵便局庁舎建設用地において行った平城宮跡第九六次発掘調査によりその全体像を明らかにした。(1) その後の一九七七年には六坪北西部（平城宮跡第一〇九次）(2)、一九七九年には園池の北辺（平城宮跡第一二一次）(3)をそれぞれ調査し、全調査面積はあわせて五五〇〇平方《メートル》、すなわち六坪内のほぼ三分の一の遺構が明らかとなった。その結果、奈良時代庭園の細部意匠、作庭技法があますところなく明らかとなり、従来文献および美術史料等からその概要を推定するにとどまっていた平安時代以前の庭園史に画期的な資料を提供することとなった。この資料をもとに、庭園の構成、細部意匠等の緻密な解析を行うことは、奈良時代庭園史を跡づけるうえで不可避の課題である。

この検出遺構の特徴としてとりわけ注目される点は、奈良時代の石組園池遺構がほぼ完全な形で遺存していたことをはじめとして（後出図4）、園池東方が掘立柱南北塀で閉塞されるのに対し、建物群の大半が園池西方域に集中し、しかもこれらのいずれの建物も園池に臨んで東面する南北棟の形式をとることである。すなわち報文(1)にも記すとおり、園池西側の建物群配置プランは、敷地のさらに東方に展開する春日山等の眺望を意図したものであった可能性が想定されたわけである。しかし、その眺望景観がいったい如何なるものであったのかはもちろんのこと、眺望の可能性の当否さえ明確でなく、ただ漠然と眺望の可能性が指摘されてきたにすぎなかった。

それゆえ本節では、まず発掘調査資料を基本として六坪内の建築遺構の推定復原を行い、同時にこの庭園から東方の風景がどの程度眺望可能であったのかを明らかにする。

2 遺構の概要

まず最初に、判明した遺構の概略について説明を加えておく。園池SG一五〇四は平城京左京三条二坊六坪のほぼ中心部分に位置し、北は三条条間路、東は東二坊坊間路に面している（図3）。遺構面の標高は約五九・五メートル《メー トル》。奈良時代中頃に六坪内を蛇行しながら南流していた小河川が埋まった後に周辺部の盛土整地を行い、河川の堆積土直上から一部上記の整地土上面にまで及ぶ範囲に直径約二〇～三〇センチ《セン チ》の玉石を張り付けてS字状の曲池が造成されている（図4・後出図6）(4)。この小河川は現在東に隣接して南流する菰川の旧流路であろう。河川の堆積土からは和銅年間の紀年銘を持つ木簡が多数出土し、園池造成に伴う整地土から奈良時代中期の土器片が出土したことによって、園池造成の年代は奈良時代中期から後半期、すなわち天平末年～天平勝宝年間（七四八～七五六）に比定されている。園池の屈曲点や湾曲部にはいくつかの大きな自然石を配し、それ以外の汀線に玉石一石を立て並べ、底面にも全面的に玉石を張

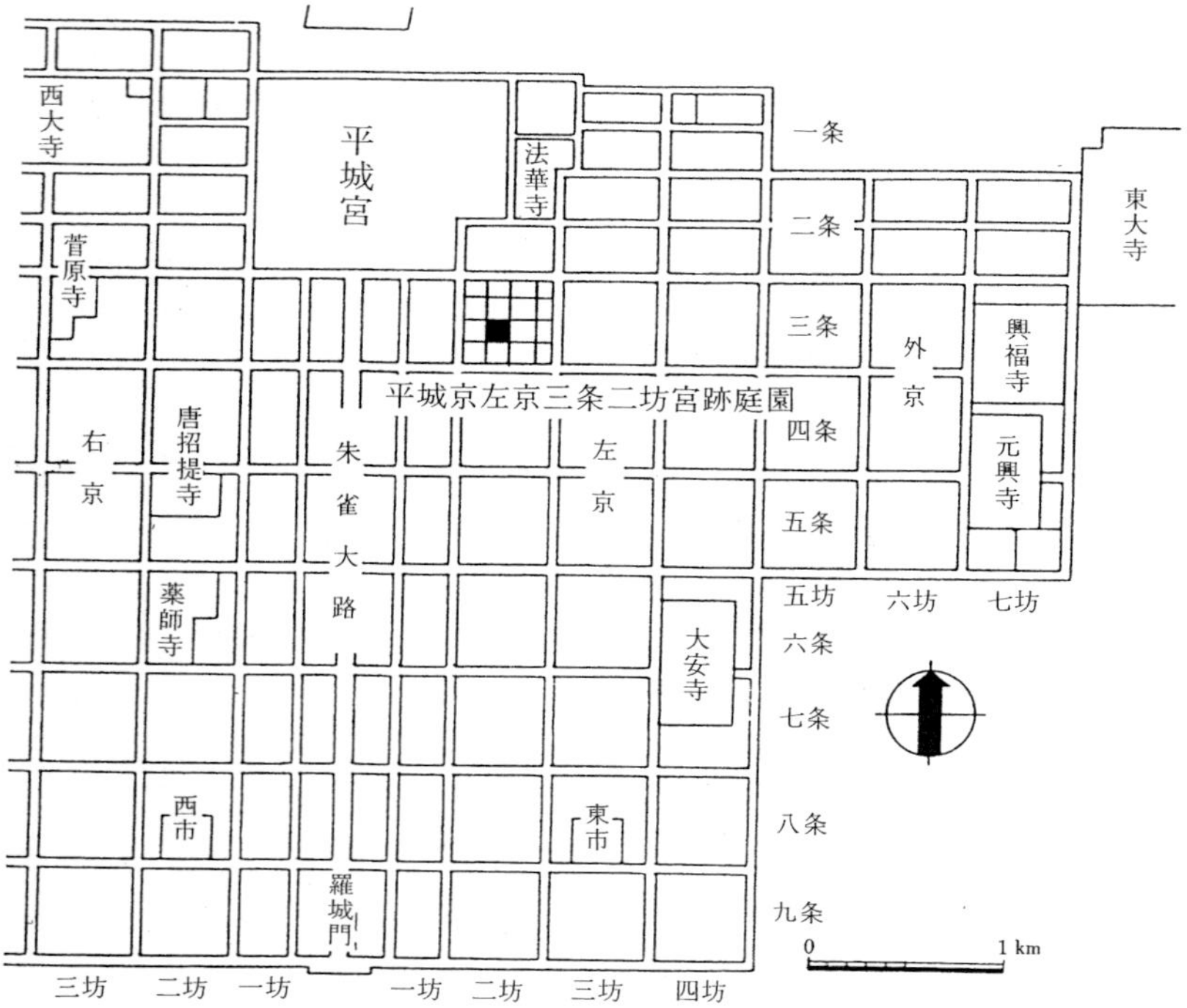

図3　平城京左京三条二坊宮跡庭園の位置

図4　平城京左京三条二坊宮跡庭園全景（東北から）

図５　平城京左京三条二坊宮跡庭園の石組（園池東岸・東から）

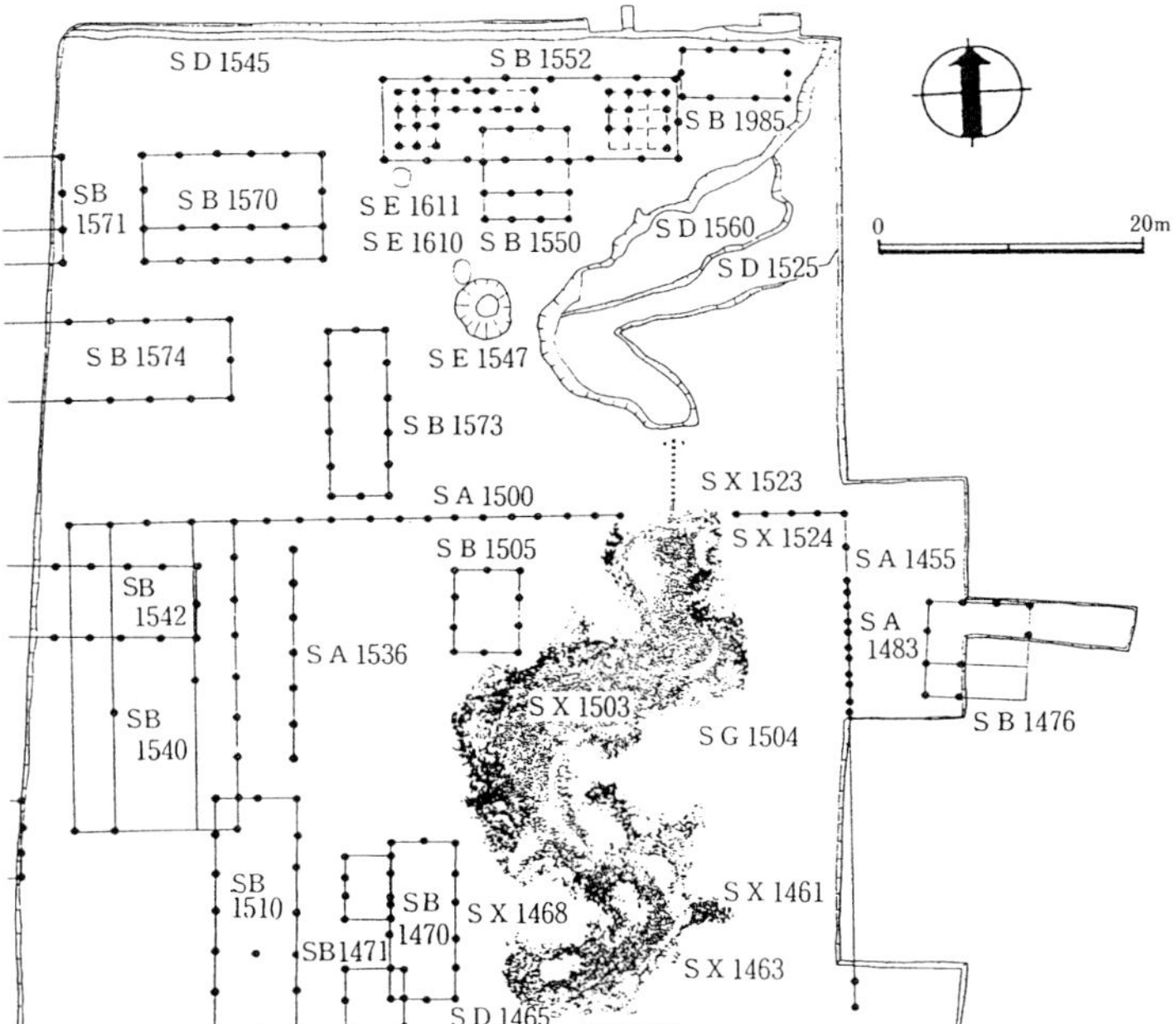

図６　平城京左京三条二坊宮跡庭園発掘調査遺構模式図(4)

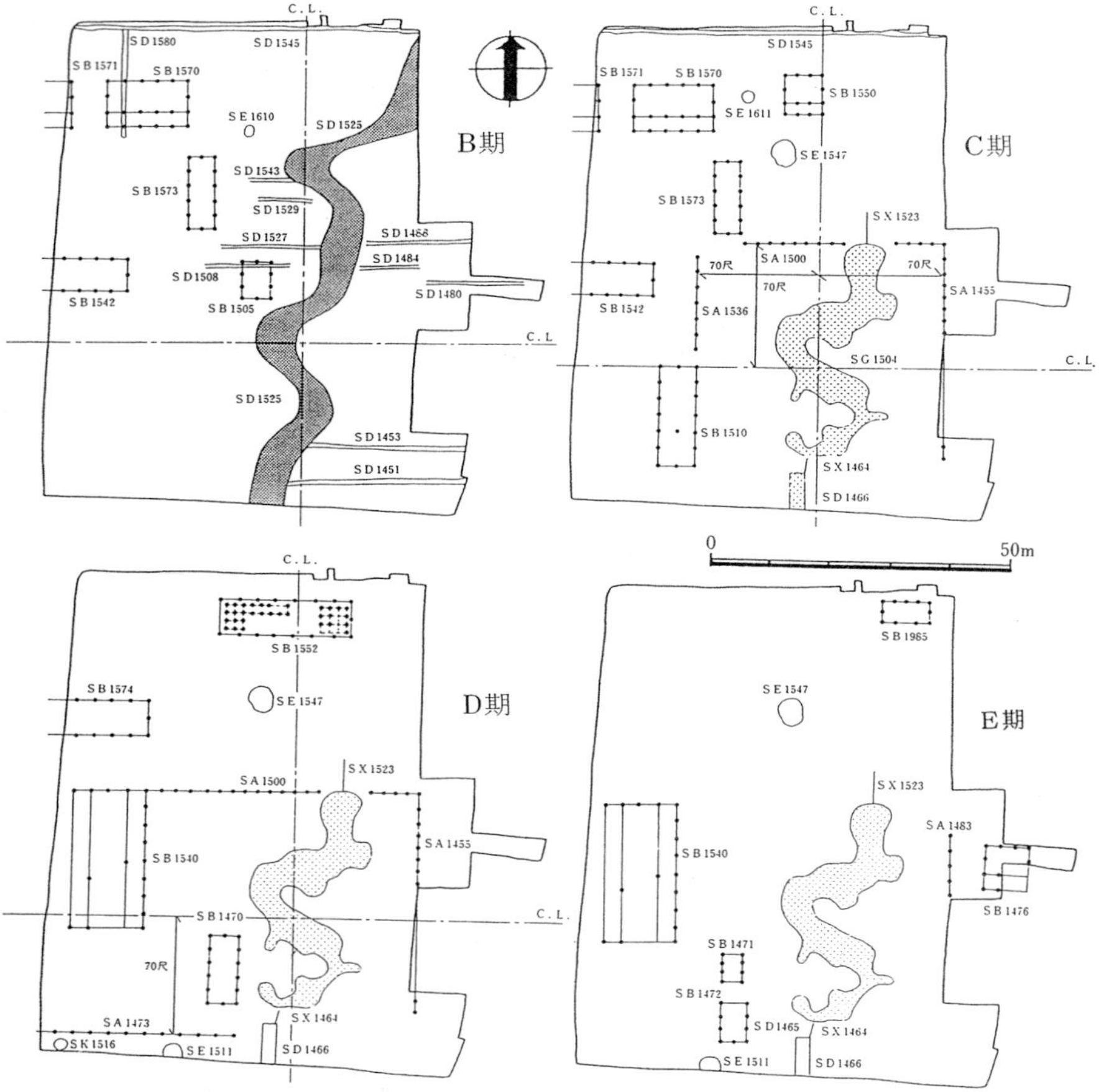

図7　平城京左京三条二坊宮跡庭園発掘調査遺構変遷図(6)

る（図5）。周辺は汀線に近い緩勾配の部分に帯状に玉石を敷き詰め、汀線から遠ざかるにしたがってこぶし大の礫による地表面保護としている。水は木樋暗渠ＳＸ一五二三（図6）によって園池最上流部に位置する石組遺構ＳＸ一五二四にいったん導かれ、園池へ導水される以前に水質の浄化が行われるよう設計されている。なお水源は、おそらく導水木樋暗渠ＳＸ一五二三の西北約一〇メートルに位置する井戸ＳＥ一五四七とみられる。排水も導水と同様に南端の木樋暗渠ＳＸ一四六四、水路ＳＤ一四六六を経て坪外へと排水されていたものとみられる。園池の形状、水勾配から判断するなら、曲水宴等の雅宴に使用された施設である可能性は非常に高い[5]。

また、この園池を中心に七尺および一〇尺の基準方眼に即して建物群が計画的に配置されている。建物群の存在する部分は、空間的に大きく二つの部分に分かれる。すなわち、塀ＳＡ一五〇〇で区画された南半部と北半部である。南半部は園池を中心とした公的儀礼や宴遊の場、北半部は儀礼や宴遊のための家政機関の場と推定される。このうちとりわけＳＡ一五〇〇南半部の建物群の大半は、園池に臨んで東面する南北棟が中心となっており、園池と建物群との関係がきわめて緊密であることを想定させる。遺構の時期区分、変遷は図7のとおりである。

この施設の所有者について具体的な手がかりはないが、園池の造成とともに一段と整備拡充されるC期以降に属する遺構から出土した軒瓦の大半が、他の京内遺跡の例とは異なって平城宮出土軒瓦と同笵型式であることなどから、平城宮と深い関わりあいをもつ施設であったことはまちがいない。したがって単に貴族の邸宅と考えるよりも、むしろ平城宮と密接な関係のある離宮的施設であったと考えられる。

3　眺望景観の復原

(1)　視点および視点高の復原

第一節でも述べたように、眺望を規定する要因には三要素が想定される。それは第一に視点の位置と高さ、第二に遮蔽物の位置と高さ、そして第三に眺望対象物の位置と高さである。まず最初に第一の要因である視点の位置と高さについて復原しよう。

視点の位置は便宜上すべて建物の中にあるものと考え、まず主要な建物の選択から行う。図7に示す遺構変遷の中から各時期を代表する建物を抽出して、おのおの床高を推定し、視点高の試算を行う。抽出した建物は、C期がSB一五一〇、D期がSB一四七〇とSB一五四〇の計三棟である。

① SB一五一〇

SB一五一〇はC期に属する桁行六間、梁間二間の南北棟掘立柱建物で、園池からも離れているため床を張らない土間形式の建物であったであろうと考えられる(6)。園池の遺存状況がきわめて良好であることから推してSB一五一〇周辺の遺構面が後世の著しい削平を受けているとは考え難く、検出した遺構面がすなわちこの建物の床高を示すものと理解できる。ここに人間が存在する位置を、建物中心と園池により近接する東寄りである場合の二通りを想定し(図8)、それぞれ人間が立っている場合と座っている場合に分けて視点高を試算すると表2のようになる。

② SB一四七〇

D期に属する建物にSB一四七〇とSB一五四〇がある。このうちSB一四七〇は園池に近接して建つ桁行五間、梁間二間の南北棟掘立柱建物である。視点高は表3のとおりである。

③　SB一五四〇

SB一五四〇はD期に属する。報文(4)ではD期を天平宝字年間（七五七～七六四）またはそれ以降に比定する。桁行八間、梁間二間の身舎の東西に廂の付く大形の南北棟礎石建物であるが、根石、およびその抜きとり痕跡は部分的に検出したにとどまっている。しかし、その規模から判断しておそらく基壇を伴った礎石建物と考えられ、基壇は後世に削平されたものと推定される。基壇外装を壇上積基壇と仮定して推定復原すると、基壇高は一・二一《メートル》、堂高は八・〇二五《メートル》となり、平城宮に関連の深い離宮的施設の中心建物としてふさわしい規模の建物となる（図9）(6)。①・②と同様に人間が建物の中心に存在する場合と東廂に存在する場合の二通りについて、人間が立っている時と座っている時の視点高を、おのおの推定すると表4のようになる。

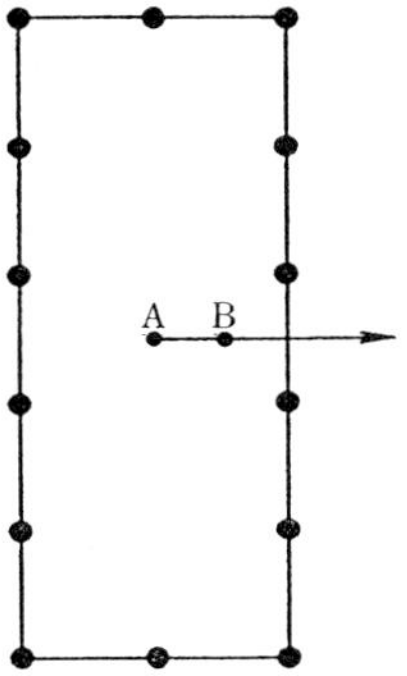

図8　平城京左京三条二坊宮跡庭園の建物内部に想定される2つの視点位置

表2　平城京左京三条二坊宮跡庭園ＳＢ1510視点高

（単位　m）

	床　高	眼高	地盤高	視点高
立	0	1.5	59.5	61.0
座	0	0.8	59.5	60.3

表3　平城京左京三条二坊宮跡庭園ＳＢ1470視点高

（単位　m）

	床　高	眼高	地盤高	視点高
立	0	1.5	59.5	61.0
座	0	0.8	59.5	60.3

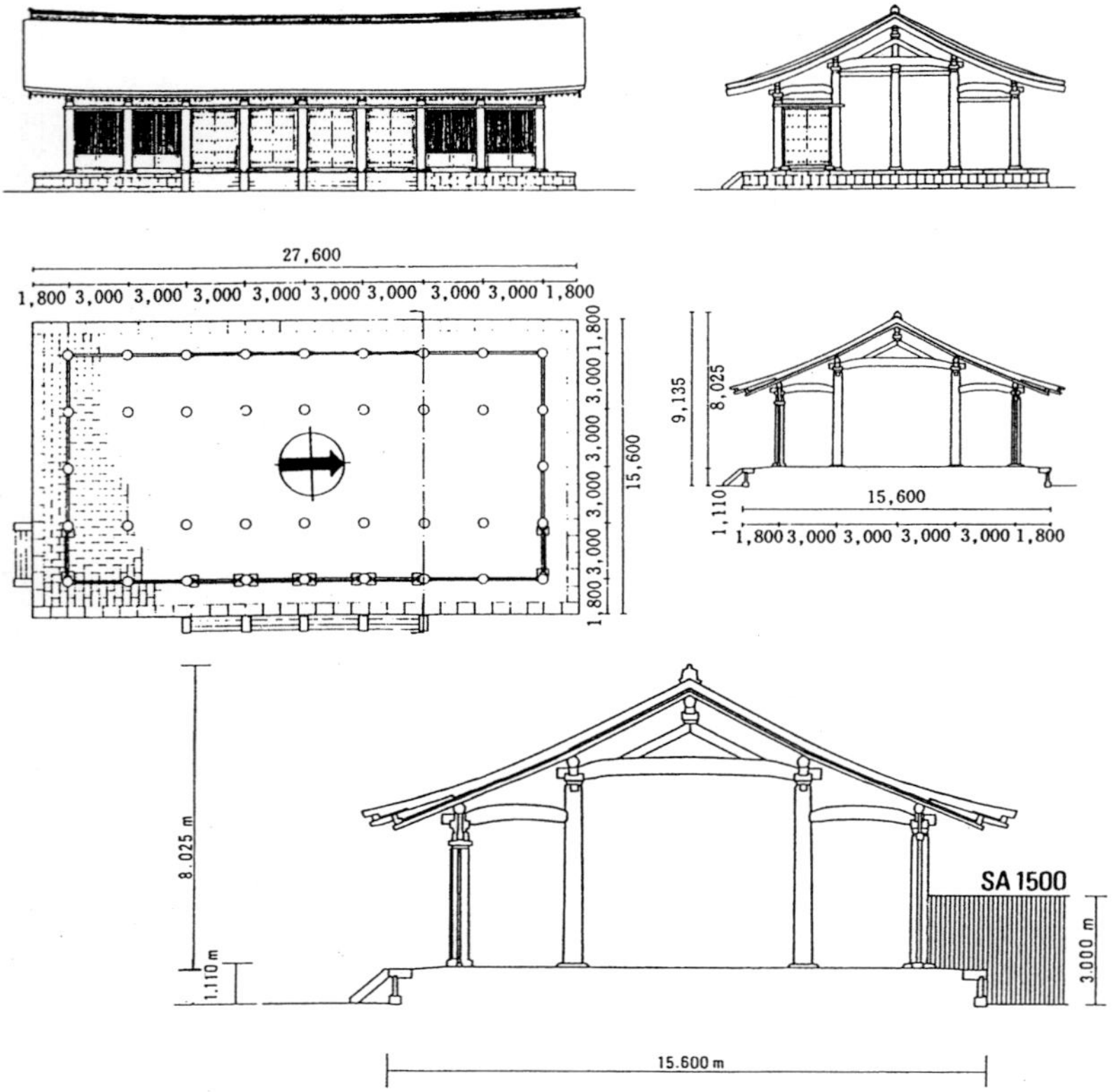

図９　平城京左京三条二坊宮跡庭園ＳＢ1540の平・立・断面図(6)

表４　平城京左京三条二坊宮
跡庭園ＳＢ1540視点高

（単位　m）

	基壇高	眼高	地盤高	視点高
立	1.11	1.5	59.5	62.11
座	1.11	0.8	59.5	61.41

(2) 遮蔽物の位置・高さの復原

次に眺望を決定する第二の要因、遮蔽物の位置と高さの復原を行う。発掘調査の結果から判明するのは、園池の造営から廃絶に至る奈良時代後半を通じて、園池の東方が掘立柱南北塀（ＳＡ一四五五）で区画されていることである。また調査区北辺では幅約〇・七〜〇・八メートルの東西溝を検出しており、六坪北側の三条条間路に面する部分に想定される築地塀の南側溝に比定できる。おそらく六坪は一町（約一二〇メートル四方）班給の敷地で、北面だけでなく坪の四周を築地塀がめぐっていたものと思われる。したがって、園池東側に隣接する掘立柱南北塀のさらに東方の六坪敷地境界にも宅地を限る築地塀が遮蔽物として存在していたことになる。

また、園池と東方のＳＡ一四五五との間には庭園樹が植栽されていたものと思われるが、発掘調査ではその位置や規模を明らかにできる資料を得ていない。同様に、ＳＡ一四五五と東方敷地境界に想定される築地塀との間にも建物群の存在が想定されるが、未調査であるために位置、規模とも明らかにできない。また、六坪以東の市街地における建蔽も考慮すべきであるが、これも発掘調査をまたなければ正確には判断し難い。それゆえ、とりあえず推定復原にあたっては上記の掘立柱南北塀ＳＡ一四五五と敷地東端の築地塀の二者を遮蔽物として想定しておく。

① 築 地 塀

掘立柱南北塀（ＳＡ一四五五）の位置は遺構によって把握できるが、築地塀は遺構によって位置を確認したわけではないから、その位置の想定に際してはまず六坪の平城京内における占地を推定復原する必要がある。

今日までに発掘調査によって判明しているこの近辺の平城京条坊遺構の位置と座標値は、図10、表5のとおりである。既往の調査では条坊計画単位尺は一尺あたり〇・二九四メートルから〇・二九六メートルの間に集束することが判明しているが、

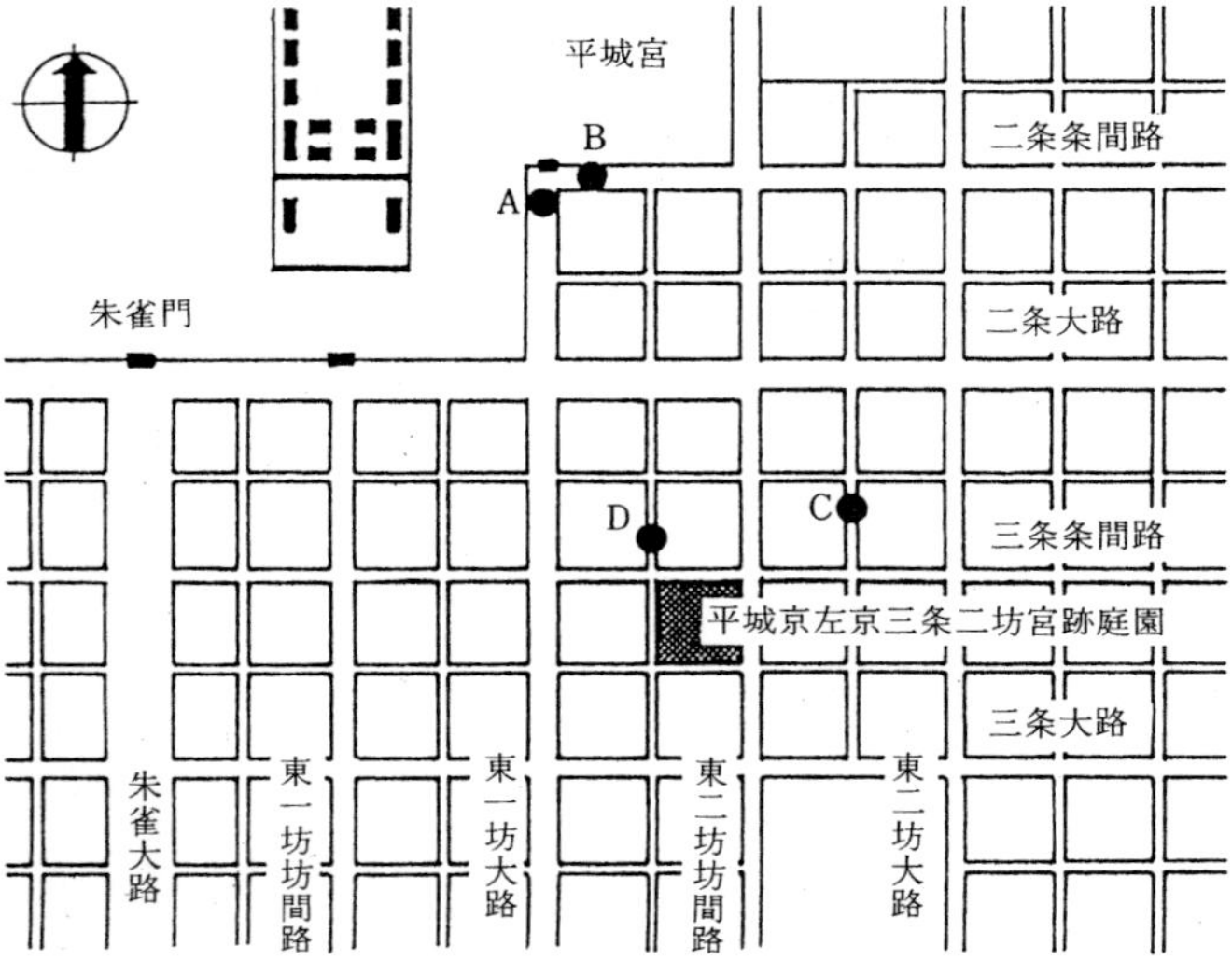

図10　平城京左京三条二坊宮跡庭園周辺の既発掘調査条坊遺構位置図

図中のアルファベットは表5と対応

表5　平城京左京三条二坊宮跡庭園周辺の既発掘調査条坊遺構の座標値

		X	Y	調査次数	備　　考
A	東一坊大路心	−145,757.263	−18,054.064	39次	
B	二条条間路心	−145,751.977	−18,027.326	〃	
C	東二坊坊間路心	−146,192.580	−17,653.825	86次	平城京左京三条二坊十，十五坪
D	東二坊坊間路心	−146,223.422	−17,919.433	112-3次	平城京左京三条二坊二，七坪

注　表中のアルファベットは図10と対応。

六坪内の建物遺構が上記の平均値、すなわち一尺を〇・二九五《メートル》とする方眼グリッドに比較的よく合致する点を考慮して、[4]今回の推定復原には単位尺＝〇・二九五《メートル》を採用することにした。これらの成果をもとに六坪四周の道路交差点の座標を試算した結果が図11、表6である。なお平城京朱雀大路の発掘調査では、朱雀大路が測量法に定める平面直角座標第Ⅵ系（以下、国土方眼座標系とする。また以下の記述で断わりのない限り座標値はすべて国土方眼座標第Ⅵ系に基づくものである）に対して北で〇度一五分四一秒西へ偏っていることが判明しており、[7]上記の復原作業においてもこの偏度による修正を考慮している。

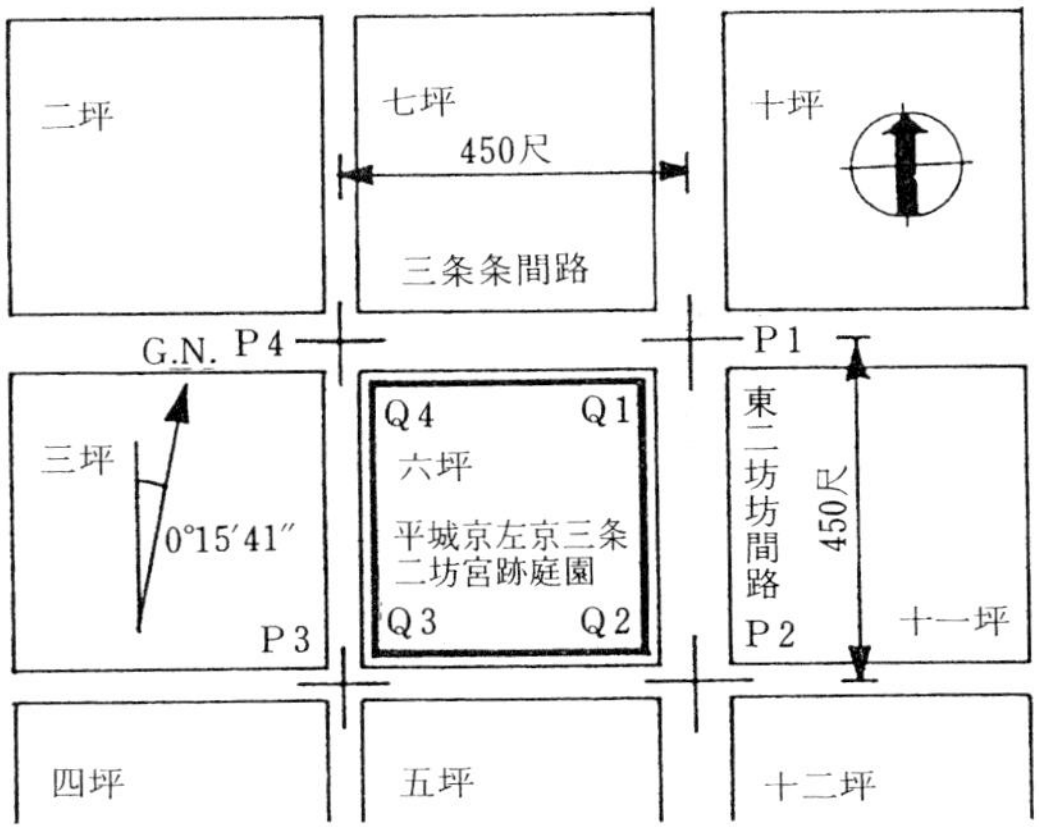

図11　平城京左京三条二坊六坪四周の条坊と築地塀の位置

図中のアルファベットは表6と対応

表6　平城京左京三条二坊六坪四周の条坊と築地塀の推定復原座標値

（表中のアルファベットは図11と対応）

六坪条坊座標

	X	Y
P_1	−146,282.972	−17,786.163
P_2	−146,415.721	−17,785.557
P_3	−146,415.721	−17,918.307
P_4	−146,282.972	−17,918.913

六坪築地座標

	X	Y
Q_1	−146,290.984	−17,794.138
Q_2	−146,410.659	−17,793.592
Q_3	−146,410.659	−17,913.268
Q_4	−146,290.984	−17,913.814

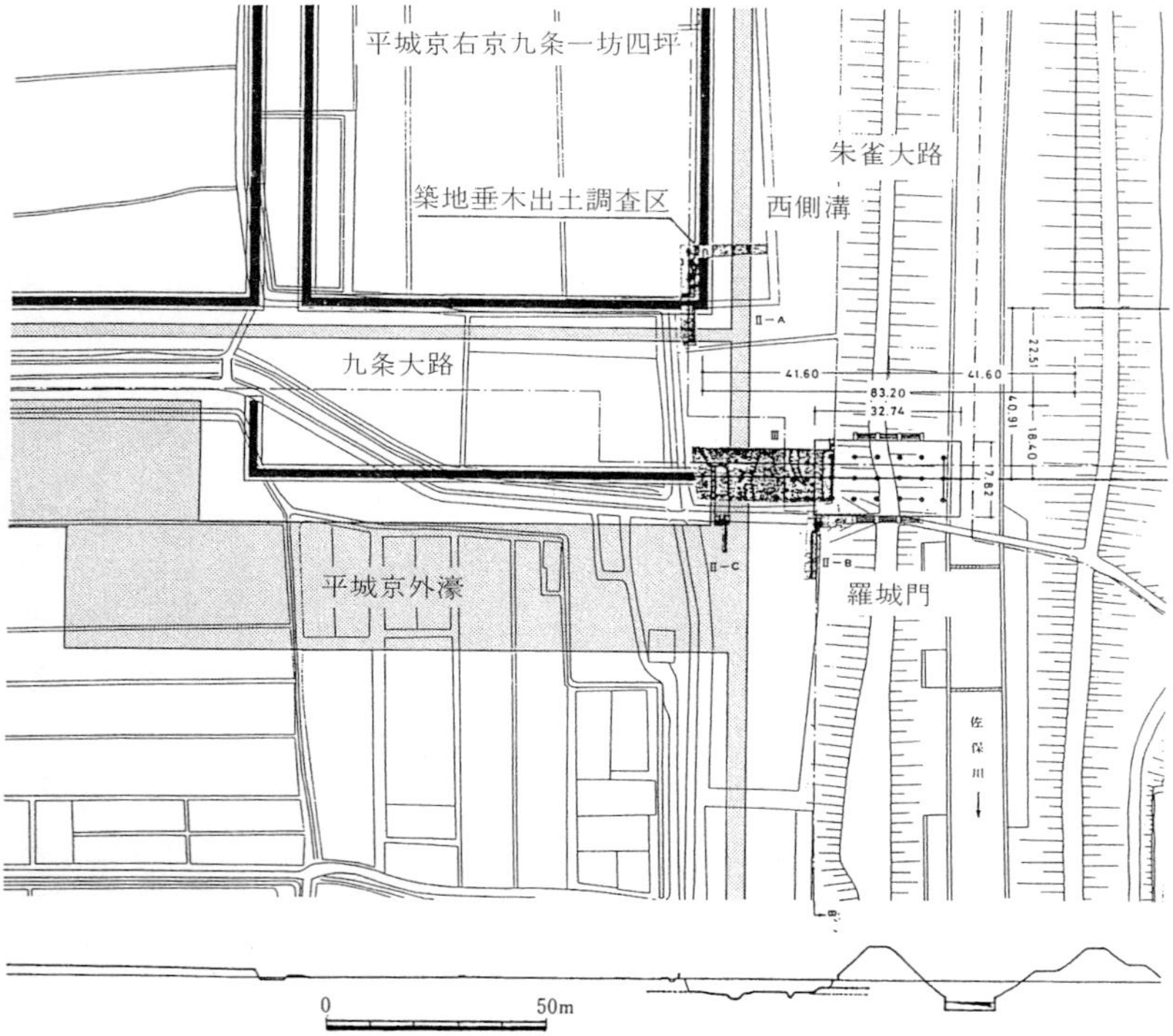

図12　平城京羅城門近辺の調査位置図(11)

さて、以上の作業で得た四周の道路交差点の推定復原座標をもとに、坪四周の築地塀の位置と高さを試算することにする。

まず築地塀の位置であるが、発掘調査で得た調査区北辺の築地塀南側溝心の実測値はX＝－146,293.095である。また従来の調査で判明している条間路、坊間路の両側溝心々間距離は三〇～四〇尺（八・八五～一一・八メートル）であるが(8)、今回は後掲図14に示すごとく四〇尺（一一・八メートル）を採用した。見られるように、推定復原によって求めた三条条間路南側溝と発掘調査で検出した六坪北面築地塀南側溝との心々間距離は四・二二三メートルとなり、この区間に築地塀が存在したことになる。

次に築地塀の高さを復原するためには、まず築地塀基底幅を復原しなければなら

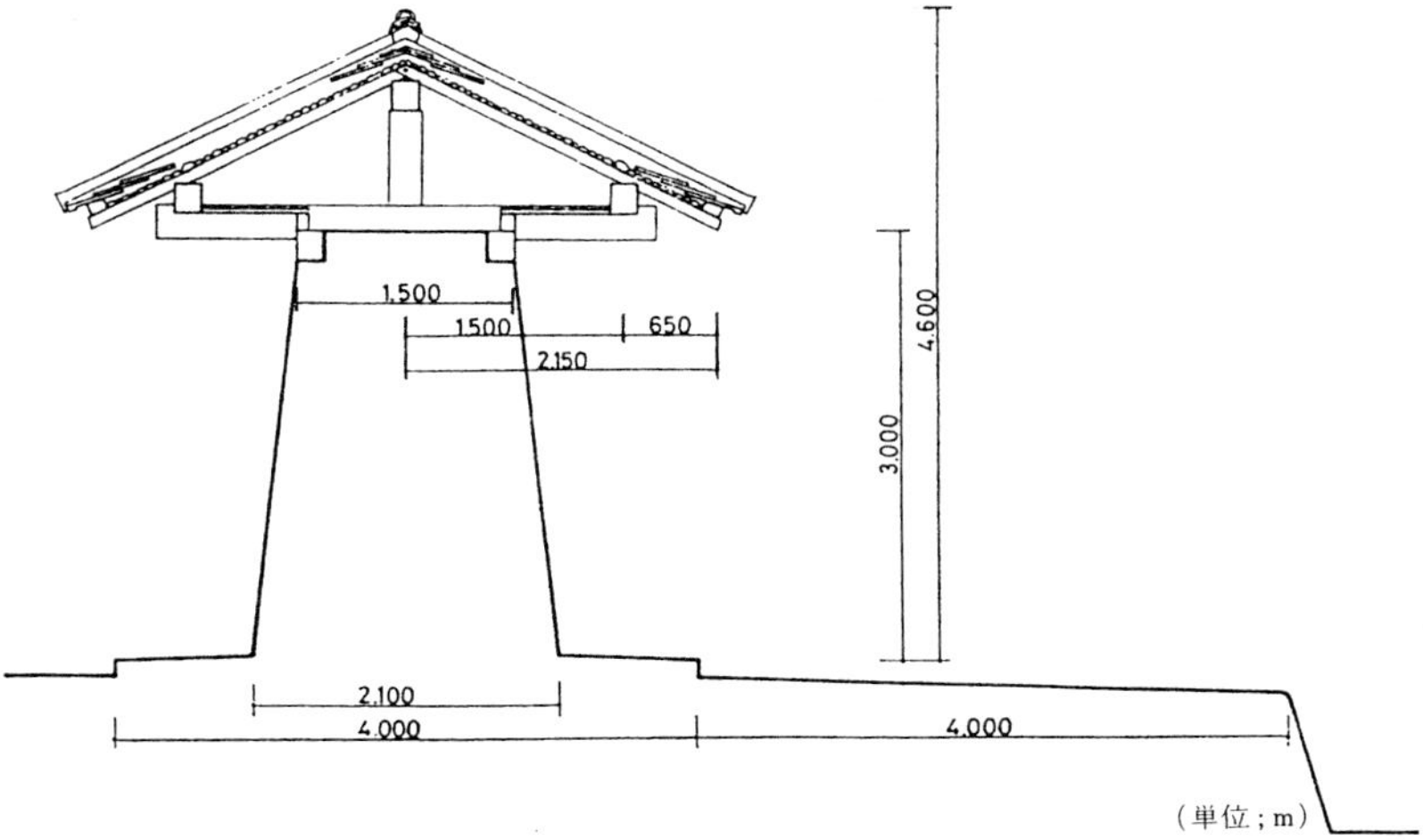

図13　平城京右京九条一坊四坪東面築地塀復原図(11)

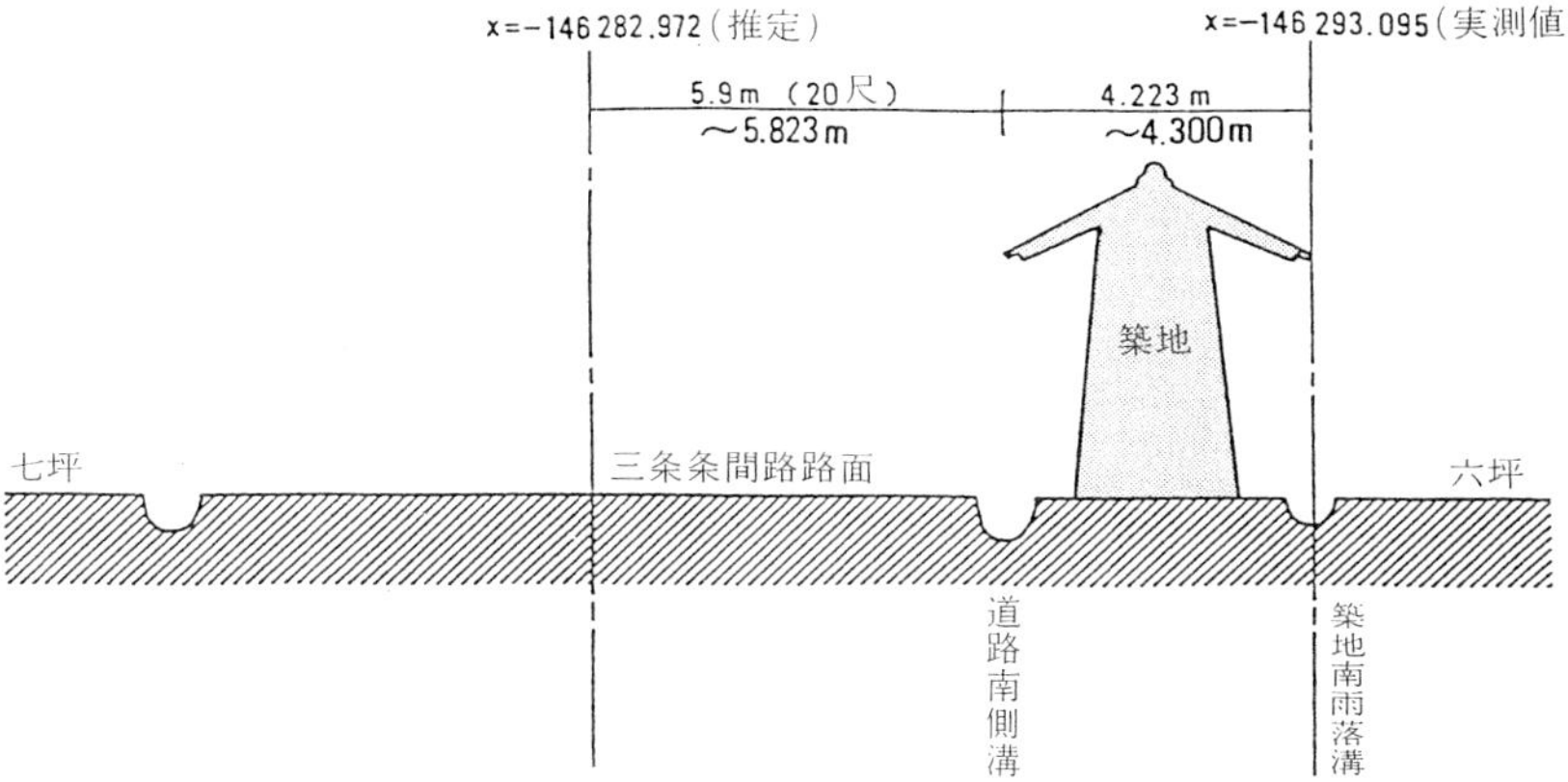

図14　平城京左京三条二坊六坪北辺推定復原断面図

ない。平城宮の四周を囲む築地大垣の復原基底幅は、既往の調査によって九尺（二・七メートル）であることが判明している。[9]この築地大垣は天皇の居住地として京内で最も重要な位置を占める平城宮の外周囲繞施設であるから、六坪の四周の築地塀がこれと同規模のものであったとは考え難い。一方、平城宮跡第四六次調査で判明した平城京左京三条一坊十四坪の西面築地塀の基底幅は実測値で二・一〜二・四メートルである。この坪は遺構の状況から宮外官衙地区に比定されており、平城宮と密接な関係にある施設が存在した場所である。[10]また平城京朱雀大路に面する右京九条一坊四坪の調査では（図12）、朱雀大路に面する坪の東面築地塀に使用されていたものと考えられる棰のほぼ完形品が朱雀大路西側溝の堆積土中から出土し、築地塀の全容復原に画期的な資料を得ている。[11]報文には出土した棰をもとに作成された築地塀の復原図（図13）が示されており、それによると全高は四・六〇〇メートルである。この東面築地塀の復原基底幅は七〜八尺で、先述の左京三条一坊十四坪西面築地塀の基底幅とほぼ同値である。出土軒瓦より判断して左京三条二坊六坪が平城宮に関連の深い離宮的施設である可能性の高いことはすでに述べたとおりであるが、六坪の四周をとりまく築地塀の基底幅も、宮外官衙に比定される左京三条一坊十四坪の西面築地塀と同様に二・一〜二・四メートルと想定しても不適当ではないように考えられるし、ひいては基底幅が同値の右京九条一坊四坪東面築地塀と同高に復原することも可能である。そこで、左京三条二坊六坪外周築地塀の基底幅を二・三メートル（八尺）と仮定し、右京九条一坊四坪の調査で得た築地所用の棰と思われる木製品の規格をも考慮して高さを四・六〇〇メートルに復原した（図14）。築地心から軒先までの距離と、三条条間路側溝心や築地塀南側溝心までの距離もほぼ等しくなり、整合性を伴っていることがわかる。

② 掘立柱塀（SA一五〇〇・一四五五）

築地塀よりさらに遮蔽帯として大きな効果をもつものが、園池の東側および北側を限る掘立柱塀（SA一五〇〇・SA一四五五）である。この掘立柱塀の高さは、築地塀の高さと同様に地下遺構だけから即座に決定されるものではな

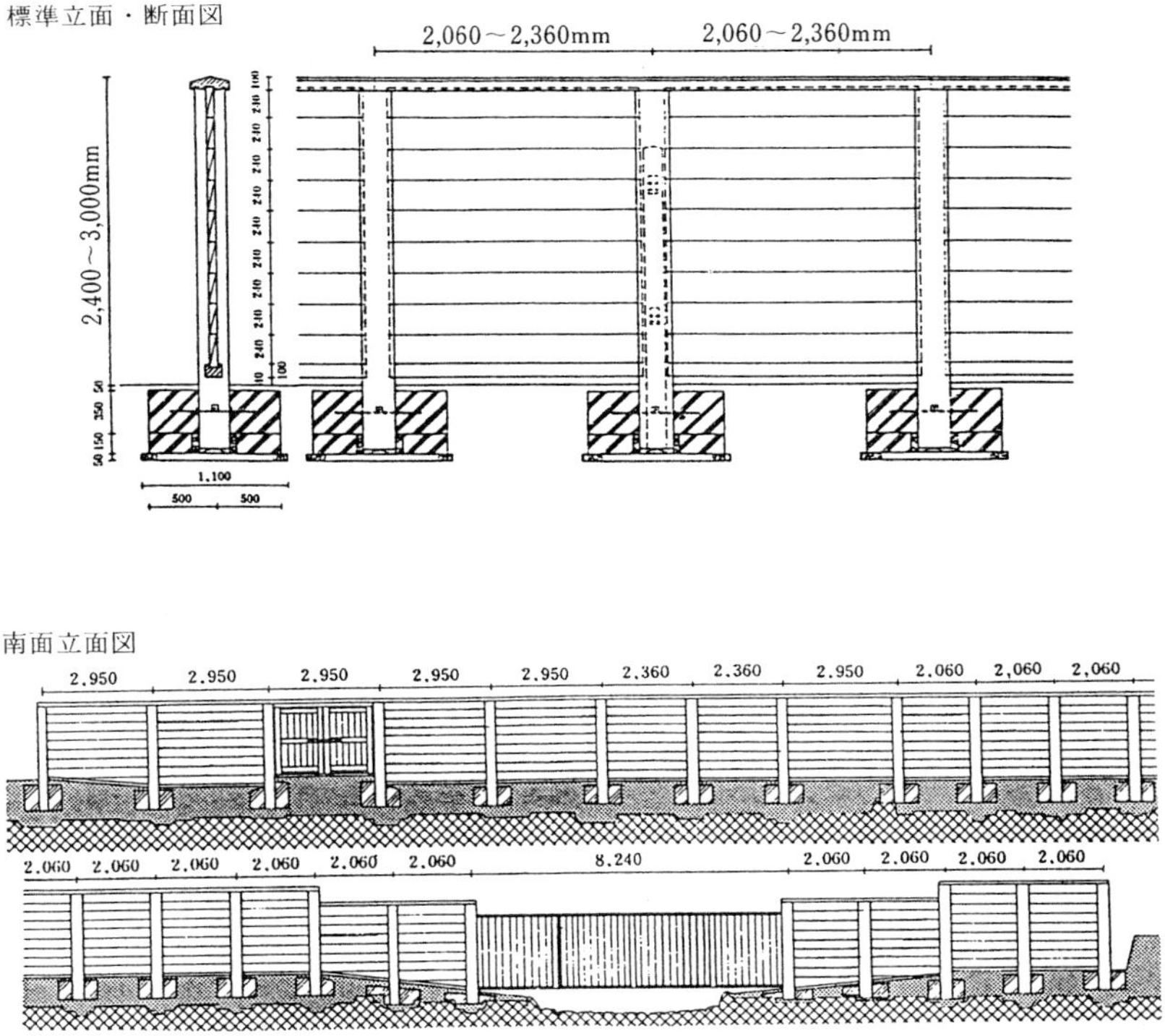

図15　平城京左京三条二坊宮跡庭園ＳＡ1500・1455推定復原立面図(6)

く、現存する奈良時代の築地塀の遺構を参考としつつ推定復原する必要がある。東大寺や法隆寺に現存する奈良時代の築地塀にみる添柱の柱間寸法と高さとの関係や、既往の発掘調査で検出した掘立柱塀の柱根長、柱穴の深さ等を考慮するなら、塀の高さを柱間寸法の一～一・五倍に復原するのが最も妥当である。この数値は復原した際の全体のプロポーションや耐久度の点からも蓋然性が高い。ＳＡ一五〇〇、ＳＡ一四五五の柱間寸法は七尺等間（二・〇六五メートル）であるから、その一～一・五倍の二・〇六五～三・〇九八メートルが復原高となるが（図15）、ここで問題となるのはＳＡ一五〇〇がＳＢ一五四〇の北側にとりついているという事実である（図９）。先述のごとくＳＢ一五四〇は

表7　平城京左京三条二坊宮跡庭園の各建物から遮蔽物までの距離

（単位　m）

各建物から塀までの距離

		水平距離
ＳＢ1510	A	44.5
	B	43.0
ＳＢ1470	A	32.2
	B	31.0

ＳＢ1540から築地までの距離

		水平距離
ＳＢ1510	A	90.696
	B	86.096

基壇を持つ礎石建物で、この内部に人間が立っている時の視点高を二・六一《メートル》（表4）に復原できるから、ＳＡ一五〇〇の高さを二・〇六五《メートル》とすれば塀よりも視点が高くなり、塀の北側の家政機関の場が全て視界に入ってしまうことになる。つまり、ＳＡ一五〇〇はＳＢ一五四〇内の視点高二・六一《メートル》より高くなければ遮蔽物としての機能をなさないわけである。そこで塀の高さを一〇尺（三・〇〇〇《メートル》）と想定すると、築地塀の推定全高の関係やＳＢ一五四〇とのとりつき関係からも整合性を伴っていることがわかる（図9・15）。同時にこの高さはＳＡ一五〇〇の柱間寸法の一～一・五倍の範囲にもおさまっている。

以上のようにかなりの不確定要素を伴ってはいるが、今回平面遺構から想定し得る塀の高さは一〇尺（三・〇〇〇《メートル》）を採用することにした。なおＳＡ一四八三は奈良時代末期から平安時代のＥ期に比定されるＳＢ一四七六の西面を遮蔽する目隠のための掘立柱塀であるが、柱間寸法はＳＡ一五〇〇やＳＡ一四五五と同値の七尺ではあるものの柱抜取痕跡径が比較的小さく、高さもＳＡ一五〇〇、一四五五より若干低かったものと想定される。

③　遮蔽物と視点との距離

①・②で推定復原した遮蔽物と視点との位置関係を模式的に示したものが後掲図19である。視点高と遮蔽物の高さとの関連で見るなら、ＳＢ一五一〇、ＳＢ一四七〇からの眺望では掘立柱南北塀（ＳＡ一四五五）が、ＳＢ一五四〇の場合には六坪敷地東端に想定される築地塀が、それぞれ主たる遮蔽機能を果たすことになる。なお②でもふれたように、

SA一四八三はSA一五〇〇、一四五五より柱抜痕跡径が小さく高さも低かったと考えられる掘立柱南北塀であるが、E期にSB一五四〇と併存し、たとえSA一五〇〇と同じく高さを三・〇〇〇メートルに想定したとしても、SB一五四〇からの東方の眺望を阻害する要因ではないことを付け加えておく。SB一五四〇における眺望に対して遮蔽物として機能するのは、あくまで六坪東端の築地塀である（図19）。各建物からそれぞれの遮蔽物までの水平距離をまとめたものが表7である。表中のAは視点が建物の中心に存在する場合、Bは建物内部の東寄りに存在する場合である。

(3) 眺望対象物の復原

次に眺望の対象となるべき地物と自然景観について、それぞれの標高と六坪内の各視点からの水平距離の試算を行う。なお地物については奈良国立文化財研究所作成の一〇〇〇分の一地形図から判読した各地物の国土方眼座標と六坪内の各視点の国土方眼座標とをもとに水平距離を求めた。その他の自然景観については、国土地理院発行の二万五〇〇〇分の一地形図をもとに求めた。

① 東大寺金堂（大仏殿）

六坪の東方に存在し、眺望の対象として可能性の高い地物には、まず東大寺金堂（大仏殿）がある。創建当初の金堂は治承四（一一八〇）年の平家の南都焼討ちによって焼失し、現存金堂は江戸時代の再建になる。『東大寺要録』(12)（巻二）によれば、創建当初の平面は桁行七間、梁間三間の身舎四面に廂と裳階の巡る桁行総長二九〇尺、梁間総長一七〇尺の規模を持ち、現存金堂よりさらに大きな規模を持っていた。堂高は『東大寺要録』(12)に記す『延暦僧録』と『大仏殿碑文』によって一五丈、あるいは一二丈一尺と、それぞれ若干の相違がある。「奈良六大寺大観（東大寺）」(13)によれば、本尊毘盧遮那仏の光背が一一丈と仮定すると金堂の副柱の長さや軒高などから判断して一五丈（四四・二五

表8　平城京左京三条二坊宮跡庭園の各建物と東大寺金堂(大仏殿)との位置関係

（単位　m）

東大寺金堂		
ＳＢ1510からの距離	A	3,516.362
	B	3,514.883
ＳＢ1470からの距離	A	3,504.139
	B	3,502.956
ＳＢ1540からの距離	A	3,521.075
	B	3,516.536
地表面の標高　(①)		102.000
復原堂塔高　(②)		46.315
頂部の標高　(①+②)		148.315

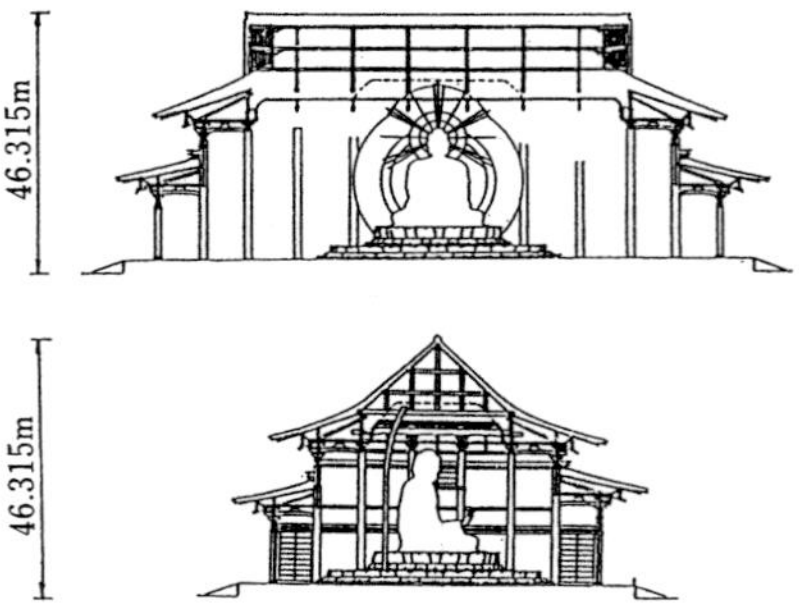

図16　東大寺創建金堂断面図(13)

表9　平城京左京三条二坊宮跡庭園の各建物と東大寺東西両塔との位置関係

（単位　m）

		東塔	西塔
ＳＢ1510からの距離	A	3,692.169	3,285.618
	B	3,690.678	3,284.130
ＳＢ1470からの距離	A	3,679.813	3,273.289
	B	3,678.621	3,272.098
ＳＢ1540からの距離	A	3,697.957	3,291.175
	B	3,693.383	3,286.607
地表面の標高　(①)		109.000	95.000
復原堂塔高　(②)		94.105	98.206
頂部の標高　(①+②)		203.105	193.206

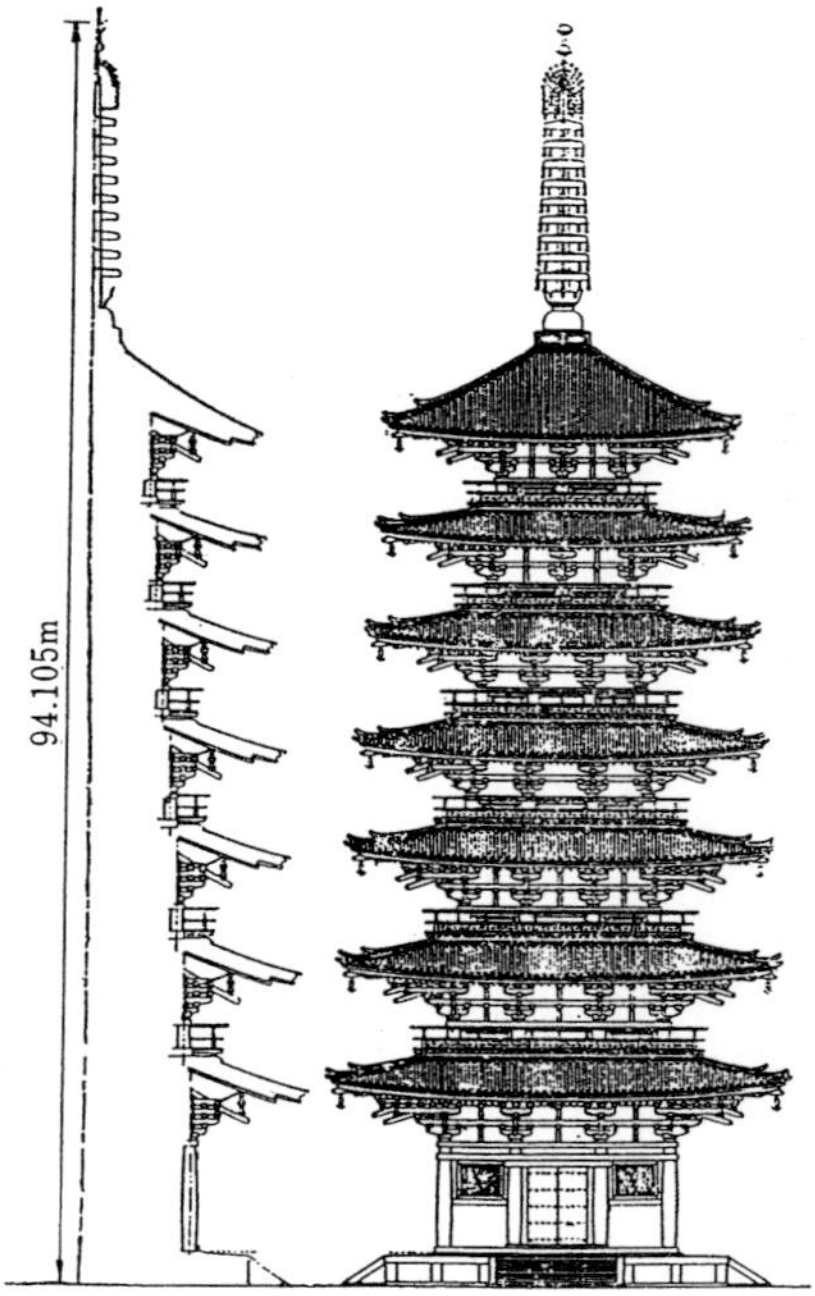

図17　東大寺東塔推定復原立面図(18)

メートル）が最も妥当であるとする。本章ではこの説を採用することとし、これに『七大寺巡礼私記』[14]巻一に記載のある基壇高七尺（二・〇六五メートル）を加算するなら、創建金堂の推定復原全高は計四六・三一五メートルとなる（図16）[15]。

次に創建金堂が建っていた奈良時代の地表面の標高は、発掘調査が実施されていない現状では正確な数値を把握し難いが、金堂両腋から延びる回廊の調査成果[16]によると奈良時代の遺構面と現地表との間にさほど大きな比高を認めないから、現況の海抜一〇二・〇〇〇メートルを一応の基準としておく。表8中のA、Bは図8に示すように建物の中心部と東寄りにそれぞれ視点のある場合を指す（表9～11についても同様）。

② 東大寺東塔院・西塔院

表10　平城京左京三条二坊宮跡庭園の各建物と東大寺二月堂との位置関係（単位　m）

二　月　堂		
ＳＢ1510からの距離	A	3,920.760
	B	3,919.279
ＳＢ1470からの距離	A	3,908.513
	B	3,907.328
ＳＢ1540からの距離	A	3,925.642
	B	3,921.096
地表面の標高	（①）	140.000
復原堂塔高	（②）	15.526
頂部の標高	（①＋②）	155.526

表11　平城京左京三条二坊宮跡庭園の各建物と興福寺五重塔との位置関係（単位　m）

興福寺五重塔		
ＳＢ1510からの距離	A	2,767.604
	B	2,766.106
ＳＢ1470からの距離	A	2,755.090
	B	2,753.891
ＳＢ1540からの距離	A	2,776.336
	B	2,771.743
地表面の標高	（①）	95.500
復原堂塔高	（②）	61.950
頂部の標高	（①＋②）	157.450

表12　平城京左京三条二坊宮跡庭園と自然景観との位置関係（単位　m）

	標　高	六坪からの水平距離
P_1	293.0	4,620
P_2	341.8	4,810
P_3	453.0	5,900
P_4	498.0	5,810
P_5	460.0	6,030

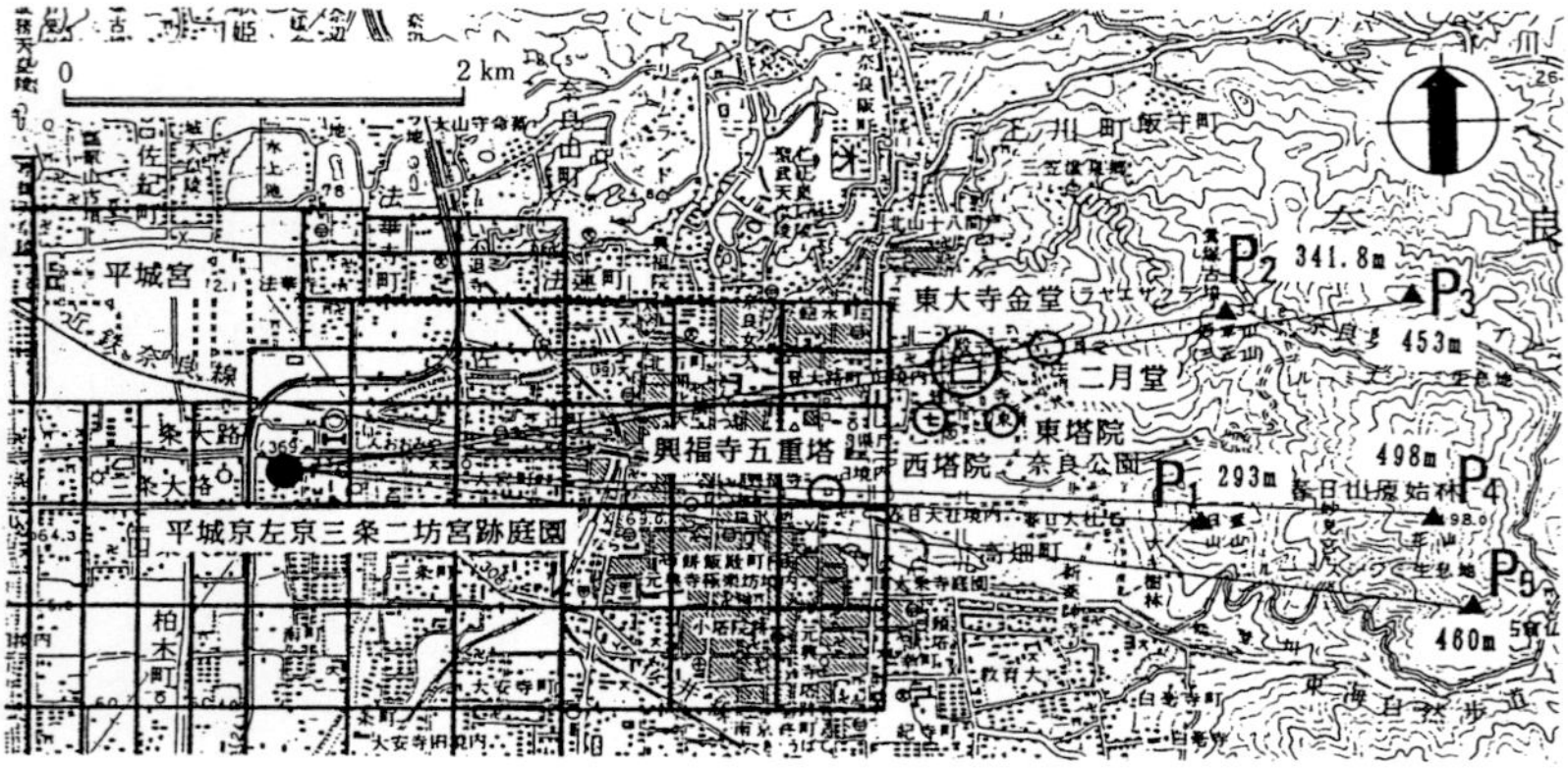

図18　平城京左京三条二坊宮跡庭園と眺望対象物との関係

『東大寺要録』[12]によれば、東大寺には東西に七重塔の存在したことが知られる。現在でも中門の東南、西南部分にそれらの痕跡を思わせる土壇を見ることができる。西塔については、一九六四年に奈良県教育委員会がその一部を発掘調査しており、基壇基底部の延石を検出している。[17]これによると、延石の標高は約九五・〇〇メートルである。この上に壇上積基壇が構築されていたことになる。これに対して東塔は未調査であるため、当初の基壇基底部の標高は不明である。それゆえ本節では、現在の土壇基底部の標高一〇九・〇〇〇メートルを一応の基準とすることにした。

東西両塔に関する記事は、『東大寺要録』[12]に東塔高二三丈八寸（尺イ）、西塔高二三丈六尺七寸、露盤高八丈八尺二寸とそれぞれ記載があるのみで、その形状については知り得ない。天沼俊一は『日本建築史要』[18]の中で、基壇高を八尺として総高を東塔の場合で三一九尺、西塔の場合で三三二尺九寸に復原している（図17）。この復原案をもとに東西両塔の頂点の標高を算出すると表9のようになる。

③　東大寺二月堂

東大寺には山畔に二月堂がある。[19]この堂舎についてもまとめてみると表10のようになる。

④　興福寺五重塔

現在の興福寺五重塔は応永三三（一四二六）年に再建されたもので、創建当初の塔は『流記』[20]によれば高さ一五丈一尺、相輪高五丈一尺である。基壇高を東大寺東西両塔と同様に八尺と想定して全塔高を試算すれば二一丈（六一・九五メートル）となる（表11）[21]。

⑤　自然景観

東方に展開する春日・三笠山系から主要な頂部を抽出し、六坪から各頂部までの距離・標高をまとめると表12、図18のようになる。表12中に示すP_1～P_5は図18と対応している。

(4)　眺望景観の復原

以上で眺望を決定する三要素に関する資料はすべて収集したことになる。次に本章の主たる目的である眺望景観の復原を行う。(1)で試算した視点高、(2)で試算した遮蔽物である築地塀、掘立柱塀の高さと、(3)で算出した眺望対象物の標高、およびこれら三者間の距離が眺望の可能、不可能を決定する。

図19は、上記の三者関係を視点となる各建物ごとに模式的に表わした図である。見られるように、それぞれの建物によって距離と視点高、遮蔽物の高さが異なり、視線の勾配が変化する。この視線が各地物の存在する地点を通過する時に地物の頂部より上空を通過すればその建物は視界に入らないことになり、地物頂部よりも低く通過するなら眺望が可能ということになる。なお図19中において、ＳＢ一五四〇に対する遮蔽物として園池東方の掘立柱塀ＳＡ一四五五・一四八三を候補に挙げているが、(2)―②・③でも述べたごとく実質的には遮蔽機能を持ち得ない。図19は、ＳＡ一四五五・一四八三の高さを最大限に見積って三・〇〇〇メートルに想定した場合でさえ、ＳＢ一五四〇からの眺望の当

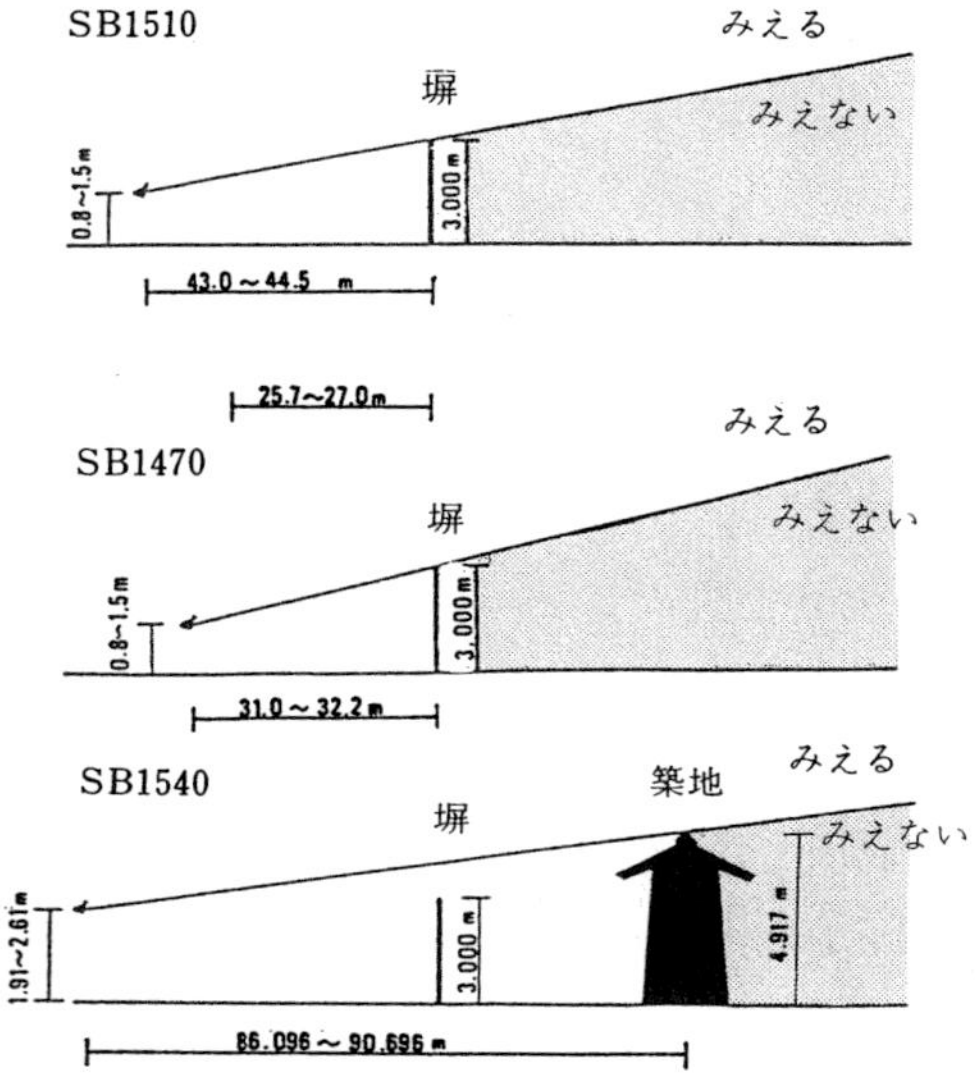

図19　平城京左京三条二坊宮跡庭園の各建物内部の視点からの視界の展開模式図

表13　平城京左京三条二坊宮跡庭園からの各眺望対象物の眺望の可能性

（単位　m）

建　物	視点の位置		地物の存在する地点の視線高　眺望可能 ○　眺望不可能 ×									
			東大寺金堂		東大寺東塔		東大寺西塔		二　月　堂		興福寺五重塔	
SB1510	A	立	179.529	×	185.455	○	171.751	○	193.160	×	154.290	○
		座	234.143	×	242.834	×	222.735	×	254.135	×	197.125	×
	B	立	183.612	×	189.745	○	175.563	○	197.719	×	157.492	×
		座	240.131	×	249.125	×	228.325	×	260.821	×	201.822	×
SB1470	A	立	224.236	×	232.420	×	213.482	×	243.074	×	189.343	×
		座	299.713	×	311.716	×	283.941	×	327.341	×	248.536	×
	B	立	230.498	×	238.998	×	219.327	×	250.064	×	194.253	×
		座	308.897	×	321.363	×	292.513	×	337.594	×	255.737	×
SB1540	A	立	151.674	○	156.174	○	145.826	○	161.965	○	132.731	○
		座	178.150	×	184.015	○	170.528	○	191.564	×	153.459	○
	B	立	156.338	×	161.077	○	150.177	○	167.178	×	136.381	○
		座	184.229	×	190.406	○	176.198	○	198.359	×	158.216	○

否を決定するのは、さらに東方の六坪東端に想定される築地塀であることを示している。この図に基づく各建物内の視点からの対象物の眺望の当否は表13のとおりである。

また、(3)―⑤で得た自然景観を構成する対象物の資料をも考慮して眺望景観を復原してみると図20～22のようになる。このうち図20・21については透視投象を、図22については近景の視角が広がるため網膜透視投象を、それぞれ用いている。(22) なお景観の復原は、それぞれの建物の中心部に立った場合と、東部に座った場合について行っており（図

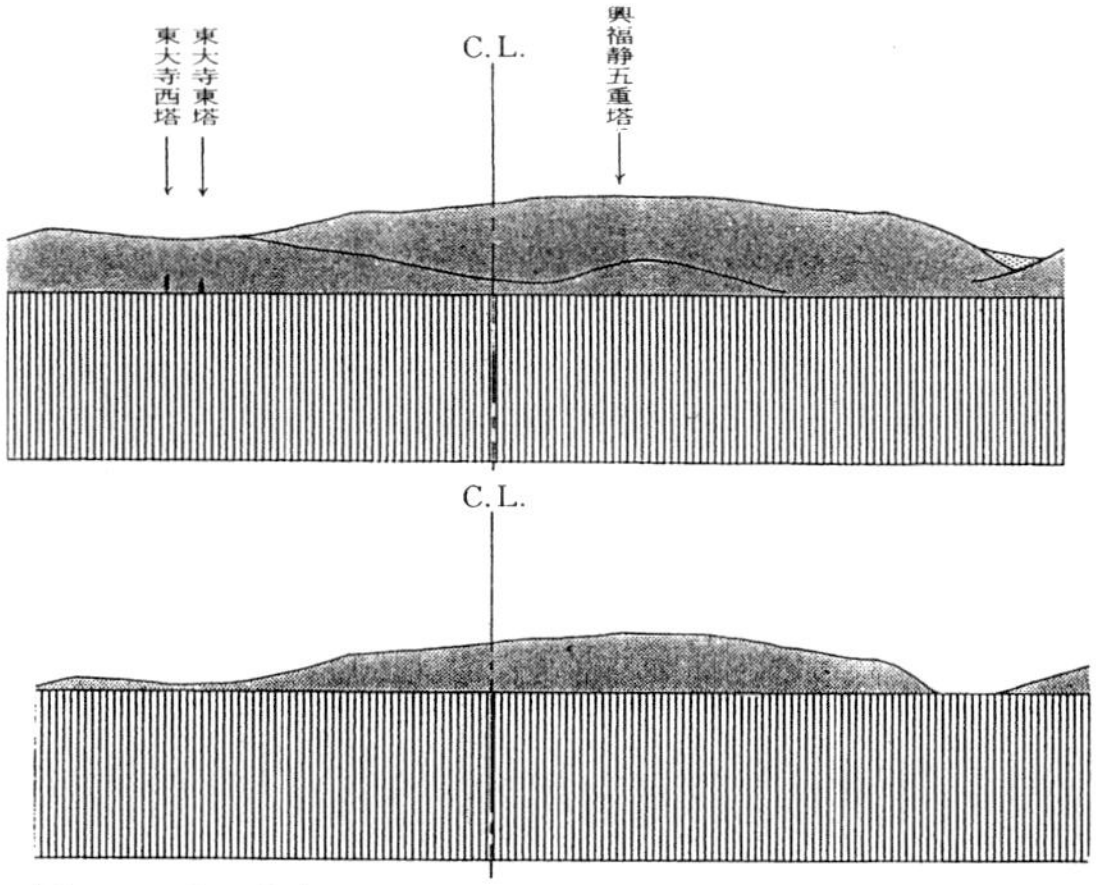

図20　平城京左京三条二坊宮跡庭園ＳＢ1510内部に視点が存在する場合の推定眺望景観
上はＳＢ1510中心に立った場合，下はＳＢ1510東よりに座った場合

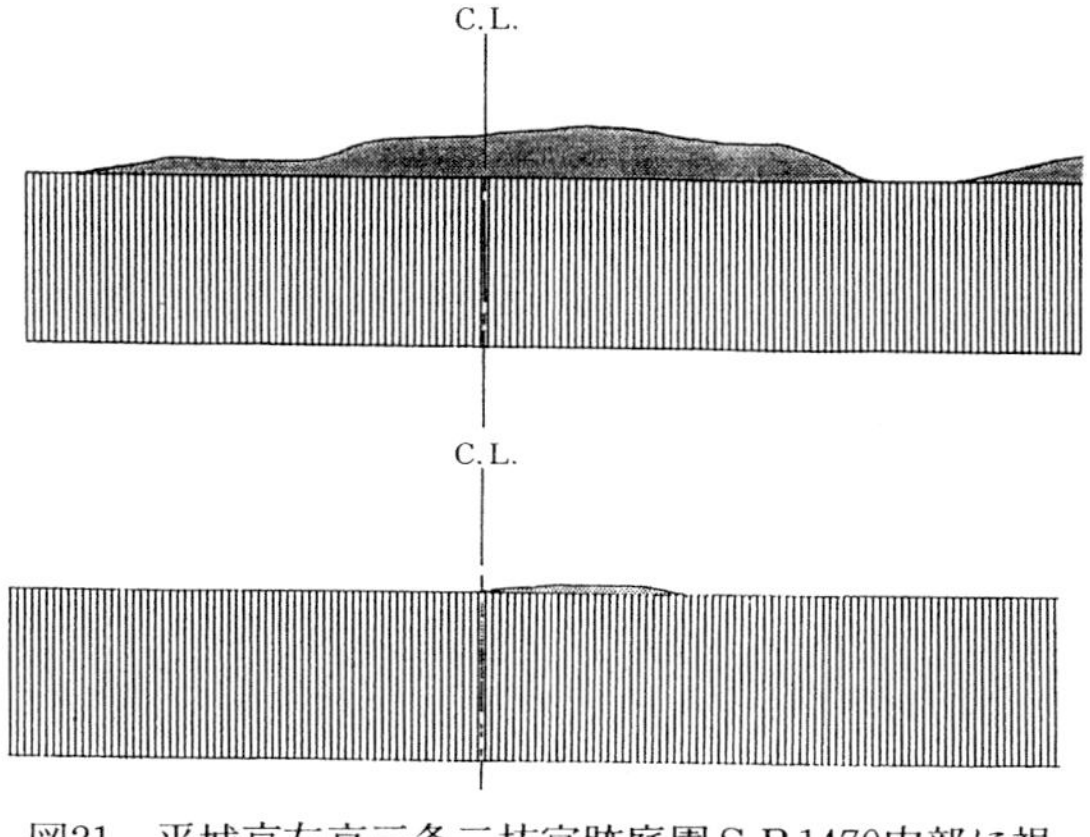

図21　平城京左京三条二坊宮跡庭園ＳＢ1470内部に視点が存在する場合の推定眺望景観
上はＳＢ1470中心に立った場合，下はＳＢ1470東よりに座った場合

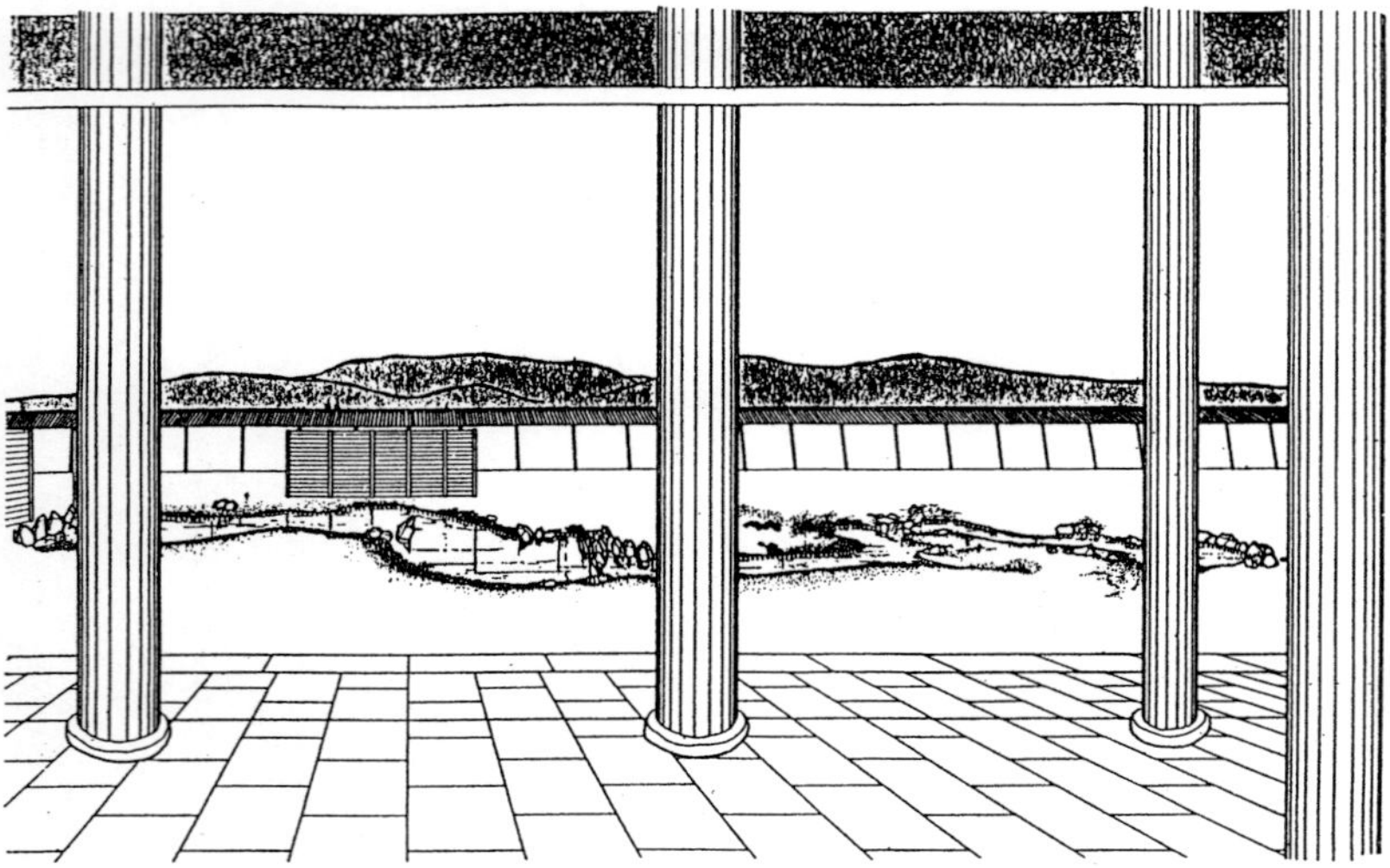

図22　平城京左京三条二坊宮跡庭園ＳＢ1540内部に視点が存在する場合の推定眺望景観

ＳＢ1540中心に立った場合

8)、この二通りがそれぞれ最も眺望を可能とする場合と眺望を困難にする場合となる。

4　小　結

推定復原眺望景観に関する特徴を要約すると以下のようになる。

(1)　ＳＢ一五一〇からの眺望について

ＳＢ一五一〇はＣ期に属する遺構の中では園池に付随する唯一の建物遺構である。この建物は前述のとおり掘立柱建物で、高床式ではなかったであろうと思われる。奈良時代の掘立柱建物内部の建具構造や調度の配置、およびそれらの利用方法は出土遺物がないために推定不可能であり、眺望という行為がどのように行われていたかはもとより不明である。しかし、おそらく園池や東方の山々の鑑賞を立位のまま行うということはなかったであろう。土間の上に折敷等の敷物を敷いて着座するか、腰掛や椅子に座して鑑賞したのではないかと推定される。この推測が可能とすれば、復原景観は図20に示す推定復原図よりもさらに阻害されていた可能性が高いといえるのではないだろうか。図20では、東方の春日山は全姿態の四分の一程度を垣間見せているにすぎない。つまりこの建物からの東方の眺望はそれほど重要視されてはいなかったといえるだろう。

(2) ＳＢ一四七〇からの眺望について

ＳＢ一四七〇はＤ期に属し、園池西南部に接して建つ掘立柱建物である。この場合も建物内で立位のままの鑑賞は考え難い。故に図21に示すとおり、東山の眺望はほとんど不可能に近いといえる。むしろＤ期における眺望はＳＢ一四七〇を中心とするのではなく、次にふれるＳＢ一五四〇において予定されていたと見てよい。

(3) ＳＢ一五四〇からの眺望について

この建物は基壇をもつ大型の礎石建物に復原している。園池とＳＢ一五四〇との距離は一五《メートル》（五〇尺）～二〇《メートル》（七〇尺）あり、園池に臨んで公的儀礼や宴遊等を催すための空閑地を殿舎の前面に準備したことが想定できる。ＳＢ一五四〇は基壇のある礎石建物であるため視点高も高く、遮蔽物からの距離も離れているため東方景観の眺望もより容易となる（図22）。したがって、Ｄ期に至って園池に臨んで東方の景観を眺望するという行為が行われるようになったといえる。東方の眺望景観を背景として、園池と建物との間の広い空閑地で行われる儀式・宴遊の光景を、比較的高い視点高を確保し得る基壇建物内部から眺望したところに、ＳＢ一五四〇の特徴がある。

(4) そ の 他

前節の冒頭でふれたとおり、図20～22に示す推定復原眺望景観は、あくまで遮蔽物を六坪内の掘立柱塀、築地塀等に限定した場合のものであり、六坪以東の市街地の建蔽率が眺望にどの程度の影響をもたらすかについては、発掘調査によって市街化の状況が判明しない限り、現段階では不明といわざるを得ない。ただ、正倉院文書等に見える貴族の居住地は三条条間路（六坪北側の道路）沿線に比較的集中しているし、従来の調査（平城宮跡第八四・八六次、[23] 一一六次、[24] 一七九・一八四・一八六次調査[25]）によっても一町以上の敷地を持つ大規模な住宅地遺構が発見されている。このような事実から推定すれば、六坪を含めて三条条間路沿線は貴族の大規模な邸宅の建ちならぶ地域であったことが想定され、京内でも比較的建蔽率の高い市街地を形成していたといえるだろう。したがって、図20～22で復原した眺望景観は、それらの建物群によってあるいはもっと遮蔽されていた可能性もある。

注

（1）『平城京左京三条二坊六坪発掘調査概報』奈良国立文化財研究所、一九七六。
（2）安田龍太郎「左京三条二坊六坪の調査（第一〇九次）」『奈良国立文化財研究所年報一九七八』一九七八。
（3）毛利光俊彦「左京三条二坊六坪の調査（第一二一次）」『奈良国立文化財研究所年報一九八〇』一九八〇。『平城京左京三条二坊六坪発掘調査概報』奈良国立文化財研究所・奈良市教育委員会、一九八〇。
（4）『平城京左京三条二坊六坪発掘調査報告』（『奈良国立文化財研究所学報』第四四冊）、奈良国立文化財研究所、一九八六。
（5）本中真「古代曲水宴遺構の流速について」『造園雑誌』四三―三、一九八〇。
（6）『特別史跡平城京左京三条二坊宮跡庭園復原整備報告』奈良市、一九八五。なお、本節ではＳＢ一五一〇は土間形式の建物として視点高を試算したが、一九八二～一九八三年に実施された復原整備工事では床高一・三五〇メートルの高床式建物に復原している。この復原根拠は南から第三間目の西面に木階の痕跡らしき小穴群を検出したことにあるが、ＳＢ一五一〇の梁間は二〇尺あり、床束・脇束なども検出されておらず、高床式建物に復原することにはやや疑義がある。

（7）高瀬要一「朱雀大路の方位」『平城京朱雀大路発掘調査報告』奈良市、一九七四。
（8）本中真「条坊遺構と地割」『平城京右京八条一坊十三・十四坪発掘調査報告』（『奈良国立文化財研究所学報』第四六冊）、奈良国立文化財研究所、一九八九。
（9）千田剛道「壬生門（第一二二次）の調査」『奈良国立文化財研究所年報一九八一』一九八一。清田善樹「南面大垣（第一三〇次）の調査」『奈良国立文化財研究所年報一九八二』一九八二。橋本義則「南面大垣東端地区（第一五五次）の調査」『奈良国立文化財研究所年報一九八五』一九八五。舘野和己「南面大垣壬生門東西地区（第一六五・一六七次）の調査」『奈良国立文化財研究所年報一九八七』一九八七。
（10）「平城宮跡第四六次調査」『奈良国立文化財研究所年報一九六八』一九六八。
（11）細見啓三「出土榧による築地の復原」『平城京羅城門跡発掘調査報告（第一次〜第三次発掘調査）』大和郡山市教育委員会、一九七二。
（12）筒井英俊『東大寺要録』国書刊行会、一九四四。
（13）奈良六大寺大観刊行会『奈良六大寺大観（東大寺）』九、一九七〇。
（14）『七大寺巡礼私記』（『奈良国立文化財研究所史料』第二二冊）奈良国立文化財研究所、一九八二。
（15）『国宝東大寺金堂（大仏殿）修理工事報告書』奈良県文化財保存事務所、一九八〇。
（16）『重要文化財東大寺中門廻廊修理工事報告書』奈良県教育委員会文化財保護課、一九六一。
（17）奈良県教育委員会『奈良県文化財調査報告』八、一九六五。
（18）天沼俊一『日本建築史要』（本論および附図）飛鳥園、一九二七。
（19）『国宝重要文化財（建造物）実測図集』奈良県四、文化庁、一九七〇。
（20）『興福寺流記』「大日本仏教全書」一二三、一九三一。
（21）『奈良六大寺大観（興福寺）』七、奈良六大寺大観刊行会、一九七〇。
（22）佐藤平『建築図学』理工学社、一九八〇。
（23）『平城京左京三条二坊』（『奈良国立文化財研究所学報』第二五冊）奈良国立文化財研究所、一九七五。

（24）『平城京左京三条四坊七坪発掘調査概報』奈良国立文化財研究所、一九八〇。毛利光俊彦「左京三条四坊七坪の調査（第一一六次）」『奈良国立文化財研究所年報一九八〇』一九八〇。
（25）『平城京長屋王邸宅と木簡』奈良国立文化財研究所、一九九一。

三　平城宮東院庭園

1　序　言

本節では平城宮東南隅において発見された平城宮東院庭園をとりあげる。まず2において平城宮東院庭園の意匠・工法の特徴を洗いだし、他の古代遺跡庭園の事例を渉猟・探索する中で古代庭園における平城宮東院庭園の位置づけを明らかにする。さらにこれらの諸例を相互に関連づけ、一連の系譜の中に系統づけることを試みる。次に3において東方の眺望景観の推定復原を行い特徴の抽出を行う。

2　平城宮東院庭園の意匠・工法の系譜について

(1)　平城宮東院庭園の概要

平城宮東院庭園は特別史跡平城宮跡の東張出部東南隅において発見された奈良時代の庭園である（図23）。この東

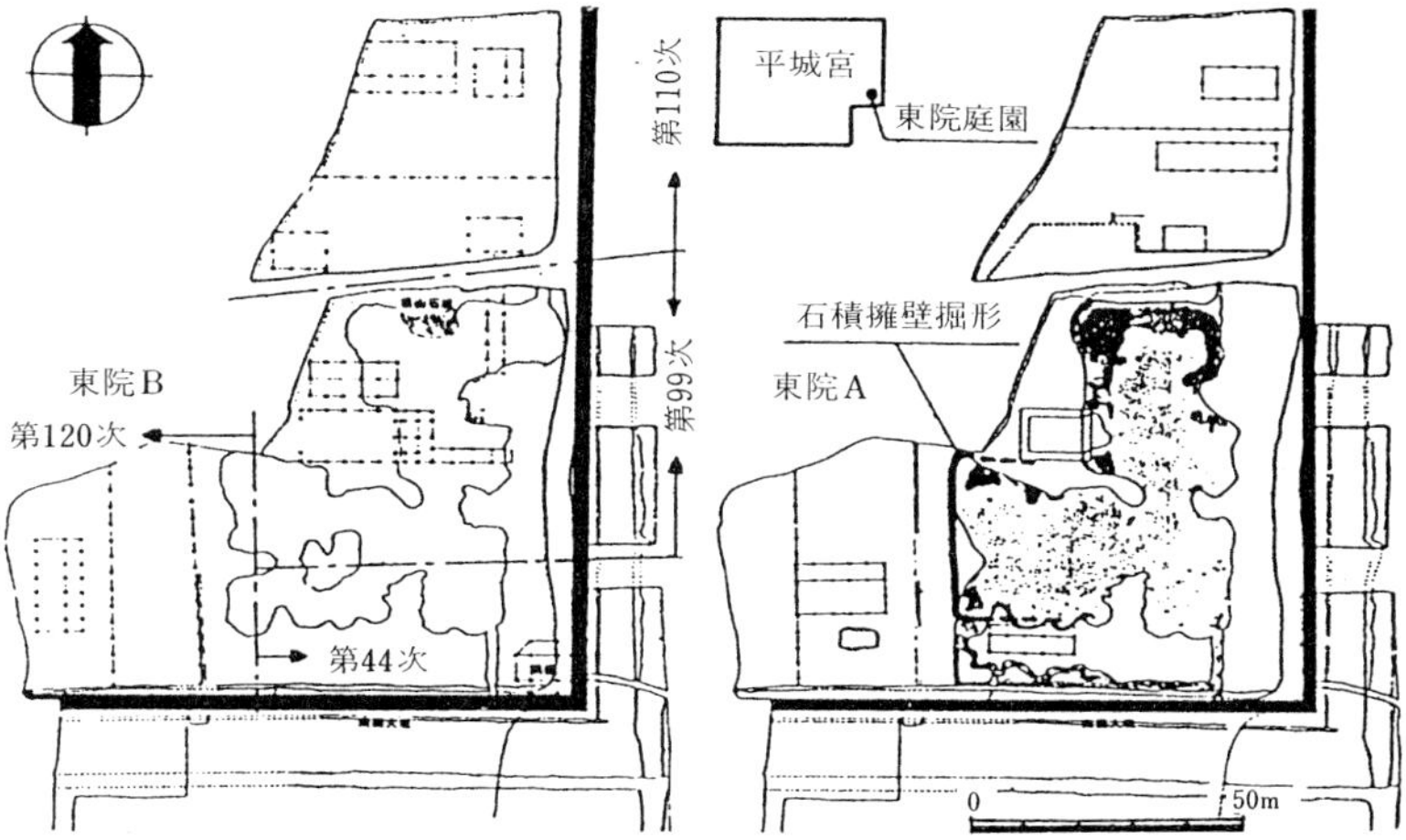

図23　平城宮東院庭園発掘調査遺構図
右は東院A，左は東院B

図24　平城宮東院庭園園池東北岸（東院A　東から）

図26　平城宮東院庭園園池東岸の
洲浜汀線（東院Ｂ　南から）

図25　平城宮東院庭園（南から）
手前は東院Ｂの州浜敷汀線，後方の下
段玉石敷は東院Ａ

図27　平城宮東院庭園園池北端の築山部分（東院Ｂ　南から）

張出部は『続日本紀』に散見する「東院」に比定され、かかる庭園の名称もここに由来する。一九六八年の平城宮跡第四四次調査に端を発して、第九九次（一九七七年）、第一二〇次（一九八〇年）の各調査によって園池の全体像が判明した。

園池は北から南へ下がる緩傾斜地の縁辺部に位置し、小規模な谷地形を利用して造られている。東と南は平城宮の外郭を画する築地大垣に面し、北と西は掘立柱塀で閉塞される面積約六六〇〇～七〇〇〇平方メートルの区画内に位置する。平城宮東院庭園は奈良時代全般を通じて存続するが、奈良時代半ばに大規模な改修工事を受けている（図23）。前半の園池は養老年間（七一七～七二三）から天平初年（七二九）に至る期間に造営され、天平勝宝年間（七四九～七五六）以降に改修工事が実施された後、後半の園池が奈良時代末まで存続する。(1)(2) 前半の園池のうち、当初のものは一部玉石積擁壁で汀線を処理し、ほどなく直径約三〇センチの玉石を汀線部分に幅約一～二メートルの帯状に敷き詰めて改修している。(3) 後半の園池ではこれを大がかりに埋めて全体を礫敷とする。本節では前半の園池を「東院A」（図24）、後半の園池を「東院B」（図25・26・27）と呼び、以下の叙述を進めることとする。

(2) 平城宮東院庭園の特徴

① 石積擁壁

東院Aの特徴の第一は、園池西岸と南岸に遺存した石積擁壁の基底部と、その据え付け掘形である（図23）。擁壁の基底部は遺存の良好な箇所で玉石二～三石をほぼ垂直に積み上げるが、大半は基底部の玉石一石ないしはその抜取り痕跡を残すのみである。(1)(2) しかし擁壁の据え付け掘形が、西岸では延長約三メートル遺存する玉石列の西方約一・五メートルの位置で南北に、南岸では同じく一石のみ遺存する玉石に沿ってほぼ東西にそれぞれ直線状に連続し、西岸と南岸がもともと三～四段の玉石積擁壁を形成していたことを示す。しかも注目すべき点は、西岸中央で池中に突出する出島基部の下層においても同様の掘形を検出したため、出島が園池開削当初には存在せず、その後まもなく実施された改修工事の結果造成されたものとみられることである。改修の結果北岸と南岸は石積擁壁を部分的に埋めながら池中に向かって緩やかな下り勾配で造成され、この上に汀線をなす直径約三〇センチの玉石が張られたのである。図28はこの工法を断面模式図に示したものである。西岸の擁壁据え付け掘形は第一二〇次調査区の北辺で東に折れ曲がる様相を呈するため、北岸にも同様の石積擁壁が築かれていた可能性がある（図23）。また第一二〇次調査区東方の第四四次調査区は東院Bの段階で調査を終了しており、下層の東院Aの園池にまで調査が及んでいない(4)。したがって東院Aでは園池南半部の西岸はもとより、南、北のいずれの護岸も直線状の石積擁壁であった可能性も否定できない。西岸のさらに西約五～六メートルの位置には、東院庭園地区の西を限る石組溝や掘立柱南北塀が存在するため、上記の石積擁壁は塀などの閉塞施設との位置関係から西岸汀線の処理方法としてやむを得ず考案されたとも考えられるのだが、東院A成立以前の他の園池の中に同様のデザインを見いだす時、それは区画に制約されて考案された単なる工法と見るよりも、当時の園池護岸デザインの一系譜と捉えるほうがきわめて自然であることに気付く。

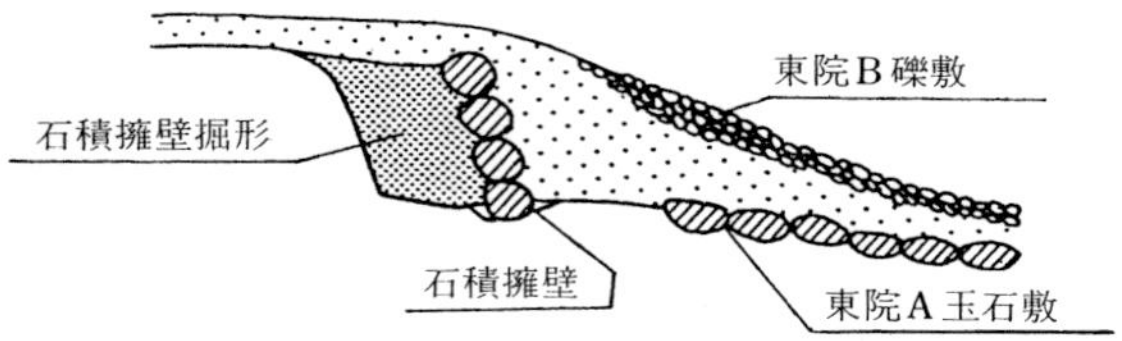

図28　平城宮東院庭園西岸石積擁壁護岸断面模式図

類似例として挙がるのは、推定推古朝小墾田宮の園池である（図29～31）(5)。推古天皇は豊浦宮に即位の後、推古一一年（六〇三）に小墾田宮を新たに造営して遷宮した。その推定地として有力視されていた甘樫丘の西北方、「古宮」という小字名の残る一帯を一九七三年に発掘調査したところ、六×三間の掘立柱建物東西棟とその南に広がる広場の中

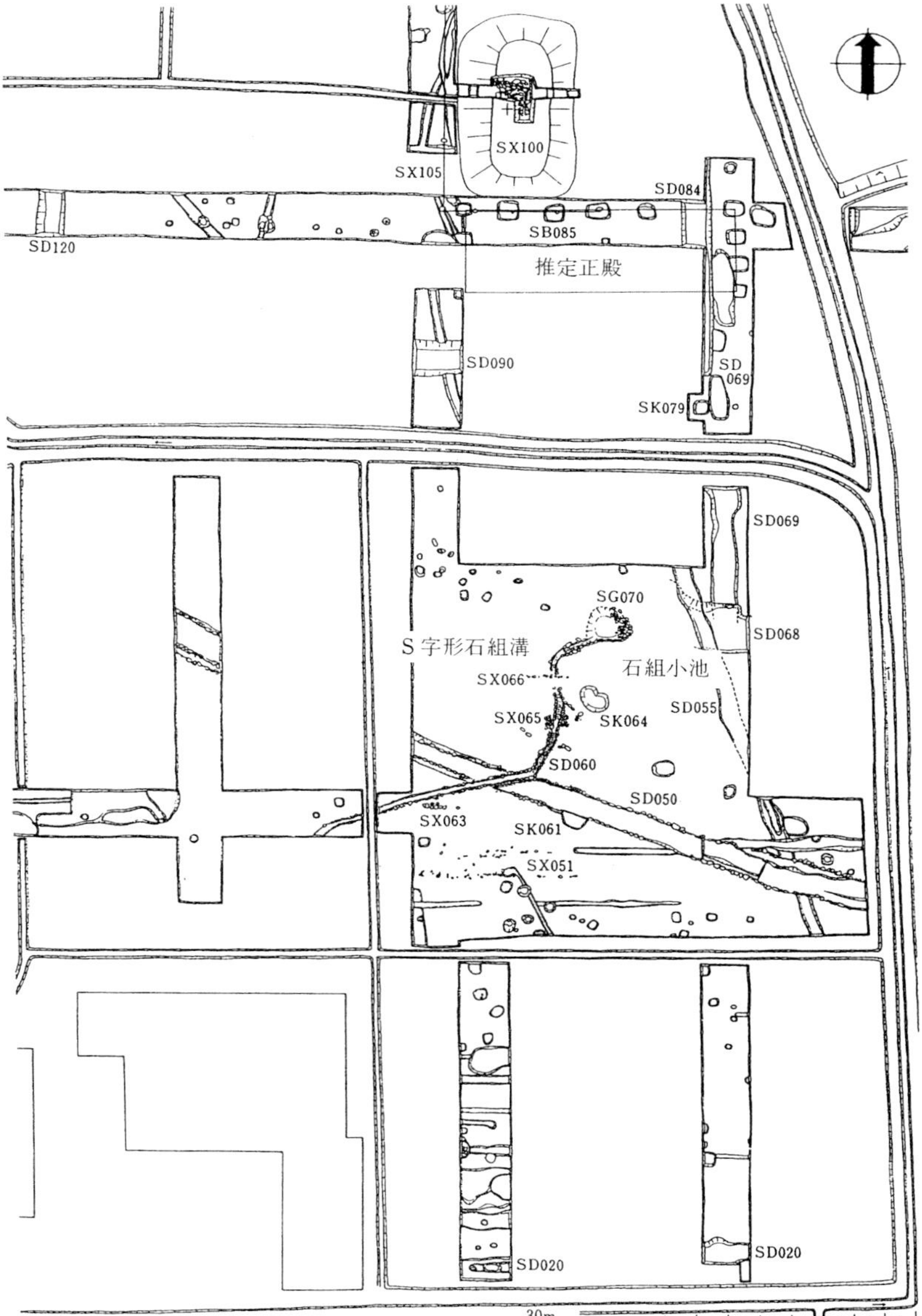

図29　推定小墾田宮跡発掘調査遺構図(5)

図30　推定小墾田宮の園池遺構と石組蛇行溝（北から）

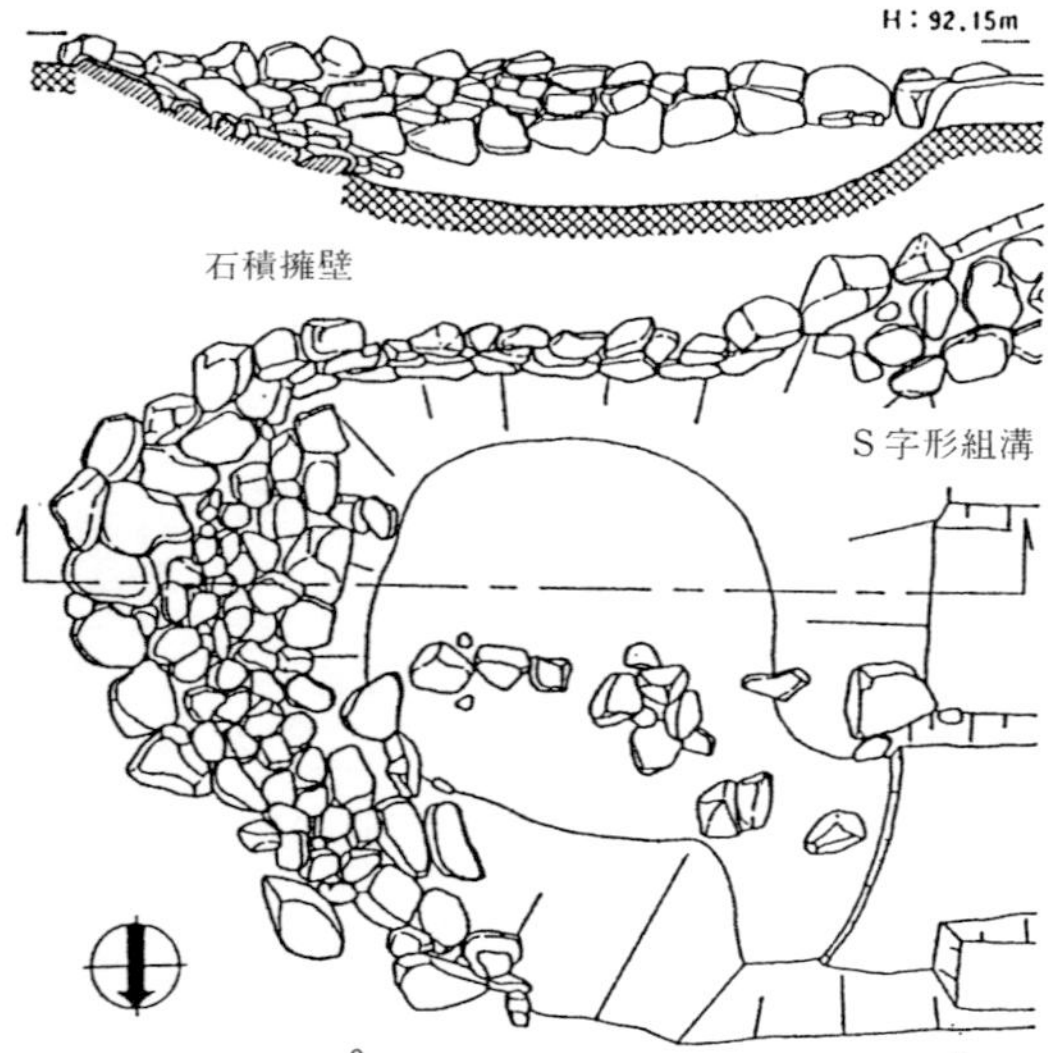

図31　推定小墾田宮園池遺構図(5)

央に直径二～三メートル、深さ約五〇センチの不正円形の小さな園池と、それに連続するS字状の幅約二〇センチの石組溝とを検出した。園池の埋土からは七世紀前半に属する土師器杯の完形品が数点出土しているため、この園池が推古朝の時期に属するものであることは疑いない。園池は池底部の張石を欠き、東西両岸と北岸は緩やかな勾配の玉石敷汀線に仕上げているが、南岸はほぼ垂直に立ち上がる玉石積擁壁である（図30・31）。つまり東院Aの当初の西岸と同じ工法なのである。厳密には、小墾田宮の場合が園池の西南隅部から連続する玉石溝の側石と園池南岸の玉石積擁壁とが一体的に造られているのに対し、東院Aの場合はいったん西岸の玉石積擁壁を造った後、南北両岸から部分的に埋めるように緩やかな勾配で玉石を敷いた汀線に改修している点が異なっている。もちろん規模の点でも両者は大きく異なるのだが、仕上がりの形態の面ではきわめて類似しており、東院Aの西岸等にみられる園池汀線のデザインおよび工法は、古く七世紀前半にまで溯ることがわかる。

② 逆L字形プラン

東院Aの特徴の第二は、東院Bに比較してきわめて平面形が単調なことである。前述のように、東院A当初には園池南半部の西岸、南岸、北岸が直線状の石積擁壁であった可能性があり、東岸にも部分的に直線状の汀線がみられることから、全体の形状は直線を基本とする逆L字形である。東院Bは、この逆L字形プランを持つ東院Aの汀線に湾曲部を随所に付加して改修成立したものであることが推定される（図32）。奈良時代以前の園池遺構には方形プランを持つものがいくつか存在する。

飛鳥島庄で発見された蘇我馬子が造営したとも考えられている七世紀前半に属する方形池がその好例である（図33）[6]。この方形池は一辺約四二メートル、深さ約一・五メートルあり、汀線が直径約五〇～六〇センチもの巨大な自然石を随所に用いた擁壁であるなど、一見プールを思わせるような形態を持つ。しかし池東南隅の底部には井戸が存在し、池の底部は直径約三〇センチの玉石を全面に張って水の浄化を図るなど、この池が単なる灌漑池ではなく園池であることを物語る[7]。

また、二つめの類例遺構として飛鳥石神遺跡の方形池（図34・35）[8]と、宮城県仙台市の郡山遺跡で発見された方形池（図36）[9]とを挙げることができる。前者は斉明天皇（六五五～六六一）の時代に迎賓館として機能した建物群の中庭に設けられた一辺約六メートル、深さ約八〇センチの方形池で、汀線は直径約五〇～八〇センチの自然石を二～三段積とし、池底は

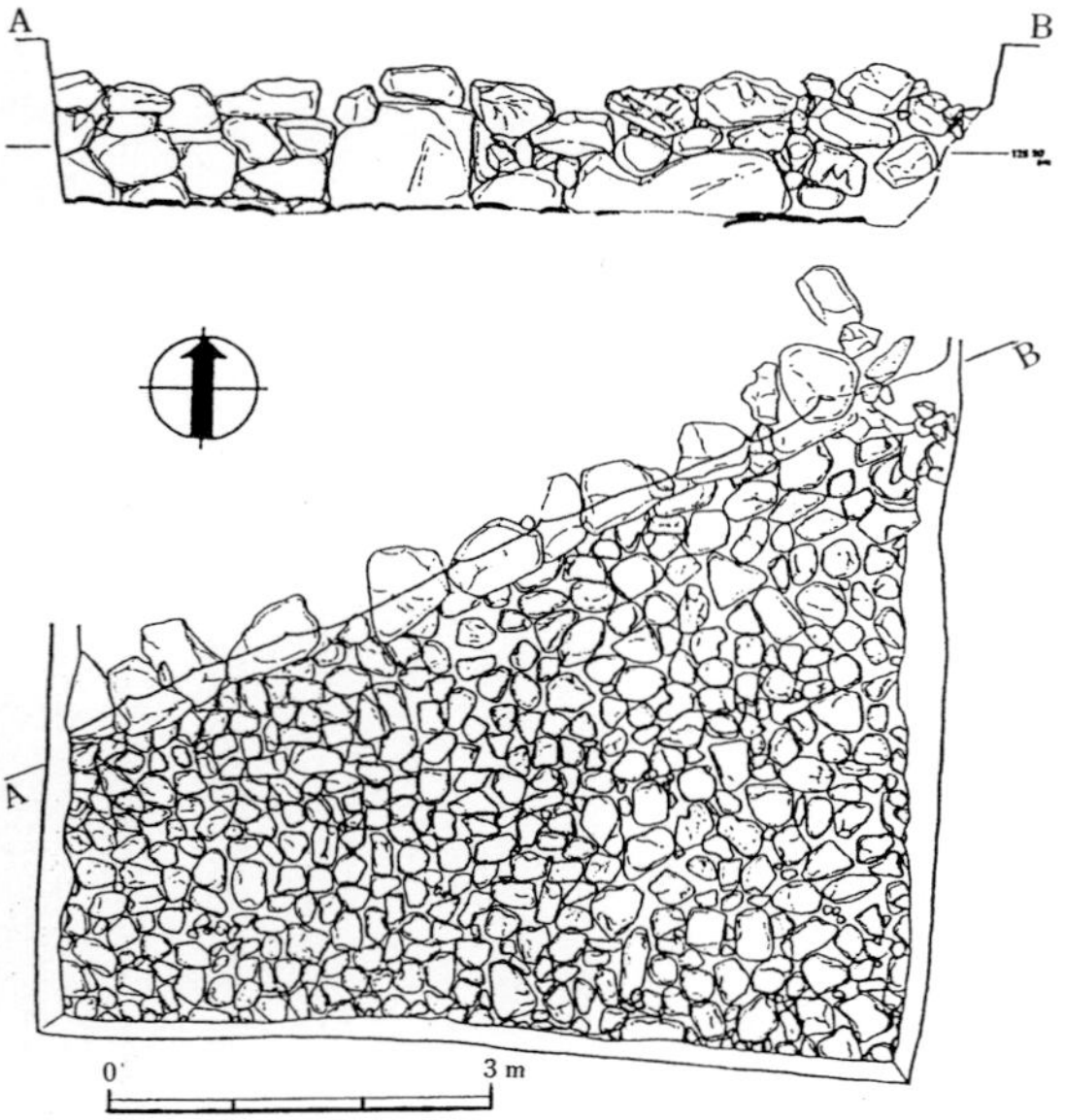

図33　飛鳥島庄園池遺構図(6)

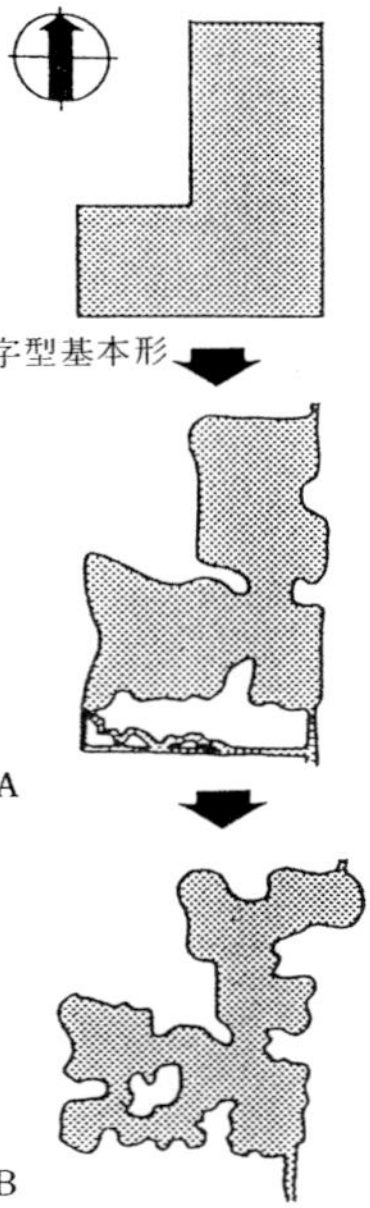

図32　平城宮東院庭園の変容パターン

図34　飛鳥石神遺跡の方形園池遺構（東北から）

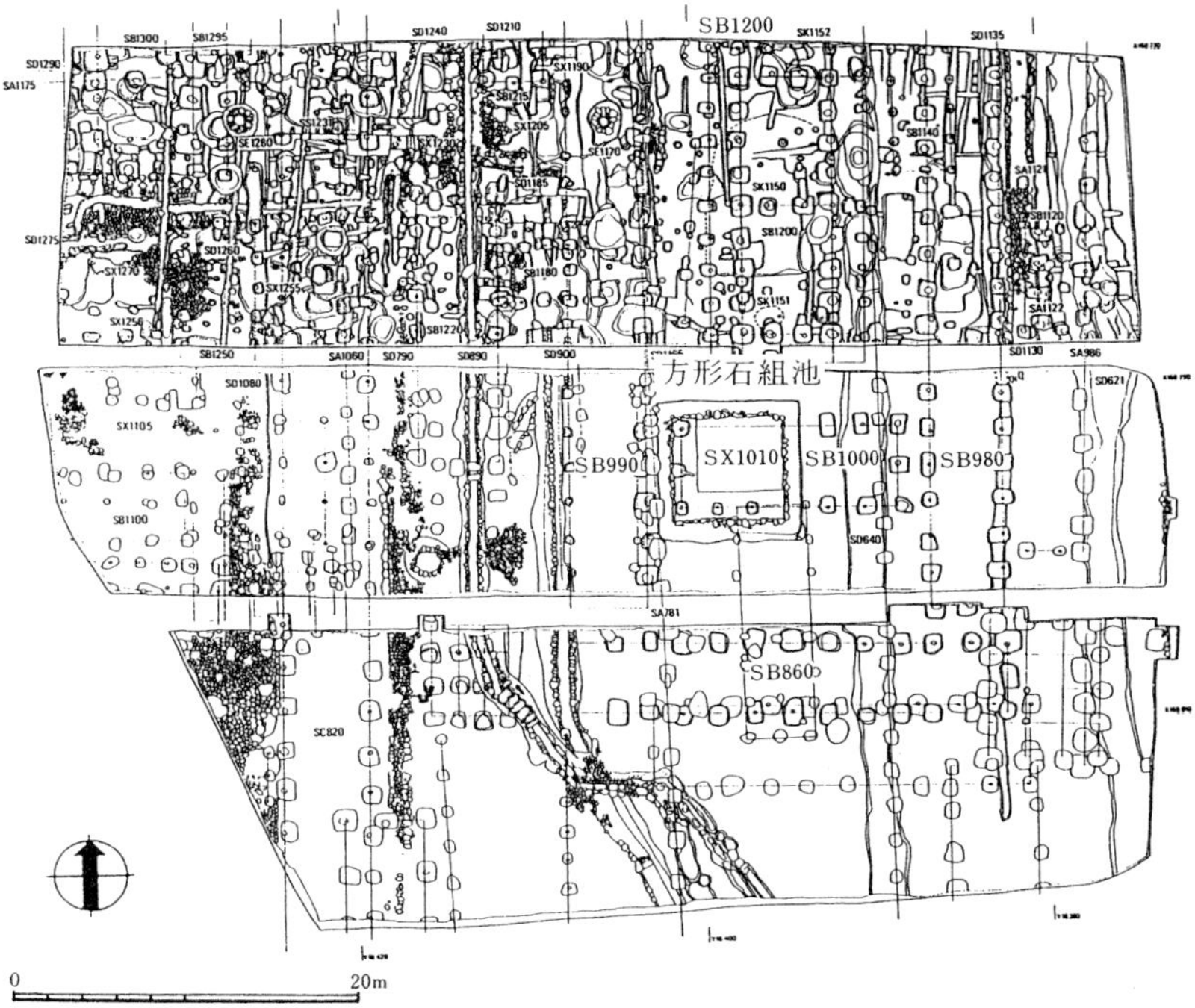

図35　飛鳥石神遺跡の方形園池遺構平面図[8]

化粧と水の浄化を目的として拳大の礫を全面に敷き詰める。また後者は東北地方の城柵遺跡において発見された七世紀末～八世紀初頭の石組方形池で、一辺約四メートル、深さ約一・一メートルと石神遺跡の方形池と規模の上で類似している。

　これらの方形池の事例は、東院Aの平面形が逆L字形を基本としつつ部分的にデフォルメを加えて全体の平面形を整えていることとまったく無関係ではない。東院Aは、七世紀に先行する方形池をベースに形態が決められたといっても過言ではなかろう。

　東院庭園以外の奈良時代の庭園遺構の中で、汀線が直線状の石積擁壁の護岸を持つ事例として、平城京左京二条二坊九坪において検出した園池遺構がある[10]（図37）。直径約三〇センチの自然石を直線状に二段に積んで護岸とし、池水浄化のために拳大の円礫

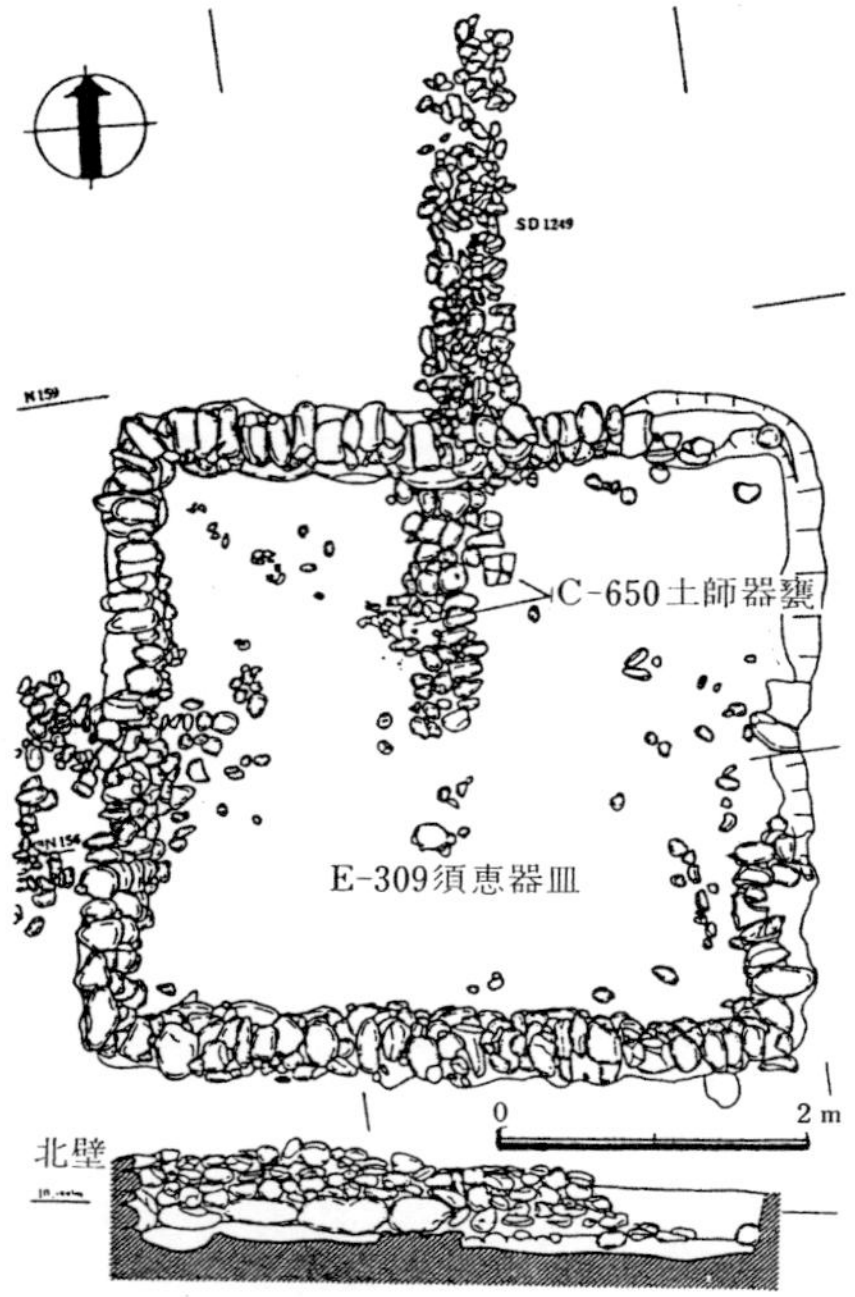

図36 郡山遺跡園池遺構図(9)

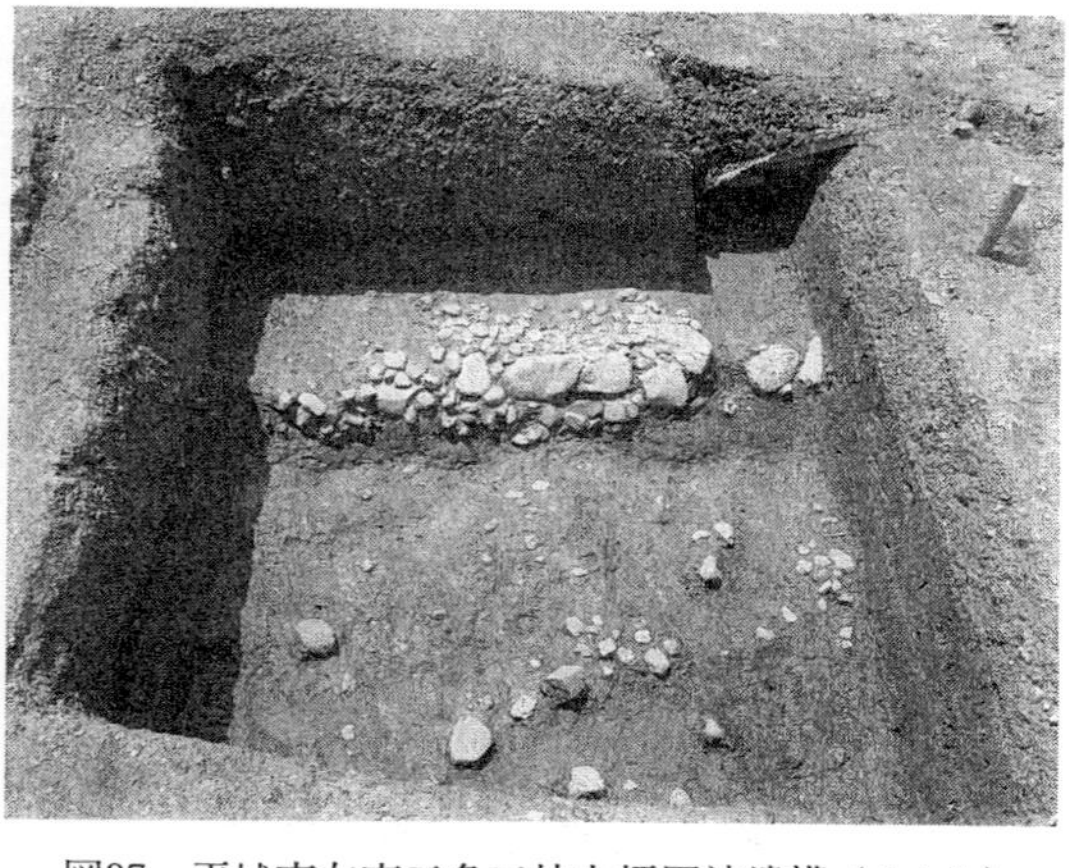

図37 平城京左京二条二坊九坪園池遺構（北から）

を底部に敷く。この園池は、正倉院文書等に写経所として登場する法華寺嶋院に関連するものと推定されている。

以上のように、東院庭園だけでなく八世紀の庭園遺構の中には七世紀の石積擁壁を伴う方形池の系譜の延長線上に位置づけられるものがいくつか存在するのである。

③ 州浜の登場

東院Aから東院Bへの改修における特徴は、やはり汀線が直線を主体とする玉石護岸から複雑に入り組んだ曲線を主体とする州浜に改められることである。この変化の背景として、まず古墳の周濠を改修して園池とするという行為が、当時かなり頻繁に行われていたことについてふれておかねばなるまい。

平城宮跡北辺中央部に位置する市庭古墳は直径約一〇〇メートルの円形マウンドとして遺存するが、発掘調査によって、全長約二五〇メートルもある巨大な前方後円墳を平城宮造営とともに前方部を削平し、周濠を埋めていることが判明した[11]。そして後円部外周西北部の外濠は、奈良時代に約三・四メートルの深さの約九〇%近くを埋め、その上に礫を敷いて水深のきわめて浅い園池として再利用していることが判明した（図38・後掲図41）[12]。古墳の周濠と墳丘は、古墳本来の機能が忘れ去られた時に、水と山を象徴する材料として優れて造園的な取り扱いがなされようとしたのである。

図38　市庭古墳周濠部の園池（西北から）
後方の森は市庭古墳後円部

図39　平城京左京一条三坊十五・十六坪園池遺構（西から）

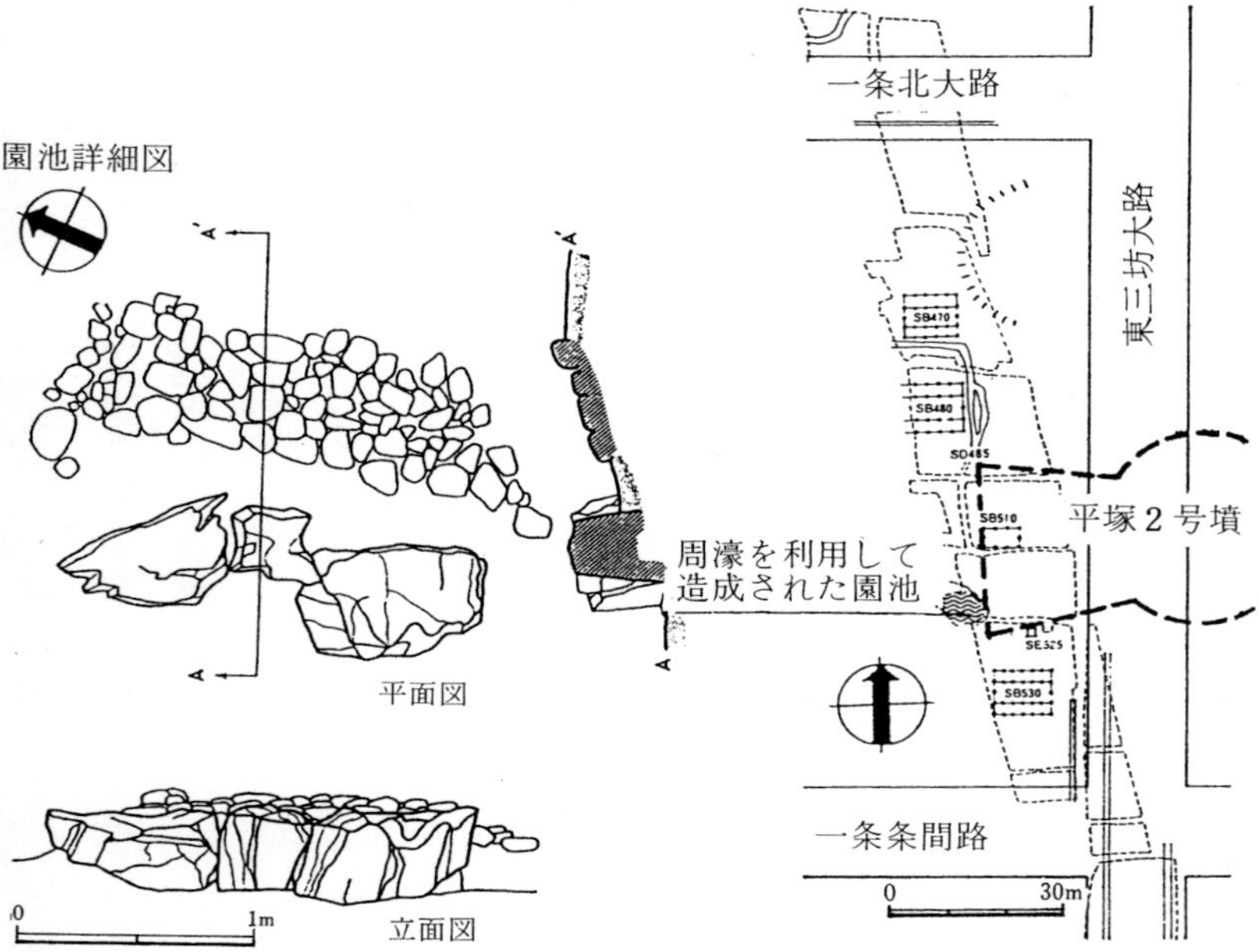

図40　平城京左京一条三坊十五・十六坪園池遺構平面図[13]

平城京左京一条三坊十五・十六坪の調査で明らかとなった平塚二号墳も同様の例である（図39・40）[13]。この宅地中央の北よりに南北に並列する東西棟掘立柱建物の間隙を縫って、西北から東南へと流れる蛇行素掘溝が宅地の東南部の園池へと連続している。しかもこの園池は、平塚二号墳の周濠を利用して墳丘斜面に残る葺石に奈良時代に新たに景石を補充して汀線処理していたのである。

また、平城宮北方の猫塚古墳の周濠も園池に再利用されていることが判明している（図41・42）[14]。猫塚古墳で興味深いことは、この古墳が平城宮北方の禁苑である松林苑の中にとりこまれているということと、墳丘・周濠・建物がセットで発見されていることである。

こうした律令制下における古墳の造園的な再利用はかなり頻繁に行われたものと想定されるが、以下にみる杉山古墳においてはやや特殊な性格を持つものとして注目されなければならない。

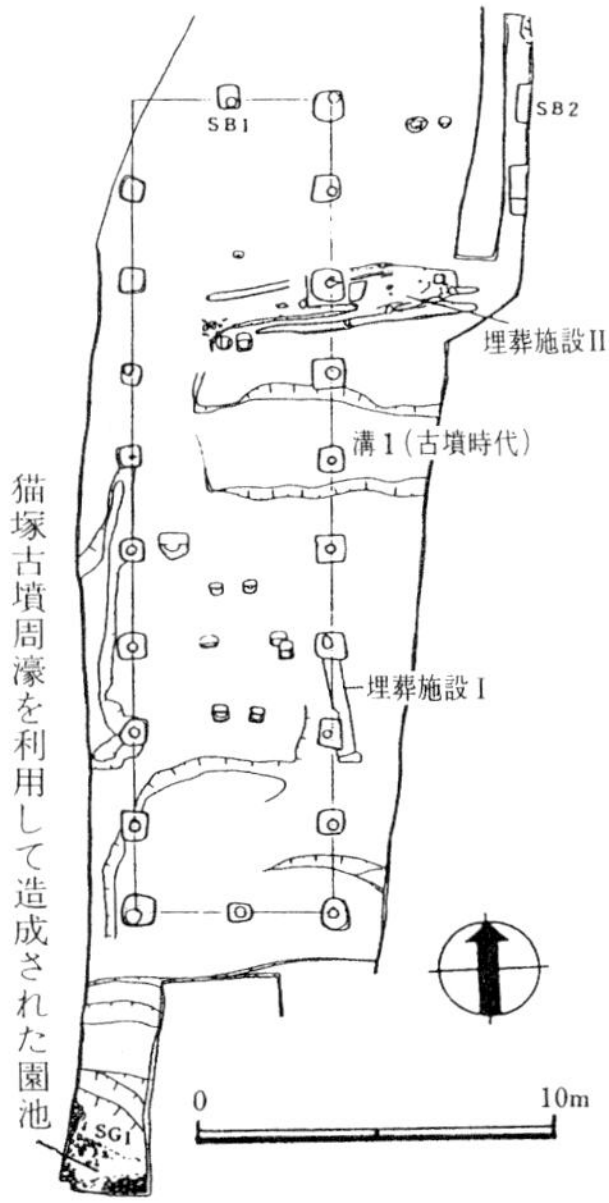

図42　猫塚古墳発掘調査遺構平面図(14)

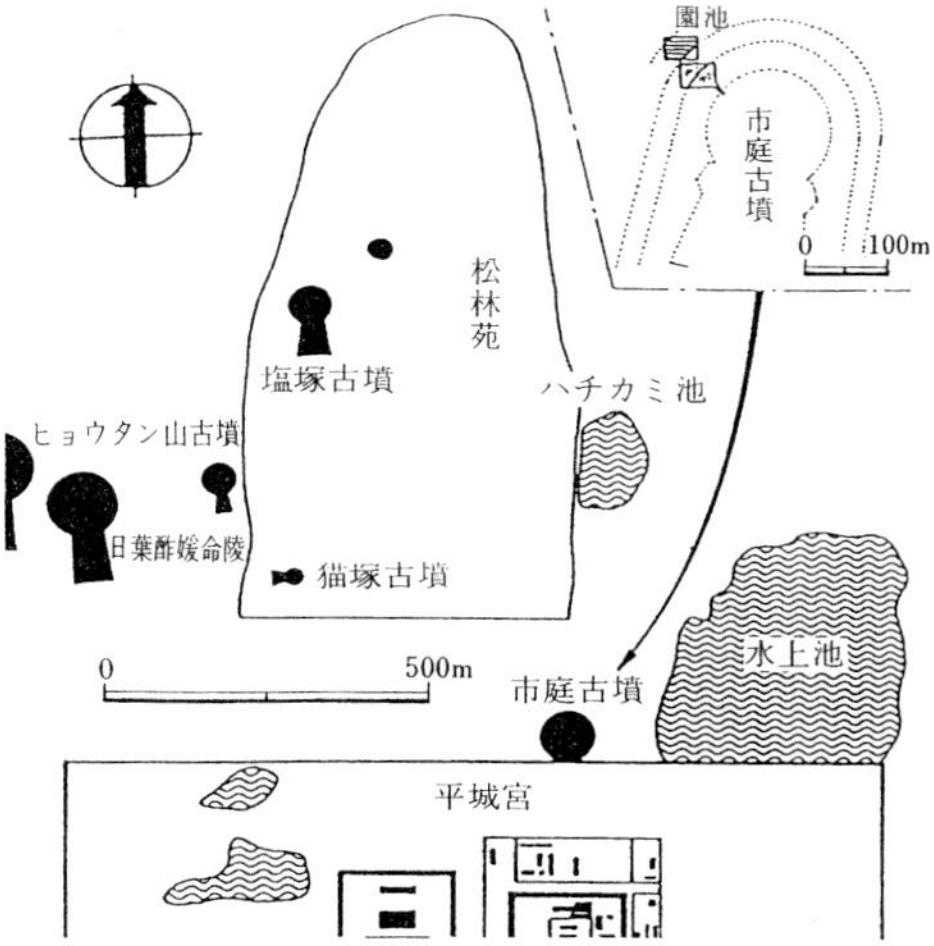

図41　市庭古墳・松林苑・猫塚古墳

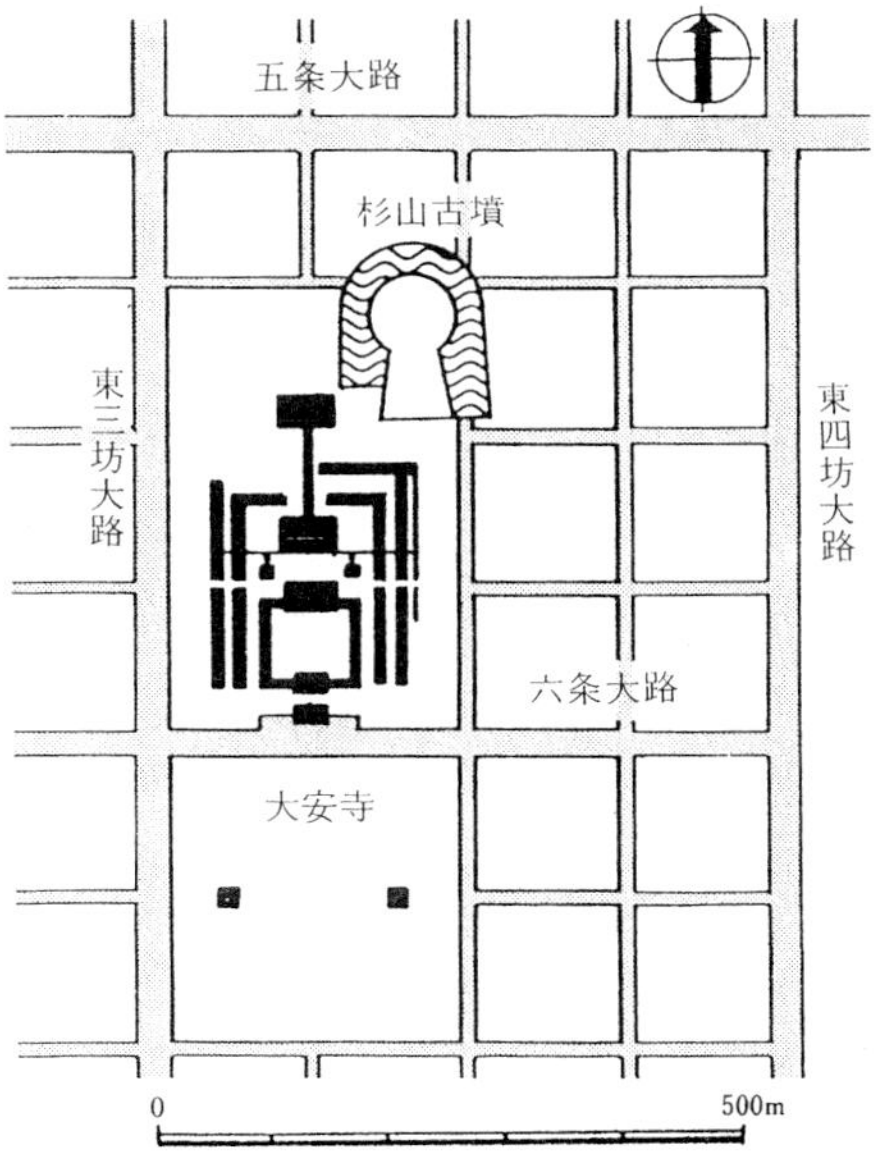

図43　平城京大安寺と杉山古墳の位置

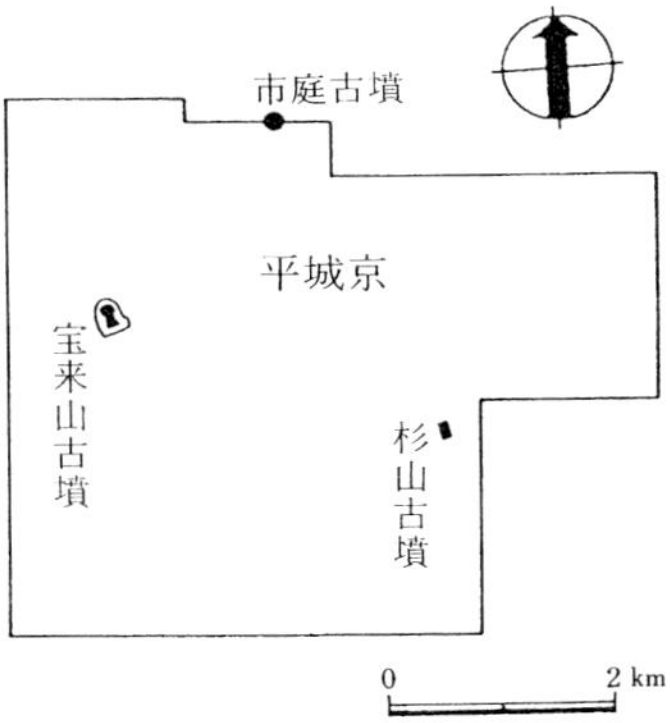

図44　平城京の三山(18)

結論からいえば、杉山古墳の墳丘と周濠は寺院の境内地に取り込まれて墳墓以外の機能を担うものとして残されて来た可能性が高いということである。杉山古墳は平城京左京六条四坊七坪、藤原京大官大寺の後身とされる大安寺の境内地北端に位置する古墳である。全長約一二〇《メートル》の前方後円墳で、条坊の一坪内に納まっている（図43）。調査報告によると、主体部想定位置である後円部中心を墳頂から約四《メートル》掘り下げたが埋葬施設を発見することができず、代わりに墳丘内部から意味不明の粘土塊を三ヵ所において発見したという。(15)(16) また盗掘の痕跡も認められなかったという。『大安寺伽藍縁起幷流記資財帳』(17)には杉山古墳を指して「合寺院地壹拾伍坊……一坊池幷岳……」と記し、この古墳が平城京造営に伴って墳丘と周濠を含めて大安寺境内に残されたことは疑いない。また、『続日本紀』和銅二年（七〇九）一〇月条には造平城京司に発令された勅として、平城京造営に際して発見された墳墓の手厚い事後処理方法について戒めている。森浩一は、両記事と杉山古墳の埋葬施設が発見されないという調査結果とを関連付け、杉山古墳の墳丘を墳墓以外の目的に利用するためにわざわざ埋葬施設を他所へ移設したのではないかと推定する。(18) 出土した粘土塊は埋葬施設を他所へ移した際に生じた何らかの痕跡ではないかと解釈する。そして同時に平城京造営に際して杉山古墳の墳丘を都市施設として一坪分を計画的に割り当てる必要があったとし、その理由として市庭古墳後円部、垂仁天皇陵（宝来山）と並んで平城京造営時の「三山」の機能を担わされていたのだという大胆な推論を展開するのである（図44）。「三山」とは、もちろん『続日本紀』和銅元年（七〇八）二月条に記す有名な平城遷都の詔の一節「方今平城之地。四禽叶図。三山作鎮」の「三山」を指す。この記事は平城京造営に先立って四神相応の地として宮都を選地する際に、藤原京三山（香具山・畝傍山・耳成山）と同様に平城京においても東・北・西の三方を山に囲まれていることが地形選択の条件になったことを示す。従来平城京の三山は東の春日連山、北の奈良山丘陵、西の生駒矢田丘陵に比定されてきたが、森の推論は平城京の三山にも漠然とした山岳地帯や丘陵部ではなく、藤原京のそれと同様に三つの独立丘ないしは独立峰が充てられてしかるべきだという考え方に基本的には立脚している[19]。そして、森は上記の三つの古墳の墳丘を三山に比定したのである。この推論はきわめて興味深いが、しかし論理の展開に問題が無いわけではない。すなわち、杉山古墳の造営年代は五世紀後半とされているから、既調査区の位置する後円部中心部に必ずしも埋葬施設が存在するとは限らず、中軸線をはずれた調査区外に今も埋葬施設が埋まっている可能性もあるのである。早計な結論は差し控えなければならないが、なおこれらの三山説は、古墳の墳丘が地形を選別ないしは判別するための一種のランドマークの機能さえ担わされていたことを推定するという点できわめて示唆に富むものである。

さて、杉山古墳周濠部はその後の発掘調査[20][21]によって八世紀を通じて池沼を呈して遺存していたことが判明している。いずれの調査区においても汀線を石で化粧した痕跡は認められなかったが、少なくとも水面は奈良時代全般を通じて遺存したわけである。調査区が狭隘なため、今後の調査によって部分的にでも石敷や景石を検出できる可能性は残されており、即座に園池の可能性を否定するわけにはいかない。森も指摘するように、杉山古墳が平城京造営に際して積極的に都城の計画プランに組み込まれたのだとしたら、その後の利用方法は墳丘と周濠の庭園的利用に限定されるのではあるまいか[22]。

以上のように発掘調査の諸成果からは、前時代の遺物である古墳の墳丘と周濠が、造園的な再利用のもとに蘇生がはかられるケースを頻繁に認めることができる。そして注目すべき点は、周濠を埋めて比較的浅い園池に造り変え、葺石を一部利用しながらもやや細かな玉石や礫を敷いて州浜状に仕上げていることなどが特徴的である。すなわち東院Bに見られる礫敷汀線は、古墳の再利用に伴って登場した園池の汀線処理手法の影響とも考えられるのである。さらに大胆な憶測が許されるとするなら、東院Bにおいて初めて庭園の州浜状汀線は確立するのだといえるだろう。古墳を再利用することによって園池を造るというまさに借り物をベースとした作庭行為は、いまや厳然として存在した庭園の改修工事、つまり東院Bが出現する中で幾多の試験結果の集大成として確立する。それはその後の園池作庭の根幹をも成す技法として、東院Bにおいてはじめて出発したのだといえるであろう。九世紀の賀陽親王邸宅跡、およびその後身である高陽院の園池遺構、そして十一、十二世紀に登場する鳥羽殿（第Ⅱ章第三節参照）[23]をはじめとする多くの離宮や浄土寺院伽藍（第Ⅱ章第四節参照）[24]に伴う園池は、すべてこの州浜状汀線を基本としている。州浜が東院Bにおいて完成するということは、つまり八世紀の庭園がやがて日本化していく端緒がまさしく東院Bにおいて現われていることを端的に物語っているのである。[25]

④　朝鮮慶州雁鴨池との関連

東院Bで指摘されなければならないことは、朝鮮慶州に遺存する雁鴨池との関連である。雁鴨池は七世紀後半の新羅文武王の頃に造営された宮殿の園池である。[26]この園池の形状は、臨海殿の建っている園池の西岸と南岸が建物の基壇をかねて直角に折れ曲がる切石積擁壁であるのに対し、園池の東岸と北岸は曲線を主体とする切石積擁壁の上に随所に景石を据えて自然の汀線を象徴するデザインとなっている。[27]図45に示すように方位と規模こそ異なるが、改修後の東院Bと平面形がきわめて類似しており、東院Bはまさしく雁鴨池のミニチュアといえるであろう。両者の比率は約一対三・五である。

すなわち、東院AからBへの改修にあたっては、雁鴨池を念頭におきつつ、これの模倣ないしは縮模再現を作庭方針の根幹に据えていたことが推定されるのである。

⑤　平城京左京三条二坊宮跡庭園との関係

宮跡庭園は平城宮東院庭園の南方約六〇〇メートルの位置に存在し（図46）、全長約五五メートル、幅員約一一メートルの全体を玉石で固めた曲池である（図4〜6）。[28]報文によると、園池造成に伴う整地土層から出土した土器の年代によって、園池は天平末年（七四八）から天平勝宝年間（七四九～七五六）に造られたとする。まさしく東院庭園が東院Aから東院Bへ改修されるのと軌を同じくして宮跡庭園が登場するのである。また同報文は、出土軒瓦に平城宮出土軒瓦と同笵型式のものが多いことから、この庭園が貴族の邸宅のものと考えるよりは平城宮の離宮的施設と解釈したほうが妥当だとする。すなわち宮跡庭園は平城宮東院庭園と基本的に同一の機能を持っていたものと想像され、外国使節の迎賓など国家的な儀式・宴遊を行うための庭園施設であったということである。憶測をたくましくするなら、天平勝宝年間に宮跡庭園が新たに造営されると同時に東院庭園が玉石護岸から州浜敷汀線に改められ、まったくデザインの異なる庭園を一方は平城宮内に、他方は平城宮の離宮的施設の中にそれぞれ実現したとも解釈できるのである。そして両者は

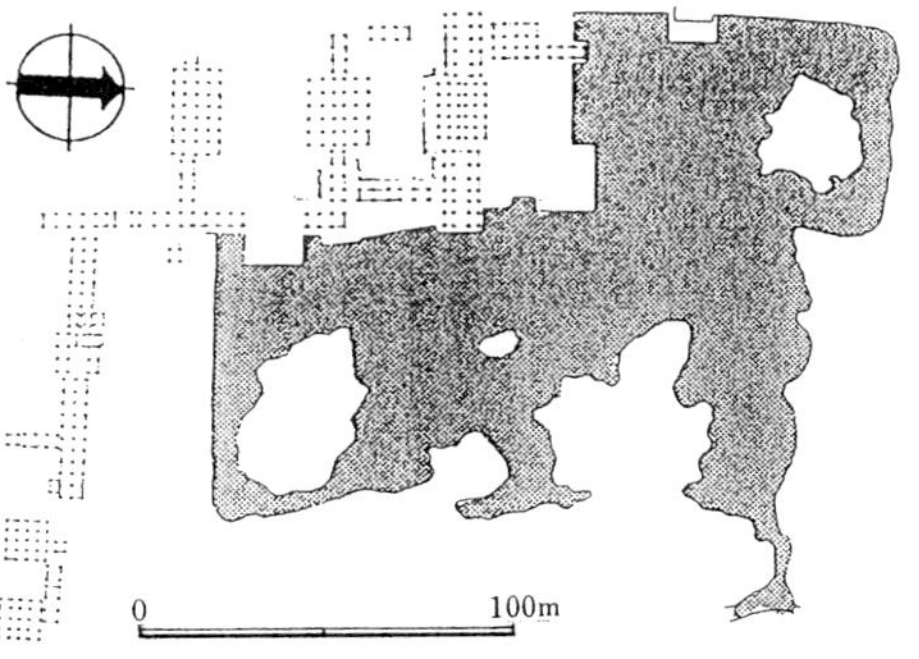

図45　朝鮮慶州雁鴨池平面模式図[27]

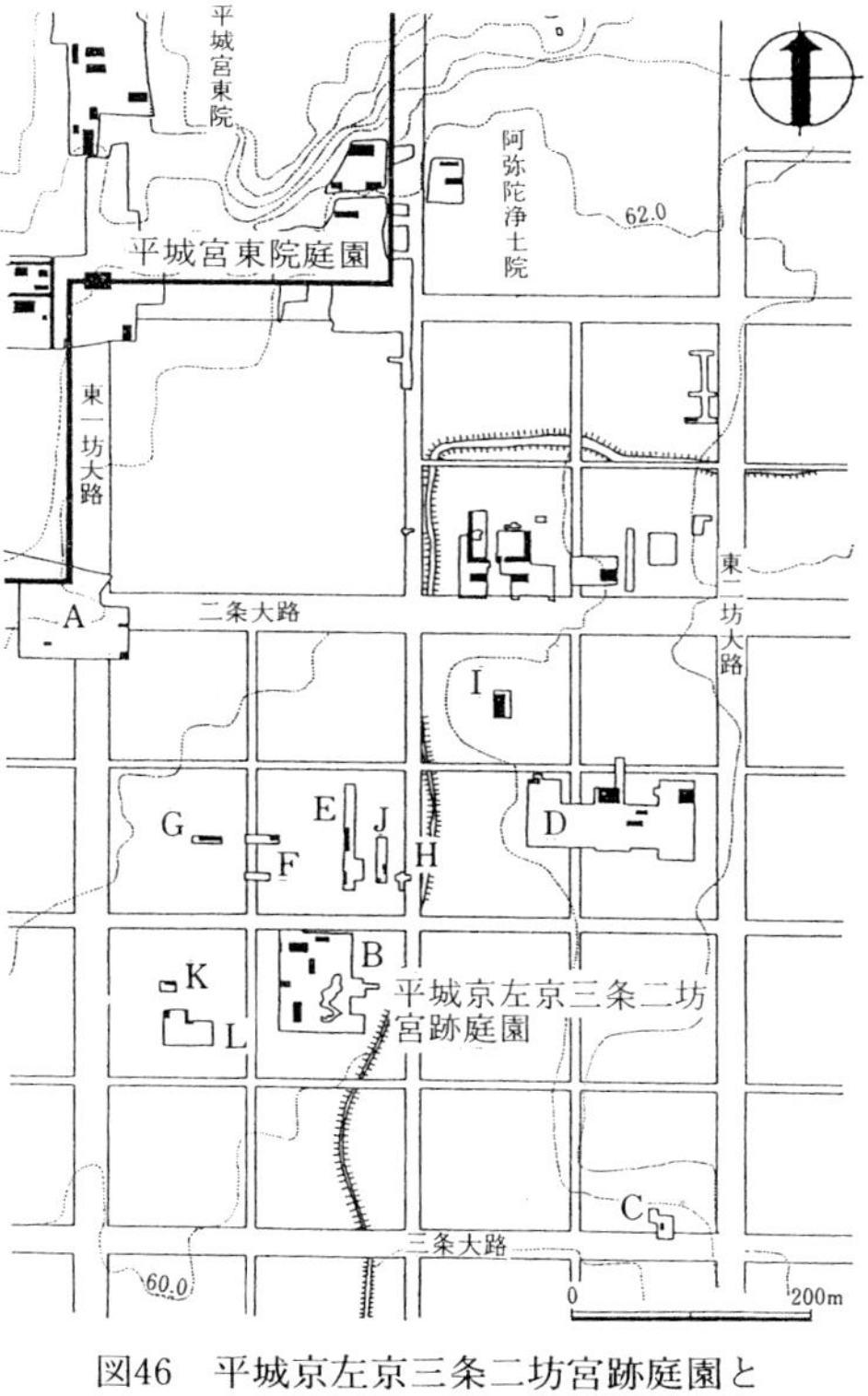

図46　平城京左京三条二坊宮跡庭園と平城宮東院庭園との位置関係

迎賓等の儀式・宴遊に際して適宜使い分けられたのではないだろうか。これを明確に示す史料はないが、両者の造営および改修年代が奇しくも一致していることを考えれば、あながち無謀な推定でもなかろう。

(3)　平城宮東院庭園と古代庭園の意匠・工法の系譜

以上の諸事例を系譜にまとめて図示したものが図47である。見られるように、平城宮東院庭園は、当初七世紀の方形池や推定推古朝小墾田宮の園池の系譜をひきながらきわめて直線的な石積擁壁や玉石敷汀線を主体として造営されるが、やがて改修期には朝鮮雁鴨池の平面プランを念頭に置きつつも、それまでに定着し一般化していた古墳の周濠部を再利用する園池の造作手法を援用して、曲折する「州浜」汀線を主体とするデザインに変更が加えられるのである。そして東院庭園において確立された「州浜」の技法は、平安時代庭園の汀線処理技法として永く援用されて行くのである。

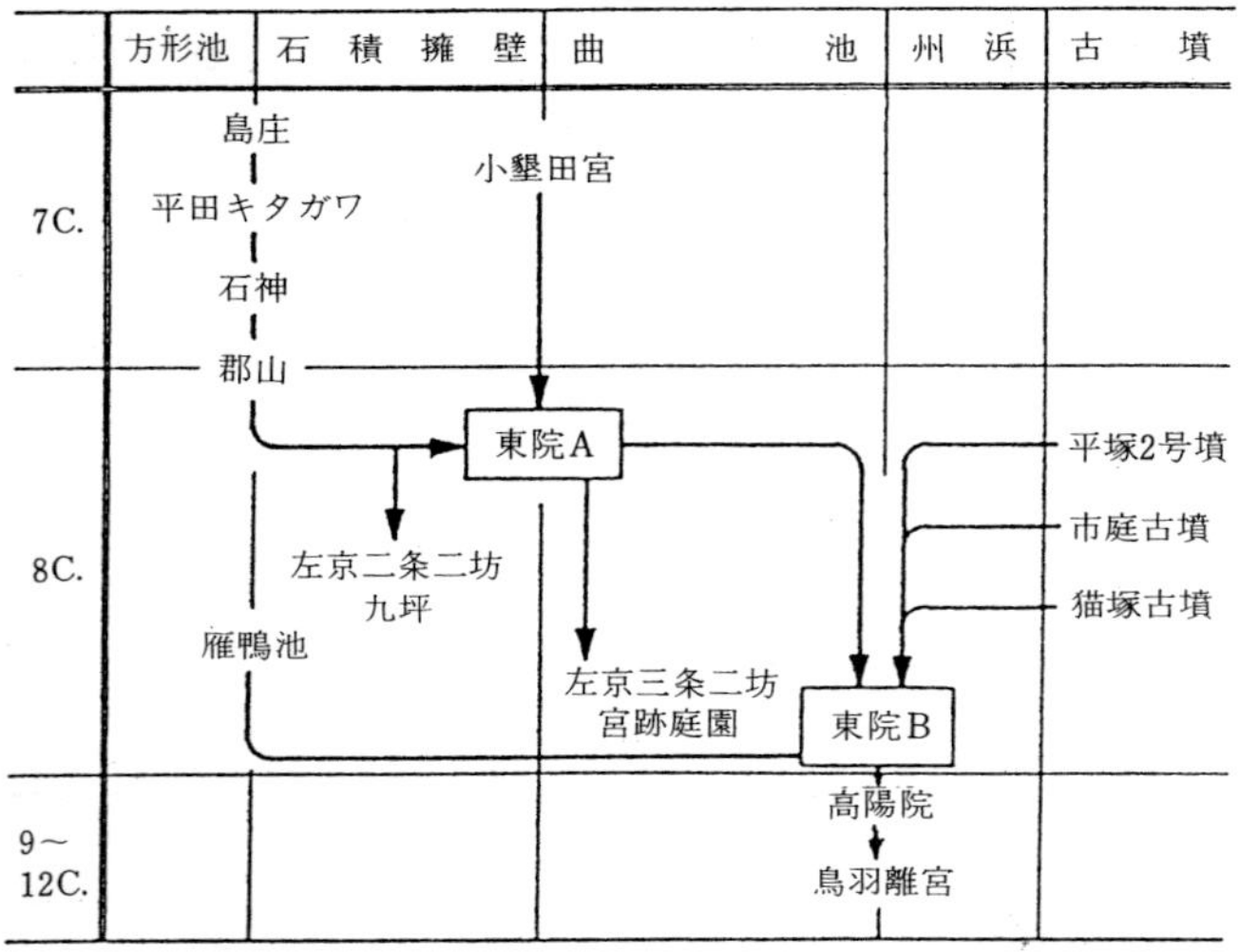

図47　古代庭園の系譜と平城宮東院庭園

3　平城宮東院庭園からの東方眺望景観の推定復原

(1)　遺構の概要

平城宮東院庭園の園池遺構の概要は前項ですでに詳述したので、ここでは庭園の立地と園池周辺に建つ建物遺構の概要について概説しておく。園池は平城宮東張出部東南隅部に位置し、東と南は平城宮四周を囲繞する築地大垣（SA五九〇〇・五〇五五）に面し、北と西を掘立柱塀によって閉塞されている（図48・49・50）[29][30]。園池の西北面は現在宇奈多理坐高御魂神社の存在する微高地に向かって上り勾配となっており、この部分の園池掘立柱塀は地形の制約を受けて斜めになっている。地形はこの掘立柱塀の外から西北に向かって上昇するだけでなく、園池北端部においても南の園池と北の建物群との境界部に東西方向の緩やかな地形の高低差を認める。この南側の低湿地に園池が造成されているわけである。北側の高地には東西方向の掘立柱塀を建設して、南側の園池空間と北側の家政機関ともおぼしき建物群が存在する空間とに区分している。これらの園池北側に位置する区画塀や建物群は数次にわたって建て替えられているが、とりわけ奈良時代後半期の一時期には前述の傾斜面北側の区画中央に東西方向の掘立柱塀（SA九〇六四）を建設し、園池西北の三×二間礎石建物（SB九〇七七）から園池東北の同規模の礎石建物（SB九〇八一）に向かって幅約一・二メートルの礫敷舗道（SF九〇四四）が東西方向に連絡する。SB九〇八一から南に向かっては園池に南北方向の橋（SX八四五三）が架かり、さらにその南方には東西方向の橋（SC八四六五）が、園池西岸から一部水面上に露台が張り出す桟敷様建物（SB八四六六）に連絡している。B2期（図49）に属するSB八四六六だけでなく、SB八四七〇やSB八四八〇など、いずれの時期においても園池に臨む主要建物は園池西岸に建設されている[31]。また、園池

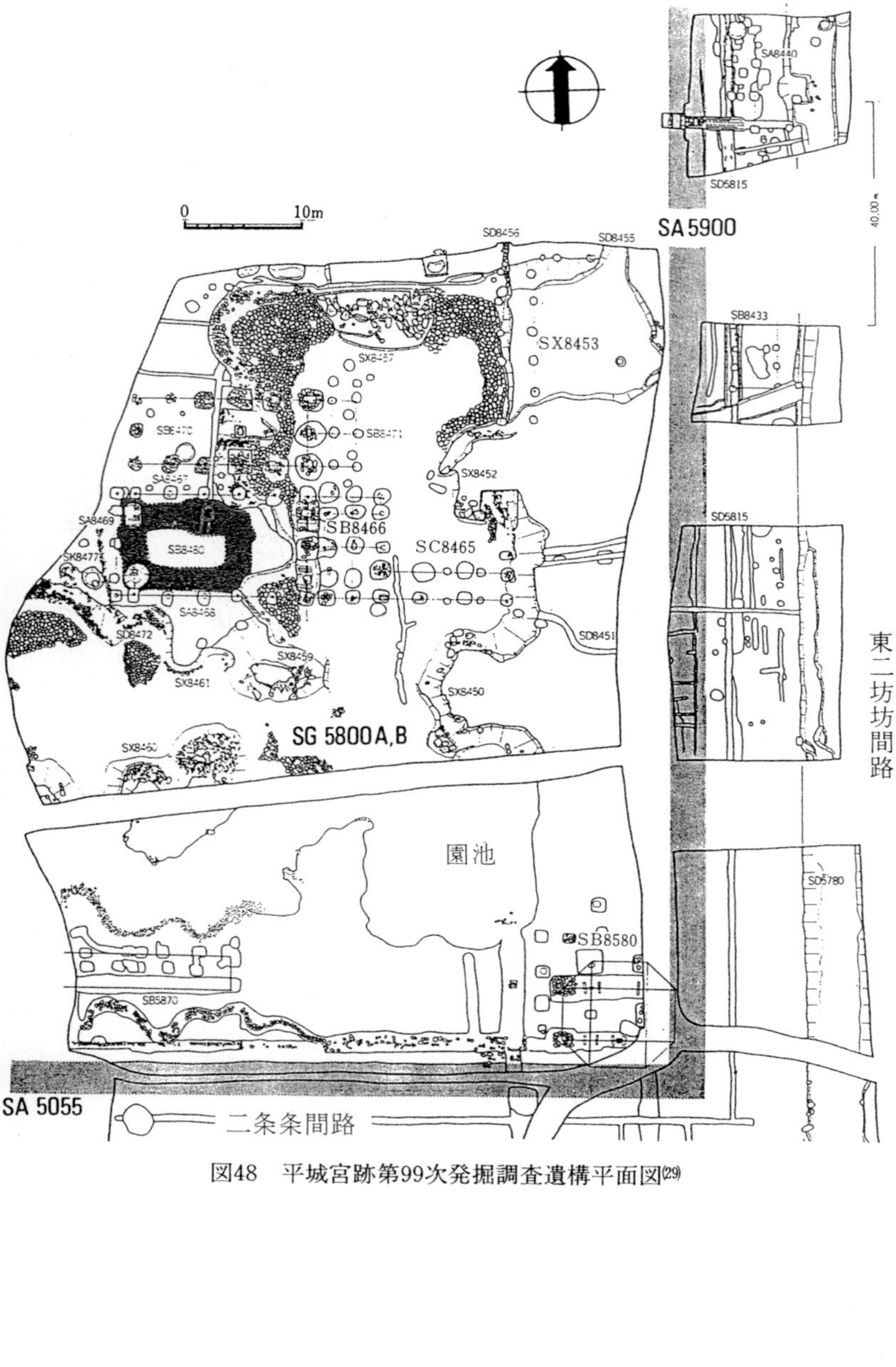

図48　平城宮跡第99次発掘調査遺構平面図(29)

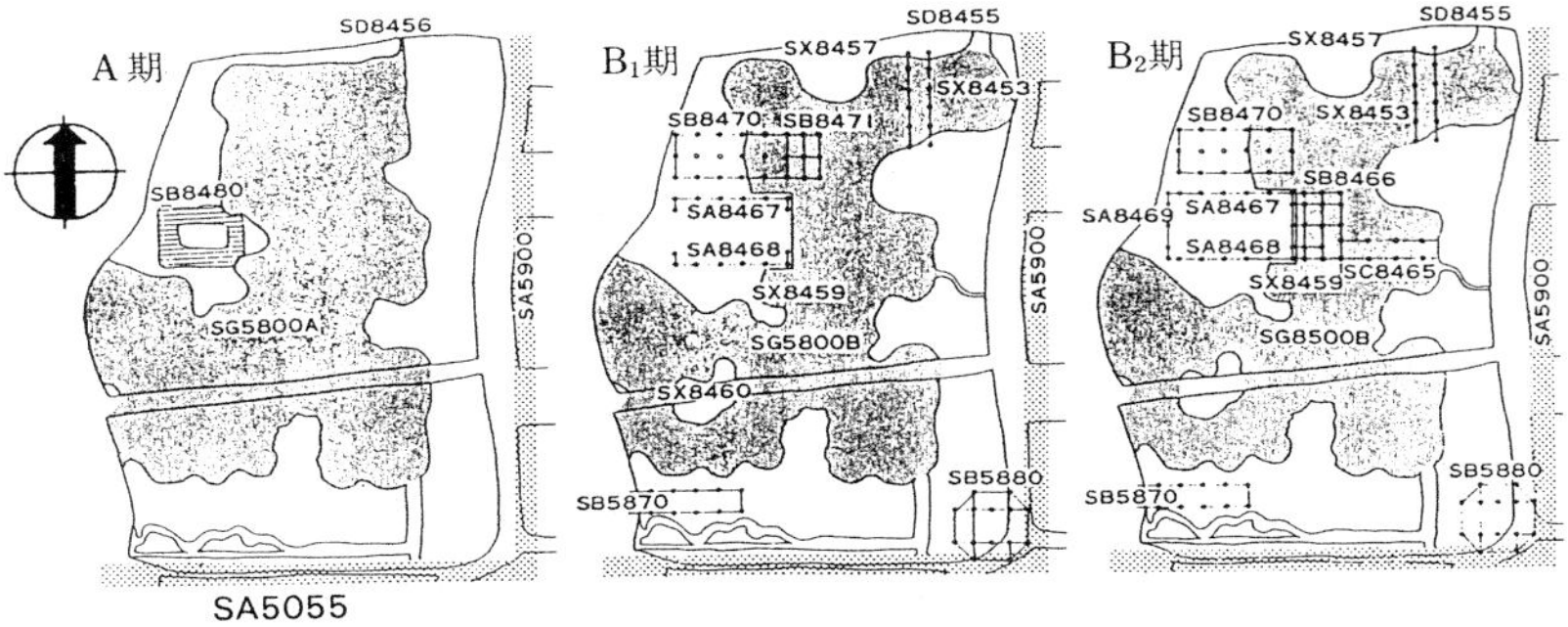

図49　平城宮跡第99次発掘調査遺構変遷模式図(29)

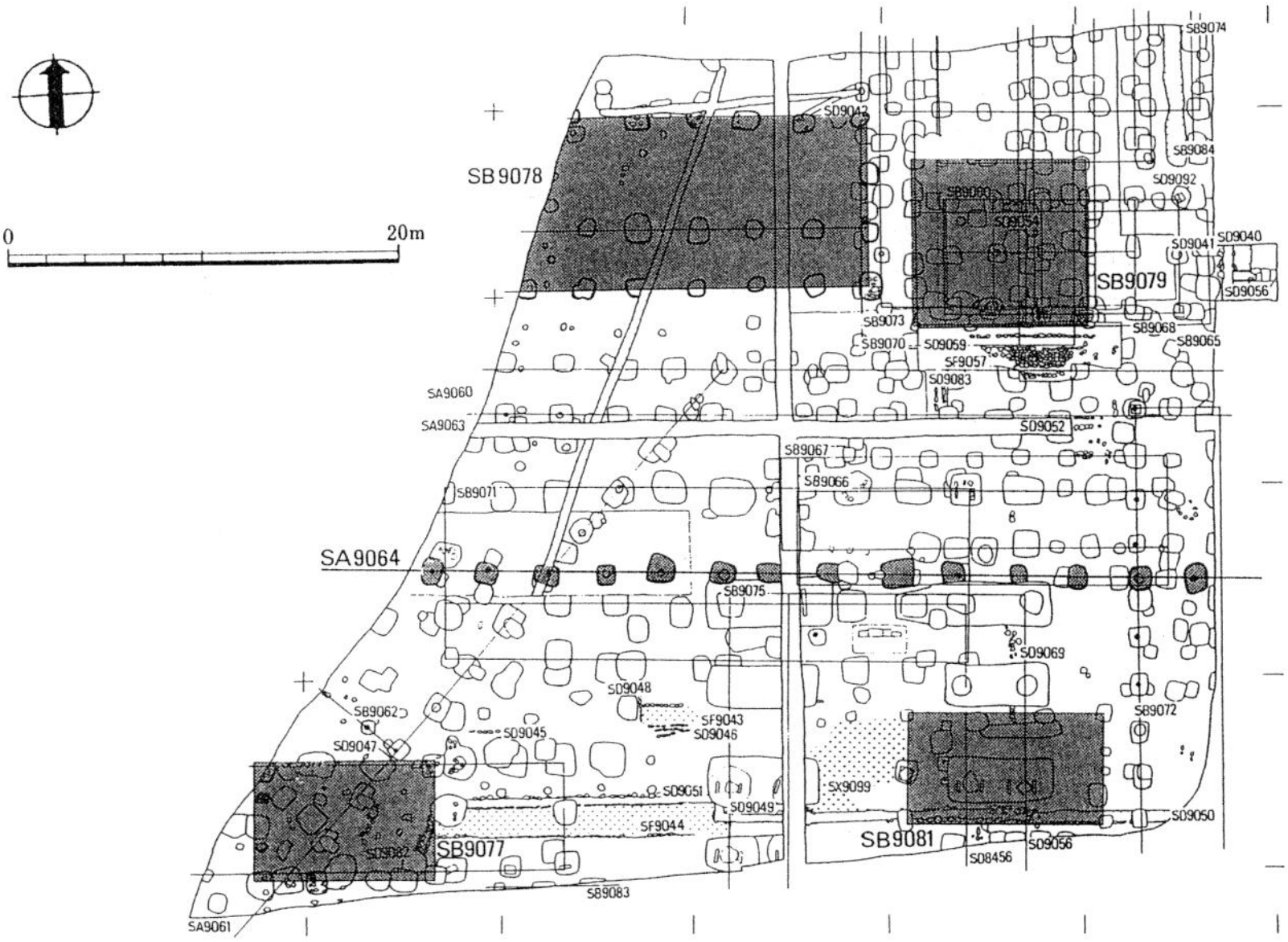

図50　平城宮跡第110次発掘調査遺構模式図(30)

東南隅部には望楼のような楼閣建築（ＳＢ五八八〇）の存在したことも確認された。

（2）　視点および視点高の推定復原

視点の位置は奈良時代後半の「東院Ｂ」に属する建物、すなわち池中に張り出す桟敷様施設ＳＢ八四六六である[31]。この建物の中心に人間が立っている場合を想定した（図51）。桟敷の高さを水面から一・〇〇〇《メートル》の高さに復原し、人間の平均身長を一・六〇〇《メートル》、眼高を一・五〇〇《メートル》として視点高を決定する。水面の海抜高は六一・三〇〇《メートル》である。

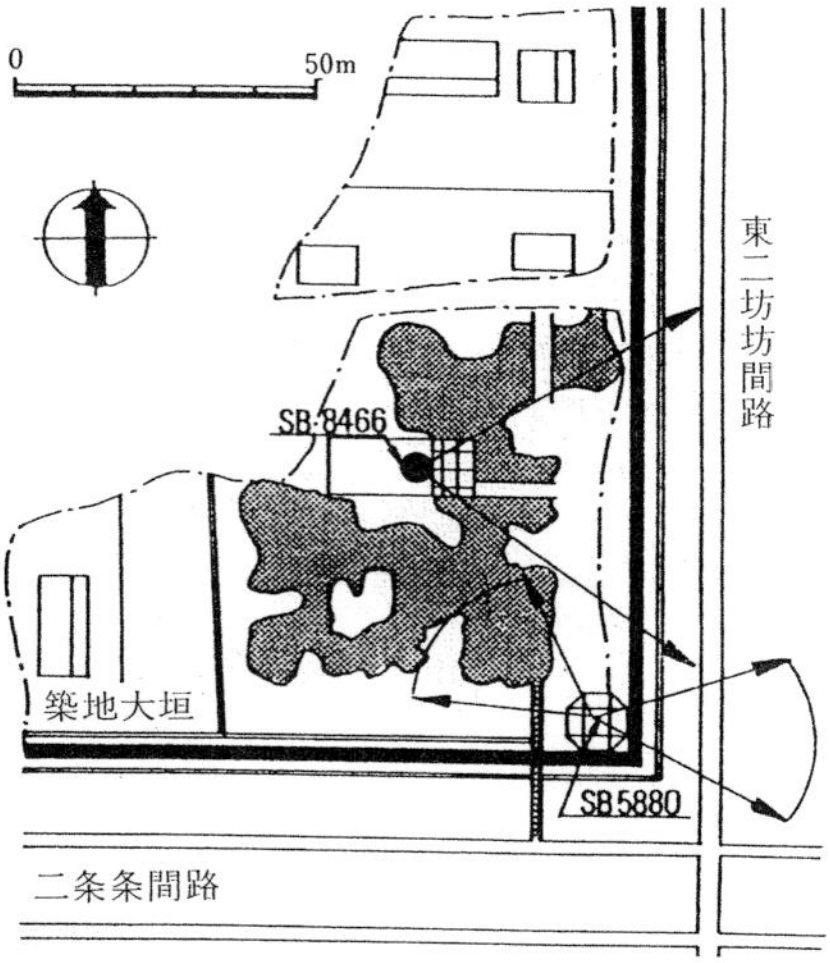

図51　平城宮東院庭園ＳＢ8466内部に想定される視点の位置

視点の座標値は、X＝−145,681.610　Y＝−　17,840.330　Z＝63.800（＝61.300＋1.000＋1.500）である。

（3）　遮蔽物の推定復原

遮蔽物は、園池の東に接して存在する平城宮東面築地大垣（ＳＡ五九〇〇）である。奈良国立文化財研究所が一九八二年に原寸大復原を実施した平城宮南面築地大垣は、調査成果をもとに基底幅九尺、雨落溝心々間距離一六尺、全高一八・六尺となっている（図52）[32]。これを東院地区の築地大垣復原に直接援用することには無理があるが[33]、一応今回は東院地区築地大垣が南面築地大垣と全く同一であったものとして眺望景観の推定復原を行った。

視点の真東における築地大垣頂部の座標値はX＝−145,681.610　Y＝−　17,810.830　Z＝67.100（＝61.600＋

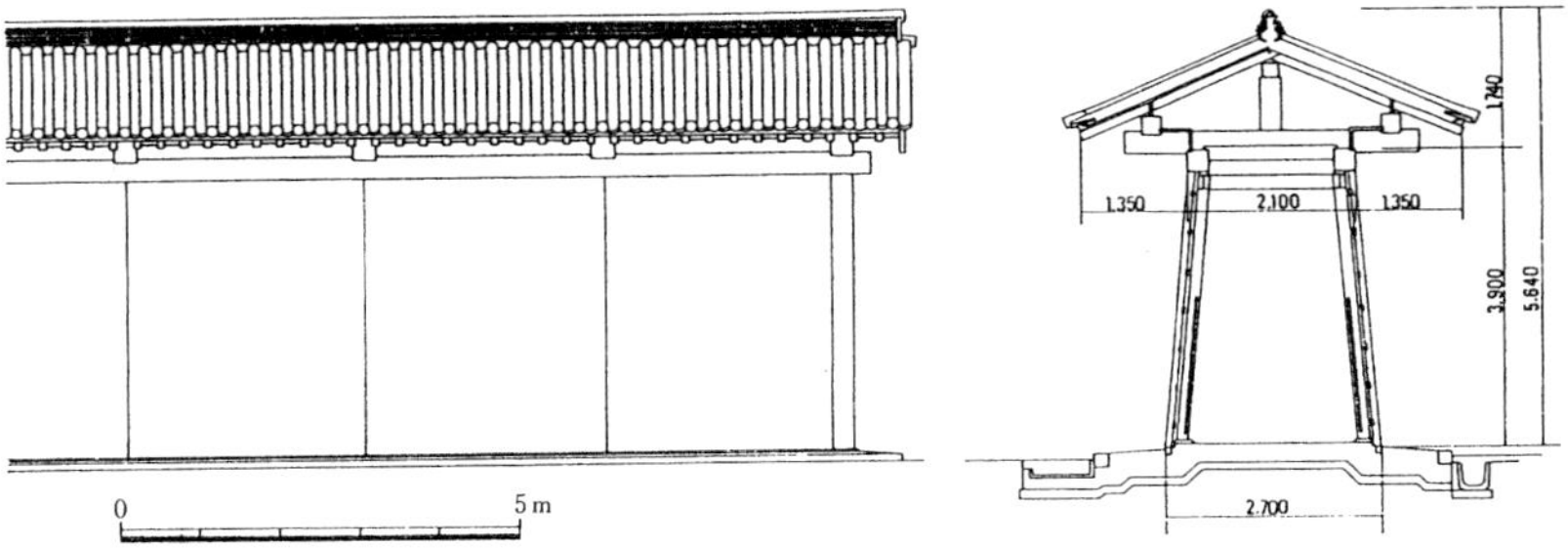

図52　平城宮南面大垣復原図(32)

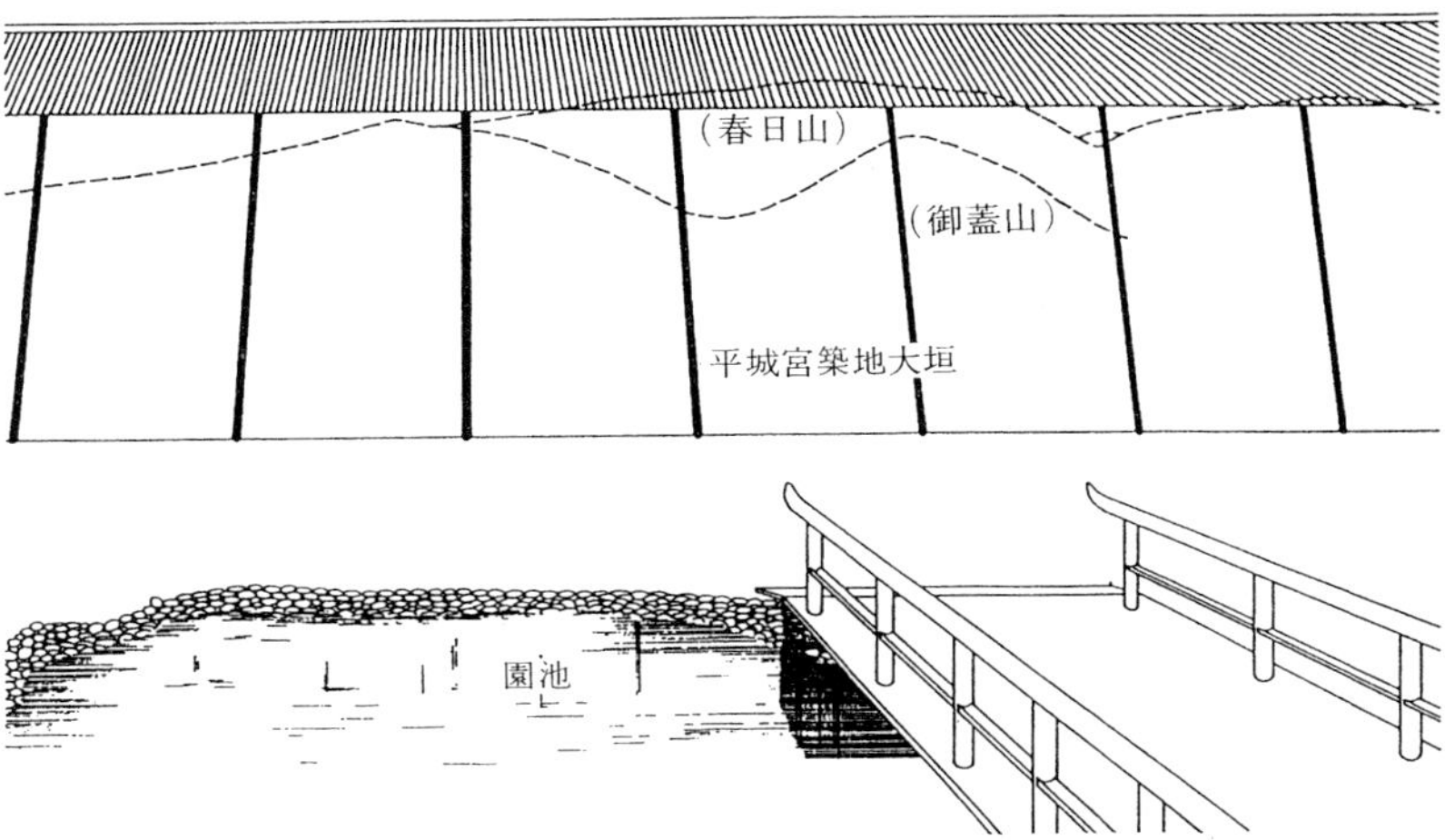

図53　平城宮東院庭園ＳＢ8466からの東方の推定復原眺望景観

5.500）である。

(4)　眺望景観の推定復原

以上で得た成果をもとに眺望景観の推定復原を行うと図53のようになる。この場合の作図法も平城京左京三条二坊宮跡庭園と同様に網膜透視投象図法によった(34)。

見られるように、平城宮東院庭園ではＳＢ八四六六の東方に東面築地大垣ＳＡ五九〇〇が迫っているため、東方の春日山、御蓋山等の景観は眺望不可能であったことが判明する。

注

(1)『昭和五十四年度平城宮跡発掘調査概報』奈良国立文化財研究所、一九八〇。
(2)『奈良国立文化財研究所年報一九八〇』奈良国立文化財研究所、一九八〇。
(3)『奈良国立文化財研究所年報一九七七』奈良国立文化財研究所、一九七七。
(4)『奈良国立文化財研究所年報一九六八』奈良国立文化財研究所、一九六八。
(5)『飛鳥・藤原宮発掘調査報告』(『奈良国立文化財研究所学報』第二七冊）奈良国立文化財研究所、一九七六。
(6)『嶋宮伝承地』(『昭和四十六～四十八年度発掘調査概報』）奈良県教育委員会、一九七四。
(7) 秋山日出雄「飛鳥島庄の苑池遺構」『仏教芸術』一〇九、一九七八。
(8)『飛鳥・藤原宮跡発掘調査概報』一八、奈良国立文化財研究所、一九九〇。
(9)『郡山遺跡Ⅹ』(『平成元年度発掘調査概報　仙台市文化財調査報告書』第一三三集）仙台市教育委員会、一九九〇。
(10)『昭和五十五年度平城宮跡発掘調査概報』奈良国立文化財研究所、一九八一。
(11)『平城宮発掘調査報告Ⅶ』(『奈良国立文化財研究所学報』第二六冊）奈良国立文化財研究所、一九七六。
(12)『平城宮北辺地域発掘調査報告書』奈良国立文化財研究所、一九八一。
(13)『平城宮発掘調査報告Ⅵ』(『奈良国立文化財研究所学報』第二三冊）奈良国立文化財研究所、一九七五。

(14)『奈良県遺跡調査概報一九八三』奈良県教育委員会、一九八三。

(15)末永雅雄「奈良市大安寺杉山古墳」『日本考古学年報』七、日本考古学協会、一九五五。

(16)小島俊次「奈良県奈良市杉山古墳」『日本考古学年報』八、日本考古学協会、一九五四。

(17)竹内理三編『寧楽遺文』東京堂出版、一九六二。

(18)森浩一「前方後円墳と平城京の三山」『橿原考古学研究所論集』第九、吉川弘文館、一九八八。

(19)金子裕之「平城宮跡」『月刊文化財』昭和五十八年八月号、文化庁、一九八三。

(20)亀田博「大安寺旧境内発掘調査概報（七六―二次調査）」『奈良県遺跡調査概報』（一九七六年度）、橿原考古学研究所、一九七七。

(21)森下恵介「大安寺旧境内の調査（八一―五次調査）」『奈良市埋蔵文化財調査報告書』（昭和五十六年度）、奈良市教育委員会、一九八二。

(22)一九九〇、一九九一年度の奈良市教育委員会による調査でも、園池の痕跡を示す景石・礫敷等は検出されていない。また同教育委員会による一九九三年度の調査では、前方部西面墳頂付近に五基の瓦窯跡が発見され、すでに前方部墳丘裾部で確認されている瓦窯跡一基とともに、杉山古墳の奈良時代における利用形態の一端が明らかとなった。瓦窯は削り取った墳丘の斜面を利用し、西および南を焚口として築造されている。最も残りの良い二号窯の形態から、いずれも半地下式有牀平窯の形式を持つことが知られる。現地説明会の資料（奈良市教育委員会「大安寺杉山瓦窯（史跡大安寺旧境内第五八次・杉山古墳）発掘調査の概要」一九九三）は窯の構築時期や操業時期について慎重な態度を取るものの、出土軒瓦の大半が奈良時代前半期の大安寺所用のものに限定できることや、『大安寺伽藍縁起幷流記資財帳』（注(17)文献参照）に杉山古墳のことを「池幷岳」と記すのみで瓦窯については全く触れないことなどから、『流記資財帳』が編纂された天平十九年（七四七）の時点では構築、操業されていなかった可能性を指摘している。このような調査成果を踏まえるなら、大安寺境内における杉山古墳の性格は、奈良時代中期に大きく変質したことが想定できる。すなわち都城の造営当初は「池」や「岳」などの自然を象徴する営造物として寺院の境内に取り込まれたが、時間の経過とともにその特殊な性格が捨象され、やがて伽藍造営の工房や作業場などのさらに実用を重視した空間利用が進んだ、と推定できるのである。

なお、中世の杉山古墳については、『大乗院寺社雑事記』康正三年（一四五七）七月一日条の「長禄元年（一四五七）七月、大安寺池頭双連（蓮）」、あるいは同書康正三年（一四五七）七月十九日条の「去十三日上北面専親大安寺ノ東池（杉山ノ池）ヨリ双頭蓮ヲ取進、奇代ノ蓮也、今日家門一条殿ニ上進之」などの記事から、周濠が少なくとも十五世紀半ばには遺存し、とりわけ東の周濠に珍奇な双頭の蓮が生えていたことを知る。自生していたのか、あるいは栽培されていたのかは不明だが、水面と水生植物の取り合わせは、中世における古墳の周濠が造園的意識を刺激する素材であったことを示している。

(23)『増補改訂鳥羽離宮跡一九八四』京都市埋蔵文化財研究所、一九八四。

(24)『特別史跡毛越寺跡発掘調査概報』一～六、平泉町教育委員会、一九七八～一九九〇。

(25)『三重県上野市比土　城ノ越遺跡』三重県埋蔵文化財センター、一九九一。城ノ越遺跡は大溝の最上流部に礫と景石を用いて庭園的な意匠を施した四世紀後半に属する流れの遺構で、州浜状汀線意匠の原型とも考えられている。しかし、これを宅地の中に建物と一体的に構成された庭園と断定するにはなお問題があろう。周辺に水辺に臨む建物も検出されてはいないし、出土遺物から祭祀関連の遺構であることが示唆されているからである。おそらく城ノ越遺跡は、日本古来の祖霊信仰の祭儀場に石と水による修景技法が導入された先駆例と考えられる。したがって、城ノ越遺跡の例は大陸から建物の前面に庭園を形象するという文化が伝来する以前に、既に水辺の修景技法が日本に存在したことを示す点でまことに興味深いが、決して庭園における州浜状汀線の確立を意味するものではないことを確認しておく必要がある。

(26)尹武炳「韓国の古代苑池」『発掘された古代の苑池』学生社、一九九〇。諸先学の多くは、雁鴨池の造営を『三国史記』に記す文武王十四年（六七四）の園地開削に関する記事に比定してきた。しかし尹は同書景徳王十九年（七六〇）条に記す園池開削に関する記事こそが雁鴨池造営を示すものだとする。いずれをとるかにより、東院Bは雁鴨池に倣って造営されたのか、あるいはほぼ同時期に同じ計画手法のもとに造営されたのかの違いがでてくる。

(27)『雁鴨池発掘調査報告書』韓国文化公報部文化財管理局、一九八四。

(28)『平城京左京三条二坊六坪発掘調査報告』（『奈良国立文化財研究所学報』第四四冊）奈良国立文化財研究所、一九八六。

(29)『昭和五十一年度平城宮跡発掘調査概報』奈良国立文化財研究所、一九七八。

(30)『昭和五十三年度平城宮跡発掘調査概報』奈良国立文化財研究所、一九七九。

(31)注(29)(30)文献によれば、図49に示すごとく、東院Aの園池に伴う主殿として東西一二メートル、南北八・五メートルの掘込地業を持つ東西棟建物SB八四八〇を、東院Bの園池に伴う主殿として礎石建物東西棟SB八四七〇を、それぞれ想定していた。そして、東院Bに対応するSB八四七〇の南にはSA八四六七、SA八四六八、SA八四六九などの塀に囲まれた東西一六・五メートル、南北九メートルの長方形の区画を想定し、さらにその東方には池上に張り出す桟敷状遺構SB八四六六が連続するものと考えていた。しかし、この遺構解釈は一九八七年に奈良国立文化財研究所が東院Bの園池模型（縮尺五〇分の一、奈良国立文化財研究所平城宮跡資料館に展示）を製作する際に大きく変更された。すなわち、身舎四隅を掘立柱、その他の側柱をすべて礎石立ちの構造とする五×二間（柱間寸法は桁行、梁間ともに一〇尺等間）の東西棟を想定し、前述の三つの塀を身舎外周をめぐる縁束（縁の出は五尺）として復原したのである。そして、かつてSB八四八〇と考えていた掘込地業が上記の五×二間東西棟の西三間分の柱筋に合致することから、壁や扉を支える地盤改良工事の痕跡と考え、西三間を閉鎖的な室空間、東二間を開放的な吹き抜けの空間に復原している。SB八四六六は東二間の吹き抜け空間のさらに東に取り付く露台または桟敷様施設となる。また、現在この復原案を基本として、原寸大の建物復原工事が進行しつつある。

（32）岡田英男「平城宮跡の整備」『奈良国立文化財研究所年報一九八三』奈良国立文化財研究所、一九八三。

（33）注(2)(4)文献によれば、平城宮東院東南面大垣（SA五五〇五）は規定幅こそ確定できないものの、南北両雨落溝を検出しており、両溝心々間距離が二〇尺あることが判明している。第Ⅰ章第三節でも述べたように、朱雀門・壬生門・若犬養門を連絡する平城宮南面大垣の規定幅は二・七メートル（九尺）で、これより推定復原される築地大垣の南北両雨落溝心々間距離は四・七〜四・八メートル（一六尺）であるから（注(29)文献参照）、明らかに東院東南面築地大垣とは規模が異なっている。平城宮東南入隅部には小子部門を検出しており（「第三九次調査　東面南門推定地東側」『奈良国立文化財研究所年報一九六七』一九六七）、この門の東西で大垣の規模が異なっていた可能性がある。

また、一九九三年の調査では、東院南面大垣（SA五五〇五）には、小子部門の東から北に延びる東院西限の築地塀と、東院東面大垣（SA五九〇〇）との東西距離をちょうど二分する位置に、凝灰岩基壇化粧を持つ五×二間（東西一七・五メートル、南北六メートル）の礎石立ちの門が南面して開くことが判明し、東院の正門である可能性が高まった。また同調査では、東院大垣の造営に先行して、一本柱の塀が建設されていたことも明らかとなっている（『一九九三年度平城宮跡発掘調査部発掘調査概報』奈良国立文化財研究所、一九九四）。

（34）佐藤平『建築図学』理工学社、一九八〇。透視図法のひとつで対象物をいったん球面に投影し、これを再び平面に投影しなおすもの。視界が広い場合には消失点から遠ざかるにしたがって歪みが大きくなるが、これを是正し、人間の視界に近い作図が得られる利点がある。ただ作図法が複雑なため実用化されていない。

四　奈良時代庭園における眺望の特性

1　序　言

第二節、第三節で得た成果をもとに、第一節で述べた分析手法に即して平城京左京三条二坊宮跡庭園と平城宮東院庭園における眺望の特徴を抽出し、それらを奈良時代庭園における眺望の特性として一般化を試みる。両庭園における眺望の特徴抽出に先だって、以下に両庭園に隣接する条坊道路の路面上からの東方の眺望景観の推定復原を行い、比較検討の素材とする。

2　平城京三条条間路からの東方眺望景観の推定復原

平城京左京三条二坊宮跡庭園の北に隣接する道路、三条条間路の路面に立った時の東方景観の推定復原を行う。視点の位置は、ＳＢ一五四〇中心の真北にあたる（図54）。道路の遺構面の海抜高は、六坪の遺構面高五九・五〇〇米《メートル》と同一であるものと仮定した。眼高は立っている時を想定して一・五〇〇米《メートル》、すなわち視点高は六一・〇〇〇米《メートル》となる。

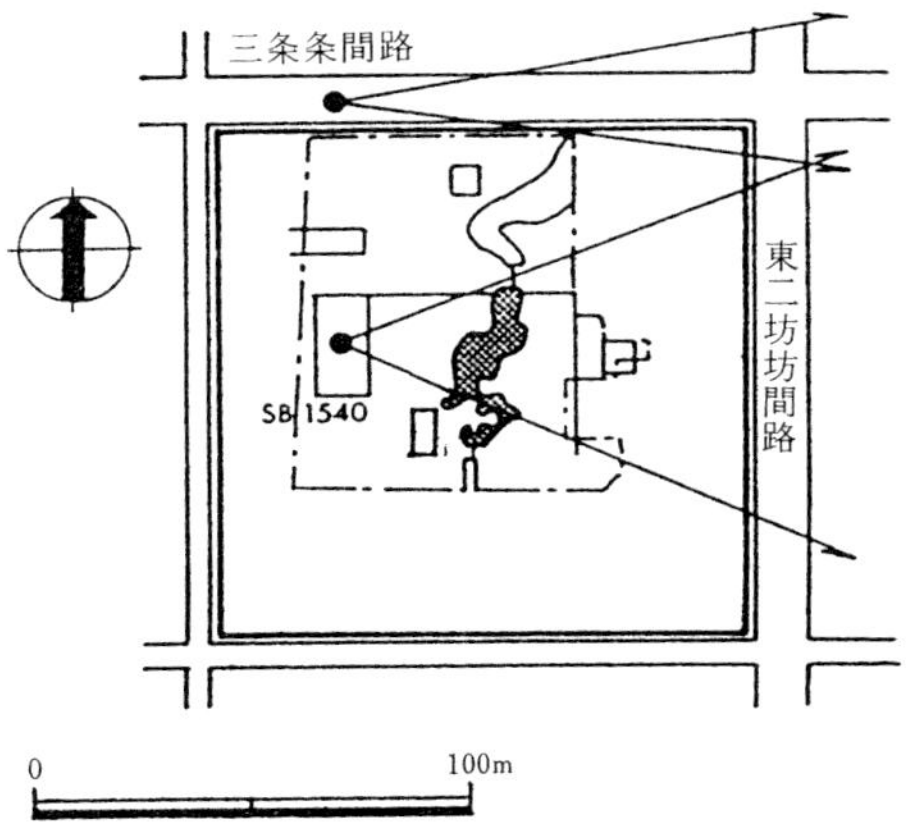

図54　平城京左京三条二坊宮跡庭園北の三条条間路上の視点の位置

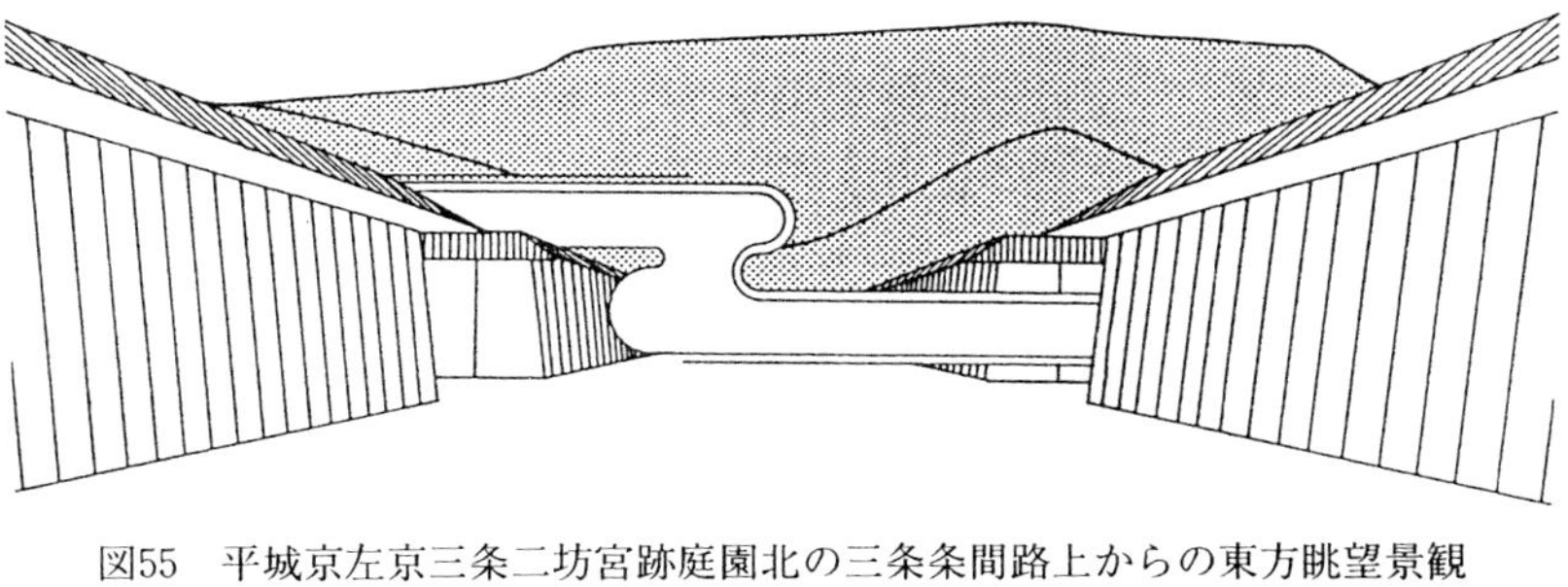

図55　平城京左京三条二坊宮跡庭園北の三条条間路上からの東方眺望景観

道路幅は第二節3―(2)で述べたごとく三条条間路両側溝心々間距離を四〇尺（一一・八〇〇《メートル》）とし、[1] 北側の七坪の南側築地も六坪と同様の高さに復原した（図14）。復原図の作図方法は、同様に網膜透視投象図法による（図55）。[2] なお座標値は平面直角座標第Ⅵ系に基づく。

視点の位置の座標はX＝－146,282.972　Y＝－ 17,884.600　Z＝61.000（＝59.500＋1.500）である。

3　平城京二条条間路上からの東方眺望景観の推定復原

平城宮東院庭園の南に隣接する道路、二条条間路の路面に立った時の東方景観の推定復原を行う。視点の位置はSB八四六六の真南にあたる（図56）。発掘調査によって得た路面の海抜高は六〇・八〇〇《メートル》で、[3] 眼高は一・五〇〇《メートル》とする（図57）。

視点の座標値はX＝－145,752.227　Y＝－ 17,840.330　Z＝62.300（＝60.800＋1.500）である。

4　平城京左京三条二坊宮跡庭園と平城宮東院庭園における眺望の比較検討

(1)　眺望を規定する三要素（視点・遮蔽物・眺望対象）に基づく比較検討

平城京左京三条二坊宮跡庭園で特に注目されるのは、園池に付随する合計六棟の建物がすべて園池の西側に存在し、これらの建物から園池の景観をも含めて園外の東方景観の眺望が可能であったことを想定せしめる点である。第二節―3では園池に臨む建物を時期別に抽出し、そこに視座がある場合の視点高を試算し、東方に展開する眺望景観の推

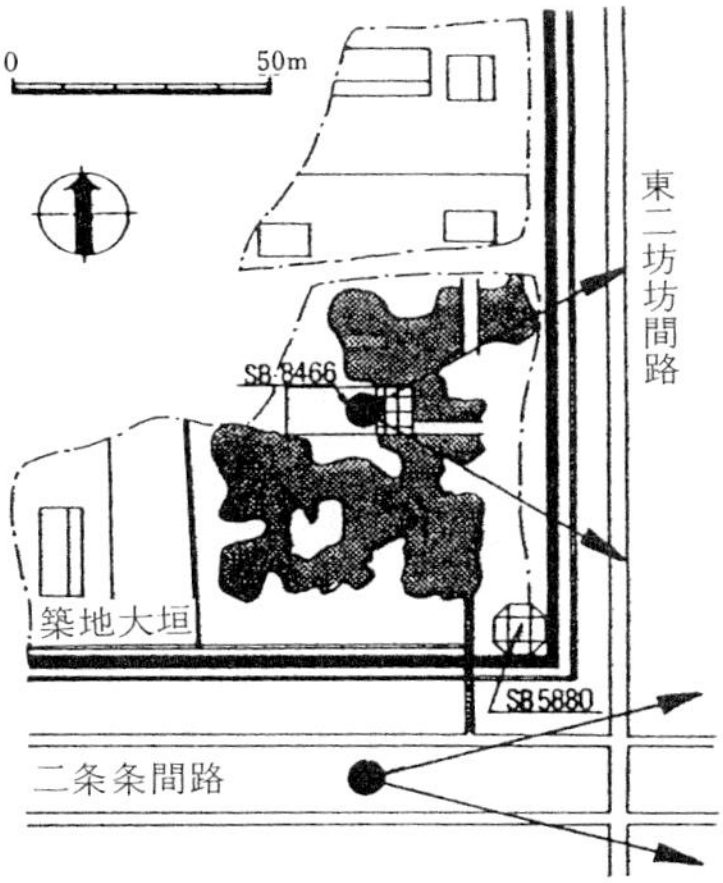

図56　平城宮東院庭園南の二条条
間路上の視点の位置

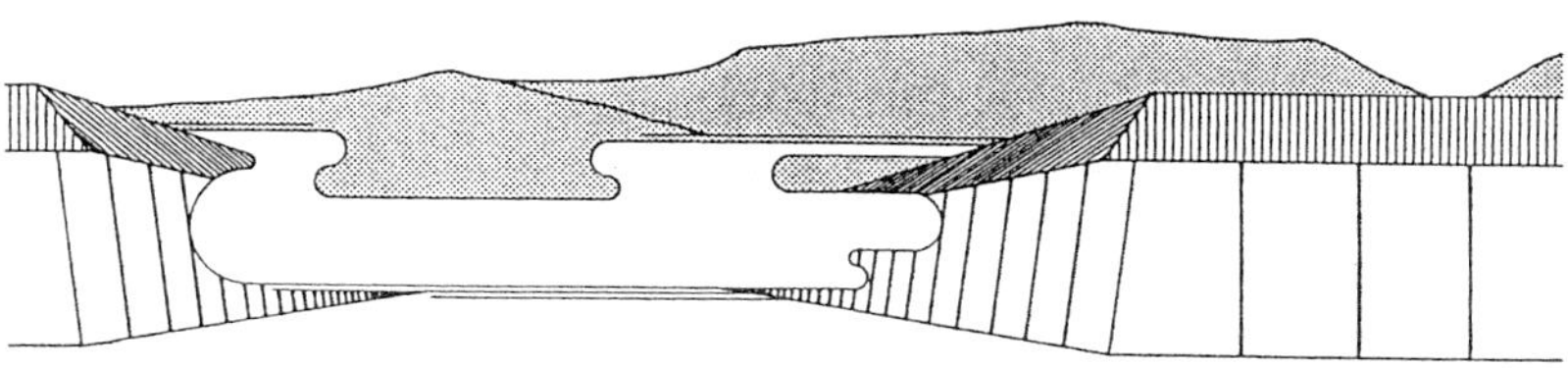

図57　平城宮東院庭園南の二条条間路上からの東方推定眺望景観

定復原を行った。その結果A～E期に区分できる遺構変遷の中で、D・E期に属する基壇建物SB一五四〇中心部に視点が存在する場合に、最も東方景観の眺望が展開することが判明した（第二節―4　図22）。

これに対し第三節で明らかにしたごとく、平城宮東院庭園では東院東南築地大垣に遮蔽されて東方景観の眺望は全くといってよいほど不可能である（第三節―3　図53）。

また、これに加えて本節の2・3では、上記の平城京左京三条二坊宮跡庭園の北に隣接する三条条間路の路面上、および平城宮東院庭園に隣接する二条条間路路面上に視点が存在する場合の東方眺望景観の推定復原も行った（図55・57）。

以上の成果をもとに相互の比較検討を行うと、次のような結論が導き出される。

1　平城京左京三条二坊宮跡庭園では東方景観の眺望が可能であるのに対し平城宮東院庭園ではそれが全く不可能である。

平城宮東院庭園には、庭園の東南隅部、すなわち平城宮東院築地大垣東南隅部に楼閣建築（SB五八八〇）が存在し、この楼上からは、庭園の俯瞰とともに東方景観の眺望が行われたことが想定される。しかし、この楼上から得られる庭園の景観と東方の眺望景観とは全く逆の方向に展開し、両者間に対応関係は考えられない（図56）。それゆえ、平城宮東院庭園では庭園景観との対応関係を意識した庭外の眺望は、予定されてはいなかったと考えるのが妥当である。

これに対して平城京左京三条二坊宮跡庭園では、第二節の図22が示すように、東方景観の眺望は可能性として充分考えられることが判明した。しかしながら、現在までに発掘調査によって明らかとなっている奈良時代庭園計九例(4)（第一節―2　表1）の中には、西面する庭園や園池の東に建物の存在する例も認められるし、平城宮東院庭園のように園池の西方に建物が建つ例でも東方景観の眺望が全く不可能なものもある。したがって、平城京左京三条二坊宮跡庭園に見られるような園外景観の眺望が、奈良時代全般において普遍的なものであったとも断定し難い。

2　平城京左京三条二坊宮跡庭園では、眺望が最も開けるのはＳＢ一五四〇に視点が存在する場合であるが、ＳＢ一五一〇に視点が存在する場合（立位）にもそれに近い眺望は可能である。

第二節の図20はＳＢ一五一〇を床張りのない土間の建物として視点高を計算した場合に推定し得る復原景観である。眺望景観は視点・遮蔽物・対象物の位置と高さおよび三者間の相互関係によって決定されるから、ＳＢ一五一〇の南側の空閑地に視点が存在する場合には図20と同様の眺望が可能であるし、視点がＳＢ一五一〇の西側に存在するならば、第二節図20よりもさらに東方景観の眺望範囲は広がることになる。ＳＢ一五四〇においても同様のことが指摘できる。したがって第二節の図22に示したようにＳＢ一五四〇に視点が存在する場合が最も東方景観の眺望が可能であるとしても、それは建物内部に視座がある場合に限らず、建物の南側や南西側に視点がある場合にも、それと同様か、あるいはさらに大きな眺望が可能であったことになる。ＳＢ一五一〇やＳＢ一五四〇に至る人間の動線を明確に決定することはできないが、西あるいは西南方向からの動線をもつとするならその動線上からも東方景観の眺望は可能であったことになる。したがって、平城京左京三条二坊宮跡庭園における東方景観の眺望は可能性として充分考えられるものの、それは庭園内のある特定の一地点においてのみ実現される特殊な景観ではない。

3　平城京左京三条二坊宮跡庭園において得られる東方眺望景観は、隣接道路上をはじめ京内の至るところからも眺望可能な景観である。

本節の図55で示した景観復原図は、平城京左京三条二坊宮跡庭園の北に隣接する三条条間路の路面上に人間が立っている場合の眺望景観であるが、これは第二節の図22に示した視点がＳＢ一五四〇に存在する場合の推定復原景観とさほど変化がない。同様の景観は平城宮東院庭園の南側の二条条間路上からも眺望可能である（図57）。すなわち、これらの東方の景観は京内の至るところから眺望可能なものであり、平城京左京三条二坊宮跡庭園においてのみ実現可能な特殊な風景ではない。

以上1～3の結果から、平城京左京三条二坊宮跡庭園から東方景観の眺望が行われたことは否定できないが、それは奈良時代庭園全般に普遍的なものではなく、しかも動線と眺望との相互関係から導き出される眺望景観の特殊化、すなわち都市内のいたるところから眺望可能な一般的な風景を、庭園内のある特定の地点においてのみ眺望可能な特殊な風景に止揚しきれていない未熟さを残していることが判明した。

(2)　三カテゴリーに基づく比較検討

上記の結論をもとに、平城京左京三条二坊宮跡庭園における眺望の形式と眺望景観のとり扱いかたの特性とを、建物・庭園・自然の三カテゴリーに着目して要約すると、以下のようになる。

①　建　物（動線と眺望との関係）

第Ⅱ章第一節でも触れるとおり、平安時代以降の住宅建築では一つの建築空間の中で公的空間（晴）と私的空間（褻）との分化が認められ、明らかに内部空間の分化が開始されたことを知る。同時に建物と建物とを廊や渡殿で連絡し、「壺」と呼ばれる廊で囲まれた一種の庭園的空間を発生させた。「壺」は当初建築空間の間隙に生じた残部としての空間ではあったが、建築空間に囲まれて自らの領域を明確に示していたし、修景植栽樹種によって「桐壺」や「藤壺」「萩壺」などの呼称が与えられ、庭園空間へと発展していく可能性を秘めていた。それゆえ、平安時代の住宅は、内部空間の分化と内部空間の連結による外部空間の秩序化の萌芽期にあったといえる。

これに対して奈良時代の住宅建築は一部間仕切り等によって内部が分離される以外はほとんどが一棟一室形式の建物で[5]、内部空間の本質的な分化は生じていなかった。SB一五四〇のように廂を持つものや、SB一五一〇のように間仕切りの存在するものは見受けられるが、廂は外部空間への緩衝地帯の機能を持つものであり、また間仕切りといっても一棟内を二〜三室に区分する程度の初歩的なものであった。また、数棟の建物が塀によって囲まれる例は多いが、建物と建物とを連絡する廊の存在も今のところ確かめられてはいない。このことは、これまでに行われた平城宮域および平城京域における発掘調査によっても容易に立証することができる。もちろん「壺」のようなひとつの建物に対する固有の外部空間の創出はみられず、複数として散在する建築空間の周囲に外部空間は細かく分節されずに漠然と広がっていたにすぎない。

このような一棟一室形式の建築様式の段階（基本的には平安時代も含む）には、ある一つの建物に至る人間の動線は常に外部空間に存在し、最終的に建物の中に到達するまで人間の視界が閉ざされることはない。それゆえ、市街地から眺望された東方の景観は邸宅内に入っても再び眺望されることになり、庭園の附属建物に到着するまでこの行為は間断なく継続されることになる。そして、開閉なく視界に展開する風景は、そこに明確な空間文節境界が見い出されない以上、最初から最後まで一貫して連続した同一の風景として理解される。すなわち、建築空間の内部分化と分化した個々の空間の接続による外部空間の秩序化が完成されない段階では、動線と眺望との相互関係から導き出される眺望景観の特殊化が認められず、一般的な風景は、そのまま一般的な風景として庭園においても展開することになるわけである。

さて、いわゆる「眺望」という遥か遠景をみはるかす行為は、奈良時代以前から庭園だけでなく都城内外のいたるところで頻繁に行われていたことを知る。その代表的なものが「国見」で、『万葉集』や『古事記』『日本書紀』にこれに関わる記事が散見される。

天皇、香久山に登りて望国したまふ時の御製歌

大和には　群山あれど　とりよろふ　天の香久山　登り立ち　国見をすれば　国原は　煙立ち立つ　海原は　鷗立ち立つ　うまし国そ　蜻蛉島　大和の国は（『万葉集』巻一―二　舒明天皇）(6)

「国見」とは、初春にその年の耕作地選定を行うもので、歌中の「うまし国」という表現が示すとおり、まさしく国土賛美のための眺望の一形態である。これに類する歌は『古事記』『日本書紀』の応神天皇の箇所にも「ちばの葛野を見れば百千足る家庭にも見ゆ国の秀も見ゆ」(7)とあるし、神武天皇の箇所にも「卅有一年夏四月乙酉朔。皇輿巡幸。因登脇上嗛間丘。而廻望国状曰……」とある。また『日本書紀』（巻三　神武天皇）には「九月甲子朔戊辰。天皇陟彼菟田高倉山之巓。瞻望域中時（クニノナカヲオセルトキニ）。……」という用例があり、(7)「瞻望」（オセル）すなわち「のぞみはるかす」という行為の存在したことが判明する。これは先の「国見」とも相通ずるもので、『日本書紀』の他の部分にもいくつかの用例がある。この他にも「国見丘」「国見岳」の用例があり、「国見」という眺望の一形態は当時の一般的慣習であったことがうかがえる。(8)やがて眺望は庭園においても行われるようになり、『懐風藻』(9)には次のような一首を認める。

五言　春苑言宴　一首

開衿臨霊沼。遊目歩金苑。澄清苔水深。晻曖霞峰遠。警波共絃響。
哢鳥与風聞。群公倒載帰。彭澤宴誰論。

「澄んで清らかな池の苔の水は深く、暗くぼんやりと霞のかかった峰が遠くに見える」とあるように、庭園の園池を前に遠く山並を望見していることがうかがえる。同様に『懐風藻』には長屋王作宝宅において行われた新羅からの

賓客を迎える宴遊の際に詠まれた詩歌の中に、次のようなものがある。

五言　於宝宅宴新羅客　一首　賦得烟字

高旻開遠照。遥嶺靄浮烟。有愛金蘭賞。無疲風月筵。桂山余景下。

菊浦落霞鮮。莫謂滄波隔。長為壮思篇。

ここでも「高旻開遠照　遥嶺靄浮烟」（高い秋の空には遠く夕映えが広がり、遥か彼方の嶺には浮かび漂う烟靄がたなびいている）とあるように、庭園からの遠景眺望を詠っている。後述するように、『万葉集』[10]収載の和歌の中にも庭園からの眺望を対象とするものがみられる。

以上のように奈良時代とそれ以前の眺望は、「国見」に始まってやがて庭園においても行われるようになったことを知る。

しかしながらこうした和歌とともに、市中や郊外の草原から春日山の眺望を詠ったものも数多く見られる。たとえば以下の二首などは、その好例である。

秋されば春日の山の黄葉見る奈良の都の荒るらし惜しも（『万葉集』巻八—一六〇四）

雨隠り情いぶせみ出で見れば春日の山は色づきにけり（『万葉集』巻八—一五六八）

したがって、平城京左京三条二坊宮跡庭園におけるＳＢ一五四〇からの春日山の眺望は、庭園に限定して特殊化されたものではなく、広範な日常生活の中にあまねく存在する行為であったことが指摘される。

②　庭　園（庭園の使用目的と眺望との関係・遮蔽物の性格）

この園池は、形状および水勾配等の点から判断して曲水宴のための施設である可能性がきわめて高い[11]。曲水宴とは、酒坏を水に浮かべながら詩歌を読むといった詩情豊かな雅宴で、奈良時代、平安時代を通じて三月上巳に盛んに行われたとされている。この園池の汀線付近に人間が位置している場合には、東方景観を眺望することはほとんど不可能に近いから、曲水宴を行っている人間には東方の山並みを望見することはできなかったであろう。しかし、もしこの雅宴の情景を主要建物ＳＢ一五四〇から望むことがあったとすれば、東方景観は上記の雅宴の背景的効果を担うものとして把握されていた可能性がある。このことは『万葉集』にみえる次の二首によっても裏づけることが可能である。(10)

春日山おして照らせるこの月は妹が庭にも清けかりけり（『万葉集』巻七―一〇七四）

春日なる三笠の山に月の船出づ遊士の飲む酒坏に影に見えつつ（『万葉集』巻七―一二九五）

この二首が平城京左京三条二坊宮跡庭園において詠まれたものか否かは不明であるが、詩歌中に見られる如く、春日山およびそこから出てくる月は、庭園そのものや、そこで繰り広げられる宴遊の興趣をひきたたせる背景的効果をもつものとして描かれている。平城京左京三条二坊宮跡庭園における園池とＳＢ一五四〇との距離は約一五～二〇メートルで、『作庭記』に記載のある「南庭ををく事は階隠の外のはしらより、池の汀にいたるまで六・七丈……」とも一致し、(12)この空閑地が儀式や宴遊のために準備されていた可能性はきわめて高いのである。

また、この園池の北端は塀で仕切られ、園池周辺を回遊することは予定されていない。すなわち視点は主要建物ＳＢ一五四〇内部に静止し、常に一方向（東方）にのみ視線が作用するよう意図されているのである。それゆえ、園外東方の眺望景観（春日山）は、園池をも含めたＳＢ一五四〇前面の空閑地において行われる宴遊、儀式等の人事の背景としての効果を発揮したものと考えてよい。

もうひとつ遮蔽物に関して指摘しておかねばならない。この庭園における東方の遮蔽物は主として園池の東に存在する南北塀（ＳＡ一五〇〇・一四五五）である。この塀は園池の北や東に存在する建物を遮蔽するとともに、園池を中心とする空間を囲繞するための施設でもあり、そのために一律の高さの人工的な塀が用いられている。したがって、庭園の内外の境界に設けられた樹林のように庭外景観の眺望の故に庭園景観と園外景観との連続性を確保し、時には風景の部分的選択をも可能とするソフトテクスチュアの素材は用いられていないことも重要である。

③　自　然（奈良時代の都市と農村）

次に自然に対する意識について分析してみよう。まず自然に対する都市の景観的側面はどうであろうか。平城京の景観を推知し得る文献はほとんど認められないため、平安京における景観からその概略を推測してみよう。

平安京初期の状況を表現するものに、次のような『催馬楽』[13]がある。

大路に沿ひてのぼれる　青柳が花や　青柳が花や　青柳が繞ひを見れば
今さかりなりや　今さかりなりや（大路）
浅緑　濃い縹　染めかけたりとも　見るまでに　玉光る　下光る
新京朱雀の　しだり柳　または田居となる　前栽秋萩撫子　蜀葵しだり柳（浅緑）

詩歌中に見られるごとく、京中の田園風景について叙景しており、華麗な都城が、もう一方では田園風景を内包していたことを見事に表現している。

また『延喜式』巻四二[14]には「凡京中不聴営水田……」とあって、京内における水田耕作を禁止したことがわかるし、『扶桑略記』第三〇[15]の応徳三年（一〇八六）七月□日の条からは、検非違使に命じて西京内の田三百余町を刈らせ、牛馬の飼料にしたことが知られる。他にも『枕草子』第二〇九段[16]には、賀茂参詣の際に道中に展開する水田風景に関する叙述があるし、『池亭記』[17]によれば十世紀末に鴨河の西にも至るところに水田の存在したことを知る。これらの京中水田は『類聚三代格』巻八[18]所収の貞観十三年（八七一）閏八月十四日や昌泰四年（九〇一）四月五日発令の太政官符にみられるごとく、再々にわたって禁止する旨が出されたが一向に効を奏さなかったらしい。

平安京の状況が上記のごとくであるから、平城京においてはそれ以上であったと推測される。天平十年（七三八）以降、平城京をはじめとする法華寺阿弥陀浄土院、東大寺東西両塔の造営などの造寺、造宮の展開は、平城京内における景観をも変化させる大規模なものであったものと推測されるが、こうした建造物の新築やそれに伴う雑踏やにぎわいは宮の周辺や二条、三条付近に限られ、それ以外の京域には相変わらず田園風景が広がっていたのではないかと考えられる。それゆえ、平城京でも全体的には都城の内部に多くの田園景観を内包していた可能性はきわめて高いといえるだろう。

次に都市の内容たる経済的側面を見てみよう。人的構成の面から見ると律令官人の数はごくわずかで、人口の大半が京戸と呼ばれる農民で占められていた。都城はこのような京中農民や地方の国衙、郡衙から送られてくる貢進物によって成り立つ、いわゆる実物貢納経済に依拠していた。都市と農村の分業が明確化し、農村の収奪のもとに成立するような近世諸都市とは性格を異にするものであった。そういう意味では、都城は支配者の政治的要請に基づいて農村の中に出現した君主の宿営地のような存在であり、京は宮を整備強化する権力の象徴として周辺の農村空間が囲い込まれた疑似都市空間であったといえる(19)。

このように、奈良時代の都市は景観的にも経済的にも未熟であり、同時に都市に対応するところの自然の空間的存在そのものが明確に人間に認識されるには至っていなかったと考えられる。したがって庭園から園外の景観が眺望可能であっても、それは見ようと思えば見えるのであり、ただ漠然と見えていたにすぎない可能性すら指摘されるのである。

このことは、『万葉集』に収載する多くの和歌から推知し得る当時の人間の自然観とも相通ずるものである。『万葉集』の和歌から知られる当時の人間の自然に対する意識が、自然と同化し、自己を自然の一部と見なす精神に根ざしていることは諸先学がすでに説くところである。もちろん「自然」という概念すら持ち得るはずもなく、彼らは身の回りの山や川、海、そして草木や禽獣などの一切を自己と同体に人間視していたともいわれる。[20]そして先述のごとく「国見」などの眺望という行為を主体とする歌の本質には、「見る」という行為が重視されていた事実がうかがい知れるとともに、『古事記』[21]に所収する次の国見歌からは、風景が見ればそのままに受容されるものであったことを示している。

おしてるや　難波の崎よ　出で立ちて　我が国見れば　淡島　自凝島　檳榔の　島も見ゆ　放つ島見ゆ（『古事記』下巻　仁徳天皇）

淡島や自凝島、あるいは檳榔の島などはすべて架空の島だが、それらは「見れば……見ゆ」という表現にみられるように、意図して見たのではなく自然に見えたのである。[22]見ればそのままに受容される個々の風景は、それらが構成するひとつの大きな景観を捉える意識にまでは発展しない。眺望対象となる要素をそれぞれ等質に扱い、個々を並列叙景する手法は長歌においてさらに顕著な傾向として認められる。このような風景に対する意識は、彼らの自然に対する意識が自己を自然と重なり融和しあう存在と見なすことに端を発しているともいえるだろう。自己の位置する屋敷と、その外側に広がる山野の風物とを視覚的対比関係のもとに把握する意識がきわめて希薄だといわざるを得ない。

しかしながら、『万葉集』の中でも先述の風景の並列的叙景ではなく遠近手法的な叙景のあることで有名な山部宿禰明人の次のような作品には、混沌とした未分化な自然観から脱皮していこうとする傾向を認める。

み吉野の象山の際の木末にはここだもさわく鳥の声かも（『万葉集』巻六—九二四）[10]
あしひきの山谷越えて野づかさに今は鳴くらむ鶯の声（『万葉集』巻一七—三九一五）[23]

すなわちこの二首では大景から小景へ、あるいは遠景から近景へと徐々に対象が移動しており、こうした視点の移動や遠近の視覚的対比のもとに風景を捉える姿勢は、やがて宮から都への発展過程の中で、宮の周囲に農村自然空間から分離させて都市的街区＝都城が囲いこまれていくのと軌を一にしてさらに発展していったものと考えられる。都城がその内部に田園的景観を豊富に内包した疑似的都市空間であったとはいえ、純粋な農村空間のなかに異質な空間が出現したことにはかわりなく、都城の出現はある程度自己の居住する都市（都城）との対比において、その外側に存在する都市ではない空間としての自然を景観として意識する機会を提供したに違いない。平城京左京三条二坊宮跡庭園が都城の中心部に出現し、そこから東方の自然景観の眺望が想定されるという事実は、たとえそれが他の奈良時代庭園に普遍的には見られない端緒的な性格を持つものであったとしても、上記の自然観の変化を背景としているとも考えられるのである。

注

（1）本中真「条坊遺構と地割」『平城京右京八条一坊十三・十四坪発掘調査報告』奈良国立文化財研究所、一九八九。

（2）佐藤平『建築図学』理工学社、一九八〇。

（3）「第四四次調査」『奈良国立文化財研究所年報一九六八』奈良国立文化財研究所、一九六八。

（4）田中哲雄「平城宮と京の園池」『平城宮北辺地域発掘調査報告書』奈良国立文化財研究所、一九八一。

（5）井上充夫『日本建築の空間』「SD選書」鹿島研究所出版会、一九六九。

（6）『万葉集』一「日本古典文学大系」四、岩波書店、一九五七。

（7）『日本書紀』「国史大系」一上、吉川弘文館、一九六六。『古事記』「日本古典文学大系」一、岩波書店、一九五八。『古事記』（中巻　応神天皇）。また『古事記』（下巻　仁徳天皇）には「於是天皇。登高山見四方之国詔之。於国中烟不発。国皆貧窮。……」とある。

（8）『日本書紀』における「国見丘」「国見山」の用例は計三例あり、それ以外に「国見」に関する用例は四例ある。

（9）『懐風藻』「日本古典文学大系」六九、岩波書店、一九六四。

(10)『万葉集』二「日本古典文学大系」五、岩波書店、一九五九。
(11) 本中真「古代曲水宴遺構の流速について」『造園雑誌』四三―三、一九八〇。
(12)『作庭記』「日本思想大系」二三、岩波書店、一九七三。
(13)『催馬楽』「日本古典文学大系」三、岩波書店、一九五七。
(14)『延喜式』「国史大系」二一―一〇、吉川弘文館、一九六四。巻四二「凡京中不聴営水田。但大小路辺及卑湿之地。聴殖水葱芹蓮之類。不得因此広溝迫路」。
(15)『扶桑略記』「国史大系」六、経済新聞社、一八九八。応徳三年（一〇八六）「七月□日。勅遣検非違使西京内田三百余町皆悉苅棄為牛馬飼」。
(16)『枕草子』「新日本古典文学大系」二五、岩波書店、一九九一。「賀茂へまい（ゐ）る道に、田植ふとて、女の、あたらしき折敷のやうなるものを笠にきて、いとおほう立ちて、歌をうたふ。お（を）れ伏すやうに、また、なにごとするともみえで、うしろざまにゆく。いかなるにかあらむ、をかしとみゆるほどに、時鳥をいとなめう歌ふ、声ぞ心憂き」。
(17)『本朝文粋』「日本古典文学大系」六九、岩波書店、一九六四。（巻第一二）「予二十余年以来。歴見東西二京。西京人家漸稀。殆幾幽墟矣。人者有去無来。屋者有壊無造。……」
(18)『類聚三代格』巻八、「国史大系」二五、吉川弘文館、一九六五。
　太政官符　応禁止鴨河堤辺耕営水陸田事　……貞観十三年閏八月十四日
　太政官符　応聴耕作崇親院所領地五町事　……鴨河堤東西除公田之外。諸家所耕作水陸田皆尽禁遏無復令営。縦雖公田為堤可成害者。……猶復莫令耕作者。由是頃年不耕既成荒地。……昌泰四年四月五日」。
(19) 鬼頭清明『日本古代都市論序説』法政大学出版局、一九七七。
(20) 鼓常良「万葉に見る自然美」『万葉集大成』第二〇集、平凡社、一九五五。
(21)『古事記』「日本古典文学大系」一、岩波書店、一九五八。
(22) 中西進「万葉集の自然」『万葉集研究』第五集～九集、一九七六～一九八〇。
(23)『万葉集』四「日本古典文学大系」七、岩波書店、一九六二。

五　その他の庭園における眺望

1　奈良時代以前の庭園

(1)　石神遺跡

石神遺跡は飛鳥寺の北方、西方に甘樫丘が迫る飛鳥川東岸に位置する（図58）。一九八一年から継続的に実施されてきた発掘調査によって遺構の状況が判明しつつある。報文によると、A期（七世紀中頃）、B期（七世紀後半）、C期（七世紀末期）、D期（七～八世紀初頭）のほぼ四時期に区分できる遺構を検出しており、このうち最も整然とした区画と建物配置の見られるA期の遺構が斉明天皇の時期と考えられている（図59）[1]。A期の中でも最も整備の進むA―3期は、南面を画する東西掘立柱塀の北側に大きく東と西の区画に分かれる建物群が存在する時期で、西方の区画は調査区外にのびるため全容は明らかでないが、東方の区画はほぼ全面的に様相が判明している。東方区画は東西七〇尺（高麗尺、一尺＝〇・三五三メートル）、南北一四〇尺（高麗尺）の規模を持ち、桁行一八間、梁間二間（いずれも二・一メートル等間）の南北棟掘立柱建物（SB九八〇・九九〇）が東西に並び建ち、桁行一二間、梁間二間（いずれも二・一メートル等間）の東西棟掘立柱建物（SB八六〇・一三五〇）が南北に建つ[2]。上記の四棟の廊状建物に囲まれた南北約五〇メートル、東西約二五メートルの南北に長い空閑地の北半部に正殿である桁行八間、梁間三間の身舎の四面に廂のつく桁行総長一九・二一メートル、梁間総長八・

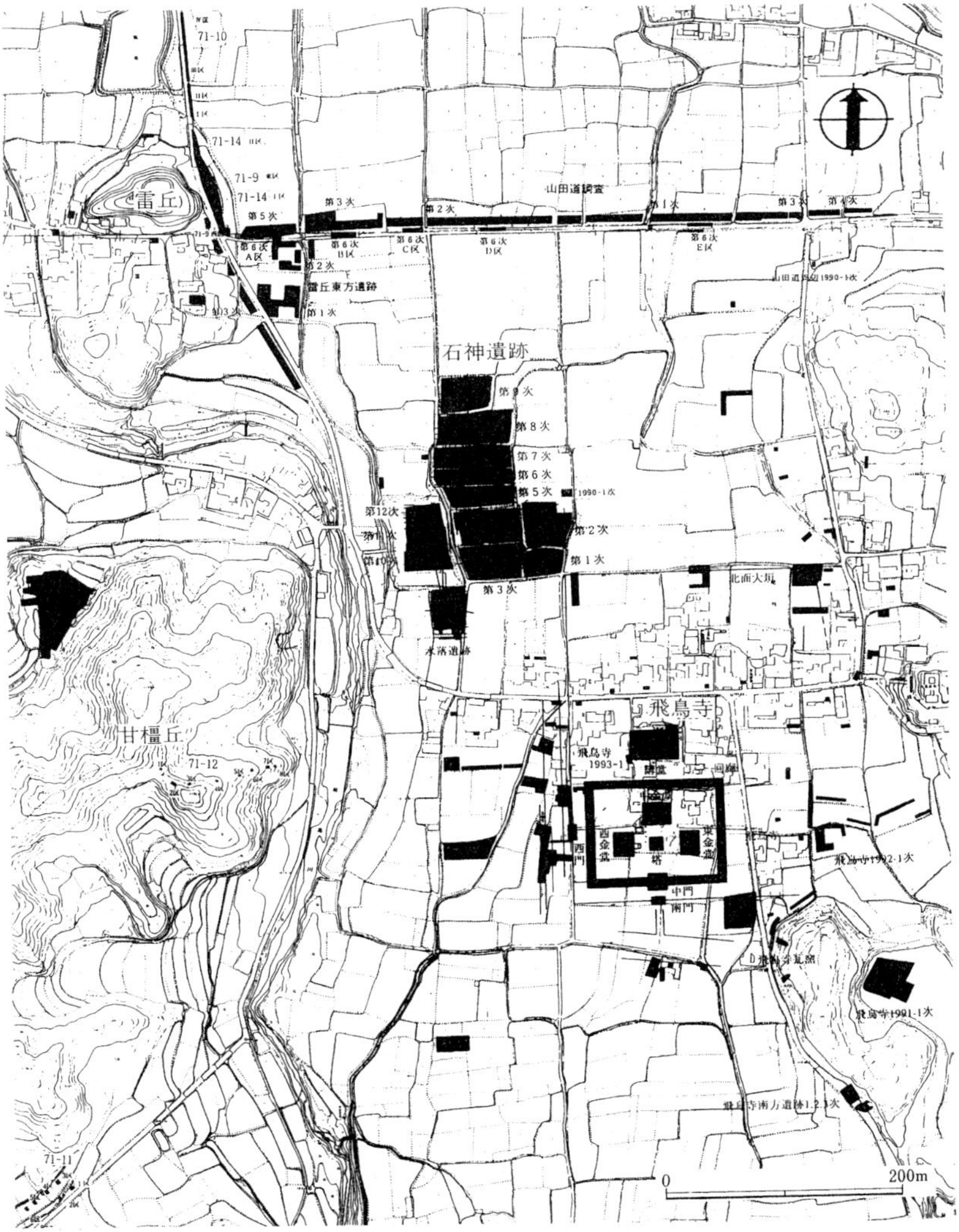
71-10
71-14
71-9
雷丘
第5次
第3次
第2次
山田道調査
第1次
第3次
第4次
第6次
A区
B区
C区
D区
E区
第2次
雷丘東方遺跡
第1次
石神遺跡
第9次
第8次
第7次
第6次
第5次
1990-1次
第12次
第2次
第1次
第3次
北面大垣
水落遺跡
飛鳥寺
甘樫丘
71-12
飛鳥寺
1993-1
講堂
西金堂
東金堂
塔
西門
中門
南門
71-11
0
200m

図58　石神遺跡位置図

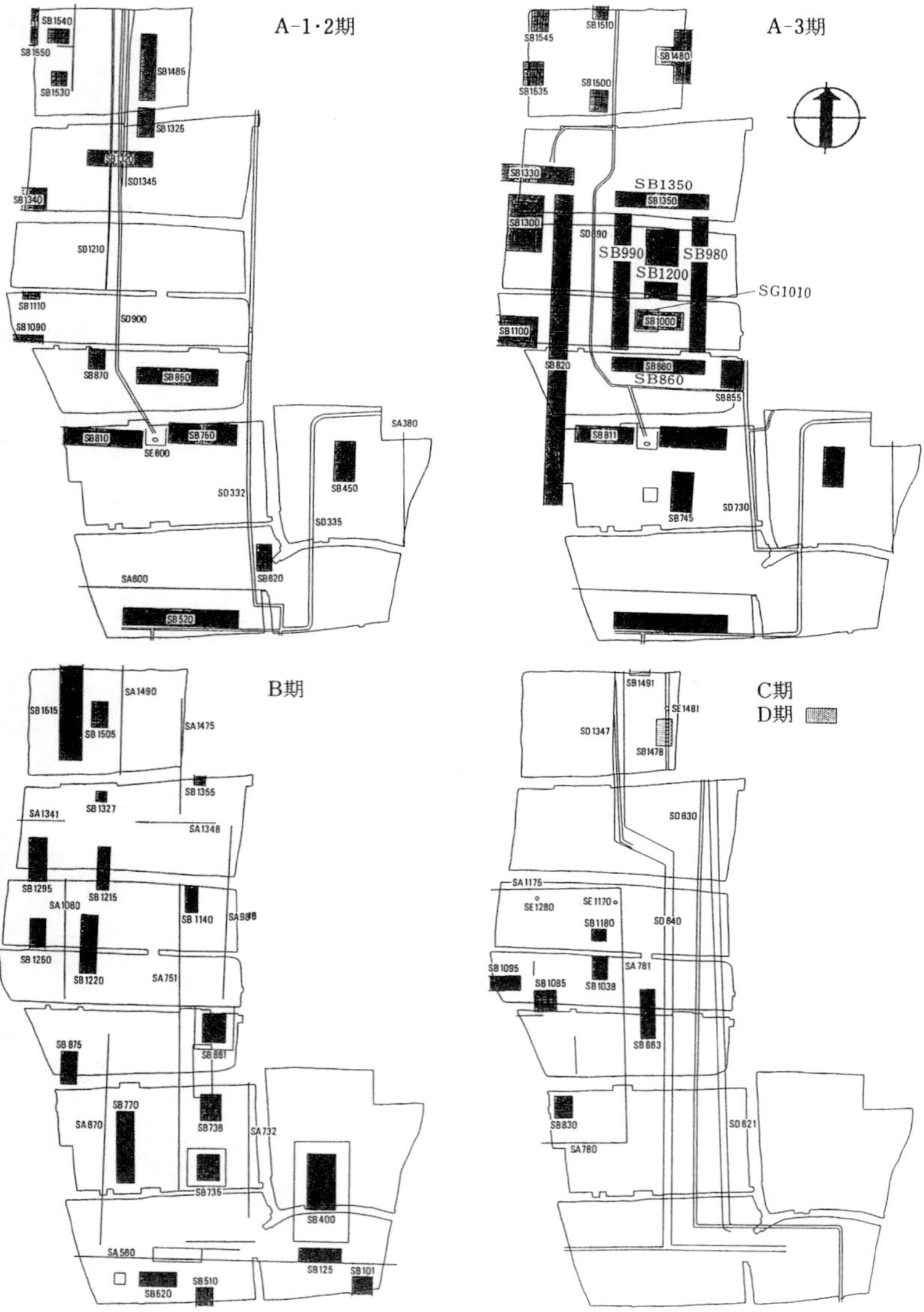

図59　石神遺跡発掘調査遺構変遷模式図

九メートルの南北棟掘立柱建物（SB一二〇〇）を、南半部に前殿である桁行六間（二一・五メートル等間）、梁間二間（七尺等間）の東西棟掘立柱建物（SB一〇〇〇）を、それぞれきわめて規格性の高い配置のもとに建設している。そして、A―3期のうちSB一〇〇〇が建つ直前には、前述の中庭の南半部に一辺約六メートルの方形石組園池（SX一〇一〇）が造成される時期がある（第I章第三節―2 図34・35）[3]。SB一〇〇〇との重複関係からSX一〇一〇の存続期間はきわめて短かったものと考えられ、宴遊や儀式等に際して造営された臨時の園池とも想定されている。『日本書紀』（巻第二六 斉明五年〔六五九〕三月条）[4]には次のように記し、石神遺跡との関連性が従来より指摘されている。

丁亥、吐火羅人、共妻舎衛婦人来。甲午、甘檮丘東之川上、造須彌山、而饗陸奥与越蝦夷

すなわち石神遺跡は吐火羅（都貨羅）や蝦夷、粛慎などの外国使節の迎賓に使用された施設であろうと考えられ、上記の園池はその際の宴遊・儀式のために用いられたもので、存続期間が比較的短いのは、あるいは晩餐会などの催し毎に中庭のレイアウトが変えられたためとも指摘されている（図60）[5]。

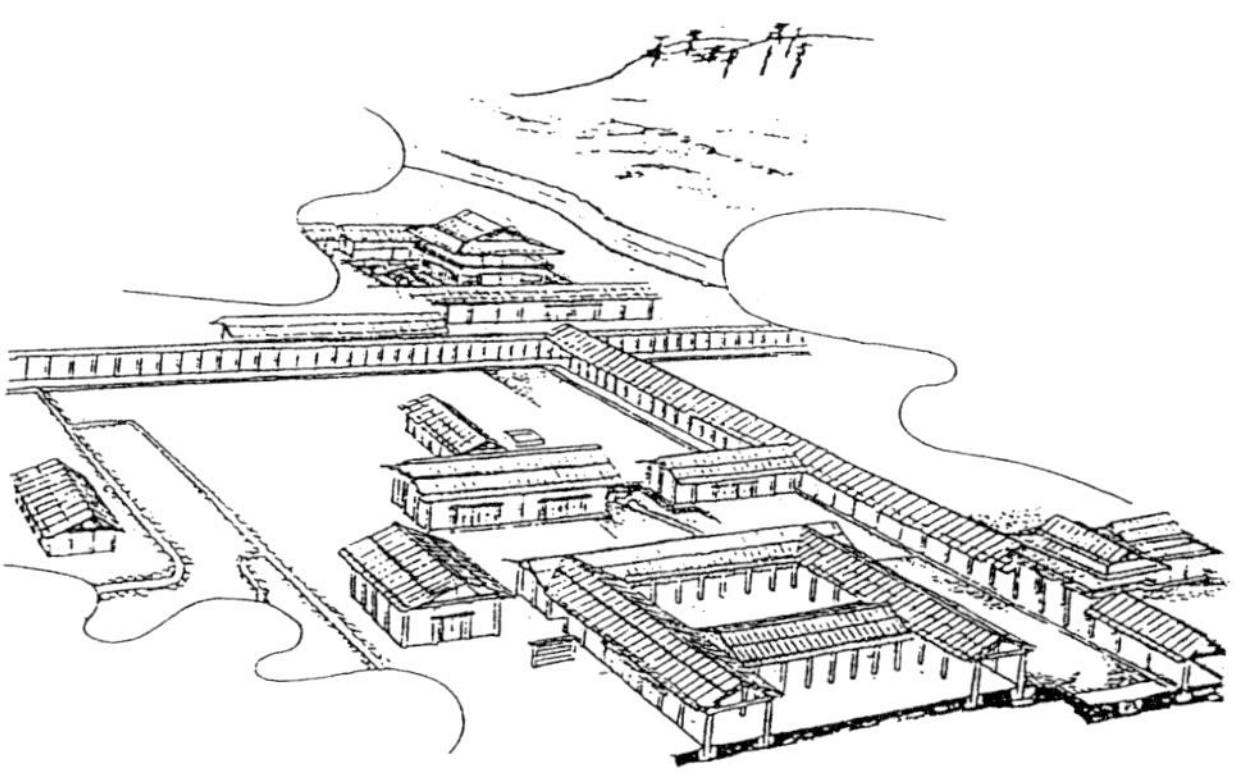
図60 石神遺跡推定復原図[5]

さて、石神遺跡が甘檮丘東方に位置することはすでに述べたとおりだが、調査当初から庭園を具有する上記の迎賓施設は甘檮丘の美しい山容の故に甘檮丘との位置関係を考慮して位置の設定が行われたとみられてきた。つまり施設の占地に甘檮丘に対する眺望が重視されてい

たと考えられてきたのである。[6] しかしこの迎賓施設のうちとりわけ園池（SX一〇一〇）に臨む中庭において甘樫丘の山容との景観的対比が意識されることはおそらくなかったであろう。園池SX一〇一〇の位置する中庭はSB九八〇、九九〇、八六〇、一三五〇などの廊状建物に囲まれたきわめて稠密な空間をなしており、園池を目前にして甘樫丘を眺望することは全く不可能であったと思われるからである。したがって、石神遺跡においては園外の眺望を意識した庭園の立地は考慮されてはいなかったといえるだろう。中庭における宴遊・儀式は自然の風景に関与して行われるのではなく、むしろ人間の意識は宴遊・儀式等の人事そのものに集中していたとみるのが妥当である。

(2)　酒船石北遺跡

一九九二年に奈良県明日香村が同村大字岡字酒船で実施した発掘調査で明らかとなった石積遺構は、山と眺望との関係を考究するうえできわめて示唆的な遺構である。現在飛鳥川東岸には多武峰から北西に延びる小支丘陵が迫るが、この丘陵の標高約一四〇メートルの頂部にはいわゆる酒船石が遺存する（図61）。上記の石積遺構はこの丘陵北斜面における調査で発見されたのである。[7]

石積遺構は現状の斜面裾部から約一〇〜一二メートル上方の急傾斜の法面に位置し、延長約一〇メートル分検出している。石積の構造は明日香産花崗岩を基礎として、この上面に整形した砂岩を積み上げる。まず曲折する法面形状に沿って一辺約〇・八〜一・〇メートルの上面の平らな明日香産花崗岩を一列に埋設して基礎石とする。そして、この直上に藤原層群豊田累層（奈良県東北部奈良市より天理市にかけて分布）から切り出されたと考えられる凝灰岩質細粒砂岩を短辺約二〇センチ、長辺約三〇センチ、高さ約一五センチの切石に整形して積み上げている。残存状況の良好な地点では四段まで確認できるが、周辺に石材破片が散在することから見て当初はもっと高く積まれていた可能性が高い。各石材は隣石と接合する四つ

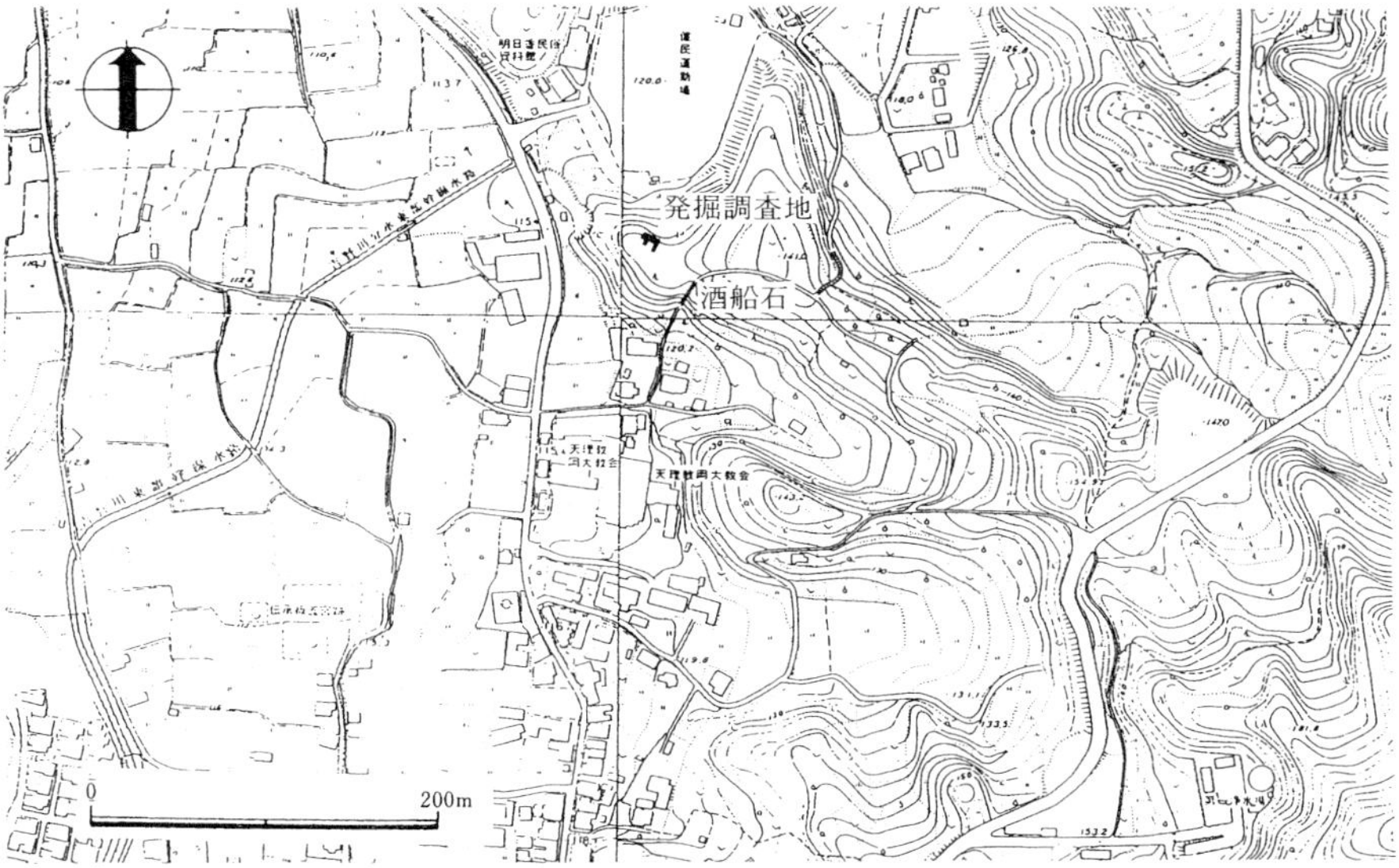

図61　酒船石北遺跡位置図

図63　酒船石北遺跡の石積遺構（東南から）

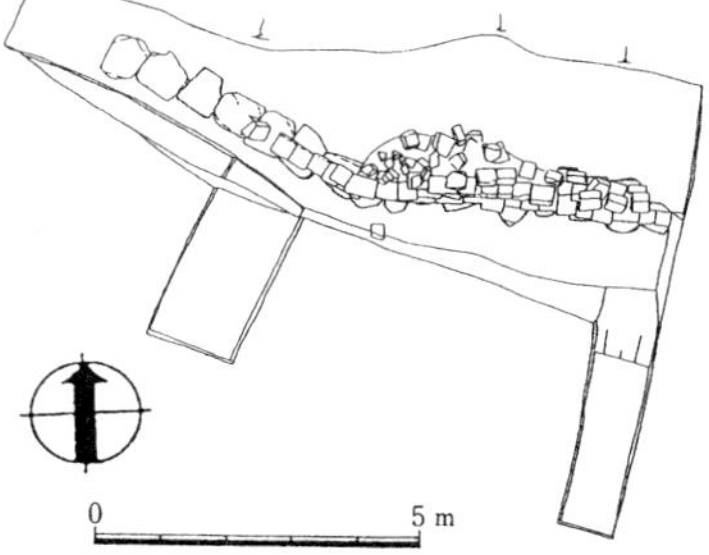

図62　酒船石北遺跡発掘調査遺構平面図[7]

の合端面と外面とを丁寧に磨き、とりわけ外面にはややころびがあって法面勾配に沿って山側に傾斜するよう仕上げている（図62・63）。しかも注目すべきは石積の背面の断ち割り調査によって丘陵が版築工法によって突き固められていることが判明したことである。互層をなす版築の層位や石積裏込はやや軟弱で、石積裏込には比較的多くの石材破砕片を含む。この調査成果からは、酒船石の存在する丘陵全体が自然の独立残丘ではなく、人為的に築成された丘陵であることを想定させる。そして版築工法や石積裏込の軟弱さは、この石積が単に丘陵法面の土留処理を目的とするものではなく、丘陵全体の視覚的効果をねらった施設であることも想定させるのである。

この石積の正確な造営時期は出土遺物が皆無であるため不明だが、明日香地方でこのような大規模な土木工事が行われるのは飛鳥時代以外には考え難い。すなわち『日本書紀』に散見される斉明天皇による種々の造営記事との関連が想定される。斉明天皇は六五五年に飛鳥板蓋宮に即位の後、板蓋宮焼亡に伴って飛鳥川原宮を造営、そして六五六年には上記の石積遺構が発見された地点の西方域に想定される後飛鳥岡本宮を造営する。『日本書紀』（巻第26）[4]には斉明天皇の性格として「時好興事」と伝え、彼女の造営工事を次のように記す。

廼使水工穿渠。自香山西、至石上山。以舟二百隻、載石上山石、順流控引、於宮東山、累石為垣。時人謗曰、狂心渠。損費功夫、三万余矣。費損造垣功夫、七万余矣。宮材爛矣、山椒埋矣。又、謗曰、作石山丘。随作自破。

……又作吉野宮。……

十一月庚申朔壬午、留守官蘇我赤兄臣、語有間皇子曰、天皇所治政事、有三失矣。大起倉庫、積聚民財、一也。長穿渠水、損費公粮、二也。於舟載石、運積為丘、三也。

見られるように有間皇子によって批判された斉明天皇による三つの「興事」の中に「狂心渠」すなわち酒船石とともに、「作石山丘」と記すことが注目される。今次の調査で発見した石積遺構はこの「山丘」に該当するものと考えられるわけである。山を築き、その外周に石を積んで石垣としたのは、その頂部に何等かの柵や砦を築いて要害の地としたことを意味するのではなく、(8)おそらく山全体を平地から眺めたときの視覚的効果を意図した修景デザインであったことを物語る。先述のごとく、石積の裏込や築成版築がやや軟弱な点は上記の想定の傍証ともなるであろう。

これは、七世紀に自然そのものを庭園とも見なし原寸大スケールの築山が造成されたとも解し得る事例である。つまり外周からの眺望対象として自然と等縮尺の「山」を造成したことに他ならないわけである。第三節―2では、古墳の墳丘と周濠は律令社会の整備に伴って、祖霊信仰の対象からやがて水とみどりの造形対象へと脱皮したことを述べたが、それとは別に純粋に視覚の対象として丘陵を造成し修景整備する事例が少なくとも七世紀に存在したことを示している。そうした点でこの酒船石北遺跡はきわめて興味深いが、しかし一方では斉明天皇個人の趣向とも関連して七世紀に普遍的な営為であったとは考え難く、やや特殊な事例であることも指摘しておかねばなるまい。ただここで指摘しておきたいことは、山を造る際にその外周に人工的な石積を施しているという事実である。このことは築成した山容の外観をハードなテクスチュアによって強調表現したことに他ならない。おそらく建蔽率もさほど高くなかった当時の飛鳥地方は豊かな自然環境に覆われていたものと考えられ、石積等の硬い表現手法を用いることなくしては、みどりに包まれた山野景観の中に新たに造成した山の姿を浮き彫りにすることは不可能であったに違いない。したがって山の外観の視覚的効果を意図するためには、樹林に覆われた山ではなく堅牢な石積によって囲繞する必要性に迫られたものと見られる。それだけ宮の周辺は豊かな自然景観に包まれていたのであり、極力人工的なデザインを用いることによってのみ自然景観ははじめて人間の意識の対象になり得たことを示しているのである。特殊な事例ではあるが、当時の自然に対する意識を端的かつ普遍的に物語る点でも、この酒船石北遺跡の石積遺構は充分注目してよい。

2　奈良時代の庭園

(1)　称徳天皇御山荘跡

平城京右京一条北辺四坊三・六坪の地は、『藤原武智麻呂伝』にみえる「習宜の別業」の比定地とも目され[9]、その後称徳天皇に伝領されて鎌倉時代の西大寺古図に「本願天皇御山荘跡」「本願天皇山御殿」あるいは「本願山荘」などと記すとおり、奈良時代後半期にはいわゆる称徳天皇御山荘として利用されていたことが推定されている[10]。三坪と六坪との境界部には今なお西半部に中島を擁する東西約五〇メートル、南北約二五メートルの瓢箪形の池が遺存し、往時の庭園痕跡と推定されてきた（図64・65）[11]。この池の西岸は比高約六メートルの急傾斜面となっており、この斜面西上方の一段高い平地面からは東方の平城京域はもちろんのこと春日連山を一望のもとに眺望可能であるため、上記の池の西岸域に山荘の主要殿舎群が想定されてきたのである[12]。

この比定地の西端部、すなわち平城京右京一条北辺四坊六坪西辺部において一九八三～一九八四年に発掘調査が実施され、七世紀後半から九世紀前半に至る遺構変遷が判明し、とりわけ規模の大きな掘立柱建物群の建設は奈良時代後半期に集中する事実が確かめられた（図65・66）。報文[13]によれば図66に示すＢ～Ｄ期の掘立柱建物群は「奈良時代後半の二〇～三〇年の間に次々と建て替えられたもの」と考えられ、まさしく称徳天皇御山荘に伴う建物と推定された。なかでもＣ・Ｄ期には池の西北方に東西棟掘立柱建物（ＳＢ一〇〇〇）が建ち、このさらに西方に南北棟掘立柱建物（ＳＢ一〇九五・一二〇〇・一〇七〇）が建って、敷地の整備が最も進むことを知る。しかしながら高瀬要一は、池に最も近接するＳＢ一〇〇〇からは池西岸の急傾斜面に阻害されて水面と東方景観とを同時に眺望することは不可能であ

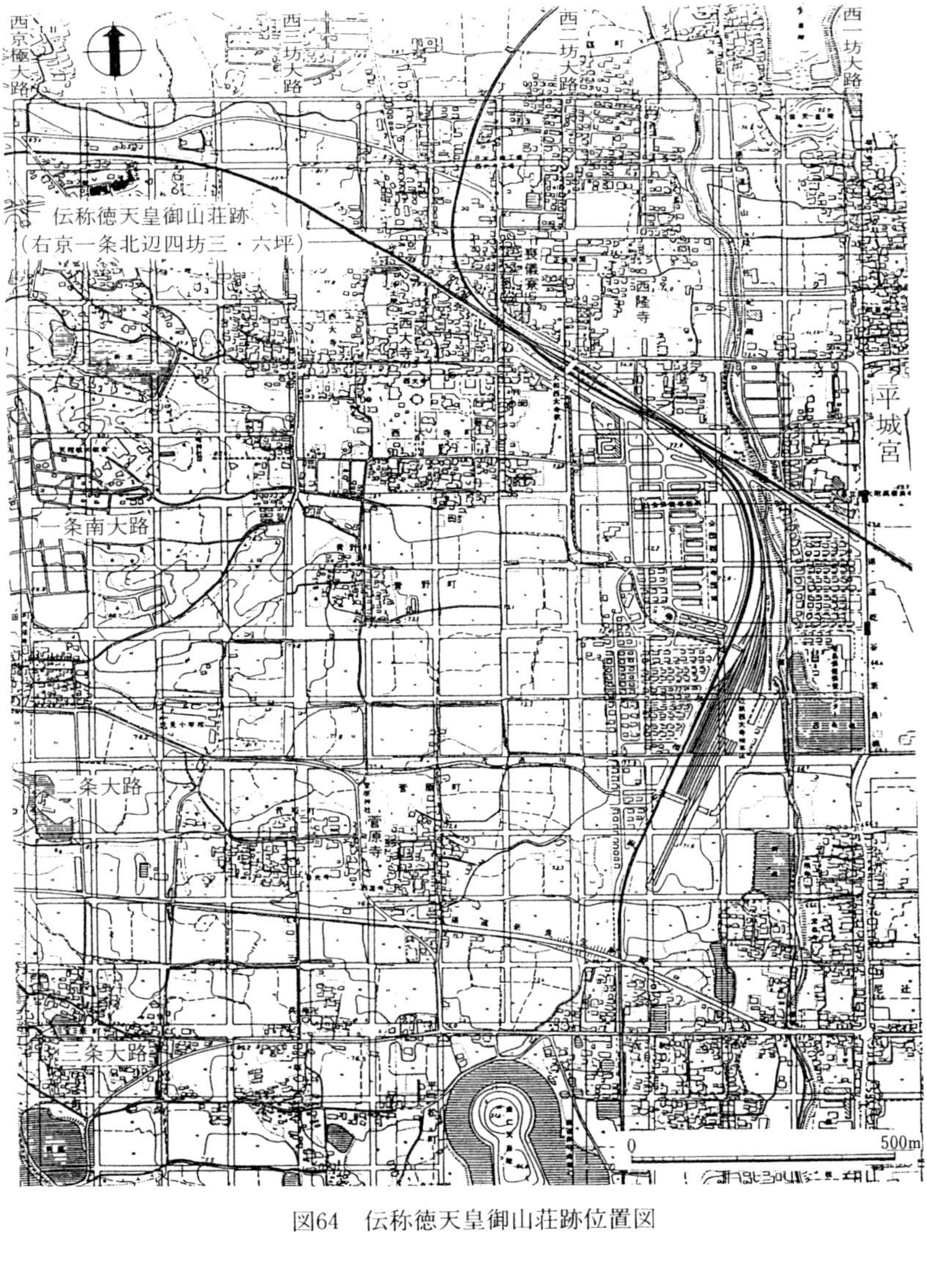

図64　伝称徳天皇御山荘跡位置図

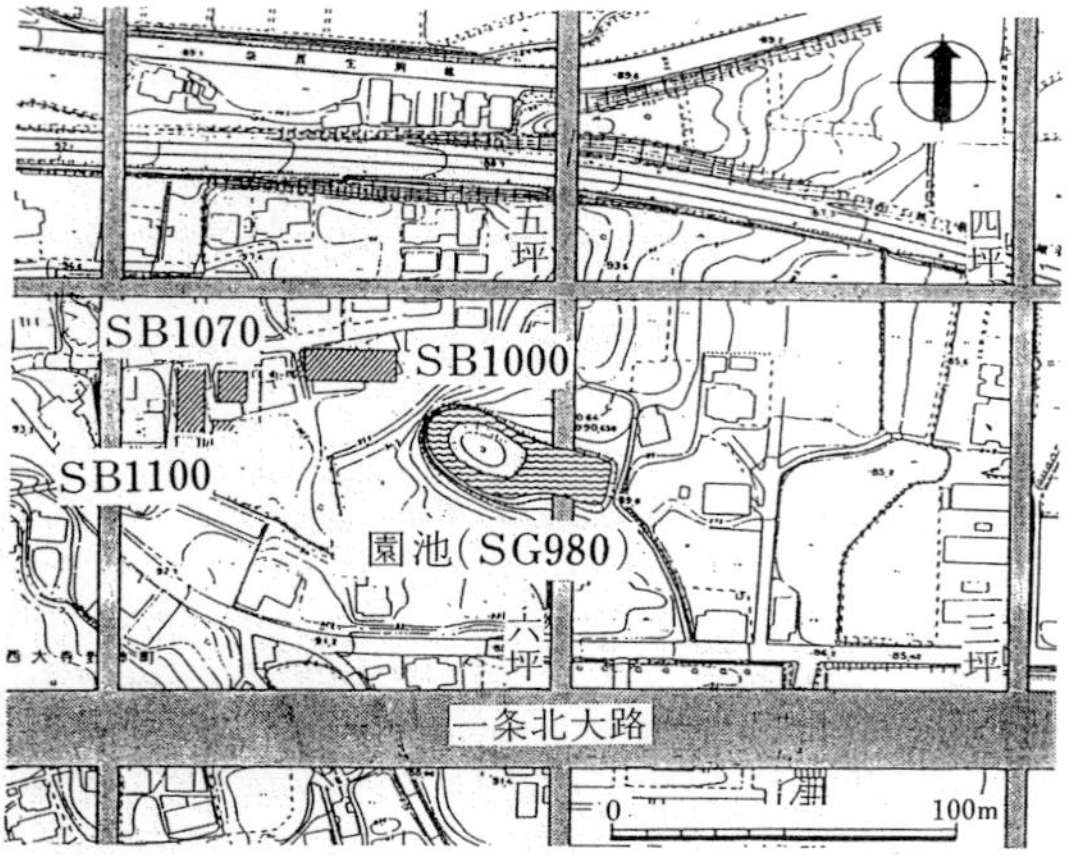

図65　平城京右京一条北辺四坊三・六坪発掘調査遺構平面模式図(13)

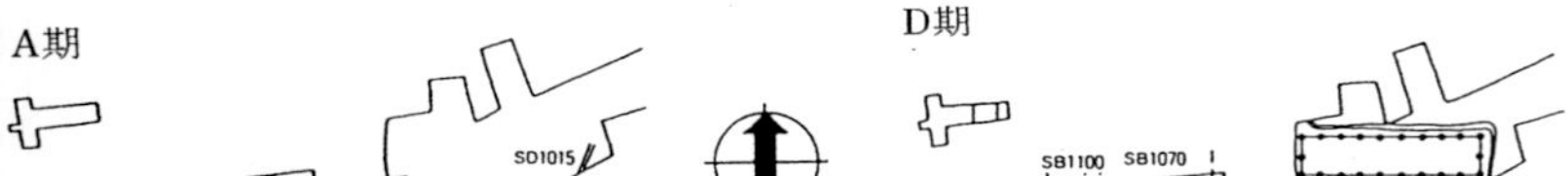

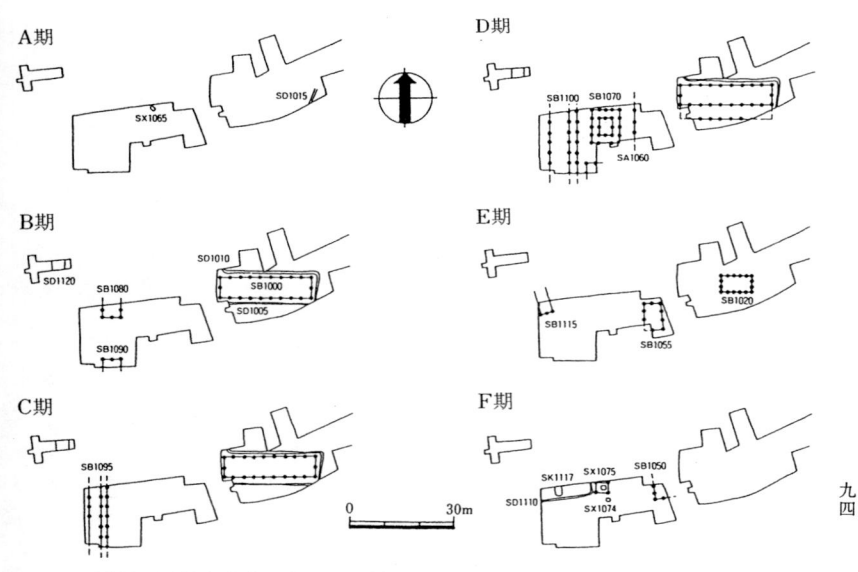

図66　平城京右京一条北辺四坊三・六坪発掘調査遺構変遷模式図(13)

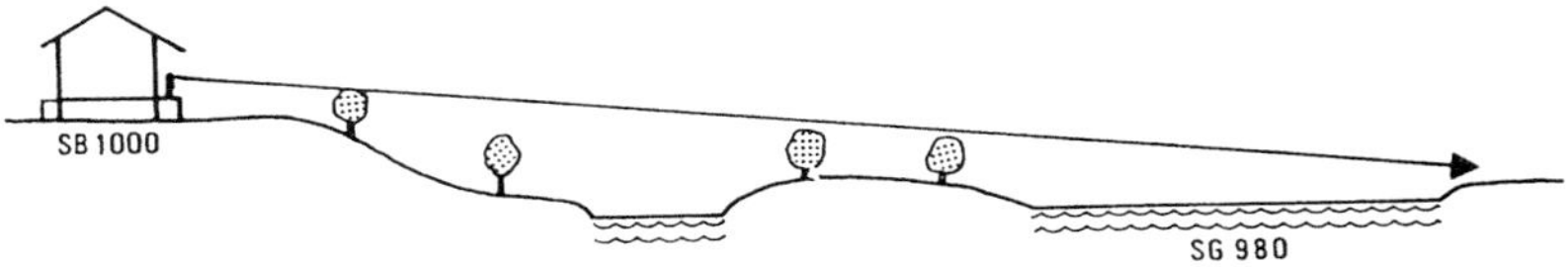

図67　平城京右京一条北辺四坊三・六坪発掘調査ＳＢ1000からの視線と園池断面図(14)

図68　伝称徳天皇御山荘跡からの現在の東方眺望景観（西から）

ったと指摘し（図67）、検出したＳＢ一〇〇〇・一一〇〇等の建物は当該山荘の脇殿や後殿で、正殿は斜面にもっと近接した未調査地域に想定する(14)。園池が東西に長い瓢箪形を呈することから(15)、正殿は池の西方よりも北方に想定したいところだが、現地形では東に向かって下がる傾斜面をなすため、ここに正殿を想定することは必ずしも妥当でない。したがって高瀬の推定は積極的に支持されてよいだろう。おそらく池の西岸の高地には斜面に近接して南北棟の正殿が建ち、池の景観とともに東方に広がる都城景観や春日山の風景を眺望することが可能であったものと考えられる（図68）。

　この称徳天皇御山荘における眺望で指摘しておきたいことは、平城京左京三条二坊宮跡庭園とともに都城が都市的空間として整備拡充されるにおよんで、庭園をも含めた屋敷地の中から自然景観を遠望する行為が徐々に定着しつつあったことを示唆する点である。そして平城京左京三条二坊宮跡庭園が都城の中心地に位置するのに対し称徳天皇御山荘は郊外に立地し、地形の高低差を利用してより広大な眺望が容易となっている点も見逃すわけにはいかない。郊外における別業経営が眺望に対する関心をさらに発展させたとも考えられ、第Ⅱ章でも詳述するように古代後期に眺望の理想形態とも考えられるようになった高所からの俯瞰がすでに奈良時代において先駆的に登場した事例として興味深い。

(2)　白毫寺遺跡

白毫寺遺跡は平城京大安寺の東方、高円山の西麓に位置する（図69）。図70に示すように、扇状地形を東から西に向かって走る谷地形をせき止めて造成した浅い池が二つあり、両者ともに州浜や景石を施して修景している。北側の池は東西に長く西端は調査区外にあって全容は不明である。中央からやや東方に堤を築いて上流部に景石や州浜を施して園池とする[16]。この園池部分は東南隅がやや張り出す長径約二五メートル、短径約二〇メートルの長円形ないしは略方形で、池底北端中央の井戸の湧水によって水を貯め、西端の堤に排水のための暗渠を敷設している。南側の池は長径約二一メートル、短径七・五メートルの不整形な形状をなす。これらの園池に付随する建物は発見されてはいないが、あるいはもともと園池に臨んで存在した礎石建物の基壇が痕跡もとどめずに削平されている可能性も否定できない[16]。

園池から出土した土器などから奈良時代の造成になることは疑いなく、園池下流の排水大溝南岸に位置し同大溝に排水路の連続する井戸（SE〇一）の埋土から三彩陶器片が出土していることから、聖武天皇の造営になる春日離宮[16]～[18]の園池とも推定されている。

この白毫寺遺跡の園池は建物こそ発見されていないが、西方に大和盆地と生駒山系が展開する眺望絶佳の地に立地する。称徳天皇御山荘とは視界の方向が一八〇度異なるが、同様に都城景観とこれを取り巻く田園・自然景観に対する眺望が本離宮の選地に大きく寄与したことは想像するに難くない。

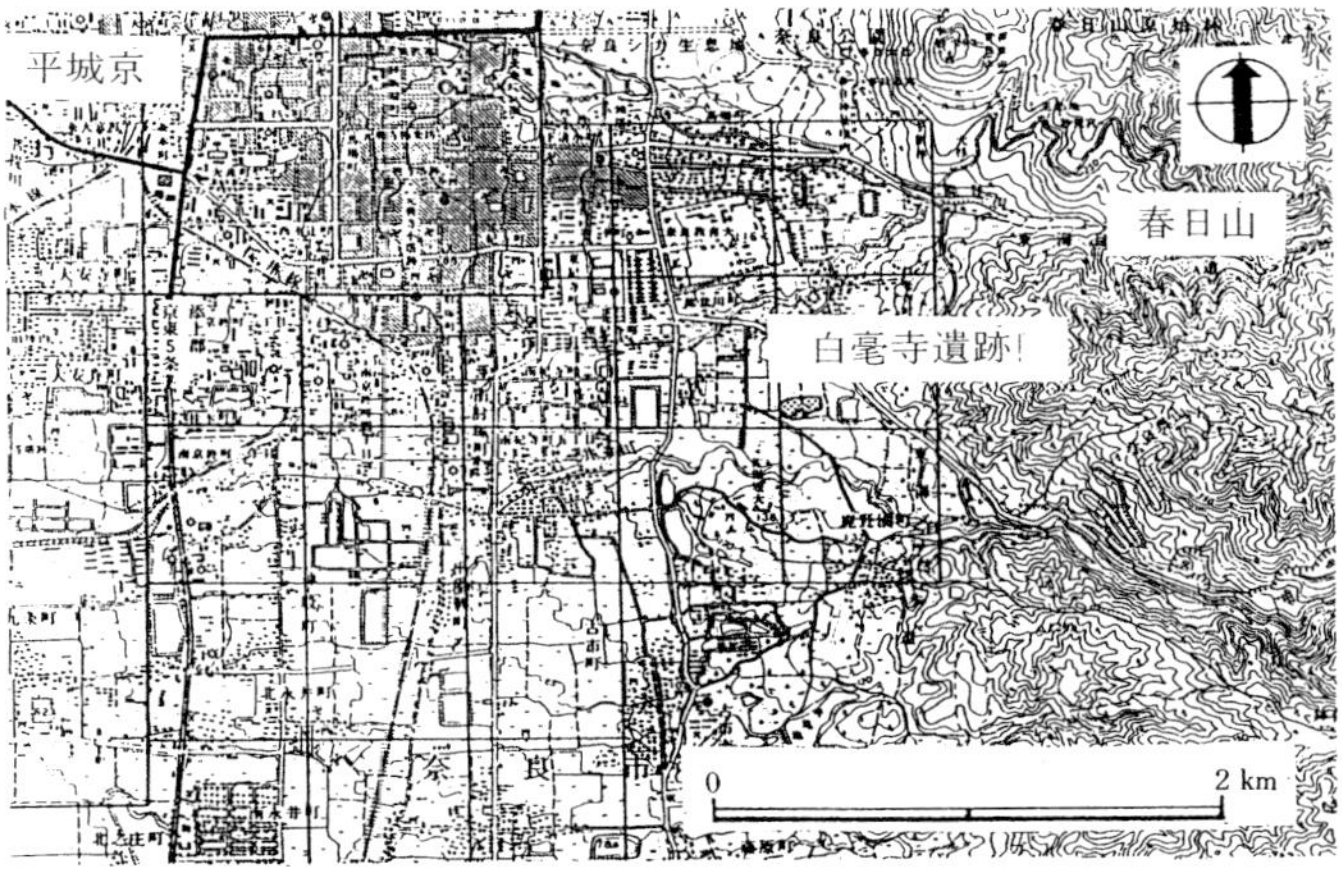

図69　白毫寺遺跡位置図

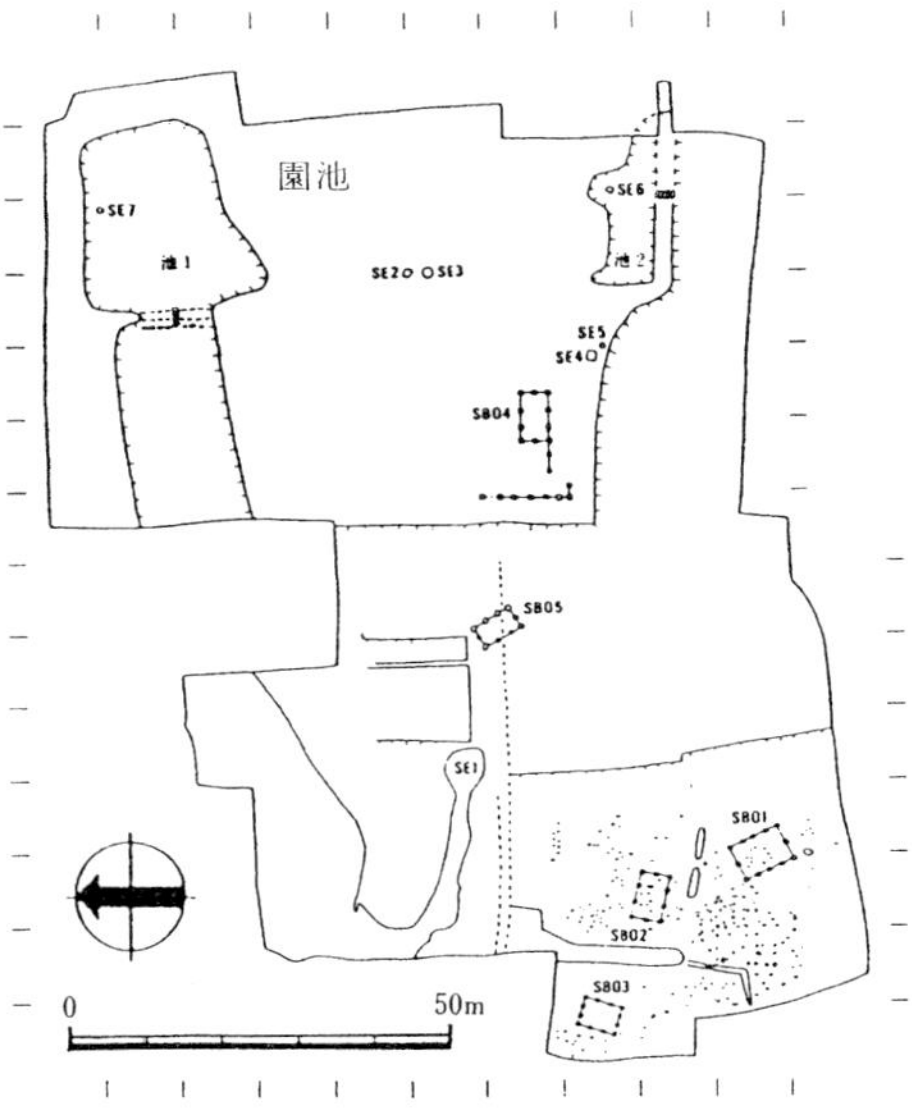

図70　白毫寺遺跡発掘調査遺構図(16)

注

（1）「石神遺跡第五次調査」『飛鳥藤原宮跡発掘調査概報』一六、奈良国立文化財研究所、一九八六。
（2）「石神遺跡第八次調査」『飛鳥藤原宮跡発掘調査概報』一九、奈良国立文化財研究所、一九八九。
（3）「石神遺跡第六次調査」『飛鳥藤原宮跡発掘調査概報』一七、奈良国立文化財研究所、一九八七。
（4）『日本書紀』下「日本古典文学大系」六八、岩波書店、一九六五。
（5）黒崎直「石神遺跡の発掘調査」『奈良県観光』三六九、一九八七。
（6）『石神遺跡第二次発掘調査現地説明会資料』奈良国立文化財研究所飛鳥藤原宮跡発掘調査部、一九八二。
（7）『酒船石北遺跡発掘調査現地説明会資料』明日香村教育委員会、一九九二。
（8）『日本書紀』巻第二六、斉明二年〔六五六〕条には「是歳、於飛鳥岡本、更定宮地。……号曰後飛鳥岡本宮。於田身嶺、冠以周垣。田身山名。此云大務。復於嶺上両槻樹辺起観。号為両槻宮」とあって、多武峯にも二本の槻の木（ケヤキ）を植樹して、観（たかどの）を起こして両槻宮（ふたつきのみや）を造営したことが知られる。酒舟石北遺跡の位置は両槻宮の中心部からは北に離れすぎているように思われるが、宮の外周を囲む施設がこのあたりまで及んでいた可能性もないわけではない。
（9）岸俊男「習宜の別業」『日本古代政治史研究』吉川弘文館、一九六六。
（10）橋本義則「西大寺古図と『称徳天皇御山荘』」『平城京右京一条北辺四坊六坪発掘調査報告』奈良県教育委員会、一九八四。
（11）森蘊「寝殿造系庭園の立地的考察」『奈良国立文化財研究所学報』第一三冊、奈良国立文化財研究所、一九六二。
（12）森蘊「庭園」『奈良市史』建築編、一九七四。
（13）『平城京右京一条北辺四坊六坪発掘調査報告』奈良県教育委員会、一九八四。
（14）高瀬要一「平城宮と京の庭園遺跡における園池と建物」『平城京右京一条北辺四坊六坪発掘調査報告』奈良県教育委員会、一九八四。
（15）「平城宮跡第一一八―一二次調査」『昭和五十四年度平城宮跡発掘調査概報』（奈良国立文化財研究所、一九八〇）によれば、往時の園池東岸は現在の池の東汀線の東方約一〇メートルに位置することが判明している。確認した池東岸は素掘りの法面で、石材等による護岸などは検出していない。この調査区はきわめて狭隘であるため池護岸に石材等による修景が行われていないかったとはにわかに決し難い。また「平城宮跡第一五一―六次調査」『昭和五十八年度平城宮跡発掘調査概報』（奈良国立文化財研究所、一九八四）では、池の南岸でも旧園池の汀線を化粧した痕跡は検出していない。したがって、往時は現在よりもさらに東西に長い池の形状であったものと考えられる。また「平城宮跡第一一八―二〇次調査」『昭和五十四年度平城宮跡発掘調査概報』（奈良国立文化財研究所、一九八〇）では池の排水機能を持つと推定される南北方向の素掘溝を検出している。

（16）「白毫寺遺跡発掘調査概報」『奈良県遺跡調査概報』一九八二年度（第一分冊）、奈良県立橿原考古学研究所、一九八三。

（17）『続日本紀』和銅元年（七〇八）九月条「乙酉。至春日離宮。大倭国添上下二郡勿出今年調」。『万葉集』（巻二〇）には春日離宮に関連する以下のような和歌が収載されている。

　興に依りて各々高円の離宮処を思ひて作る歌五首

高円の野の上の宮は荒れにけり立たしし君の御代遠そけば（四五〇六）

高円の尾の上の宮は荒れぬとも立たしし君の御名忘れめや（四五〇七）

高円の野辺はふ葛の末つひに千代に忘れむわが大君かも（四五〇八）

はふ葛の絶えず偲はむ大君の見しし野辺には標結ふべしも（四五〇九）

大君の継ぎて見すらし高円の野辺見るごとに哭のみし泣かゆ（四五一〇）

（18）堀池春峰「春日離宮について」『田山方南先生華甲記念論文集』一九六三。

Ⅱ　古代後期の庭園における眺望

第Ⅱ章では、古代後期に属する平安時代庭園における園外の眺望について検討する。まず寝殿造住宅庭園を例証として、当時の住宅に併置された庭園と園外の景観との関係を検討したものが第一節である。次に第二節では平安時代の作庭家として名高い橘俊綱が当代随一の庭園として絶賛した石田殿にスポットをあて、その位置と環境について明らかにするなかで、彼が絶賛した眺望景観の性格の一端に迫る。さらに第三節では、第二節の成果を受けて俊綱推奨の庭園の立地環境を比較検討し、彼が庭園選定基準とした「地形」「眺望」の意味について追求する。最後に第四節では浄土庭園における眺望をとりあげ、宗教的認識を媒介として庭園景観と周囲の自然景観とが視覚的に関連あるものとして意識されていく過程について考察する。

一　寝殿造住宅庭園

1　序　言

本節では、十世紀から十三世紀にかけて作庭されたいわゆる寝殿造住宅庭園における園外景観の眺望の特性について明らかにする。庭園における眺望の形式と、そこに見られる眺望景観の扱われ方の体系的分析手法とは、視点となり得る建物、視点と眺望対象の結節の場として機能する庭園、それに眺望対象となる自然の三つのカテゴリーの個別の形態的・質的性格を把握し、それがどのように三者の関係性として反映しているかを、動線、庭園の使用目的、遮蔽物の素材の観点から考察することである(1)。この分析の枠組みについてはすでに第Ⅰ章第一節で述べた。第Ⅱ章でも基本的にこの枠組みに従って各事例の検討を進めるものとする。

しかしながら、文献において眺望が行われたことを知り得る九～十三世紀の住宅庭園の中で、現在にその姿を留めている遺構は皆無であるし、また、発掘調査によって視点・遮蔽物・眺望対象の関係を復原し得る例も現在のところ確認されてはいない。したがってこの時期の住宅庭園における園外景観の眺望に関する特性分析を実際の遺構に即して行うことは不可能であり、上記のように数少ない事例を史料操作によって分析する以外に方法はないものと考える。

さて当時の住宅庭園の中で、園外景観の眺望が行われたことを推定しうる数少ない事例として、伏見亭、伏見殿、水無瀬殿、亀山殿の四例を挙げることができる。

このうち亀山殿については寝殿造住宅庭園の範疇に含めうるものの、後に天竜寺庭園として継承され中世禅院庭園における眺望への移行過程として独自の性格をもっており、これに関する分析は本書では行わない。これに対して残る三例はすべてこの時期に限定して存在したことが文献上明らかであり、本章の分析対象として好適である。ただこの三例に関しても、庭園カテゴリーの性格や、庭園の使われ方と園外景観との関係性を把握するうえでは充分の史料を認めるが、建物の詳細な配置状況および構造等については不明な点が多く、建物カテゴリーの性格や、動線と眺望景観との関係を把握するうえでは不十分だといわざるを得ない。

それゆえ、以下の検討では上記の三例が文献上寝殿造住宅の形式をもっていたことを断片的にではあるが推測し得るという事実から、同時代の寝殿造住宅で庭園を具有する貴顕の第宅（東三条殿）を選択し、そこにみられる建物内部および庭園における動線を指標とする分析を行うものとする。また自然カテゴリーについては、平安京の都市としての景観的、経済的状況を概観する中で自然に対する人間の認識度について分析し、美術史料から判断される当時の自然観をその傍証とする。

以上のように、本節では十〜十三世紀の寝殿造住宅庭園における眺望の形式と眺望景観の扱われ方の特性を、寝殿造住宅の典型例に見る建物および動線、眺望が行われたと推定し得る事例における庭園およびその使用目的、同時代の都市の状況等から導き出される自然観等の観点から総合的に考察するものである。

2　三カテゴリー（建物・庭園・自然）の検討

(1)　建　物

東三条殿は九世紀から十二世紀初頭にかけて摂関家の所領となり、永観二年（九八四）の焼失後、永延元年（九八七）に再建され、道長の所領となってからは藤原氏一族の公的儀式を行うための邸宅として機能し、[2]一時里内裏としても使用された。その後は長和二年（一〇一三）の焼亡をはじめ再建と焼亡をくりかえすが、長久四年（一〇四三）藤原頼通によって再建され、仁安元年（一一六六）十二月に焼亡するまで約一二〇年間存在し続けた。

このように、東三条殿は平安時代後半を通じて藤原氏一族の正式な儀式の場や、また時期によっては皇室の里内裏などの政治・文化の舞台として機能した、文字通り平安時代を代表する寝殿造住宅だといえよう。この東三条殿については文献も豊富であり、建物配置の復原プランも作成されている[3][4]（図71）。以下の分析および考察は、これらの資料に基づいて展開するものとする。

さてこの東三条殿で繰り広げられた儀式の中で、建物がどのように使われたのかを「大饗」と「臨時客」とを例に見てみよう。まず「大饗」の場合であるが、「大饗」には「二宮大饗」「大臣大饗」「大将大饗」の三種があり、前者が中宮と東宮の二宮が主催するのに対し、後二者は大臣や大将に任臣された場合に行う臣下の饗であった。このうち「大臣大饗」には「任大臣大饗」以外に年頭に行う「正月大饗」があり、摂関家の大臣が私邸に宴席を設け親王や公卿などの尊者を招くのを常としたもので、摂関家最大の儀式であった。[5]この「大臣大饗」に関する儀式次第は『江家次第』[6]第二に詳しい。

一大納言来。

主人着親王座遣掌客使。以四位為之。……掌客使申尊者来坐由。……公卿以下列立中門外。……尊者入門当第一大納言揖。諸卿以下共揖。入自中門進出庭中。……先是主人降自南階。当座下方立。……大臣以下列立階前。……主客共再拝。主人与尊者相譲。……尊者離列一許丈留。……主人尊者相並昇自南階東西端着座。……

主人である大臣家の側から五位以上（上述の引用文では四位）の掌客使が、尊者すなわち大納言のもとに送られる。上記の文には省略されているが、本来ならばこれに対して尊者の側からは蘇甘栗使が返される。次に尊者が掌客使の招聘に応じて大臣家に到着し、中門外にて降車、公卿諸衆の出迎えを受けて南庭まで徒歩で向かう。ここで寝殿南階より降りてきた主人と庭上において主客再拝、三度互いに譲りあった後、両者ともに南階から寝殿へと昇り儀式の開始となる。この「大饗」が東三条殿において実際に行われた記録が『山槐記』保元四年（一一五九）正月二十二日条にみられる(7)。

天晴、今日関白被行大饗、東三条西面……中尊者来之由、諸卿以下列立西中門外神殿軒廊南砌幔外、……主人令降立南階前東方、……尊者車向門立、宰相中将公親、実長卿、侍従宰相公光卿、尊者扈従也、尊者来入之前加列、前駈立榻、権中将実国朝臣取沓置榻、前駈開檳榔戸、頃之

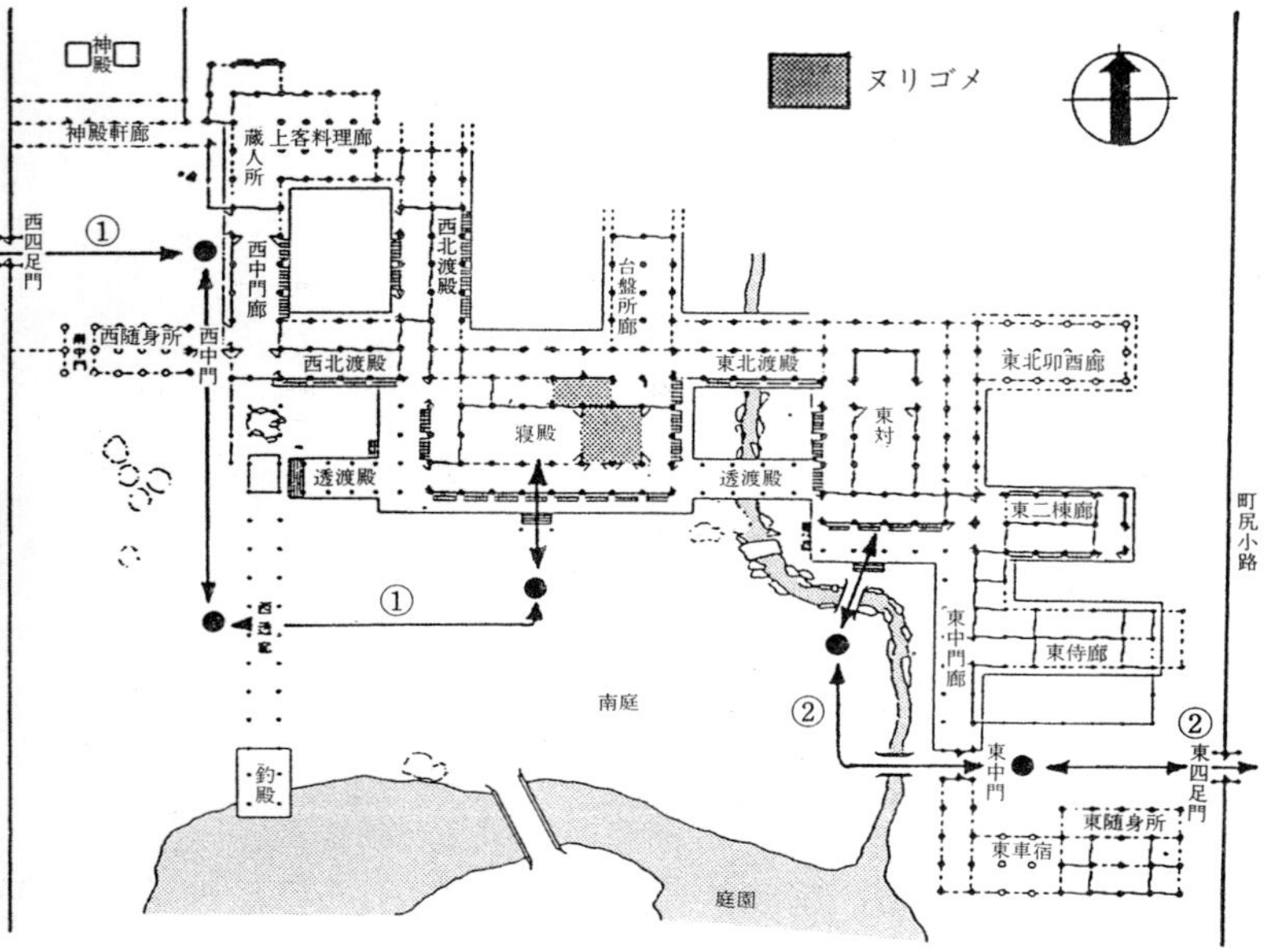

図71　東三条殿復原平面図(4)

実国朝臣褰車簾、内府……入門、当按察揖入中門、……尊者以下列庭中、……次主客再拝、主人渡階西辺、尊者進庭中三度揖譲、次主人至于階下東面立、尊者又至于階東方西面、又三譲、主人先昇、……尊者相並、主人着親王座、尊者入西一間、経弁座前……次按察以下次第離列、昇自南階西辺、経簀子入南西第一間、相分着座、……弁少納言外記史等離列、昇自透渡殿西階着座、……次雅楽発音楽、竜頭鷁首浮池上、頭以下舞人楽人下船、経反橋列立橋西池岸左右、奏舞了奏長慶子、経本路帰、乗舟退出、……

『江家次第』の記載どおり掌客使、蘇甘栗使の応酬の後、尊者の車は東三条殿の西中門外に到着し、宰相中将、侍従宰相の公卿がこれを出迎える。沓脱が準備され、前駆が檳榔の扉を開いて尊者が降車する。次いで尊者は南庭へと進んで主客再拝、主人と尊者は三度相譲った後、南階より寝殿へと昇って着座する。こののち諸公卿も寝殿南階西辺や透渡殿西階より昇り、順次定められた位置に着座、儀式が開始される。この情景は『年中行事絵巻』第一〇巻第五段にも示されているとおりである（図72）(8)。

また「大臣大饗」の儀式の終結部は、『江家次第』(6)巻二に次のように記す。

尊者退下自南階。主人或下階送之。

尊者は儀式の導入部と同様に南階を降りて中門へと徒歩で退出し、主人も迎賓の際と同様にこれを南階の下において送賓するのである。

以上のように、「大臣大饗」では尊者は中門外で降車後、寝殿前の南庭まで徒歩で向かい、主人の出迎えとともに南階より寝殿へと昇り、儀式の最後はこの逆のコースを辿って退出したことが判明する。これを図示するならば図71中の①のようになる。

ここで重要なことは、「大饗」に際しては主客再拝をはじめとする儀式の導入部と尊者が大臣家の邸宅を退出する終結部とにおいて、建物内部を経由せずに建物外の庭園の一部（南庭）を経由することである。「大臣大饗」の全行程は建物内部だけで完結することはなく、必ず庭園をも含めた形で進行する。すなわち、人間が完全な閉鎖空間に導かれることはなく、寝殿に到着するまで人間の動線は必ず外部空間に存在し、その途上における視界は常に開かれていることになる。このような視界の開放された外部空間の動線上からは、そこに明確な遮蔽物が存在しない以上、人間の進行方向にかかわらず、視界が庭園景観や園外の自然景観へと連続していく可能性は、充分にあったと考えられる。

『類聚雑要抄』巻一に図示する「内大臣（忠通）殿母屋大饗寝殿指図」(9)は、永久四年（一一一六）正月二十三日に東三条殿において催された「大饗」の模様を示すものであるが（図73）、西透渡殿、東中門廊に幔（仮設の幕）が張られ、あたかも南庭へと進む人間の視界を進行方向に向かっていったん隔絶しているように見受けられる。しかし幔の本来の性格は、あくまで仮設の施設として不要な空間を遮蔽することにある。しかも幔門を経て南庭へと至ればそこは開放された空間であり、この時点で人間の視界が庭園景観や園外景観へと連続していくことは可能である。それゆえ、たとえ幔が張り巡らされていたとしても、それを視界が進行方向以外に発展していくことを妨げるための遮蔽物として捕らえることには問題があろう。やはり「大饗」に際しては、中門を入って寝殿に至る動線上における人間の視界は常に開放されていたと考えるべきである。

これに対して「臨時客」を迎える場合はどうであろうか。「大饗」が主人の正式な招聘によって客を招く儀式であるのに対し、「臨時客」とはこれに次いで主人の意向に関係なく客人の方から訪問する場合をいう。『口言部類』(10)には次のように記す。

天永四年正月二日乙卯。天晴。参殿下。有拝礼。又有院拝礼。申時内大臣以下参東三條。入従東門。東対南面被

図72　大臣家の大饗(8)

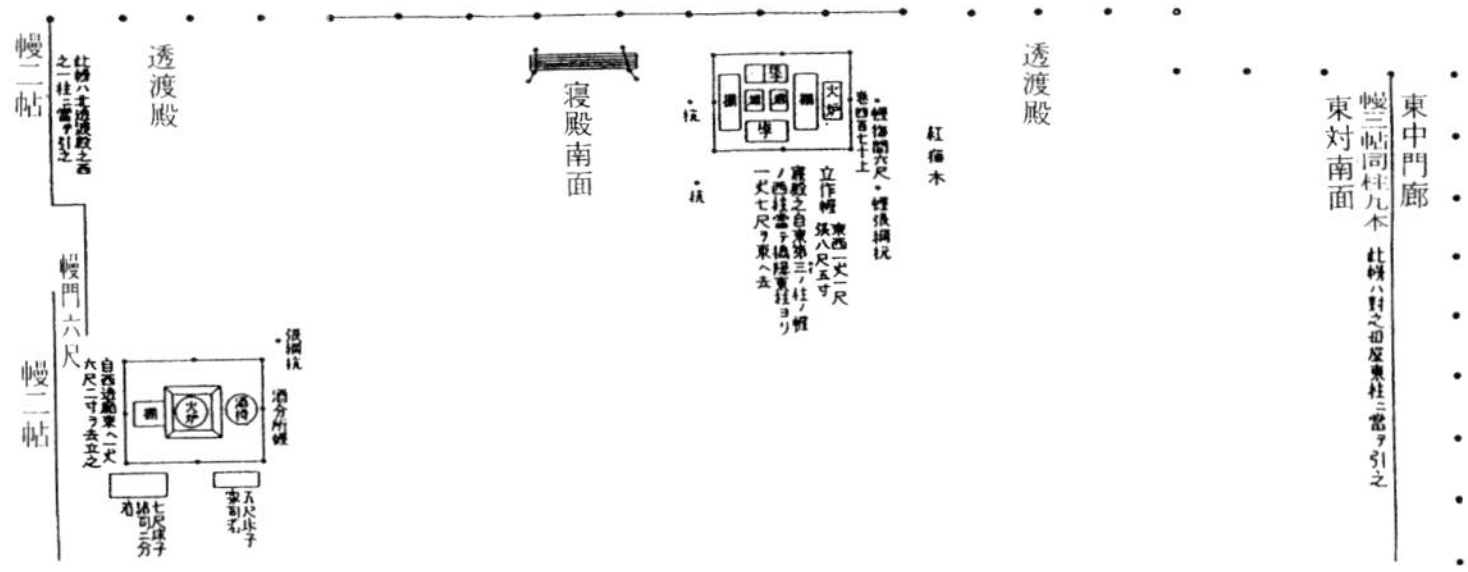

図73　東三条殿大饗寝殿指図(9)

図74　摂関家臨時客(8)

儲座也。……内府当庭中之橋南被立也。人々過其後。東上北面。……殿上人両貫首以下皆参列。立其後。……二拝了。……殿下独昇給。令着座後。内府被昇。……大納言以下。従中門廊方被昇。……

任臣や年頭に際しての正式な儀式である「大饗」が邸宅内の正殿である寝殿を使用するのに対し、「臨時客」の場合は儀式が比較的小規模であるのと客人の性格上東対が用いられている（図74）。したがって「大饗」では西中門から入場するのに対し、「臨時客」では東中門から入場する。(11) まず主人と、客人である内府は東対前面の庭上にて二拝、その後主人はひとりで南階を経て東対南面へと至り、これに内府が続く（図74）。大納言以下は東中門廊より対へと至る。これを図示したものが図71中の②である。

すなわちここに見られる動線はやはり外部空間を経由することにはかわりなく、その途上における視界が常に開放されているのは先に見た「大饗」の場合と同様である。

このように「大臣大饗」や「臨時客」の場合には必ず庭園をも含めた形で儀式が進行し、主要建物が寝殿と対との違いこそあれ、そこに至る動線は常に視界の開放された外部空間を経由することが判明する。

以上の諸例はすべて中門外で降車し、その後は徒歩によって庭上から主要建物に至る例であった。寝殿造住宅における人間の動線はこれに限ったものではなく、往路は中門で降車後、中門廊、対を経て寝殿に至り、復路は寝殿南階より直接乗車する場合もある。たとえば東三条殿の記事ではないが、『中右記』寛治二年（一〇八八）八月七日条には次のような記載がある。(12)

天晴、有行幸院、……経自二条大路并洞院西大路入御、先於西中門留御輿、御西対、暫為御休所、此間発乱声、午時許御寝殿、……其後寄御輿於寝殿中央間、還御之儀如例也、鈴奏立楽等如常、……

また六条殿に関する事例として、同じく『中右記』寛治六年（一〇九二）二月二十九日条(12)には

至六条殿西門、暫留御輿止警蹕、中宮大夫……奏事由了、後於西中門入御御所、西小寝殿、此間発乱声、次移御寝殿、……戊刻事了、於西中門寄御輿、同四点還御、……

とあって往路は西中門にて御輿を降り、西中門廊から小寝殿を経て寝殿に昇り、復路はこの逆の順路をとる場合もあった。

他に「大饗」に際して尊者が寝殿南階から寝殿に至るのに対し、それ以外の公卿が中門廊や渡殿を経由する動線をとることは先にふれたとおりであるが、天皇と東宮とが相前後して寝殿に至る場合にもそれぞれ別の動線が採用された。それは万寿元年（一〇二四）九月十九日に御一条天皇が高陽院における「こまくらべ」に臨んだ際の記事や、寛仁二年（一〇一八）十月二十二日の土御門殿行幸の記事に見ることができる。

巳の時ばかりにぞ行幸ある。御階に御輿寄せて下りさせ給。さておはしまして居させ給て、春宮おはします。陣の外にて、事の由奏して、御車陣にて舁き下して、筵道まいりて下りさせ給。西の廊の中の妻戸より入らせ給て、西の対の簀子より通りて、渡殿、簀子を渡らせ給て、寝殿に南面より入らせ給て、御座につかせ給ぬ。（『栄花物語』こまくらべの行幸[13]）

此日土御門行幸……辰時御輿倚寝殿南階、垂御簾、巻中央間、内侍二人取御剣爾御筥、大后入御後、御輿退出、……次東宮御、西門参、御車、下敷莚道、下給従御車、入自西中門、御西対御在所、……次参上寝殿給、……（『御堂関白記』[14]）

天皇や中宮が南階に御輿を寄せて直接寝殿に昇るのに対し、東宮は西中門から西中門廊、西対を経て寝殿へと昇る順路をとっており、それぞれ身分によって動線は異なっていた。

また、女房たちの動線は『枕草子』第五段の次の記述によって知ることができる[15]。

大進生昌が家に、宮の出でさせ給ふに、東の門は四足になして、それより御輿はいらせ給ふ。北の門より女房の車どもも又陣にゐねば入りなんと思ひて、かしらつきわろき人も、いたうもつくろはず、よせておるべき物と思ひあなづりたるに、檳榔毛の車などは、門ちひさければ、さばかりえ入らねば、例の筵道しきておるゝに、いとにくゝはらだたしけれども、いかがはせん。……

みられるように中宮が東門から入るのに対し、女房たちの檳榔毛の牛車は北門から入り、車を直接建物に寄せつけるか、筵道を敷いて車から建物に至るかは適宜決められたらしい。

このようにいくつかの動線のパターンをうかがい知ることができるが、主体が上皇などの身分の高い場合にはやはり寝殿南階を経由するのが原則であったらしく、『世俗浅深秘抄』には次のように記している。[16]

一、同時寄車事。無可然公卿者。花族殿上人奏仕之例也。其作法直昇自南階。若陀所爾寄時。惣車寄辺昇降儀同之。不知子細院司殿上人寄車時。不直打板。是尾籠事也。……

以上のように、「大饗」や「臨時客」以外に、中門廊や渡殿などの建物を経由して寝殿に至る例や直接寝殿に御輿を寄せる例など、必ずしも動線が視界の開かれた外部空間を経由しない場合もあることが首肯できよう。しかし、これらの場合は中門廊、渡殿等の建物構造、および御輿、檳榔毛の牛車等の乗物の性格に注意するべきである。

まず中門廊や渡殿について考えてみたい。

奈良時代住宅の平面プランは、一般的に一棟一室形式[17]とよばれる建物構造をもつ正殿と脇殿とから構成され、廊や渡殿は存在しない（図75・76・77）[18]〜[20]。また、図78は九世紀初期に造営されたと推定されている平安京右京一条三坊九町遺跡の建物配置プランであるが、ここでも同様の施設を認めることはできない[21]。したがって住宅内に正殿と脇殿が点在するという住宅形式の確立よりも、廊や渡殿の成立はさらに遅れていることが判明する。寝殿造住宅における中門

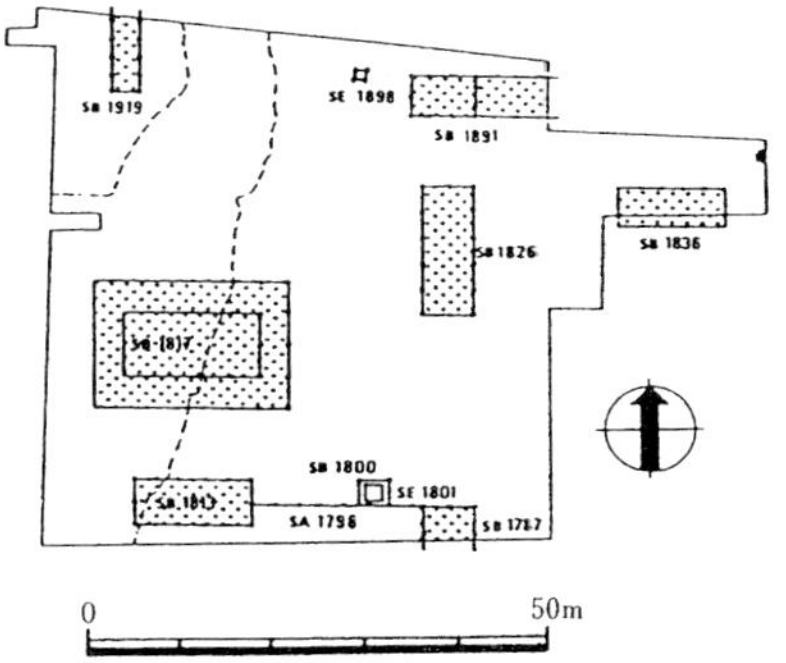

図76　平城京左京三条四坊七坪発掘調査遺構平面模式図[19]

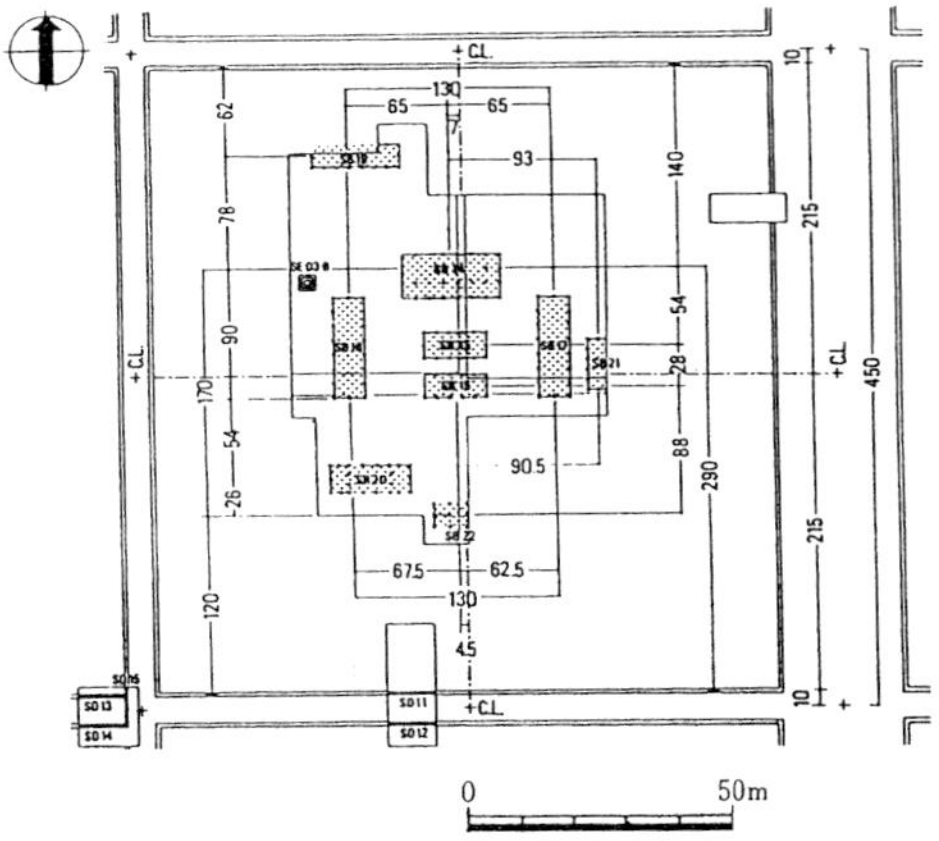

図75　平城京左京五条二坊十四坪発掘調査遺構平面模式図[18]

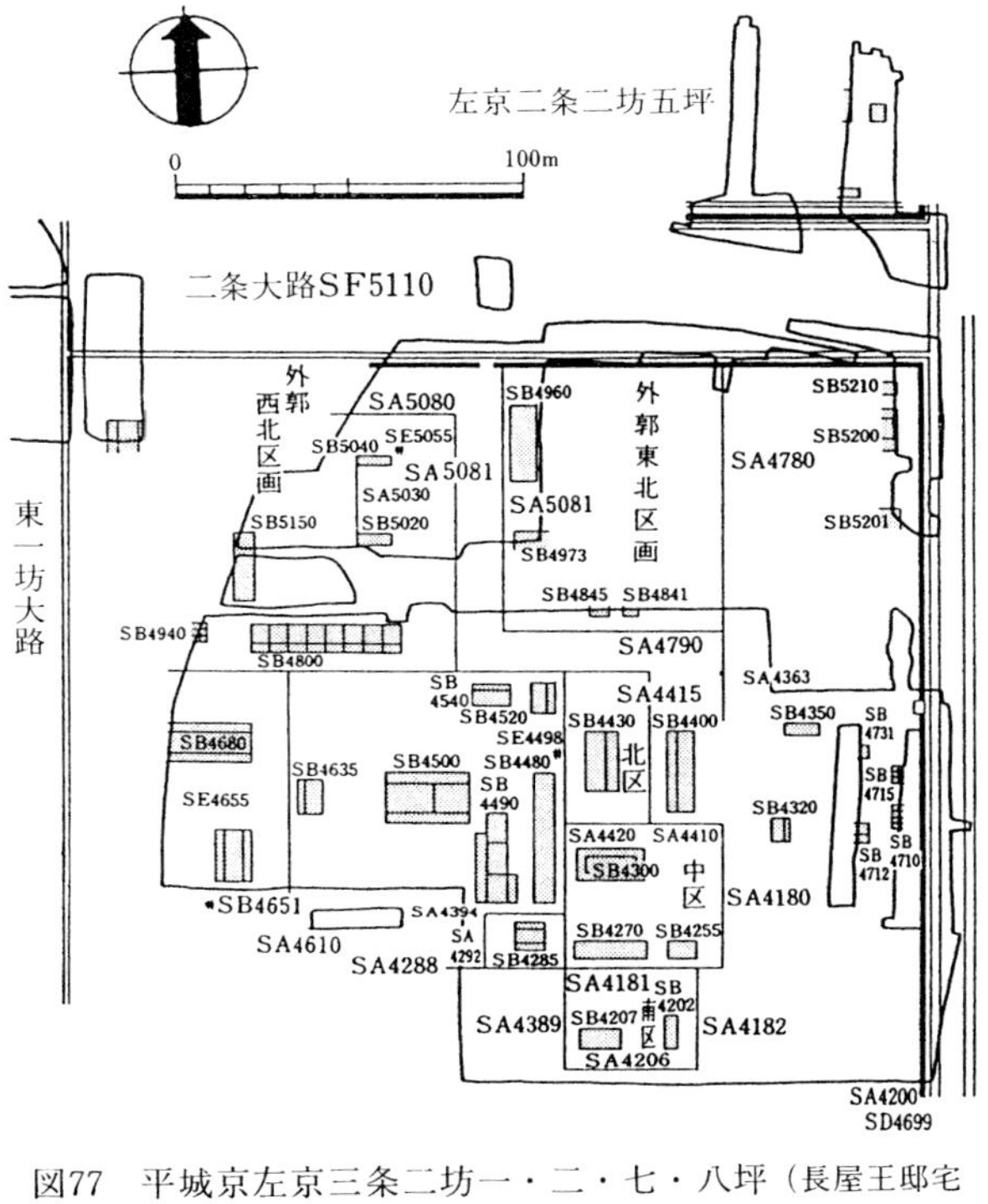

図77　平城京左京三条二坊一・二・七・八坪（長屋王邸宅跡）発掘調査遺構平面模式図[20]

廊や渡殿は、これらの点在する建物を互いに連結するための施設として発生したと考えられるが、奈良時代の正殿や脇殿の発展形態としてとらえられる寝殿および対が儀式の中心的建物としての性格をもつのに対して、これらの連結施設は従属的であり、しかも発生が遅れるが故に建物構造も未熟であった。東三条殿では中門廊や渡殿が儀式に際し

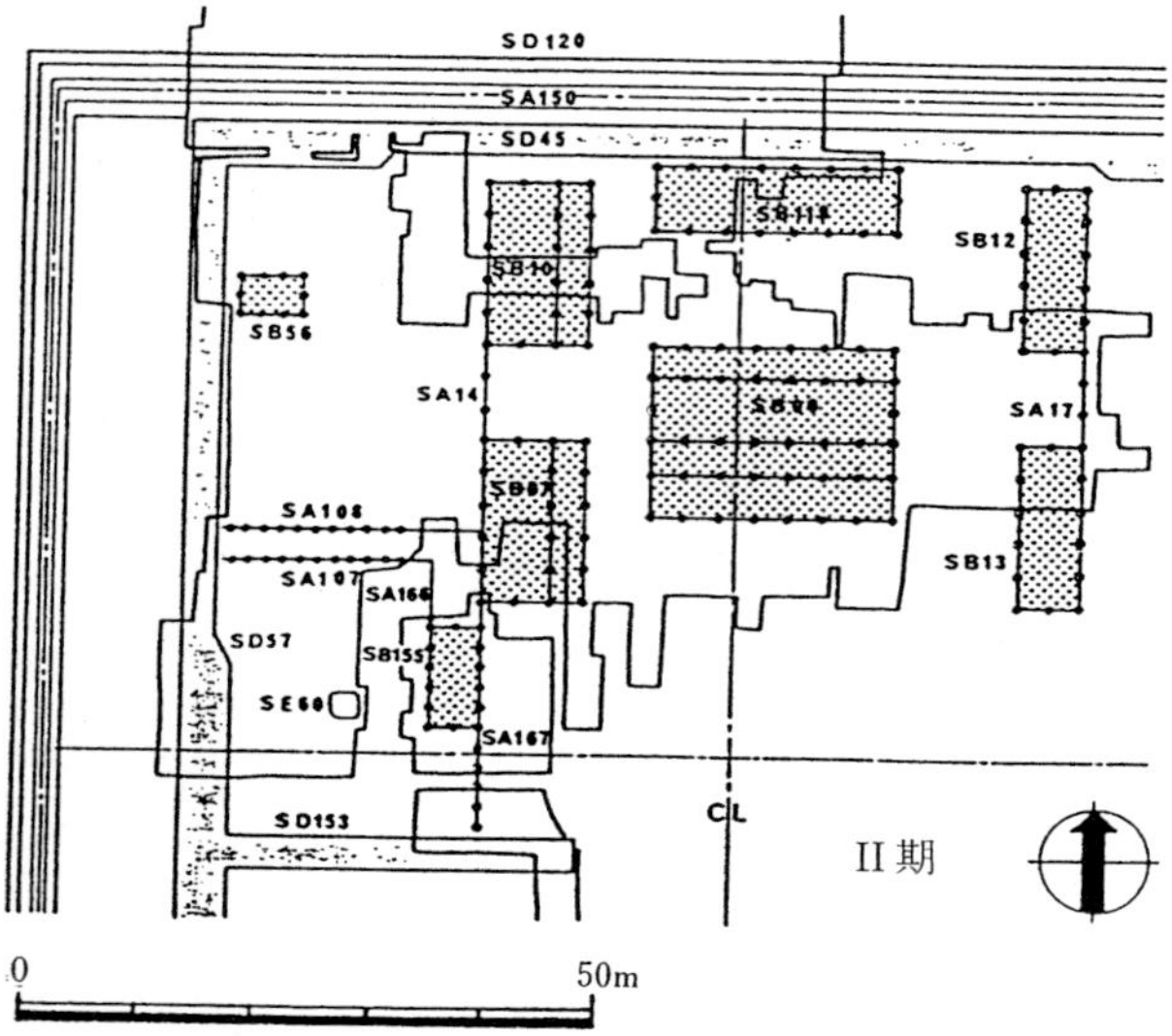

図78　平安京右京一条三坊九町発掘調査遺構平面模式図(21)

図79　鳳輦(8)

て着席場所として利用される場合はあるが、図71に示す如く渡殿は蔀のような非常に開放的な建具構造をもっているし、中門廊、透渡殿に至っては吹きはなしの構造である（図72・74）。すなわちこれらの連結施設は人間の視界を完全に閉鎖してしまう建物構造をもっておらず、この動線上から人間の視界が庭園景観や園外の自然景観へと及ぶ可能性は充分にあったと考えられる。

また乗物についてはどうであろうか。まず御輿についてであるが、「鳳輦」「葱華輦」以下いくつかの種類があり、基本的に五位以上の人間が使用するものである[22]。図79は『年中行事絵巻』第一巻第四段に見られるもので、その構造は人間が肩にかつぐ形式で四本柱の三方に御帳を垂らし、進行方向に向かって常に視界が開けるものであることがわかる。これに対して車とは「輦車」「檳榔毛車」をはじめ車輪のついたもので、人間および牛がこれを牽く[22]。乗降車口に御簾が下ろされるが、これも常時下ろされているものではない。『年中行事絵巻』第一五巻には路上を行く牛車が描かれているが、御簾を上げているのが判明するし（図80・81）、『枕草子』[15]第三〇二段には、明け方の月に照らされる路傍の冬景色を車中より眺めている情景描写がある。

銀などをふきたるやうなるに、水晶の滝など言はましやうにて、長く短く、ことさらにかけわたしたると見えて、いふにもあまりてめでたきに、下簾もかけぬ車の、簾をいとたかうあげたれば、奥までさし入りたる月に、薄色、白き、紅梅など、七つ八つばかりきたるうへに、濃き衣のいとあざやかなる、艶など月にはへ（え）てお（を）かしうみゆるかたはらに……

このように、中門・渡殿の建物構造や御輿・牛車等の乗物が非常に開放的な性格をもっていることが指摘され、したがって動線が外部空間を経由しない場合でも視界は常に開放されていく可能性をもっていたのである。このような動線上では、邸宅内の路上から寝殿に至るまで自然景観の眺望が間断なく繰り返される可能性を常に内包し、風景は

図80　前駆の殿上人と関白の車(8)

図81　暴走する牛車(8)

連続して人間の視界に映じることになる。

以上にみるごとく、寝殿造住宅における儀式は基本的に建物内部だけでは完結せず、庭園の一部（南庭）をも含めた形で進行し、動線がいったん外部空間に導かれるが故にその動線上の人間の視界はたえず開放されていたといえる。たとえ終始建物を経由する場合でさえ、建物間の連結施設の内部構造および建具の開放的性格によって、その動線上の視界は常に開放的であり得た。そして乗物も完全な視界の閉鎖を保証するものではなく、路上においてもたえず車外の自然景観を望むことが可能であり、このような自然景観の眺望の可能性は動線の全行程において内包されていたといえるだろう。

(2) 庭園

ここでは、文献上眺望が行われたことを知り得る庭園として、主として伏見亭・伏見殿・水無瀬殿の三例をとりあげ、庭園と園外景観に関する考察を行う。

伏見亭と伏見殿とは造営年代におよそ一五〇年の開きがあり、両者は同一の位置に存在するものではなかったのかも知れないが、その伝領の過程を考慮すれば現在の伏見山一帯のほぼ近い位置に存在していたものと考えられる。伏見亭は十一世紀後半、藤原頼通の子である橘俊綱によって造営された別業で、『中右記』[12]の「今日辰刻許。修理大夫俊綱朝臣臥見亭已以焼亡。件処風流勝他。水石幽奇也。悉為煨燼。誠惜哉」の記事が示す如く、寛治七年(一〇九三)十二月二十四日焼亡したらしい。俊綱が、白河上皇の造営になる鳥羽殿を退けてまで、この伏見亭を当時の三代名園に列挙したという挿話はよく知られるところである。

白河の院。いちのをもしろき所はいづこかある。ととはせたまひければ。一にはいしだこそ侍れ。次にはとおほせられければ。高陽院ぞさぶらふらんと申に。第三にはとばありなんやとおほせられければ。鳥羽殿は君のかくしなさせ給たればこそ侍れ。地形眺望などいとなき所なり。第三には俊綱がふしみなどやさぶらふらんとぞ申されける。こと人ならばいと申にくきことなりかし。高陽院にはあらで平等院と申人もあり。ふしみには山みちをつくりて。しかるべきをりふしには旅人をしたて、とをされければ。さるをもしろき事なかりけり。(『今鏡』ふぢなみの上　第四)[23]

彼の弁によれば、「地形眺望などいとなき」庭園は興をそそらないとして伏見亭を鳥羽殿に代わるものとして推挙したというのであるが、実際に伏見亭からどの程度の眺望が可能であったのか文献上知ることはできない。伏見亭の位置や眺望景観の特徴については第三節において詳述するので、ここではとりわけ庭園の使われ方と庭園景観、園外景観との関係について検討する。『今鏡』の中には、伏見亭庭園に関連する次のような描写がある。

……修理のかみたちいでゝかへりまいりて。あるじしてきこしめさすべきやう侍らざなり。御だいなどのあたらしきも。かく御覧ずる山のあなたのくらにおきこめて侍れば。びんなくとりいづべきやう侍らず。あらはに侍はみな人の用ゐたるよし申ければ。なにのはばかりかあらん。たゞとりいだせとおほせられければ。さばとてたちいでゝとりいださせけるに。色々のかりさうぞくしたるふしみ侍十人。色々のあこめに。いひしらぬそめまぜしたるかたびら。くゝりかけとぢなどしたるざうし十人ひきつれて。くらのかぎもちたるをのこ。さきにたちてわたるほど。雪にはえて。わざとかねてしたるやうなりけり。さきにあとふみつけたるを。しりにつゞきたる男女。をなじあとをふみてゆきけり。かへさには。御だい。たかつき。しろがねのてうしなど一つづゝさゝげてかきもちたるは。このたびはしりにたちてかへりぬ。かゝるほどにかんたちめ。殿上人。蔵人所の家司。職事。御随身などさまざまにまいりこみたりけるに。このさかのさ。所々にいひしらぬそなへどもめもあやなりけり。もろのぶ。いかにかくはにはかにせられ侍ぞ。とかねてゆめなどみ侍けるかなどたはぶれ申ければ。俊綱の君は。いかでかゝる山里にかやうの事侍らん。ようゐなくては侍べきなどぞまされける。（『今鏡』ふぢなみの上　第四）(23)

これは、俊綱が伏見亭をあまりに自慢するので、関白師実が雪の降り積った朝に突然伏見亭を訪問した時の記事である。不意の訪問に際しても、俊綱は庭上を華麗な装束の侍や雑仕に行列させて宴の準備の過程をみごとに演出して見せ、師実以下の訪問客を非常に感嘆させたという。

この二つの引用文からは伏見亭からどのような眺望景観が展開したのかは不明だが、両者を比較するならある一つの共通点が存在することに気付く。それは庭園内を往来する人間の運動が記述の中心に据えられているということである。前者の場合には、庭園内につくられた山道を行く旅人の姿であり、後者の場合は倉までの苑路を往復する侍や雑仕の姿である。つまり『今鏡』の筆者が伏見亭の特徴として挙げたのは、園外景観の眺望のすばらしさではなく庭中を旅人の装束をさせた人間を歩かせてその行為を見て楽しんだということであり、関白師実一向が第一に感激したのは庭上において繰り広げられた侍や雑仕の華やかな行列だったのである。このことは、伏見亭の庭園の特徴が庭園をうつわとした人間の運動を鑑賞することにあったのであり、眺望景観をも含めた庭園景観構造は二次的なものとしてとらえられていたということを暗に示している。換言すれば、庭園や園外の眺望景観は庭園で繰り広げられる旅人や侍、雑仕などの人間の行為に従属していて、それに彩りをそえる背景としての効果をもつものであったといえよう。

このような特徴は、伏見亭だけに限らず他の寝殿造住宅庭園一般についても該当する。たとえば『栄花物語』[13]の土御門殿に関する記述がそれを示している。

殿の有様目も遥かにおもしろし。山の紅葉数を尽し、中島の松に懸れる蔦の色を見れば、紅、蘇芳の濃き薄き、青う黄なるなど、さまざまの色のつやめきたる裂帛などを作りたるやうに見ゆるぞ、よにめでたき。池の上に同じ色々さまざまの（もみぢの）錦うつりて、水のけざやかに見えていみじうめでたきに、色々の錦の中より立ち出でたる船の楽聞くに、そゞろ寒くおもしろし。すべて口もきかねばえ書きも続けずよろづの事し尽させ給へり。中宮西の対におはしまして、院は寝殿におはしませば、上も東の南面におはします。との、上は東の対におはしまして、上達部などは渡殿に着き給へり。諸大夫、殿上人などは幄に着きたり。院の女房寝殿の西南の渡殿に候ふ。御簾の際などいみじうめでたし。ことども果てゝ、行幸還らせ給。（『栄花物語』とりべ野）

これは、長保三年（一〇〇一）十月に行われた東三条殿女院（藤原詮子）の四十歳の御賀に関する記事であるが、寝殿に女院と一条天皇、西対に中宮彰子、東対に鷹司殿倫子、その他の上達部、殿上人はそれぞれ渡殿や幄に着座して、庭園では船が浮かべられて、はなやかな宴遊が進行している情景が描写されている。みられるように、庭園が宴遊のためのうつわとして機能し、紅葉する樹林や池の中島の風情等の庭園景観がそれを彩り盛り上げる背景的効果をもっていることがわかる。管見の及ぶ範囲では園外の眺望景観に関する記述が認められないため、土御門殿における園外の眺望は不可能であったものと考えられるが、庭園の使われ方が伏見亭の場合と同様であることがわかる。また『作庭記』(24)には「南庭をゝく事は階隠の外のはしらより、池の汀にいたるまで六七丈、若内裏の儀式ならば八九丈にもをよふへし」とあって、庭園の一部は予め儀式空間として準備されるものであった。すなわち寝殿造住宅では庭園が人事のためのうつわとして機能し、もしそこから園外景観を望むことがあったとしても、それは庭園景観と同様に人事を盛り上げるための背景的効果以外の機能を持たなかったのである。

さて、伏見亭焼亡の後、伏見庄は俊綱からその子の家綱へと伝えられ、白河院、有仁親王、守子内親王、頌子内親王を経て、後白河院はここに伏見殿を造営して、それ以後仙洞となった。この後、伏見殿は一時六条殿および長講堂領となるが、やがて後嵯峨院から後深草院に伝領された。(25)この時期の伏見殿の構えは相当立派であったらしく『増鏡』(26)には次のように記す。

御花はつれば、両院ひとつ御車にて、伏見殿へ御幸なり。秋山の気色御覧ぜさせんとなりけり。上達部、殿上人、かなたこなた押し合はせて、色々の狩衣姿、菊紅葉こき交ぜてうちむれたる、見どころ多かるべし。野山のけしき色づきわたるに、伏見山、田の面につゞく宇治の川波、はるばると見渡されたるほど、いと艶あるを、若き人びとなど、身にしむばかり思へり。（『増鏡』第一〇　老いのなみ）

この記事は、弘安二年（一二七九）九月(27)、供花の法会の後、後嵯峨院と後深草院が伏見殿に御幸した時のものである。文中から伏見殿における眺望景観の概要を知ることはできるが、庭園景観に関する明確な記述がないため、眺望景観と園外景観とが対応関係にあるのか、それとも庭園の境界に位置した時に、はじめて園外景観が望まれるといった両者が全く別のものとしてとり扱われているのかが判然としない。もし前者であるとするなら、上記の文意は伏見殿の存在する伏見山から麓の水田、宇治川へと風景が近景から遠景へと次第に連続して展開していく過程を示していると考えられ、庭園と庭園外との境界が不分明で、庭園景観と園外景観とは半連続的につながったものとして理解されていたといえる。この場合、自然が庭園としてとりこまれ、両者が一体的な形態をとっていたことが想定される。また後者であるとするなら、園外景観の眺望は庭園景観を鑑賞することとは全く切り離されたものとして位置づけられていたといえるだろう。

これらの眺望の特性は、水無瀬殿においても同様に認めることができる。

鳥羽殿、白川殿なども修理せさせ給て、つねに渡り住ませ給へど、猶又水無瀬といふ所に、えもいはずおもしろき院づくりして、しばしば通ひおはしましつゝ春秋の花紅葉につけても、御心ゆくかぎり世をひゞかして、遊びをのみぞし給。所がらも、はるばると川にのぞめる眺望、いとおもしろくなむ。元久の比、詩に歌を合はせられしにも、とりわきてこそは、

見渡せば山もとかすむ水無瀬川夕は秋となに思ひけむ

かやぶきの廊、渡殿など、はるばると艶におかしうさせ給へり。御前の山より滝落とされたる石のたゝずまひ、苔深き深山木に枝さしかはしたる庭の小松も、げに千世をこめたる霞の洞なり。前栽つくろはせ給へる比、人々あまた召して、御遊びなどありける後、定家の中納言、いまだ下臈なりし時、たてまつられける。

ありへけむもとの千年にふりもせで我君ちぎる千世の若松

君が代にせきいるゝ庭を行水の岩こす数は千世も見えけり（『増鏡』第一　おどろのした）(26)

水無瀬殿は正治二年（一二〇〇）頃後鳥羽天皇によって造営された離宮で、上記の引用文の「廊、渡殿」などの語句が示すように寝殿造の形式をもち、「はるばると川にのぞめる」眺望絶佳の地に立地していたことがわかる。『高野日記』[28]には「尾上殿。滝殿。田上のいなば殿。かはにのぞめるかやぶきのわた殿。釣殿。所々の岩木の色あひ。水のこゝろばへ。そのおりおりのけしきをかきわけられし」とあって寝殿造であったことを証明しているし、また定家の作になる「ありへけむ……」以下の二首は『拾遺愚草』（下）[29]に「水無瀬殿にあたらしく滝をおとされいしたてられて後まゐりてあしたに清範の朝臣のもとへ地形勝絶の由申しゝ中に」と詞書して記録されていることからも地形や眺望のすぐれていたことが判明する。

この水無瀬殿は、『百錬抄』[30]建保五年（一二一七）正月十日条に「上皇御移徒水無瀬殿新御所。是本御所去年大風洪水之時。顚倒流失之間。更点他所所被造営也」とあって、洪水によって流失し、移転再建されるに至ったらしい。上記の引用文はすべて再建以前の水無瀬殿に関するものである。

さて、これらの引用文の中でも、とりわけ『増鏡』の「見渡せば山もとかすむ水無瀬川」「せきいるる庭」や、『高野日記』の「かはにのぞめるかやぶきのわた殿、釣殿……」等の記述に注意したい。これらの文章から総合的に判断すると、水無瀬殿は自然の河川に臨んで構えられた寝殿造住宅で、そこからは川や対岸の山が眺望されたことが判明する。しかもこの眺望景観は、『増鏡』の「御前の山より滝落とされたる石のたゝずまひ」の記述が示す如く、庭園景観と同一方向に臨むことが可能であったと推定される。それゆえ、水無瀬殿は自然の一部が庭園の一部にとりこまれた形態をもち、両者の景観が連続的であったといえるだろう。すなわち、先に述べた伏見亭、伏見殿の場合と同様であることが首肯できる。

上述の特徴は庭園の形態上の問題であるが、質的な面においても自然との格差は不分明である。それを示すものとして、眺望が行われた事例と関連するものではないが、小野宮殿の庭園意匠を挙げることができる。

御前の池よりあなたをはるばると野につくらせたまひて、時々の花、紅葉を植ゑたまへり（『大鏡』太政大臣実頼）[31]

池の対岸を四季の草花や紅葉樹木を植栽して一面に野原のように造作したということは、自然のあるがままの姿をそのまま建物の前面に縮模再現したということであり、自然風景の即物的な移築が作庭意識の根底にあることを示している。このことは、園池が海洋風景の縮景を意図して構築されていたことからも容易に理解することができる。たとえば『十訓抄』[32]の「七条の南室町の東一町は。祭主三位輔親が家也。丹後の天橋立をまねびて。池の中島を遥にさし出して。小松を長くうへなどしたりけり」の記事や、『作庭記』[24]の「大海様は先あらいそのありさまを、たつへきなり」の記事、あるいは、『本朝文粋』[33]の中の河原院に関する詩歌中に「岸勢縮海」なる語句を見いだすことができる。

また、これらと同様の意識を示すものが前栽合、前栽堀である。前栽合とは、左右に組分けをして自然景観を模して植込みをつくることを競う遊びで、次のような事例がある。

御壺わかたせ給て、前栽合せありしにも、をかしうめづらしき事ども多かりき。なにがしの朝臣の、槙の島の気色を造りて侍りけるを、平大納言経親、いまだ下臈にて、兵衛佐などいひけるほどにや、その宇治川の橋を盗みて、我つくろひたるかたに渡して侍ける、いと恐ろしく心かしこくぞ侍りける。（『増鏡』第一〇　老いのなみ）[26]

前栽堀も同様のもので、山野に自生する草木を庭園に移植する行為をさす。『小右記』[34]寛弘九（長和元）年（一〇一二）九月六日条には、「今日雲上人々、向嵯峨野、掘前栽、可殖皇大后宮之由……」とあるし、また『藤原元真集』[35]には「御前の前栽ほるとて」「人の許にをみなへし植て」「女郎花のはなをもてきて人のうふるに」と題する和歌が見うけられる。

このように、寝殿造住宅庭園は形態的に自然と連続していることを想像させるだけではなく、自然風物の即物的移築、再配置を作庭意識の根底に据えていることから、両者の質的な格差も認められないのである。それゆえ、たとえこのような景観構成手法を基調とする庭園から、庭園景観と同一方向に園外景観の眺望が行われたとしても、両景観は同質のものと意識され、後者は前者の延長上に位置するものとしてとらえられていた可能性がある。

以上のように、伏見亭・伏見殿・水無瀬殿の庭園および園外景観に関する情景描写と、他の寝殿造住宅の庭園描写とから、(A)庭園がその中を運動する人間のうつわとして機能し、この運動そのものを鑑賞することが庭園の使用目的の最重点に据えられていること、(B)庭園と自然との境界が不分明で、両者は形態的に連続したものとして理解されていた可能性があること、(C)庭園の細部デザインが自然風物の即物的移築を基本としているため、庭園と自然とは質的に差異のないものとして意識されていた可能性があること、の三点が導き出される。そして、このような三つの庭園のカテゴリーの特性の故に、眺望景観は庭園景観の延長上に連続して位置するものとして理解され、両者はともに庭上で行われる人事の背景的効果としての機能をもつことになったわけである。

(3)　自　然

次に自然に対応するところの都市の景観的・社会経済的性格を概観し、美術作品から読みとれる彼らの自然観をも傍証としつつ、庭園文化の担い手であった貴族階級の自然カテゴリーに対する認識の程度について考察してみたい。

遷都間もない頃の平安京の景観を詠った『催馬楽』(36)によると、当時の平安京は人間の集住地としての都市の景観を持つと同時に、豊富な農村、自然景観をも内在させており、都城景観は明らかに二面性をもっていたことが判明する。『類聚三代格』(37)（巻二〇）によると、天長五年（八二八）頃には総町数は五八〇余町と京内の約半数を占めるのみで、当初からすでに空閑地として放置された箇所が多かったものと想像される。京内に居住する農民は京周辺から遠国に至る広範囲にわたって口分田を班給されていたが、このような空閑地では次第に京中農民による水田耕作が行われるようになり、『続日本後紀』[38]巻七、承和五年（八三八）七月一日条には湿地における水生植物の栽培以外の京中水田耕作の禁止を定め、『延喜式』[39]巻四二には水生植物の栽培に際しても溝の拡幅に伴う道路面の縮小を厳しく戒めている。しかしこのような耕作はあとを絶たず、結局『類聚三代格』[40]昌泰四年（九〇一）四月五日条に記す鴨河堤における耕作を許可する太政官符にみられるとおり、京内景観の荒廃化を防ぐ意味からかえって励行されるまでに至った。

十世紀末の景観を伝える慶滋保胤の『池亭記』[41]によれば、低湿地であった右京の衰退に伴い人口が左京に集中し、『扶桑略記』[42]巻三〇には応徳三年（一〇八六）七月、検非違使を派遣して右京の水田三百余の稲を刈らせ牛馬の飼にしたとある。また、永久三年（一一一五）三月には針小路以北の地が「巷所」となったことが知られる。[43]「巷所」とは、もともと平安京造営に際して道路や住宅として造成された部分が耕地化されたもので、十二世紀に至っても遷都時と同様に人家の密集する都市内部に豊富な田園景観が内包されていたことを裏づけている。

しかしながらこうした一面をもちつつも、十世紀から十二世紀にかけて左京地区に人家が集中したことをはじめ、内裏の里内裏化や院政の開始に伴う白河地域への都市化の波及など、平安京は遷都当初の形態から大きく変容していったことも事実である。九世紀から十世紀初頭までの火災記録は比較的少なく官衙や貴族住宅に限られているの対し、十世紀後半以降はいわゆる「小屋」と記載のある火災が頻発し、安元三年（一一七七）、治承二年（一一七八）の火災では左京域の大半が類焼するに至った。[44]この「小屋」は即庶民の住宅と結びつくものではないが、『明月記』[45]嘉禎元年（一二三五）三月十五日条に示す如く、いわゆる「如法一町家」と呼称される大規模な寝殿造住宅が徐々に少なくなっている事実ともあわせて、左京域における細分化された土地区画と集住形態とを示すものであろう。

このような集住地帯は、もともと律令官衙に派生した手工業者集団によって形成されたものであった。すなわち遷都当初、諸国から租税として送進されてくる物資の官庫として、また調庸物やその他の交易物を加工する官営工房として内裏周辺に形成された、いわゆる諸司厨町が摂関政治によって権門勢家の私的工房へとその性格を変え、これに伴って諸司厨町の周辺にはこれに付属する形で手工業者集団が形成されていった。平安京には官市としての東西市が存在したが、西市は早くからすたれ、東市以外にもこれらの家産工房では権勢家からの受注生産を行う以外にかなり自由な商品生産を行っていたらしい(46)。最初これらの手工業者集団は町筋に存在したが、やがて東西大路との交叉点、すなわち四条町、七条町付近が商業地として繁栄し、独立して店舗を構えるものも出現した(46)。このような手工業者集団の一定の独立は耕作から離れたところの生業を営む都市民の発生を意味するが、しかし一方では生産手段が最終的に権勢家に帰属するという点でまだまだ厳密な意味での都市民とはなり得なかったし(47)、彼らが広域にわたって商品経済を展開するといったこともおこり得なかった。

これに対して農村でも都市と離れたところで一定の変動をみせた。律令体制は国家的土地所有のもとに個別の共同体成員に編戸を通じて人別賦課を行い、地方行政の末端に至るまでその階級的支配法則を貫徹していた。もともと律令体制下における国、郡、里（郷）などの地方行政組織の長たるものは、そのうちの有力農民が選ばれるのを常としたが、彼らは伝統的共同体の首長として国家的土地所有を通じて共同体成員を個別人身的に直接支配していた(48)。ところが九世紀頃には国家の支配力も次第に弱体化し、有力農民が口分田を長期間にわたって占有するという自体が頻発し、加えて有力寺社による荘園開墾も手伝って、十世紀には正常な口分田班給が行い得ないばかりか租税田は地子田化していった。これに呼応して行政組織の変質も免れず、旧来の共同体首長として政治権力と私財をほしいままにした郡司層は没落し、代わって国家的規模のもとに国司に支配権が集中するようになり、やがて彼らは在庁官人として在地領主化していった(49)。十～十一世紀の地方は古代共同体の解体とともに国司層をはじめとする新しい中世的在地領主支配が展開していく過程としてとらえられる。十一世紀から十二世紀には、これらの在地領主は中央の権門勢家に次々と所領を寄進し、ここに寄進地系荘園が成立する。中央権勢家は旧来の平安京に定住したまま荘園領主へと転化したのであり(50)、一方荘園の荘官から出発した在地領主はやがて封建領主へと成長していく。

このように十～十二世紀においては、中央では耕作から遊離したところの生業を営む一定の都市民が発生し、地方では小規模のヒエラルヒーの再生産をくりかえしていくという、八～九世紀には見られなかった都市と農村のおのおのの社会・経済的発展が見うけられる。そして権力の頂点にたつ権勢家たちは、これらの次の時代への胎動を統轄的に把握する力を次第に喪失し、やがて極楽浄土への志向を強め、寺院の大規模な造営に明け暮れるようになっていった。

以上かなりの素描ではあるが、九～十二世紀の都市をとりまく状況を景観的側面と社会・経済的側面とから概観した。このうち、とりわけ当時の都市に関する変化の特徴を挙げるならば、その内部にかっこつきではあるが耕作を生業としない手工業者集団という一定の都市民を生成したということに凝縮されている。すなわち、それは景観的には耕作地を伴わない都市景観の発展を促進したし、また社会・経済的には都市と農村の社会的分業の萌芽を意味し、都市が農村ではない存在として自立しはじめたことをあらわすものといえよう。そういう意味では八世紀の平城京ないしは九世紀の遷都間もない頃の平安京が景観的にも都市的景観を呈すると同時に豊富な田園景観をも内包し、社会・経済的にも王侯の宿営地であり、農村の副受胎的産物としての性格をもっているのに比して前進してはいる。しかしながら先にも述べたように、十二世紀に至っても都市内に農村・田園景観が内在されていたことは事実であるし、また分業的側面からみた都市と農村の分離は想定し得ても(51)、広域にわたる商品経済の媒介によって前者が後者を明確に収奪するといった明らかな対立関係を呈していないことも事実である。それゆえ、都市と農村の景観的相違は一線を画するほど明瞭なものではなかったし、同時に「農村との一種の差別なき一体性」という古代アジア都市の社会・経済的性格[52]もまだ克服しきれてはいなかったといえる。

このような状況下で、都市貴族はヒエラルヒーの頂点に位置し先進的文化の担い手であったにもかかわらず、荘園経済の実質的な掌握者たり得ず、都市カテゴリーとそれ以外の農村をも含めた自然カテゴリーを実態的に認識し、しかも両者の統一的把握を志向するという階級的意識を持ち得るはずもなかった。実質的な政治・経済・社会的胎動から遊離した都市貴族にとっては、極楽浄土の世界以外に自らの道を見いだすことはできなかったのである。彼らの日常生活は儀式と宴遊に明け暮れ、自然の風物はそれらを演出する単なる道具でしかなかった。ここで彼らの自然カテゴリーに対する認識の程度を補足分析するために、彼らの自然観を主として絵画作品を通じて検討してみよう。

当時の貴族の生活を描写した美術作品の中に数多くの絵巻物があるが、それらの大半は十二～十三世紀に製作されたものである。絵巻物に見る自然のとりあつかい方を端的に述べるなら、独立した自然は無く、すべて人間生活を彩る典型として人事の背景的効果をたかめるものとして描かれているといえる。[53]これは、登場人物の行動を中心にした人間生活の有様を描くという絵巻物の絵画的性格にも起因していると考えられるが、製作年代および物語の題材の年代における自然観の一端をもうかがい知ることができるものである。

絵巻物では、自然に関する事物は登場人物の動作を中心に四季の草木が穏やかに、かつ登場人物の心情に密着した風情で描かれている。たとえば『源氏物語絵巻』（御法）[54]では、源氏が臨終の紫の上を見舞うシーンが描かれているが、画面右の源氏と紫の上の永久の別離の心情を物語るかのように、庭先の女郎花が風になびいて一層哀惜の念をかきたてる。人物に比してあまりに不均衡に描かれた大きな女郎花は、身辺のどこにでも存在する自然風物そのものである（図82）。また『北野天神縁起絵巻』（第三巻第三段）(55)は、菅原道真が筑紫の配所に赴く直前に庭先に咲き誇る紅梅との別離を惜しんでいる有名な情景である。ここでも道真が小さく描かれているのに対し紅梅が一段大きくとりあつかわれていて、左遷のあわれな模様を盛り立てている（図83）。しかしこれらの描写の主題はあくまで紫の上の悲哀であり、道真の寂しい心情である。女郎花や紅梅はそれを盛りあげるための背景的存在なのである。また『信貴山縁起絵巻』では紫雲たなびく生駒・信貴の山中の穏やかな自然景観がおおらかに描かれているが、これも主人公の尼の道中の一つの景観にすぎない。物語の主題は尼の行動であり、信貴・生駒の自然景観はその背景にすぎないのである。

図82　源氏物語絵巻「御法」（五島美術館蔵）(54)

図83　北野天神縁起絵巻（第三巻第三段，北野天満宮蔵）(55)

　このように絵巻物では、身のまわりのどこにでも存在するごく自然の風物が、季節感を表現する素材として、また画面の劇的効果を盛り上げるための手段として描かれている。

つまり描かれている自然はそれぞれの絵巻の主題としての人間の行為に従属していて、あくまで人間生活を彩るための背景として描かれているといえるだろう。しかも『信貴山縁起絵巻』は特例としても、他の大半が自然を植物などの風物として単体的に扱い、それらの総合化された景観として把握しようとする意識が未熟であることも指摘し得る。これらの美術作品にみる自然のとりあつかい方＝自然観は、②で指摘した庭園の細部意匠にみられるそれと同質のものであることがわかる。そして、それは先述の如く、八〜九世紀に比して成熟しつつあるとはいえ平安京が未だ農村的自然田園景観を内包しており、都市貴族たちの日常生活の周辺には上記のような自然風物が豊富に存在していたことと不可分に結びついているのである。古代から中世へと各々独自の胎動を展開していく都市と農村を統一的に掌握する意欲を喪失していった都市貴族にとっては、都市に対応する自然カテゴリーを総合的に認識することはもちろんのこと、自然の姿を抽象的認識の媒介のもとに形象化するといったことも不可能だったのであり、個々の風物の集合体としての自然を身辺にひきよせて楽しむことしかできなかったのである。

3 小結

以上、寝殿造住宅庭園における眺望について建物・庭園・自然の三つのカテゴリー別に分析を行ってきたわけであるが、要約すると以下のようになる。

1 寝殿造住宅庭園における儀式は主として寝殿や対などを舞台としてくりひろげられるが、これらの中心建物に至る人間の動線は常に開放的であり、その途上において人間の視界が庭園や園外の自然景観へと発展していく可能性を常にはらんでいた。その理由として、まず主要建物に至る動線が庭園をも含めた外部空間に存在し、しかもそれが徒歩で行われるということが挙げられる。第二に、建物内部を経由する場合でも、主要建物間を連結する渡殿や中門廊が非常に開放的な建物構造を持っていたことが指摘できる。一棟一室形式建物(17)が点在する奈良時代住宅の発展過程として位置づけられる寝殿造住宅においては、これらの建物間の連結施設はまだまだ未熟であった。そして、庭園を徒歩で経由することなく主要建物間の往来を実現するためには、これらの開放的な連結施設を経由する以外に方法はなかったのである。第三に、外部空間を経由する際に乗物を使用する場合でも、車中からの眺望は常に可能であったことが挙げられる。

　このような動線上では人間の視界は常に開放され、庭園景観をはじめ園外の自然景観へと視界が連続していく可能性は充分にあったといえる。すなわち、視界の隔絶された空間へ人間を導くことがないため、路上において眺望された一般的な自然景観はひきつづき邸宅内に入っても眺望されることになり、動線の頂点である寝殿や対に至るまで眺望という行為が間断なく継続されることになる。それゆえ、そこには一般的景観を庭園および建物などのある特定の地点における景観として止揚する、いわゆる〝風景の特殊化〟の技法が認められないのである。

2　庭園カテゴリーの特性として、まず儀式が建物内部だけで完結することはなく、必ず庭園をも含めたかたちで進行していることと関連して、庭園が儀式や宴遊のためのうつわとして機能していることが挙げられる。第二に、庭園が自然と半ば連結した形態をもち、しかも庭園のデザインが自然の姿を質的に昇華したものではないことが指摘できる。つまり、両者間の空間的側面からみた形態的・質的格差が不分明で、自然カテゴリーの一部が建物の軒先にひきよせられて付帯している状況だといえるだろう。それゆえ、そこから園外景観の眺望が行われたとしても、園外景観は庭園景観の延長上に位置するものとして理解され、宴遊等の人事の背景的効果のような二次的機能しか持ち得なかった。

3　自然カテゴリーに対応する都市の特性は、八〜九世紀に比して前進しているとはいえ、まだまだ未熟で逆に都市に対する自然カテゴリーの相対的な認識度を飛躍的に発展させるには至らない。集住が進み都市的景観を呈するようにはなるが、未だ農村的景観も内在されていたし、社会・経済的にも、農耕を生業としない一定の都市民が発生したが、最終的に生産手段を所有せず、都市共同体のもとに広域にわたって農村と商品経済を展開するまでには至らなかった。また、農村では都市とは離れたところで荘園経済が進行し、この中で中世的な在地領主支配が形成されつつあった。このような都市と農村の動勢に対し、名目上の荘園領主たる中央都市貴族は都市と農村の両者を統一的に掌握する意欲を次第に喪失していった。彼らは都市ではない自然をカテゴリーとして概念的にとらえる能力をもち得るはずもなく、日常生活を彩るための個々の風物のよせあつめとしてしか認識し得なかった。

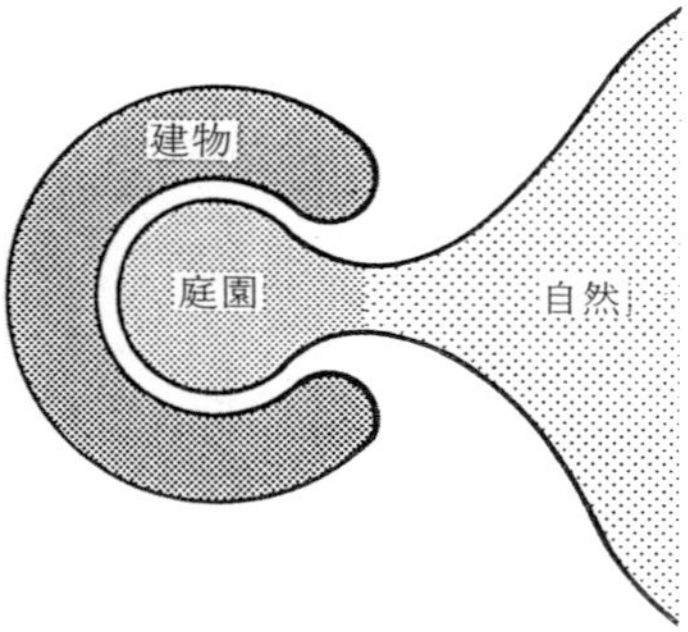

図84　寝殿造住宅庭園における建物・庭園・自然の3カテゴリー概念図

以上の三点から、建物・庭園・自然の三カテゴリーはともに形態的・質的独立性を完成させていないことが指摘され、したがって三者の関係性もきわめて錯雑した様相を呈することになる。

元来、内部空間は就寝のための空間として出発したものであり、それ以外の昼間の生活は屋外で行われていた[17]。それが寝殿造住宅では就寝空間は「ヌリゴメ」に限定され、その他の内部空間は昼夜の生活空間として利用されるようになった（図71）。しかしながら一方では大規模な儀式や宴遊ではやはり屋外をも利用せざるを得ず、庭園は建物にとって必要不可欠の存在でもあった。すなわち寝殿造住宅における建物と庭園との関係は、外部空間における生活行為が内部空間にとりこまれていく過程としてとらえられる半面、両者が生活に際して常に一体的使用がはかられるという点できわめて即自的なものであった。

また、同時に庭園は自然の延長部分として建物前面に付帯したものとして理解される。建物に位置する人間が生活を彩る道具として自然を即物的に軒先にひきよせたものであった。

それゆえ、寝殿造住宅における三カテゴリーの関係性を庭園カテゴリーの側からみるならば、生活機能の媒介のもとに、建物カテゴリーと自然カテゴリーの延長部分として両者の相互貫入によって生成されたものだといえるであろう(図84)。

このような状況下で、建物に位置する視点から庭園をこえて園外の自然景観を望む行為が行われたとしても、風景の特殊化が行われないばかりか園外景観は庭園景観の延長上に連続的に位置するものとして理解され、庭上で行われる儀式や宴遊等の人事の背景のような二次的機能しか持ち得なかったのである。すなわちこの時期の住宅庭園における眺望の特性は、前時代のそれと基本的に変化のないものであったといえよう。

注

(1) 本中真「平城京左京三条二坊六坪宮跡庭園、慈光院庭園、依水園庭園における眺望行為—形態論的相異の因果性」『造園雑誌』四六—五、一九八三。
(2) 川本重雄「東三条殿と儀式」『日本建築学会論文集』二八六、一九七八。
(3) 太田静六「東三条殿の研究」『日本建築学会論文集』二一、一九四一。
(4) 日本建築学会『日本建築史図集』彰国社、一九五五。
(5) 蔵林正次『饗宴の研究』儀礼編、桜楓社、一九六五。
(6) 『江家次第』「新訂増補故実叢書」二三、明治図書出版・吉川弘文館、一九五二。

（7）『山槐記』「史料大成」二六、臨川書店、一九六五。
（8）「年中行事絵巻」『日本の絵巻』八、中央公論社、一九八七。
（9）『類聚雑要抄』「群書類従」第二六輯（巻四七〇）、群書類従完成会、一九二九。
（10）『口言部類』「続群書類従」第一〇輯上（巻二五〇）、続群書類従完成会、一九二六。
（11）川本重雄「寝殿造の典型像とその成立をめぐって（下）」（『日本建築学会論文報告集』三二三、一九八三）によれば、東三条殿は西対を欠いているため大饗と臨時客とで礼の方向が異なるが、一般的にはどちらか一方に偏していることが明らかにされている。
（12）『中右記』「史料大成」九、臨川書店、一九六五。
（13）『栄花物語』「日本古典文学大系」七六、岩波書店、一九六五。
（14）『御堂関白記』「大日本古記録」岩波書店、一九六五。
（15）『枕草子』「新日本古典文学大系」二五、岩波書店、一九九一。
（16）『世俗深浅秘抄』「群書類従」第二六輯（巻四六九）、群書類従完成会、一九二九。
（17）井上充夫『日本建築の空間』「ＳＤ選書」三七、鹿島研究所出版会、一九六九。
（18）『奈良市埋蔵文化財報告書』奈良市教育委員会、一九八〇。
（19）『平城京左京三条四坊七坪発掘調査概報』奈良国立文化財研究所、一九七六。
（20）奈良国立文化財研究所『長屋王邸宅と木簡』吉川弘文館、一九九一。
（21）『埋蔵文化財発掘調査概報一九八一—一』京都府教育委員会、一九八一。
（22）江馬務『続有職故実』文献書院、一九三三。
（23）『今鏡』「新訂増補国史大系」二一下、吉川弘文館、一九六五。
（24）『作庭記』「日本思想大系」二三、岩波書店、一九七三。
（25）八木国治『伏見御領の研究』「国史叢書」一九二五。
（26）『増鏡』「日本古典文学大系」八七、岩波書店、一九六五。
（27）この年代については、前後の文脈から弘安元年（一二七八）である可能性もある。

(28)『高野日記』「続群書類従」第一八輯下（巻五二三）、続群書類従完成会、一九二四。

(29)「拾遺愚草」『続国歌大観』（歌集）、中文館書店、一九三一。

(30)『百錬抄』「国史大系」一一、吉川弘文館、一九七四。

(31)『大鏡』「日本古典文学全集」二〇、小学館、一九七四。

(32)『十訓抄』「国史大系」一五、経済新聞社、一九〇一。

(33)『本朝文粋』巻第一「奉同源澄才子河原院賦　源順」「日本古典文学大系」六九、岩波書店、一九六四。

(34)『小右記』「史料大成」一、内外書籍、一九三六。

(35)『藤原元真集』「群書類従」第一四輯（巻二四八）、群書類従完成会、一九三〇。

　女郎花のはなをもてきて人のうふるに
虫のねのほのかに絶ぬ女郎花いとゝ物おもふやとに植つる
　御前の前栽ほるとて
女郎花あまたみすてゝ過行はさかの心とおもふへきかな
　人の許にをみなえしを植て
我宿にうつしうゑつる女郎花秋のかせさへあたらしもせし

(36)『催馬楽』「日本古典文学大系」三、岩波書店、一九五七。第Ⅰ章第四節第4項参照。

(37)『類聚三代格』巻二〇「国史大系」二五、吉川弘文館、一九六五。

　太政官符
一応停貶奪職吏考禄依法贖銅事
……今検案内。京中惣五百八十余町。橋梁三百七十余処。雖勤修造。道橋多数。往還不絶。……天長五年十二月十六日

(38)『続日本後紀』「国史大系」三、吉川弘文館、一九六六。「秋七月丙辰朔。勅。如聞。諸家京中。好営水田自今以後。一切禁断。但元来卑湿之地。聴殖水葱芹蓮之類」。

(39)『延喜式』「国史大系」二一―一〇、吉川弘文館、一九六四。第Ⅰ章第四節第4項参照。

(40)『類聚三代格』「国史大系」二五、吉川弘文館、一九六五。第Ⅰ章第四節第4項参照。

（41）『池亭記』「日本古典文学大系」六九、岩波書店、一九六四。第I章第四節第4項参照。
（42）『扶桑略記』「国史大系」六、経済新聞社、一八九八。第I章第四節第4項参照。
（43）「東寺権上座定俊申状写」『平安遺文』一八一八号、東京堂出版、一九五四。「一針小路通幷以北巷所等者、先祖慶秀執行之時、開発之以降、定俊相伝所領知来也、但件巷所、元者従古為道路、無耕作、而慶秀云、左京職云、寺家方旁致沙汰令開発之後、所一円領作也、然而唐橋以南者、令去進畢、針小路幷以北巷所者、依為開発本作主、被免除所当稲畢、此条証文明白也矣」。
（44）『玉葉』（二）東京活版、一八九九。
（45）『明月記』（三）国書刊行会、一九〇〇。「嘉禎元年三月十五日、……戌時許未方有火、令聞路人説、徳大寺中納言三条家焼亡云々、京中適一町家所残也、万事只為世滅亡也、不及他所云々、……」。
（46）井上満郎『都市の住民たち―日本生活文化史』三、河出書房新社、一九七四。
（47）脇田晴子「日本中世都市の構造」『日本史研究』一三九・一四〇、一九七四。
（48）坂本賞三「王朝国家体制」『講座日本史』二、一九七〇。
（49）高田実『国衙領と荘園―日本生活文化史』三、河出書房新社、一九七四。
（50）戸田芳美「王朝都市論の問題点」『日本史研究』一三九・一四〇、一九七四。
（51）黒田紘一郎「日本中世における都市の問題―コメント一」『日本史研究』一三九・一四〇、一九七四。
（52）カール・マルクス『資本主義的生産に先行する諸形態』国民文庫二一、一九六三。
（53）奥平秀雄『絵巻物―日本の美術』六六、至文堂、一九六六。
（54）「源氏物語絵巻」『日本の絵巻』一、中央公論社、一九八七。
（55）「北野天神縁起絵巻」『続日本の絵巻』一五、中央公論社、一九九一。

二　石田殿の立地について

1　序　言

石田殿は十一世紀後半に造営され、当代随一と絶賛された別業である。それは『今鏡』（「ふぢなみの上」）の中の、白河上皇と修理大夫橘俊綱の建物・庭園をも含めた「別業論」とでもいうべき有名な次の会話によって知ることができる。

白河の院。いちのをもしろき所はいづこかある。ととはせたまひければ。一にはいしだこそ侍れ。次にはとおほせられければ。高陽院ぞさぶらふらんと申に。第三にはとばありなんやとおほせられければ。鳥羽殿は君のかくしなさせ給たればこそ侍れ。地形眺望などいとなき所なり。第三には俊綱がふしみなどやさぶらふらんとぞ申されける。こと人ならばいと申にくきことなりかし。高陽院にはあらで平等院と申人もあり。(1)

みられるように、白河上皇の「建物・庭園の構えが優れた邸宅はどこか」という質問に対して、俊綱は第一に石田殿を挙げている。その理由は、石田殿が地形や眺望に極めて優れていたからである。

石田殿に関する事項は他にもわずかながら文献中に認められるが、いずれも断片にすぎない。したがって従来の研究では、その正確な位置をはじめ、建物・庭園の規模、意匠について示す確実な資料が不足しているという点で、「幻の館」として扱われて来た感がある。しかし、地形が優れ眺望に恵まれていたということは、この時期の庭園における眺望の特性を明らかにするうえで石田殿は重要な鍵を握っており、避けて通ることのできない分析事例である。そこで本節では数少ない史料を検討する中でその比定地を模索し、石田殿の立地を明らかにしたいと考える。そうすることによって石田殿からの眺望景観も自ずと明らかになるものと考える。

２　石田殿の伝領と関連人物

前記の引用文に続いて、同じく『今鏡』（「ふぢなみの上」）の中に石田殿に関連する記述がある。

> 大僧正のまだわかくをはしける時。御はゝ贈二位の。うぢ殿に。僧都の御房のまだわが房ももたせ給はで。あひずみにてをはしますなるに。房をさたしてたてまつらせ給へかしと申されければ。やすのりの民部卿。近江守なりけるに。まいりたりけるひ。こゝなる小僧の房をいまだもたざるに。草庵ひとつむすびてとらせられなんやとおほせられければ。つくり侍らん。いとやすきことに侍。やすのりがたちにつかうまつるいしだと申家こそ寺もちかくて。おはしまさんにもつれづれなくなぐさみぬべき所はさぶらへ。堂なども侍て。便よきところなりと申ければ。殿は。ゆゝしきほうありける小僧かな。それはこよなきことにこそあらめとて。すゑたてまつり給へりけるとぞ(1)。

すなわち石田殿は民部卿やすのり（泰憲）が近江守在任中に構えた居館であったが、後にうぢ（宇治）殿の息子の僧侶に譲渡されたという。民部卿泰憲というのは藤原泰憲、宇治殿嫡男の僧は覚円のことである。

藤原泰憲は寛弘四年（一〇〇七）に出生し、長久五年（一〇四四）民部卿権大夫に着任、翌年近江守を兼務し、天喜二年（一〇五四）にいったん近江守を退任した後、康平七年（一〇六四）近江権介、延久四年（一〇七二）近江権守兼務、そして亡くなる前年の承暦四年（一〇八〇）に民部卿に任じられていることが『公卿補任』(2)の記載から知ることができる。『尊卑分脈』(3)によると、藤原房前・良門につながる藤原北家の末裔であり藤原頼通とは同系譜に属する。長久五年（一〇四四）～天喜二年（一〇五四）の最初の近江守在任中に従四位上に、延久五年（一〇七三）には正二位にまで叙せられている。

一方覚円は『尊卑分脈』(3)には父藤原頼通、母因幡守種成女（祇子）と記し、承徳二年（一〇九八）に六十八歳で亡くなったとあるから、長元四年（一〇三一）～五年（一〇三二）頃に誕生したことが判明する。橘俊綱は後に橘俊遠の養子となり橘姓を名乗るが、実父は藤原頼通であり覚円は橘俊綱の実弟にあたる。(4)覚円は『寺門伝記補録』第一三(5)によれば若くして園城寺に入り、天喜元年（一〇五三）二十一歳にして三部大法職を受けた後、康平六年（一〇六三）に園城寺長吏、僧正、同七年（一〇六四）に大僧正となり、承保四年（一〇七七）には天台座主にまでなった人である。(6)宇治平等院との関係も深く、康平七年（一〇六四）に宇治平等院執印となっている。『帥記』永保元年（一〇八一）六月二十二日条には覚円の御房であり宇治実相房に関する詳しい記述があり、平等院に近い水辺に臨んだ清涼な位置に御房を構えていたらしい。

永保元年六月廿二日、丁丑、日来為訪実相房欲向宇治、又其次欲詣大僧正御房……参会僧正御房、談泉辺清涼由、仍予州若州云、向彼泉御房、……(7)

この実相房と同一か否かは不明であるが、『中右記』嘉保二年（一〇九五）二月五日条に覚円の房として泉殿の名が見える。

……巳剋許過宇治間、聞大殿御之由、参泉殿、前大僧正房也……(8)

覚円は、承暦元年（一〇七七）十二月十八日には白河上皇の京都法勝寺御幸に際して法勝寺別当となり(9)、寺の西側に白川御所を設けている。この京都白川の法勝寺御所は『中右記』の中に散見される。

嘉保二年五月十日　……今夜女院令参籠法勝寺円堂給……上皇同渡御法勝寺御所　前大僧正覚円坊也、本為御所、御寺西別処、水石風流地也……廿一日、参入院白川御所、是宇治前大僧正房也……

このように覚円は宇治平等院、そして白河法勝寺の近辺にそれぞれ自房を所有しており、いずれも風光明眉な立地であったことがうかがえる。若き日に石田殿に居住した経験が、後に自房建設時の立地条件に対しても少なからず影響を与えたのではないだろうか。(10)

さて上記の『今鏡』の記載内容から、石田殿が覚円に譲渡された時期には、泰憲は近江守在任中であり、しかも未だ自房を持たない共同生活の若輩であったことがわかる。したがって、泰憲が最初に近江守に着任した寛徳元年（一〇四四）から覚円が大法職を受ける天喜元年（一〇五三）までの間に、石田殿は泰憲から覚円の手に移ったものとみられる。

石田殿に関する事項は、後述するように『帥記』永保元年（一〇八一）六月九日条に見られるが、それ以外には『古事談』第六にも、自然の景勝地を選んで造営された別業で覚円に譲られた後は園城寺平等院の所領となったことを伝える。

石田殿ハ泰憲民部卿近江任之時。撰勝地所構造之別庄也。而宇治殿仰云。子息少僧在園城寺。可然者坊舎一可求出云々。依之以石田之別業。奉覚円僧正之後。為園城寺平等院等領云々。(11)

このように石田殿に関する記事は少なく、規模や構造などは皆目推知することができない。

3　石田殿の比定地

さて従来この石田殿の比定地に挙げられてきた地域が三つある（図85）。

(1)　山城国石田
(2)　近江国坂田郡石田
(3)　近江国園城寺近辺

このうち山城国石田は宇治郡小栗栖郷と久世郡那羅郷の二ヵ所にそれぞれ存在し、都合四地点について以下に順次比定地として可能性を分析することとする。

(1)　山城国石田

宇治郡小栗栖郷石田は現在京都市伏見区に属する。小栗栖郷石田を石田殿の比定地とする代表的な説は、以下の記述のごとく『山城名勝志』（巻第一七）[12]である。

石田殿
古事談云石田殿泰憲民郎卿近江任之時撰勝地所構造之別庄也　而宇治殿仰云子息少僧在園城可然者坊舎一可求出云云　依之以石田之別業奉覚円僧正之後為園城寺平等院領云々

小栗栖郷石田は宇治木幡から山科川沿いに醍醐方面に向かう途上にあり、藤原氏が本拠とした宇治にも近く墓所も存在する所である。したがって泰憲がこの地に居館を設けたと考えても不自然ではない。時期はやや下るが『八坂神

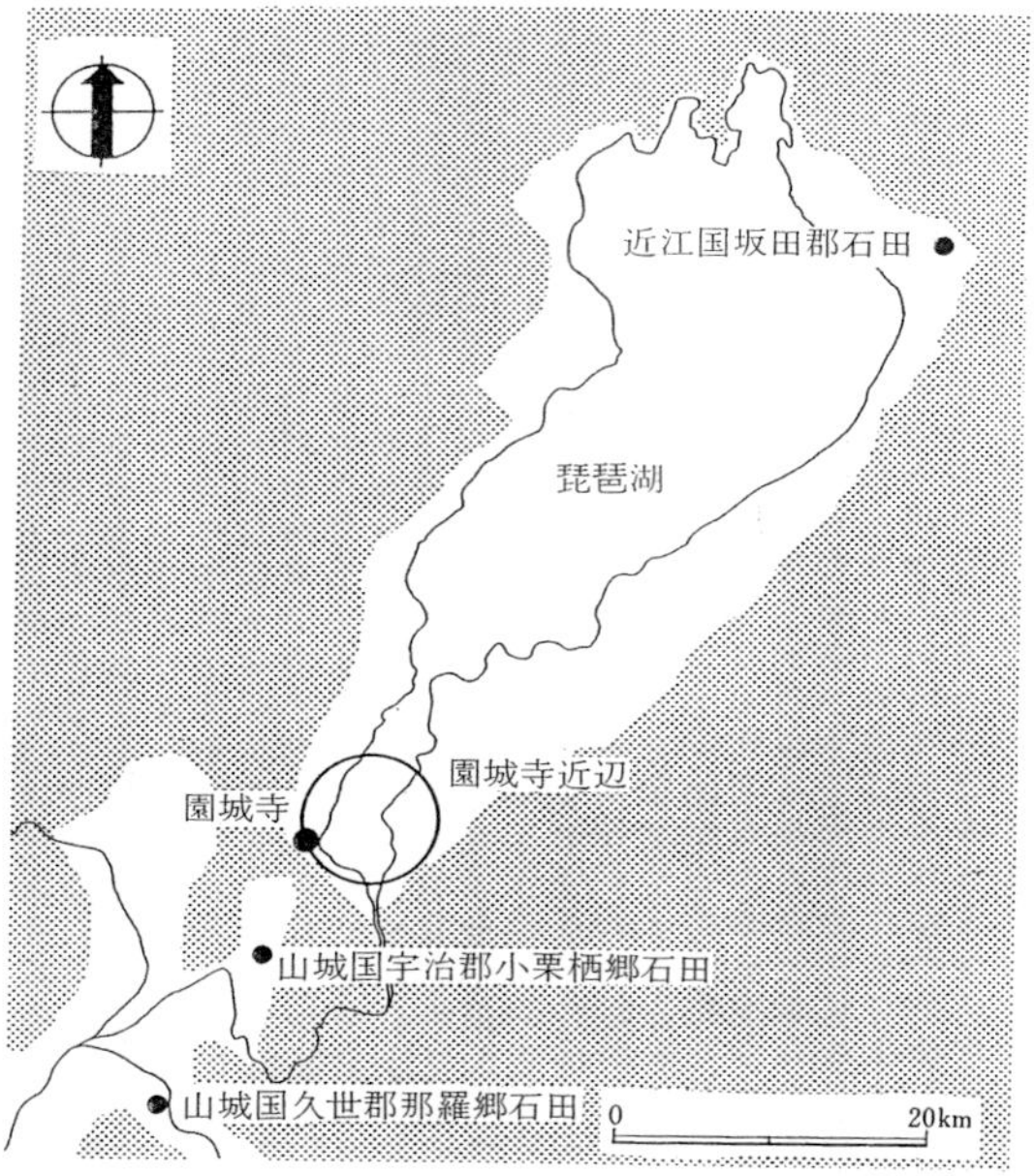

図85　4つの石田殿比定地の位置図

社記録（祇園執行日記）』貞和六年（一三五〇）十月六日条に次のような記載があり、この地にとりわけ見るべき庭園が遺存していたことを知る。

六日、越醍醐始巡礼了、三宝院山庄菩提寺一見了、参詣日野薬師堂、外山一見、行石田山水一見、及晩之間、四郎許ニ一宿了

七日、自石田帰了、深草越也[13]

十月六日は醍醐寺三宝院から日野薬師に参詣し、東方の外山を巡覧して石田へと至るコースが採られている（図86）。石田の山水を見て、その晩は四郎という人物の家に一泊し、翌七日に深草を越えて京都へ帰ったというから、この石田は宇治郡小栗栖郷の石田に間違いないであろう。当時小栗栖郷石田にはあえて訪問するほどの庭園が存在したのである[14]。

一方、久世郡那羅郷石田は木津川の左岸に位置し、後に木津川以南が綴喜郡に編入され、現在は行政区画の再編によって八幡市岩田となっている。久世郡那羅郷石田には後世庭園の存在したことを示す記録は認められない（図87）。山城国に存在した石田は上記の二者である。しかしながら、この二つの石田を直ちに藤原泰憲の石田殿と関連づけるのは問題があろう。その理由として、宇治郡小栗栖郷、久世郡那羅郷ともに、平安時代以来石田の領有権が細分化されていたことと、集落名の石田は当時「いしだ」と呼称されるものではなかったことの二点を挙げることができる。

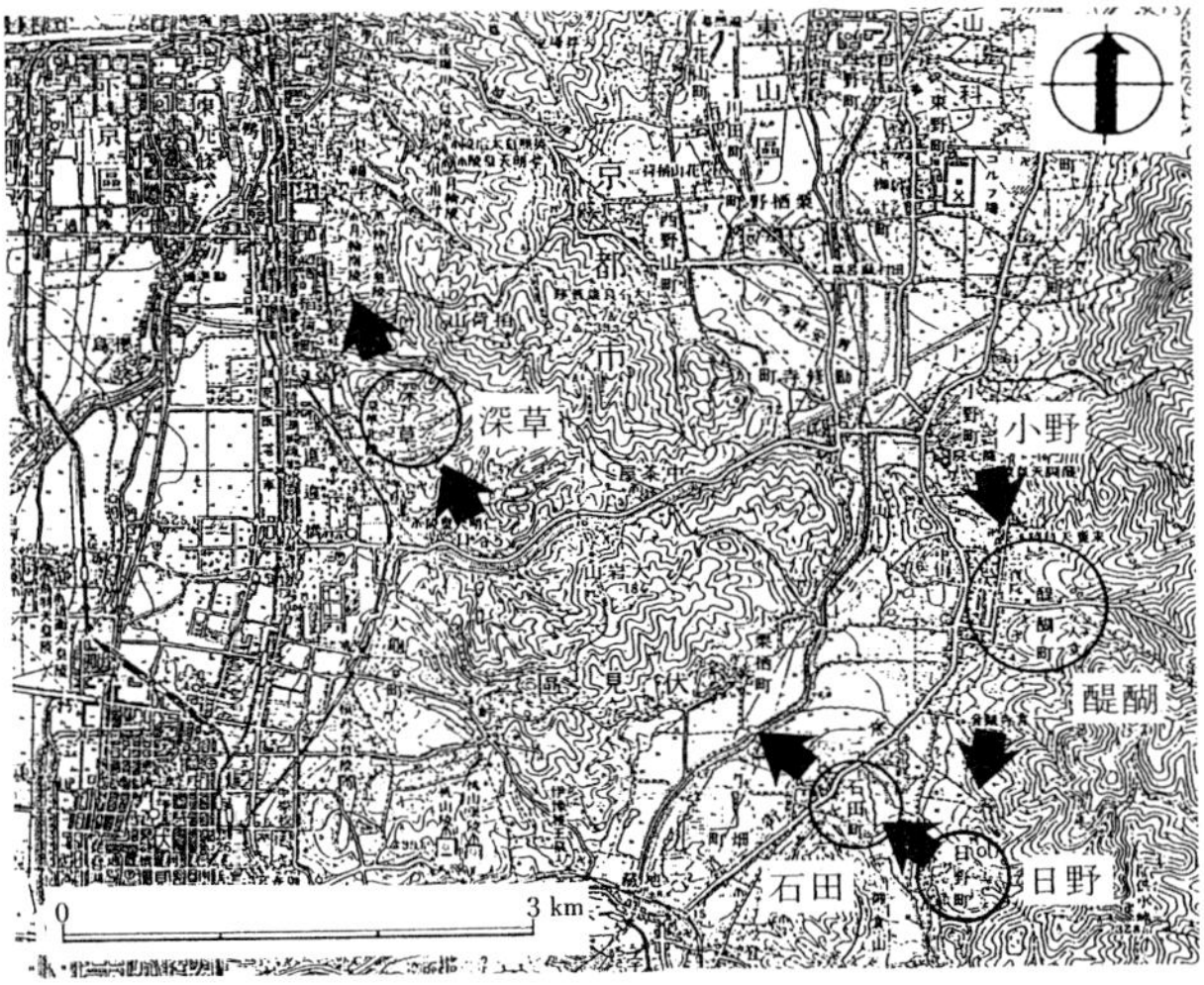

図86　『八坂神社日記』に記す順路

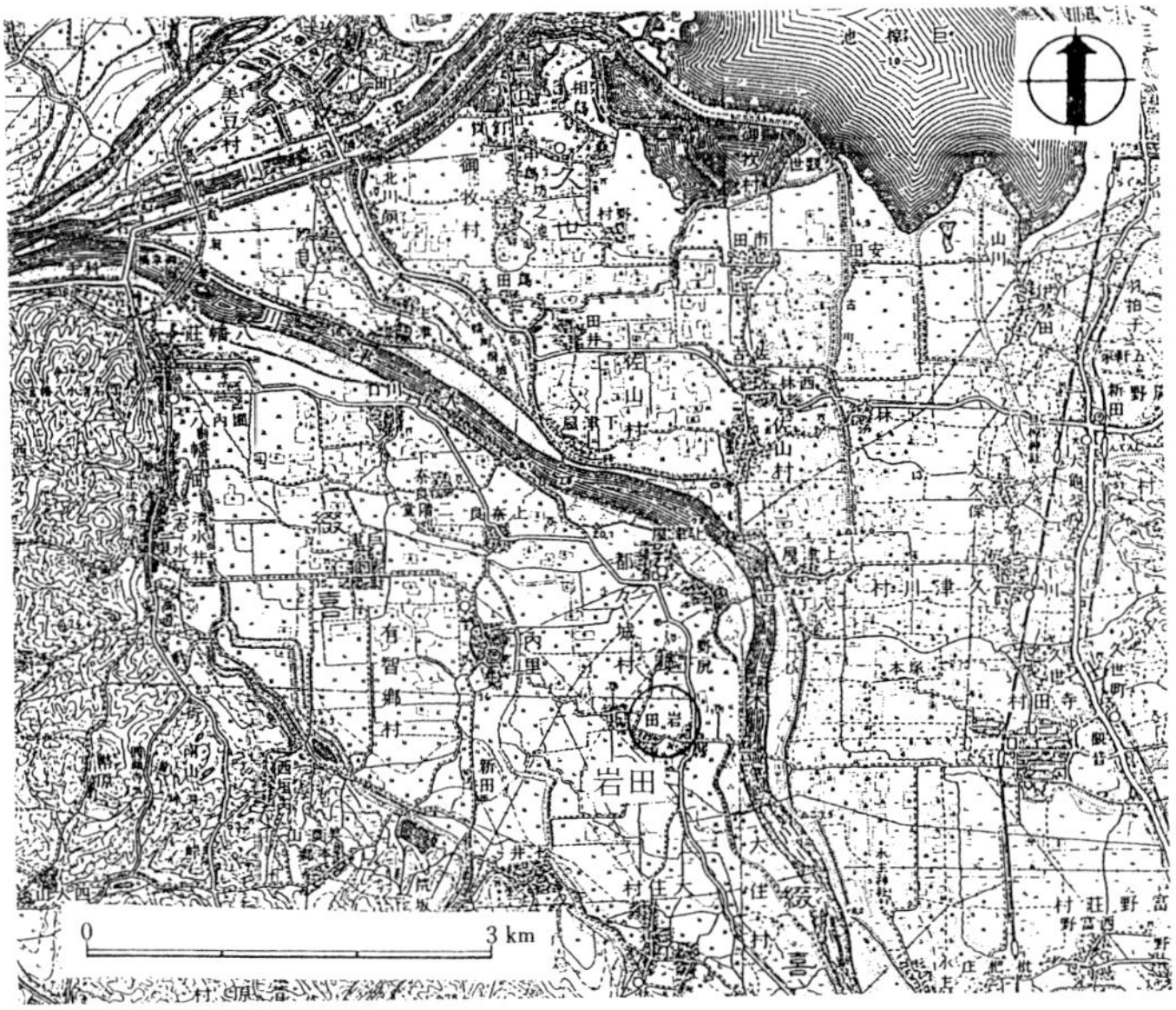

図87　山城国久世郡岩田付近地形図

まず最初に石田の領有権について見てみよう。

『東大寺続要録』諸院篇には「尊勝院根本所領員数」として、康保四年（九六七）に大仏殿常燈料などに充てるために、大和国、山城国の三四ヵ荘の荘園を東大寺尊勝院に施入したとある。この中に山城国久世郡石田庄の名が見える（図87）。

尊勝院根本所領員数

大和国

……

山城国

……

久世郡

石田庄

右件田地限日月奉施入於東大寺尊勝院如件以其年輸地利宛用大仏殿常燈一備并当院常燈仏供造仏写経百部法花八講伝法会料修理作料供僧住僧等随分供料若後代邪見之輩破此願妨此田地者梵王帝釈四大天王閻魔獄卒五道冥官勧請大菩薩大明神等国内普天一切神祇冥道令蒙破滅三宝之災禍給……

康保四年七月三日(15)

……

これらの荘園は一定の期間を限って施入したとあるから、後に寺領の返還が行われたのかもしれないが、若し妨害する者があれば梵天帝釈四大天王閻魔、獄卒、五道冥官は大菩薩大明神等の国内の一切の神祇冥道を勧請して三宝を破滅するの災禍を蒙ら令め給と厳しく戒めている。

また嘉保元年（一〇九四）、強盗・放火・殺人罪に問われた三位大江公沖が隠岐国に配流となったが、嘉保二年（一〇九五）一月十日に提出された彼の財産処分に関する目録「大江仲子解文」[16]の中にも山城国石田の名が見える。この石田は宇治郡か久世郡かは不明である。

処分目録

一　坊城地壹町　在左京四條一坊二町

……

一　石田　在山城国

件所先祖相伝所領也、随□一先人故伊洲所宛給曽孫持々丸也、不可改易矣……

以前処分大略如右、公仲遠行之間、若有横妨者、早可訴申右馬頭殿也……

嘉保二年正月十日

大江　在判[16]

配流中、先祖より相伝してきた坊城地以下の所領を他人の横領、妨害から守るための願文で、山城国石田の所領は「先人故伊洲（伊勢守）」が曽孫持々丸に与えたものであり、もし横暴な者があれば右馬頭（藤原兼実）に申し出るよう定めている。

これと内容を全く同じくし、奥書に「右、件文章者、橘広房之処分也」と記すいまひとつの文書がある。[17]この文書では「大江仲子解文」の後段の部分が欠文となっており、なぜ同一文書を後に橘広房が願い出ているのかなど不明な点が多い。[18]橘広房は橘俊綱の傍系子孫にあたり、後に大江匡房の養子となった後、天永二年（一一一一）に本姓に返った人物である。広房の子以綱は大江公仲の養子となったが、後に公仲の実子として出生した大江仲子との間に所領をめぐる相論が起き、解文に見られるように院庁へ裁断を求めることになったものらしい。遠洲守大江公資、伊勢守大江広経と伝領されてきた所領の保護を広房が代わって願い出たものとみられるが、広房が天永二年に本姓に復した後には、そのまま橘氏所領となったのであろうか。

これ以外に明らかに山城国宇治郡小栗栖郷と判明する石田は、勧修寺領・醍醐寺領となっていたことが次の文書によって判明する。

醍醐寺牒案　三宝院文書　康保元年（九六四）十二月十三日[19]
山城国勧修寺領田畠検注帳案　勧修寺文書　保元三年（一一五八）五月十日[20]
山城国醍醐寺領坪付案　醍醐雑事記三　保元三年（一一五八）八月[21]
左少将某処分状案　九條家文書　承安二年（一一七二）二月二十八日[22]
勧修寺・醍醐寺等は宇治郡小栗栖郷石田の北に隣接しており、この周辺域に寺領が存在していたことがわかる。

以上のように山城国石田は宇治郡だけではなく久世郡にも存在し、いずれも東大寺・勧修寺・醍醐寺等の寺領や大江氏の所領として田地の領有権は細分化されていたものとみられる。本来山荘経営に際しては周辺の水田畠地をその経営財源に充てるのが原則であり、当時第一級の別業であった石田殿の経営に際しては相当量の周辺所領を領有し、これを基盤としていたものとみられる。[23]このような荘園の細分化された土地では、大規模な別業の経営も思うにまかせなかったに違いない。

次に石田の呼称のされ方についてふれよう。

平安時代、石田は宇治郡、久世郡ともに「いしだ」ではなく、「いはた」と訓読するのが習わしであった。先述のように久世郡那羅郷石田は現在「岩田」と改変されており、集落の西北端に今も遺存する石田神社は『延喜式』巻九[24]

にも式内社としてその名が見えることから、平安時代初期から「いしだ」ではなく「いはた」と呼ばれていたことがうかがえる。一方、宇治郡小栗栖郷石田も『万葉集』『詞花和歌集』によると同様に「いはた」と呼称されていたことがわかる。

　宇合郷歌三首

山科乃　石田社爾　布麻越者　蓋吾妹爾　直相鴨

山科の石田の社に布麻（ぬさ）置かばけだし吾妹（わぎも）に直（ただ）に逢はむかも　（『万葉集』巻九―一七三一[25]）

山城の石田（いはた）の森（もり）のいはずともこころのうちを照らせ月かげ　藤原輔尹朝臣　（『詞歌和歌集』巻九―三〇四[26]）

秋といへば岩田のをの、柞原時雨もまたず紅葉しにけり　覚盛法師　（『千載和歌集』巻第五[27]）

「いはたの杜」「石田の杜」は、『山城名勝志』巻第一七には「石田（イハタノ）森　石田村在下醍醐西南、森在村西櫃川東[12]」、『山州名跡志』（巻之一五）には「石田　在醍醐南五六町……石田杜　或岩田　在同所民戸西半町許　境地平林東西半町余。南北一町許[28]」と記し、宇治郡小栗栖郷石田の西方約一二〇メートルの櫃川沿いに存在したらしい。櫃川とは、『山城名勝志』巻第一七に「櫃河　櫃河自北山科流出而経勧修寺東醍醐西木幡西而流合宇治川末也[12]」とあるから現在の山科川のことである。おそらく「石田森」「石田杜」は現在の伏見区石田森東、西、南、北町のあたりに存在したものと思われる。したがって『今鏡』に記す「いしだ」殿は、呼称のされ方の点からも山城国宇治郡小栗栖郷石田でも山城国久世郡那羅郷石田でもないことが首肯できよう。

　また、前記の『今鏡』の記述からは石田殿は園城寺近傍に存在したことが想像されるが、山城国石田は宇治郡、久世郡を問わずかなりの遠隔地である。
　したがって、これらの地を石田殿の存在した場所に比定するのはきわめて困難であるといわざるを得ない。

(2)　近江国坂田郡石田村

　近江国坂田郡の石田は現在の長浜市石田町に該当し、琵琶湖東岸から約五キロ東の山麓に位置する。この石田は管見のおよぶ範囲では平安時代の文献中に認めることはできない。集落内には石田三成生誕地と記す石碑も存在し、集落名の石田は石田三成に因んだものとするのが通説となっている[29]。園城寺とは琵琶湖をはさんで対岸に位置しきわめて遠隔地であるため、石田殿の比定地としての可能性は非常に低い[30]。しかし、藤原泰憲が近江守在任中にこの付近に所領を領有していたことをうかがわせる次のような記録がある。

　民部卿泰憲。建立常喜院。割家領近江国坂田庄。大和国嘉殿庄両処。以附当院[31]。

　これによると、常喜院は藤原泰憲が坂田郡内に所有していた領地を園城寺に寄進し、支院として建立したものらしい。この常喜院の名に因んで命名された常喜という集落が、今も長浜市石田の西南方のほど近い位置に存在する。常喜院は享保四年の製作である『近江輿地誌略』[32]にも、恵光山常喜院名超寺（めいちょうじ）の名が見え、常喜村よりさらに南の名超（なこし）村[33]に位置したものであることがわかる（図88）。したがって石田、常喜、名超を含めたこの地域が、平安時代後半に藤原泰憲の所領であったことは充分考えてよい。しかし平安時代の文献中に「いしだ」の名を見いだすことができないことや、当時長浜から大津浦までの舟便が開設されていたとはいえ、かなりの遠隔地に位置するということから、坂田郡石田を石田殿の比定地として考えるのはきわめて困難である。

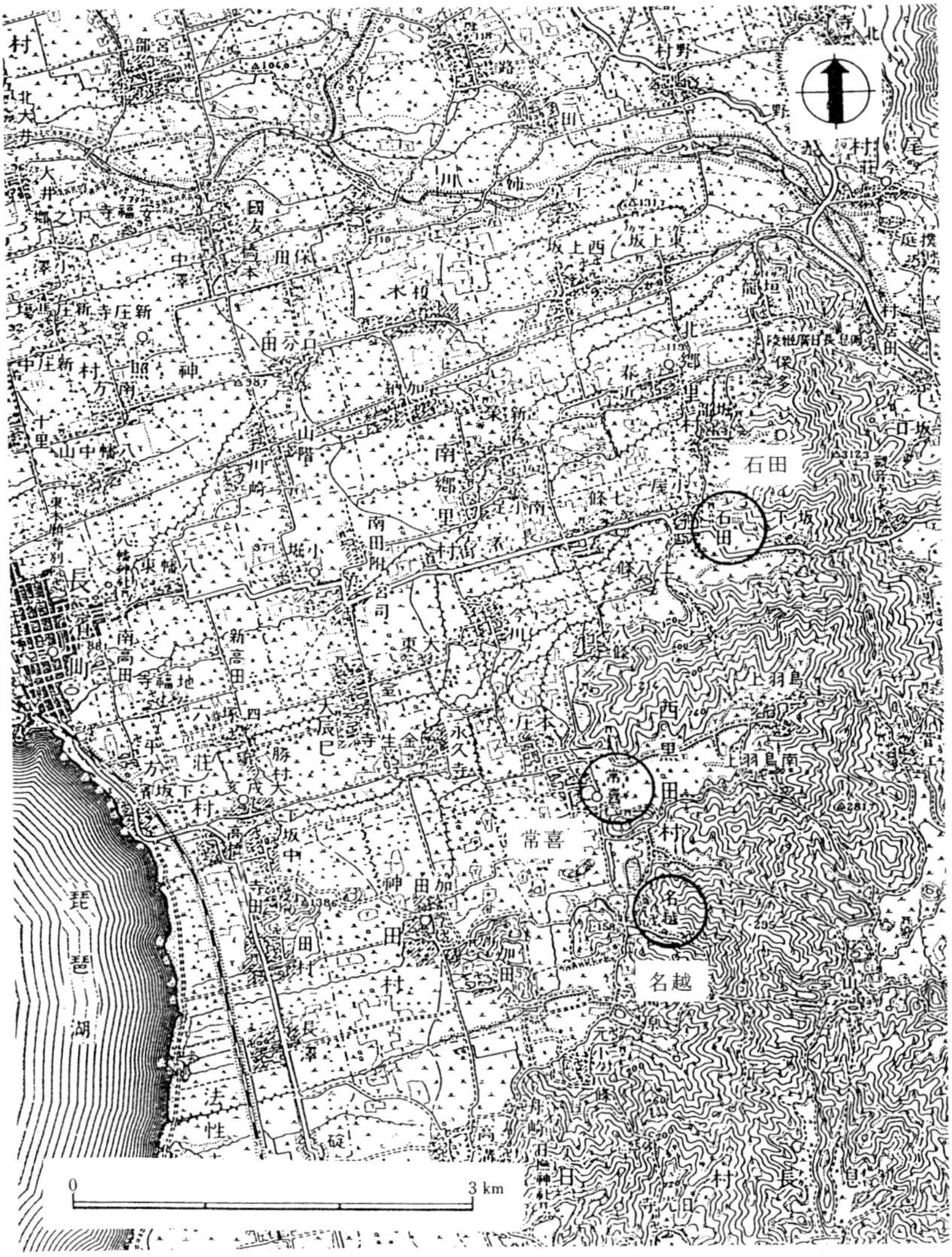

図88　近江国坂田郡石田付近地形図

石田殿の位置を具体的に示す史料が、三井寺炎上に関わる『師記』永保三年（一〇八三）六月九日条の一連の記事である。

辰刻人々云、山大衆興已焼三井寺、其煙焰天云々者、此間及巳刻、驚参殿辺、……[34]

(3)　近江国園城寺北辺

この記事は、いわゆる天台山門（延暦寺）と天台寺門（園城寺）との抗争の中で、後者が前者の攻撃を受けて炎上したことを示すものである。この両者派閥間の抗争は中世を通じてきわめて長期間にわたって繰り広げられた同一宗派内の内紛であったが、もとをただせば天台宗開祖である最澄が入寂した直後にまで溯ることができる。すなわち最澄直系の弟子であった慈覚大師円仁門徒と、最澄とともに入唐し最澄の後継者でもあった義真の弟子智証大師円珍門徒との不和抗争が主たる原因であった。[35][36]両者は自然と離反して、前者は比叡山に残り、後者は下山を余儀なくされ園城寺を拠点とするようになったが、抗争は天台宗の最高職である天台座主就任をめぐってきわめて熾烈化し、しばしば双方の伽藍の焼討ちという形で顕在化した。天台座主の就任問題は基本的に朝廷の議定に基づくものとされてはいたが、とりわけ寺門派から座主が選出された場合の山門派の抵抗は大きかった。承保四年（一〇七七）には石田殿の主であった覚円僧正の天台座主就任が決定したものの、山門の反対にあって比叡山に登ることができず、わずか三日間でその職を追われている。[37]前記の『師記』の伝える記事はその直後に当たり、最初は延暦寺鎮守社である日吉社の祭礼に端を発した小規模な対立であったが、やがて園城寺の全伽藍を焼失させるまでの一大抗争にまで発展した。まず寺門（園城寺）方が山門（比叡山）方に焼討ちを仕掛けたのだが、これに対抗してこの度は山門が寺門に焼討ちを仕掛けたものとみられる。

さて、この抗争問題はさておくとして、同記同日条には次のように記し、類焼を免れた石田殿の位置を類推することができる。

……所遣下人罷帰云、山大衆罷入寺中云々、石田殿北已焼了、至今者定皆悉焼候歟者、又令申云、後遣下人申云、三井寺人者於錦織辺雖合戦、先陣已敗罷入寺中、而寺兵十騎許於石田殿前欲相拒之間、山人自襲来東方放火、仍寺兵罷逃已了、……

この記事からは、石田殿が園城寺の北辺地域に存在したことをほぼ明瞭に知り得るのであるが(38)、いましばらくその位置の特定に関わってさらに考察を進めてみたい。

『古事談』第六によれば石田殿は後に園城寺平等院領となっている。この平等院とは、宇治平等院ではなく園城寺の平等院である。

法務前大僧正明尊　真言房千光院　二十二世

円満院

……円満院開祖。号志賀大僧正。……永承……七年関白藤頼通。於宇治別業造一寺。擬準三井平等院。即号平等院。又請尊僧正任執印寺永為三井別院。……康平……六年六月二十二日寂。年九十有三。

前大僧正永円　平等院元祖　二十三世

……天元四年出家入道。諱改悟円。居明王院。後創平等院。以在俗之子永円為院主。号平等院大僧正是也。寛弘五年二月二十六日。従智観権僧正。入壇灌頂于金堂。時内供奉。年二十九。……長久五年五月二十二日入寂。年六十有五。(39)

宇治平等院の草創は『扶桑略記』(40)にもみられ、永承七年（一〇五二）三月二十八日に藤原頼通が別業を改めて寺としたことに端を発している。宇治平等院の名は三井平等院に準じて擬せられたという。園城寺平等院の開祖は永円大僧正で、『寺門伝記補録』第一三の記述の文脈から推して天元四年（九八一）～寛弘五年（一〇〇八）に造営されたものと思われる。

これとは別に円満院は大僧正明尊の開祖になるもので、『春記』長久元年（一〇四〇）十二月十三日条の供養に関する記録がその初見である。[41]『寺門伝記補録』第一三（法務前大僧正明尊）には「長久元年　敕置阿闍梨五口于円満院。是依尊之奏也」とある。永承七年（一〇五二）以降『寺門伝記補録』には園城寺平等院の名は登場しないから、おそらく園城寺平等院は宇治平等院の造寺に伴って円満院に併呑されたのではないかと思われる。園城寺境内に存在した子院群は北院、中院、南院の三区画に分けられるが、円満院は園城寺金堂の北側の一画を占める北院の領域に存在し、『近江輿地志略』[42]には勧学院の建物を後に円満院としたとある。現在の円満院は円山応挙の襖絵の存在することから、天明（一七八一～一七八八）年間の頃の修造とみるのが有力である。

ところで、平安時代後半期における平等院をも含めた園城寺領の分布については、一部『寺門伝記補録』に散見されるものの全容を明らかにし得ない。十四世紀中葉の成立とされる『園城寺伝記』第六には貞観十年（八六八）頃の園城寺四至の概略を次のように記す。

三井寺

請国郡判捨本四至可近約堺四至事

東限海棹立。南限南下路金塚南辺下路。

西限界堺峯。北限新羅明神現在谷山越道幷下陌。

右。寺家所領地之四至。

……

貞観十年三月十七日……(43)

「新羅明神（新羅善神堂）」は園城寺の鎮守神で、現在の大津市役所の北側に位置する。「現在谷」は、『寺門伝記補録』第一に「現在谷御影川　社頭北。後林中有深渓。松栢挟岸而生。奇石臨流而畳。活水潺濺東入大湖。無塵之境。……是三井随一勝境也」と記し、新羅社北側の東方に開けた谷筋であった。この新羅社北側の谷筋付近は、九世紀中葉には園城寺の北限を為していたのである（図89）。

下って十六世紀の寺領については、慶長三年（一五九八）の『三井寺領地目録』によって知ることができる。

江州志賀郡三井寺領之事

一、七百五拾四石八斗八升　五別所
一、八百貳拾貳石六斗二升　山上村
一、九百六拾六石七斗五升　錦織村
一、八百九拾石　南志賀
一、五百四拾貳石七斗五升　藤尾村
一、百八石八斗五升　関寺町屋敷
……
一、拾七石貳斗　音羽
一、貳百貳石四斗三升　志賀見世村
総以上四千三百貳拾七石八斗八升

……(44)

これによると、十六世紀末には園城寺近傍における寺領は五別所・山上・錦織・南志賀・藤尾・志賀見世などの村落に存在し、おおむね北は見世村から南は神出村まで広がっていたらしい。

これらの二つの史料から、九世紀には現在谷以南の別所村付近を北限としていた寺領は、十六世紀にはさらに北側へと拡大していることがわかる。この二史料の間には約七〇〇年の時間差があり、寺領拡大の過程については不明だが、今のところそれぞれの時代の

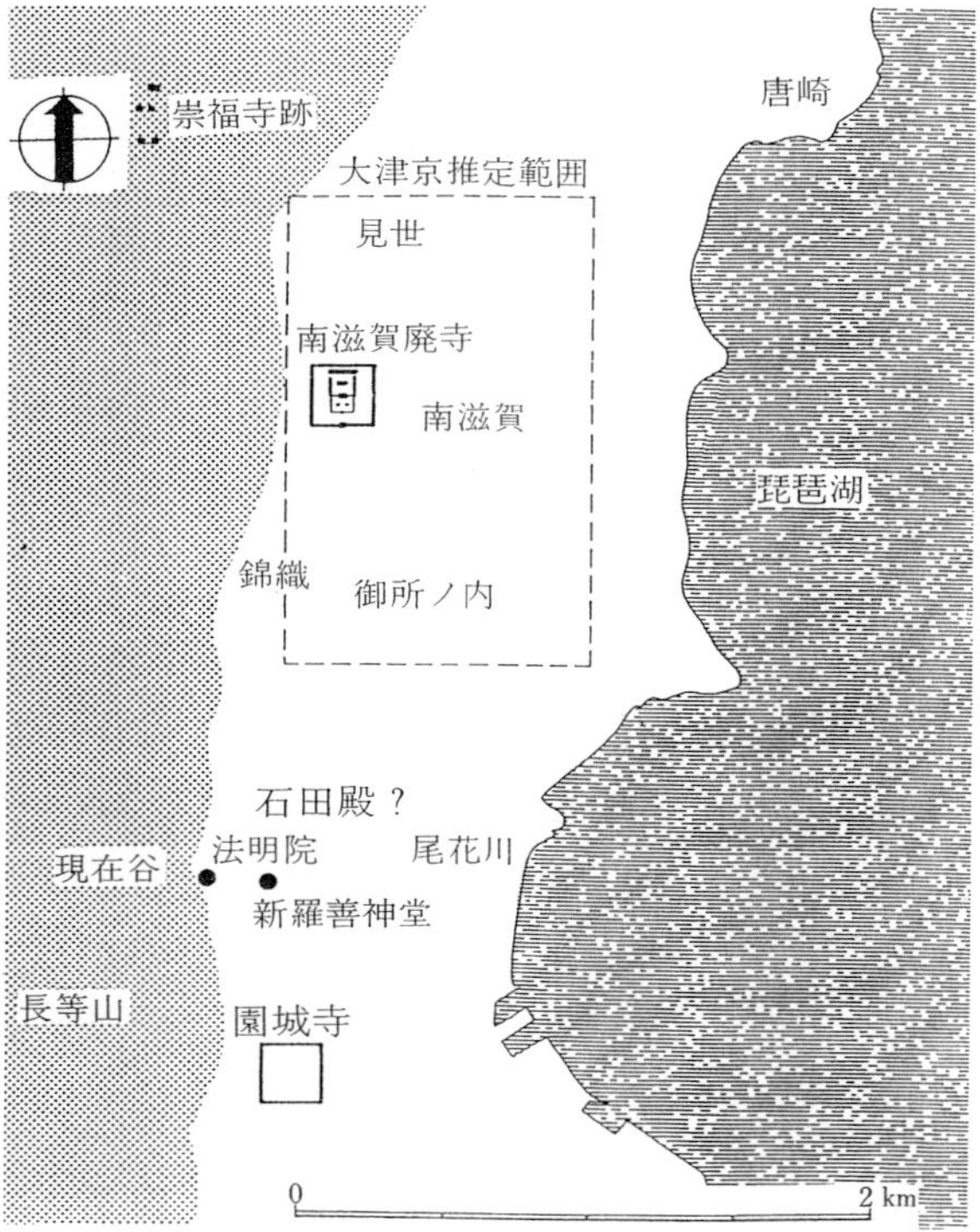

図89　園城寺北郊における石田殿推定地

指標としておく以外に方法はない（図89・90）。

さて、上記の十六世紀の寺領の中に見える錦織と石田殿との位置関係を示す注目すべき記録がある。『元徳二年三月日吉社幷叡山行幸記』には次のように記す。

京都の貴賤上下。冷泉万里小路より三條河原粟田口辺にいたるまで。見物車桟敷のかまへありともみえず。松坂檜岡をこえ。……鴨長明が述懐せし外山はるかにみえわたり。……けさは霞める音羽山山科如意山安祥寺。……

図90　園城寺近辺地形図

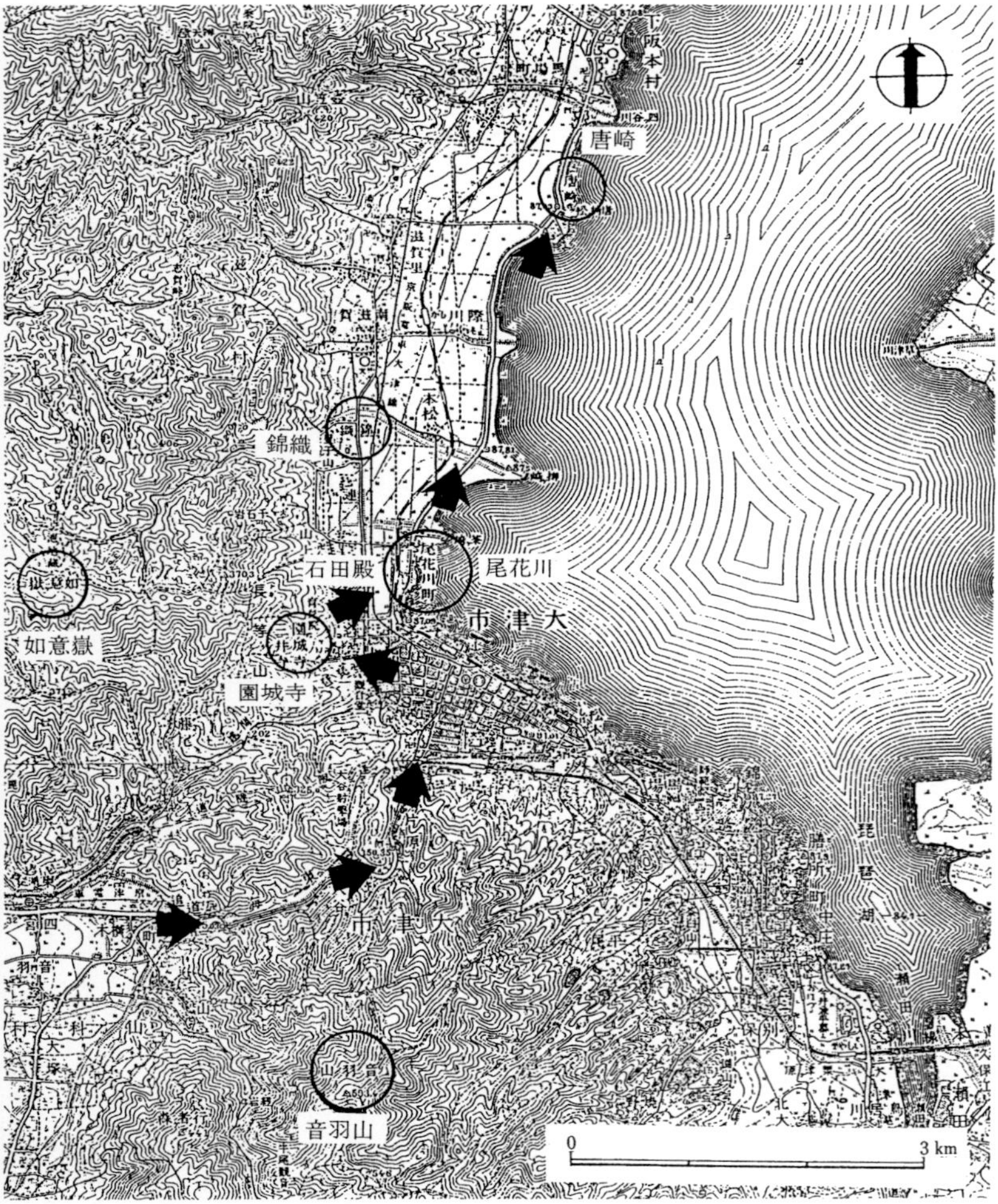

図91　『元徳二年三月日吉社幷叡山行幸記』に記す順路

関の明神のすぎむらは神の代かけてかすみつつ。恵心僧都の再興して梵宇あらたになせる関寺ちかく成給へば。うち出の浜大津浦。民のかまどもにぎはひて。ぬかづくをともあらはなり。当来導師の園城寺は教待和尚の故跡とか。……石田殿尾花井をすぎて錦織の浦にいで給へば。湖光渺瀰として山色陸離たり。雲の波烟のなみいとふかきところに。竜頭鷁首ともなひて音楽を奏しける。極楽浄土にはあらねども。八功徳池にことならず。浦路はるかにこぎゆけば。波常楽のしらべをそふ。……志賀辛崎になりぬれば。……(45)

この記録は、元徳二年(一三三〇)三月後醍醐天皇が比叡山に行幸した時の記録であるが、十四世紀にも石田殿はなお存続していたことを示す史料として重要である。京都を出て山科、逢坂関を越えて大津に入り、石田殿、尾花井を経て錦織の浦、志賀辛崎(唐崎)へ至ったと記す(図91)。尾花井は所在地不明であるが、滋賀郡大津町の北端に尾花川町があり、おそらくこの近辺を指すのであろう。現在の錦織は琵琶湖西岸から約五〇〇メートル《メートル》の地点に存在するが、上記の引用文の「錦織の浦」が示すように、十四世紀には琵琶湖の水面は錦織の集落の東辺まで広がっていたのではないだろうか。上述の経路を地図の上でたどると、石田殿は園城寺の北側に接して存在したことがうかがわれる。先述のように、九世紀の寺領の北限は現在谷と、尾花川を結ぶ線上にほぼ比定できるから、石田殿はこの境界に北接して位置していたのではないだろうか。『古事談』第六の記載に示す如く、北院の一画に存在する円満院(平等院)の領有地となった点からも、この位置関係は妥当である。

明治十五年(一八八二)の編纂になる『近江国滋賀郡誌』(46)には別所・山上・錦織村内の字名を記すが、この中に「石田」の名は見えない。したがって「石田殿」の名は郷名や庄名に由来するものではなかったものとみられる。(47)

ところで、石田殿の名が見える文献がいまひとつある。それは『梁塵秘抄』である。『梁塵秘抄』は嘉応元年(一一六九)頃後白河法皇による製作とされるが、巻第二の中で近江国の名所を列挙し、この中に石田殿を挙げている。

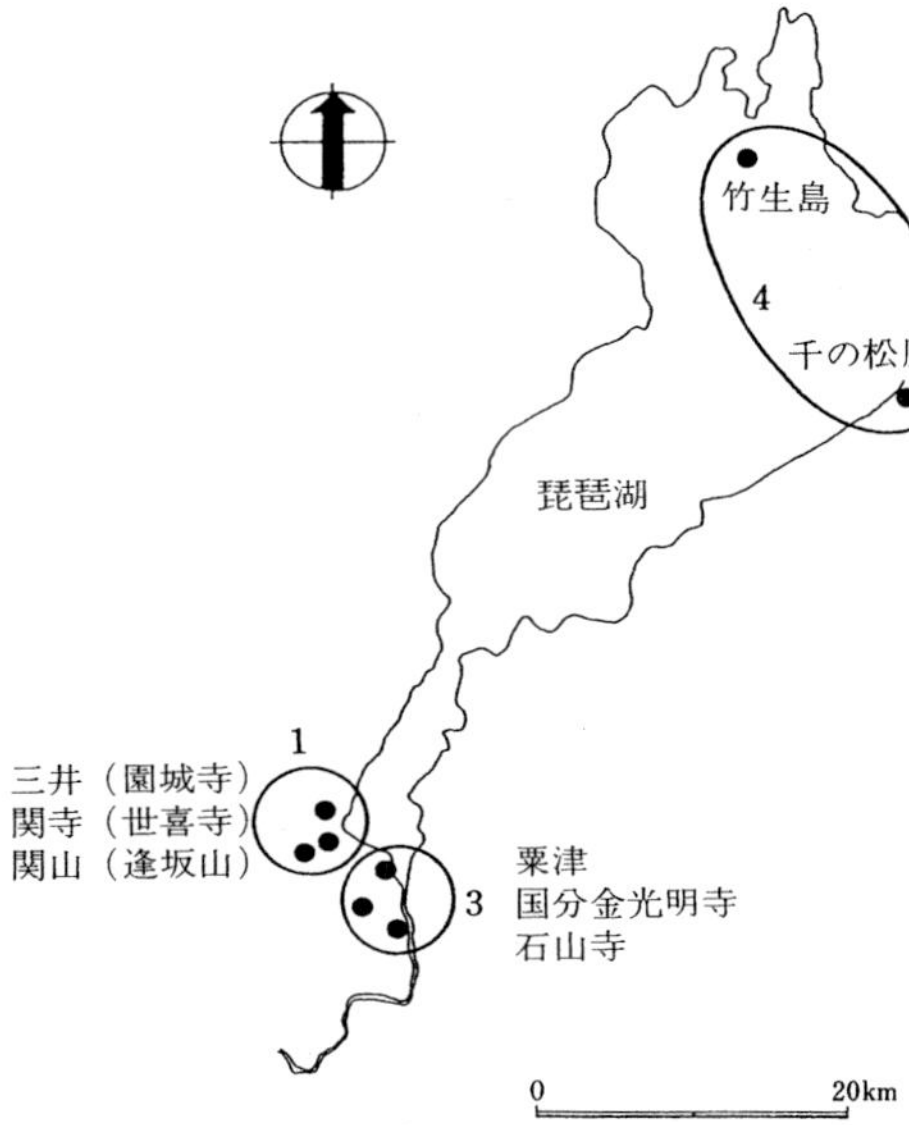

図92 『梁塵秘抄』に記す近江の名所

これより東は何とかや、関山関寺大津の三井の颪、山颪、石田殿、粟津石山国分や瀬田の橋、千の松原竹生島(48)

ここに謡い込まれている一〇ヵ所の名所は、ほぼ四つのグループに分けることが可能である。

(A) 関山、関寺、大津三井
(B) 石田殿
(C) 粟津、石山、国分、瀬田の橋
(D) 千の松原、竹生島

(A)の関山とは逢坂関の存在する逢坂山、関寺は逢坂山麓にあった寺(49)、大津の三井はいうまでもなく園城寺である。(C)の粟津は瀬田川の右岸に位置し、石山は石山寺、国分は国分金光明寺、瀬田の橋とは瀬田川にかかる長橋を指す。そして(D)の千の松原とは彦根付近、竹生島は周知のとおり湖北地方の湖上に浮かぶ小島である。この(A)～(D)のグループは京都から近江への玄関口である逢坂関を起点として、琵琶湖岸をほぼ反時計まわりに順序が定められているといえる。これを図示したものが図92である。山城国石田や近江国坂田郡石田はこの記述のコースを明らかに逸脱するものだといえよう。この順路にのっとって石田殿の比定地を求めるとするならば、関山・関寺・大津三井の以北に求められるべきであろう。『梁塵秘抄』は逢坂関を出発点とし、いったん琵琶湖西岸を北上して再び湖南にもどり、今度は東岸を彦根、竹生島まで至るコースをとっているからである。

以上のように、『師記』の記事からは石田殿が園城寺北辺に存在したことがほぼ間違いなくうかがい知れるのだが、(38)その位置をさらに追求するならば、石田殿が後に宇治平等院ではなく園城寺平等院（円満院）領となっている事実や、『元徳二年三月日吉社幷叡山行幸記』の記載記事などから判断して、園城寺の北側、錦織村までの区間に所在した可能性はきわめて高い。そしてこの地点は『梁塵秘抄』の記述順序にも合致し、しかも山城国、近江国坂田郡の石田に比して園城寺にもきわめて近距離に位置しているのである。

4　石田殿における眺望景観

次に前項で見た三つの比定地における眺望景観について考察してみよう。図86・87・88・90は四地点の現在の地形図、図93・94・95・97は四地点からの眺望景観である。

まず山城国宇治郡小栗栖郷石田の場合、醍醐と小栗栖の山脈にはさまれた谷地形をなし、山科川沿いの盆地景観が展開する。また山城国久世郡那羅郷石田では、北側に盆地の広がる平らな景観である。近江国坂田郡石田も東側に伊吹山を擁し、平明な平野の開けた立地である。三者は全く異なる景観を呈しているが、地形・眺望という点ではいまひとつもの足りないといわざるを得ない。

これに対し、近江国園城寺北郊は西側の比叡・比良の鋭鋒から東の琵琶湖に向けて扇状地が開け、立地条件は前二者に比して明らかに優れているといえよう。琵琶湖を望む景観は当時の人間にもかなり感動的であったと見え、関白藤原師通が比叡山を訪れた時の記録には「東湖眺望、興味無極」(50)とあって、はるかな水面への憧憬の念を表現している。同様の記述は寛治六年（一〇九二）三月二十六日の園城寺羅惹院の供養に関する『寺門高僧記』（巻四）の記録に

図93　山城国宇治郡石田付近の景観（東北を望む）

図94　山城国久世郡岩田付近の景観（西北を望む）

図95　近江国坂田郡石田の集落から伊吹山を望む

図96　園城寺観音堂（正法寺推定地）からの眺望景観（東を望む）

図97 大津市役所付近から琵琶湖と三上山を望む

図98 法明院庭園（樹間から琵琶湖を望む）

図99　法明院東端より琵琶湖を望む

も見え、「東望有万里波浪、心馳松江柳湖之春風、西顧有千峰之煙嵐、眼迷雲蓬露萊之時月（日）、……」とある。[51]

また時代は下るが『近江輿地志略』には園城寺内の一〇ヵ所を選定して十境とし、この中に「正法眺望」という文字がみられる。

三井十境

金堂白桜。新羅夕蟬。亀岳暁霜。唐院夜雨。
筒井喬松。護法。　琴谷冷蛍。竜池寒月。
霊崛古鍾。正法眺望[52]

正法寺は園城寺の南端、現在の観音堂の位置にあたり、ここからの景観は南は大津浦、北は堅田までの琵琶湖の西湖岸線はもとより、はるか湖東の三上山をも含めて雄大な眺望に優れている（図96）。

こうした眺望を生かした庭園が、現在の園城寺内にも遺存する。享保年間ではあるが、園城寺別院として再建された法明院である。『近江輿地志略』（享保年間〔一七一六～一七三五〕製作）によれば、法明院は「三井の支院として、其名昔よりあれども、中古断絶しぬ。然るに近頃義瑞和尚建立也[53]」と記し、十八世紀に再建されたらしい。『園城寺法明精舎十勝記[54]』にも十勝を記し、「時雨亭」という建物の存在したことを知る。法明院は園城寺の北方、新羅善神堂西方の谷筋にあり、前節でふれた九世紀園城寺領の北端にあたる部分に位置する。これは奇しくも石田殿推定位置とほぼ同じ位置である。現在の法明院は一段下がったテラスに中島を擁する園池があり、ここからは東方に琵琶湖と湖東の連山を一望の下にみはるかすことが可能である（図98・99）。

以上のように、鋭鋒に抱かれはるかな湖水を望む雄大な眺望景観は古くから人間の感興をそそるものとして注目されていたのである。園城寺北郊における眺望景観はまさにこれと共通しており、山城国宇治郡小栗栖郷石田、山城国久世郡石田、近江国坂田郡石田における景観を圧倒しているといえよう。

5　小　結

本節では、従来史料的な制約から幻の館として扱われてきた石田殿を取り上げ、その比定地の模索と、そこにおける眺望景観に関する考察を行った。

史料の上からも、実際の眺望景観の点からも、近江国園城寺北郊の地が石田殿比定地の最有力候補として位置づけられる。とりわけこれまで庭園史上注目されることのなかった『元徳二年三月日吉社幷叡山行幸記』(45)の中に石田殿の所在地を推定させる記述を見い出したことは注目に値する。そして、この推定所在地からは琵琶湖をはるかにみわたすことができ、橘俊綱によって当時第一級と推奨された石田殿は、山懐に位置し広大な水面に臨むというきわめて優れた立地条件を持っていたことがうかがわれる。

なお冒頭でふれた『今鏡』(1)では、俊綱は石田殿以外に高陽院・伏見亭・宇治平等院などを名園・名館として挙げており、鳥羽殿はその選に漏れている。これらの事例と石田殿との比較検討ならびに鳥羽殿を何故退けたのかなどの問題については次節において論ずることとする。

注

(1)『今鏡』「新訂増補国史大系」二一下、吉川弘文館、一九六五。
(2)『公卿補任』一「新訂増補国史大系」五三、吉川弘文館、一九六五。
(3)『尊卑分脈』一「新訂増補国史大系」五八、吉川弘文館、一九六五。
(4)橘俊綱誕生のいきさつについては、次の文献に詳しい。田中正大「橘俊綱の母」『平安文学研究』四二、一九六九。久恒秀治『作庭記秘抄』誠文堂新光社、一九七九。
(5)『寺門伝記補録』「大日本仏教全書」。
(6)『天台座主記』比叡山延暦寺、一九三五。
(7)『師記』「増補史料大成」五、臨川書店、一九六五。
(8)『中右記』「増補史料大成」九、臨川書店、一九六五。
(9)『中右記』寛治七年(一〇九三)正月十四日条「金堂修正結縁也、……前大僧正、覚円、御寺別当」とある(「大日本史料」三―二、寛治七年正月八日の項)。
(10)これ以外に『中右記』嘉保元(寛治八)年(一〇九四)八月十日条には「大殿、并北政所、左大将、御座三井寺前大僧正房也」とあるが、この房が宇治であるのか白川であるのかは不明である。
(11)『古事談』「新訂増補国史大系」一八、吉川弘文館、一九六五。
(12)『山城名勝志』「京都叢書」八、京都叢書刊行会、一九三五。
(13)『八坂神社記録』(祇園執行日記)、八坂神社、一九二三。
(14)森蘊「寝殿造系庭園の立地的考察」(『奈良国立文化財研究所学報』第一三冊、一九六二)では、注目すべき史料として注(13)文献を採りあげている。
(15)『東大寺続要録』諸院篇、東大寺所蔵。「続続群書類従」第一一にも所収する。
(16)竹内理三『平安遺文』一三三八号、東京堂出版、一九六四。

（17）『平安遺文』一七六一号。
（18）『尊卑分脈』四「新訂増補国史大系」六〇下、一九六五。
（19）『平安遺文』二七八号。
（20）『平安遺文』二九二二号。
（21）『平安遺文』二九四三～二九四五号。
（22）『平安遺文』補一一七号。
（23）藤原頼通が宇治平等院の経営に際して、周辺の荘園の多くを寺領に施入し、藤原氏と外戚関係のなかった後三条天皇と激しく対立する一因ともなったことは有名である。
（24）『延喜式』「新訂増補国史大系」二六、吉川弘文館、一九三七。『延喜式』巻九　神祇九　神名の項には、「久世郡二十四座　大十一座　小十三座」の第一番目に「石田神社大。月次新嘗」とある。
（25）『万葉集』二「日本古典文学大系」五、岩波書店、一九五九。
（26）『詞歌和歌集』「新日本古典文学大系」九、岩波書店、一九八九。
（27）『千載和歌集』「国歌大観」中文館書店、一九五九。
（28）『山州名跡志』「京都叢書」二〇、京都叢書刊行会、一九三五。
（29）『角川日本地名大辞典』二五　滋賀県、角川書店、一九七九。
（30）『梁塵秘抄』（『日本古典文学大系』七三）、岩波書店、一九六五には、石田殿推定地を「坂田郡石田か」とする。
（31）『寺門伝記補録』第二〇。「世君臣御寄附事」。
（32）『近江輿地志略』巻之七九「大日本地誌大系」二六（『近江国輿地志略』下）、雄山閣出版、一九三〇。
（33）現在は長浜市名越町である。
（34）『師記』「増補史料大成」五、臨川書店、一九六五。
（35）村山修一『比叡山と天台仏教の研究』「山岳宗教史研究叢書」二、名著出版、一九七五。
（36）福尾猛一郎「慈覚門徒と智証門徒の抗争について」『園城寺の研究』園城寺、一九三一。
（37）『校訂増補天台座主記』比叡山延暦寺開創記念事務局、一九三五。『天台座主記』巻一には「三十四世　法務大僧正覚円

宇治僧正　歴三箇日。……承保四年丁巳二月五日座主、宣命、年四十七、勅使少納言源基綱不能登山以下部捨置、宣命於講堂庭自賀茂河原帰了。同七日辞退」。

(38) 田中正大『日本の庭園』「SD選書」二三、鹿島研究所出版会、一九六七。田中は『師記』の記事から、石田殿を園城寺北郊に比定する。

(39) 『寺門伝記補録』第一三。

(40) 『扶桑略記』第二九、「国史大系」六。

(41) 『春記』(「増補史料大成」七、臨川書店、一九六五)長久元年(一〇四〇)十二月十三日条「今日於三井寺有御堂供養事、供御堂大僧正明尊所申行也、以彼住房称御願堂、号円満院」。

(42) 『近江輿地志略』巻之一三「大日本地誌大系」一二(『近江国輿地志略』上)、雄山閣出版、一九二九。

(43) 『園城寺伝記』「大日本仏教全書　寺誌叢書」。

(44) 『三井寺領地目録』「大日本仏教全書　寺誌叢書」一九七一。

(45) 『元徳二年三月日吉社幷叡山行幸記』「群書類従」第三輯(巻三八)、群書類従完成会、一九六五。

(46) 『近江国滋賀郡誌』、弘文堂、一九七九。園城寺領北端の見世村のさらに北側は赤塚村で、明治十五年(一八八二)の編纂になる『近江国滋賀郡誌』(『近江国滋賀郡村史』第四巻)には、赤塚村所属小字名六ヵ所の第四番目に「石田　本村西部山麓ニアリ東西壹町四拾零間南北五拾零間」と記す。赤塚村の管轄沿革には「延暦寺創建ヨリ其寺領ニ属ス元亀二年辛未織田信長之ヲ討伐シ寺領ヲ褫ヒ明智光秀提封トス(古文書存セス村人口碑ニ依ル)」とあって、もともと延暦寺領であったことが村人にいい伝えられていたという。石田殿とは直接関係がないが、園城寺北郊に見受けられる唯一の「石田」ではある。

(47) 久恒秀治氏はすでに前掲書で大津錦織を石田殿比定地に掲げている。これは石田殿比定地を園城寺北郊に求めたという点で真に卓見といわねばならないが、その論拠とするところは、錦織に「御所ノ内」という字名が遺存しているということである。氏も認めるように、昭和三年(一九二八)以降の発掘によって、この地に天智天皇六年(六六七)の近江大津宮の遺構が次々と確認され、「御所ノ内」は大津古宮に由来する字名であることは確実となった(「大津京趾の研究」『滋賀県史蹟調査報告』第二冊、滋賀県保勝会、一九二九)。したがって、「御所ノ内」を石田殿に由来する字名とし、これを論拠に当該地を石田殿の比定地とすることには問題がある(図89)。『元徳二年三月日吉社叡山行幸記』によると、後醍醐天皇は園城寺から北上するコースをとっているため、石田殿は「尾花井」から「錦織」に至る区間の、園城寺に北接した地点に求められるべきである。

(48)『梁塵秘抄』「日本古典文学大系」七三、岩波書店、一九六五。
(49) 世喜寺ともいう。現在の園城寺の南方約六〇〇～八〇〇メートルに位置する「高観音」付近に存在したとされる。
(50)『後二条師通記』(「大日本古記録」岩波書店) 寛治六年（一〇九二）正月十一～十二日条。
(51)『寺門高僧記』「大日本史料」三―二、東京帝国大学、一九二七。
(52)『近江輿地志略』巻之一三。
(53)『近江輿地志略』巻之一四。
(54)『園城寺法明精舎十勝記』「大日本仏教全書」天台霞標、一九七一。なお、本節で使用した地形図はすべて明治四十二年大日本陸地測量部製作で、図90が二万分の一、それ以外は五万分の一の縮尺である。

三　橘俊綱の名園選考について

1　序　言

橘俊綱は『今鏡』[1]や『宇治拾遺物語』[2]、『愚管抄』[3]などによると、藤原頼通の実子として出生しながらも、実母の祇子（進命婦）[4]の身分が低かったが故に、継母の頼通の正妻である隆姫女王[5]に容れられず、橘氏に嫁すことになったという（図100）。これらの説話集が伝える彼の出自に大差は認められないが、ただ『今鏡』[1]だけは、祇子が橘氏に嫁いだため俊綱も改姓したのだと伝え、俊綱自身が後に本姓に復したとまで記している。いずれも『今鏡』が説話集であるが故の事実の誤認であり、祇子が橘氏に嫁いだ形跡も、俊綱が本姓に戻った事実もない。彼は藤原氏摂関家の血を濃く引きながらも、十一世紀の全般を通じて諸国の受領として生きぬいた、やや二流の上流貴族であった。また、彼は土木工事全般を職掌とする修理大夫に長く在任し、『尊卑分脈』に「号伏見修理大夫、水石得風骨」(6)と記すごとく作庭の分野に極めて造詣深く、一説には『作庭記』の著者と目されている人物でもある。(7)(8)伏見に構えた彼の別邸「伏見亭」は、当時の新興貴族たちが集うサロンとして、和歌会を中心とする一連の文化活動の舞台ともなっていた。そこにおいて繰り広げられた彼らの様々の歌の交歓は『後拾遺和歌集』、『詞歌和歌集』(9)などの勅撰和歌集にも撰じられ、内裏歌合などの朝廷の中心歌壇とは系譜を異にする、新進気鋭の「白河歌壇」を生む母胎ともなっていた。『今鏡』の中のいくつかの説話は俊綱が自らの伏見亭をいかに自負していたかをつぶさに伝えているが(10)、なかでも彼と白河上皇との間に交わされた次の会話は、彼の自信を端的に物語るものとして興味深い。第一・二節においてもすでに引用した文章ではあるが、参考のためにいま一度以下に掲げておく。

白河の院。いちのをもしろき所はいづこかある。ととはせたまひければ。一にはいしだこそ侍れ。次にはとおほせられければ。高陽院ぞさぶらふらんと申に。第三にはとばありなんやとおほせられければ。鳥羽殿は君のかくしなさせ給たればこそ侍れ。地形眺望などいとなき所なり。第三には俊綱がふしみなどやさぶらふらんとぞ申されける。こと人ならばいと申にくきことなりかし。高陽院にはあらで平等院と申人もあり。(『今鏡』ふしみの雪の朝(1))

この会話には、俊綱の伏見亭に対する絶大なる自負とともに、修理大夫として作庭に精通する彼が、白河上皇の面前において披瀝した自らの別業論、庭園論とでもいうべき内容がこめら

図100　橘俊綱関連の略系図

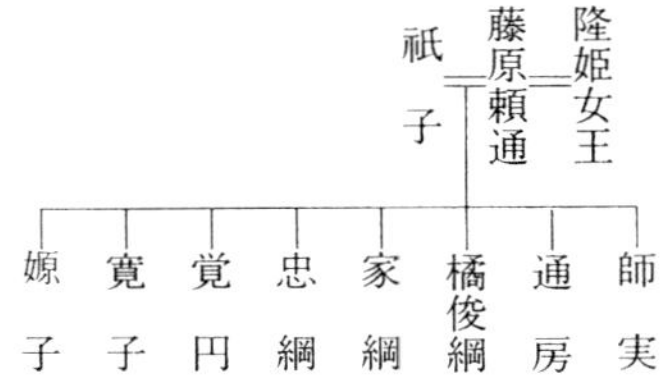

れている。彼が当代有数の名園・居館・別業として三指に数え入れたのは石田殿、高陽院あるいは平等院、そして彼の伏見亭であり、選定の基準としたメルクマールは「眺望」・「地形」の二点であった。白河上皇の鳥羽殿は、この二点において他の三ないしは四庭園にはおよばず、彼の選考から漏れている。しかし、鳥羽殿は、後述するように『扶桑略記』に「風流之美不可勝計」と記し、『栄花物語』(紫野)[11]に「十丁ばかりは池にて、遥ばると四方の海のけしきにて」と記すごとく構想雄大な環境に立地し、俊綱推奨の庭園に優るとも劣らない構成、意匠であったことが想像される。俊綱の選考が果して客観的なものであったのかどうかについてもはなはだ疑問がある。したがって、まず彼が選考の指標とした二つの観点とはどのような意味を持ち、本当に鳥羽殿が他の庭園に比べて劣っているのかどうかについて検証してみる必要があろう。

以上の点を考慮し、まず本節の2では上記の会話中に登場した庭園の位置を文献によって探りあて、地理的な立地環境を明らかにする。各庭園の立地環境が明らかとなれば、それぞれの眺望対象物、つまり眺望景観の構成要素を明らかにすることができる。そして、視点と眺望対象物との水平、垂直方向の位置関係を指標として、各庭園における眺望景観の比較検討を行う。こうすることによって、俊綱が選考の指標とした「眺望」とはいったいどのような眺望形式を指し、「地形」とはいかなる地勢を意味するものであったのかが明確となる。また、俊綱の選考が果して客観的な妥当性を持つものであったのかどうかも自ずと明らかとなるものと考える。続く3では、俊綱が名園の選考を行った当時の政治的背景、俊綱のおかれていた政治的位置、およびこの会話が持っている社会的な性格について論ずることとする。

2 橘俊綱の名園選考基準（「地形」と「眺望」）について

(1) 会話の年代比定

1でふれた二人の会話が行われた年代は、いつ頃に比定できるであろうか。各居館の成立年代を示したものが表14である。この表によると鳥羽殿のうち南殿の一郭が完成したのが応徳三年（一〇八六）であるから、会話の年代がこれ以前に溯ることはあり得ない。高陽院は、後述するように、寛仁三年（一〇一九）以降十一世紀の間に主として三回の火災を被り、そのうち最後の罹災は応徳年間の直前、承暦四年（一〇八〇）である。[12] この後寛治三年（一〇八九）に再建が開始され、新造後の高陽院は『後二條師通記』寛治六年（一〇九二）七月二十一日条の記事に初めて登場する。また『中右記』によると、橘俊綱は寛治八年（一〇九四）七月十四日に六十七歳で没している。[13] したがって以上のことを勘案すると、上記の会話は寛治六年（一〇九二）前後から寛治八年（一〇九四）までのほぼ三～四年間のいずれかの時点でかわされたものと考えられる。

一方『今鏡』の同じ説話の中で、俊綱の実弟で時の関白職にあった藤原師実が伏見亭を訪問するくだりがあるが、この中で師実は「大殿」と称されている。[14] 藤原道長・頼通の時代における「大殿」とは、現任の公卿であるか、あるいは辞任したかの区別なく、藤原氏の氏長者的人物の呼称であった。しかし師実以降、藤原忠実の頃になると、現任公卿を大殿と称することはなく、前摂関職で家長的・惣領的存在の者のみを指すようになる。[15] したがって、師実の時代はちょうどその過渡期にあたり、どちらの用法であったかにわかに決め難い。もしこの時期に師実がすでに摂関職を引退して「大殿」と呼ばれていたとするなら、上記の会話の年代は師実が散位となった寛治八年（一〇九四）三月八日から俊綱の死没する七月十四日までの期間に限定されることになる。しかも彼の死没を伝える『中右記』の記事[16]には死の直前約数十日は病状がかなり進行したとあるから、上皇と会話を交わすことのできた期間は一層短く、三月八日からわずか二ヵ月程度の期間にしぼられる。しかし『今鏡』の成立を十二世紀半ばとする説が強いことからみて、説話集編纂時における「大殿」の語意がそのまま用いられたことも推定される。それゆえ本書では、先述のように会話の年代にやや幅を持たせることとし、寛治六年（一〇九二）から寛治八年（一〇九四）の約二～三年間とみておきたい。[17]

(2)　各庭園の事例検討

石田殿[18]に関する考察はすでに第二節で完了しているので、ここではそれ以外の高陽院、伏見亭、平等院、鳥羽殿の各庭園に関する検討を行う。ただし、伏見亭については第Ⅱ章第一節、平等院については第Ⅱ章第四節でもそれぞれ詳述しているので、併せて参照されたい。

①　高　陽　院

高陽院は九世紀前半、中御門南堀川東に南北二町にわたって存在した賀陽親王の邸宅を、十一世紀初頭に東に隣接する二町を含めた計四町を藤原頼通が入手し[19]、整備拡充したのが最初である。頼通は自らの邸宅として高陽院の造作にかなり手を入れたらしく、『御堂関白記』[20]寛仁三年（一〇一九）二月二日条に「摂政初大炊御門（高陽院）造作」とあるごとく、陣頭にたって工事を指揮したらしい。高陽院に関する事項はすでに諸先学に詳しい[21]～[23]。それらが明らかにするところの、各時期に存在した主要殿舎をまとめると表14のごとくになる。これをもとに、従来明らかにされている院の変転を庭園を中心としてまとめてみると表15のようになる。

表14　高陽院の各時期の主要建物

時期	年代	寝殿	小寝殿	東対	西対	北対	釣殿	泉殿	馬場殿
第Ⅰ期	寛仁3(1019)～長暦3(1039)	○		○(馬場殿)	○	○	○	○	○
第Ⅱ期	～天喜2(1054)	○	○	×	○		○		○
第Ⅲ期	～承暦4(1080)	内裏形式							
第Ⅳ期	～天永3(1112)	○	○(東・西)	○	△(西小寝殿)	○		○	○

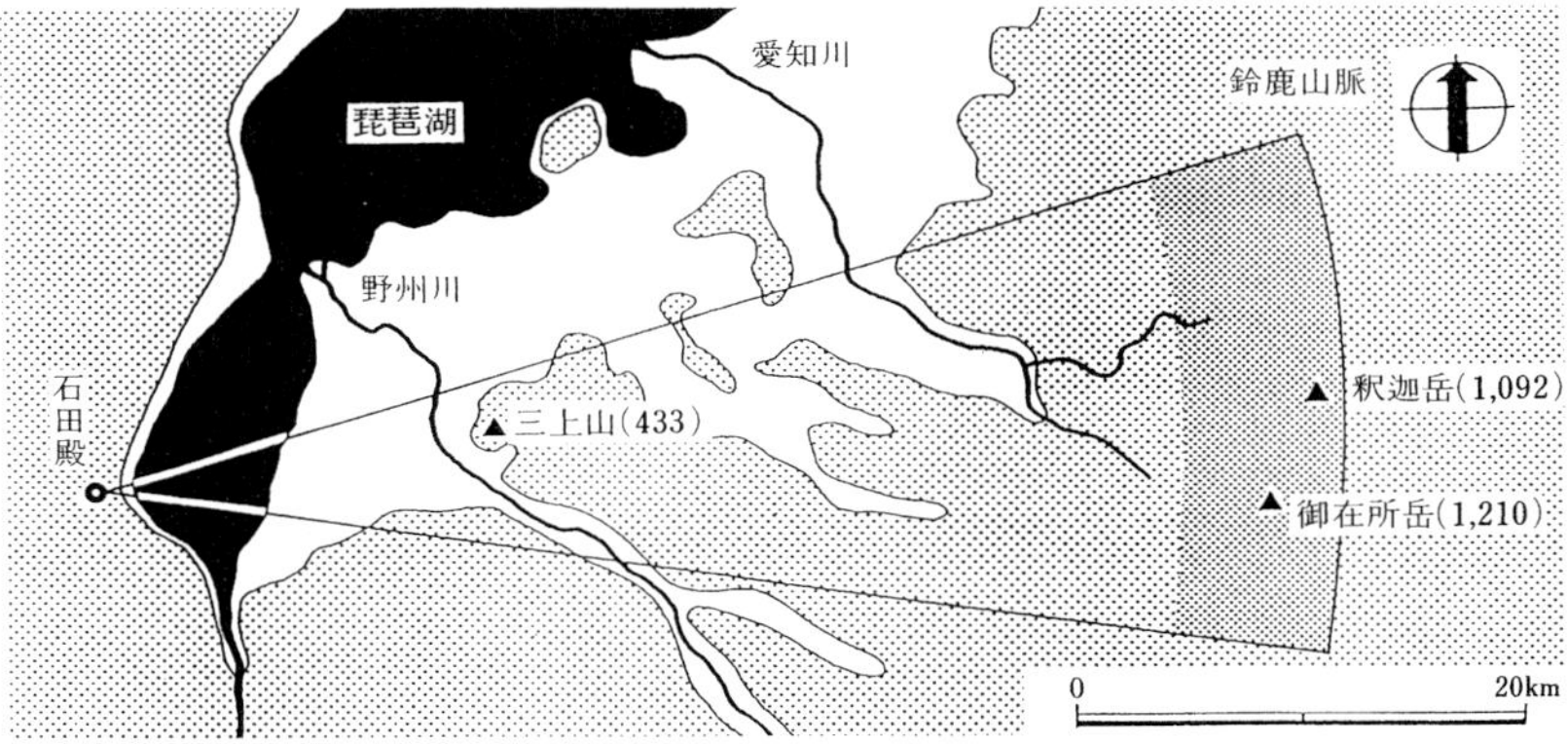

図101　石田殿推定地周辺地形模式図

〔第一期高陽院〕　第一期は、頼通が宅地を入手して造作を開始した寛仁三年（一〇一九）頃[20]から、最初の火災、すなわち比叡山の焼討ちにあって焼失する長暦三年（一〇三九）三月十六日[24]までである。この時期の高陽院の状況をつぶさに記すのが、万寿元年（一〇二四）九月高陽院において行われた競馬に関する『栄花物語[11]』の有名な「こまくらべの行幸」の描写である。

高陽院殿ゝ有様、この世のことゝ見えず。海竜王の家などこそ、四季は四方に見ゆれ。この殿はそれに劣らぬ様なり。例の人の家造などにも違ひたり。寝殿の北・南・西・東などには皆池あり。中島に釣殿たてさせ給へり。東の対をやがて馬場のおとゞにせさせ給て、その前に北南ざまに、馬場せさせ給へり。目も遥におもしろくめでたき事、心も及ばず、まねび尽すべくもあらず。おかしうおもしろしなどは、これをいふべきなりけりと見ゆ。絵などよりは、これは見所ありおもしろし。……こゝに百敷の東いくばくも去らざる程に、古より勝れたる所に、新しき花の甍を造り続け、玉の台を磨きなして、あやしき草木を掘り植へ、かどある巌石を立て並べて、山を畳み、池を湛へしめ給へるを御覧ぜさせむとて、……御門など例の門にはあらず、楼を造らせ給へるかし。……

海竜王経に記す海竜王の家になぞらえつつ、寝殿の四周を池がとり囲んでいることや、中島に釣殿を配している点、また東門が楼門であることなど、高陽院の建物、庭園のデザインが普通の寝殿造とはきわめて異質のものであったことが描写されている。引用文の中段以降の「こまくらべの行幸」の後宴に関する記述からは、高陽院の変化に富んだ地形をうかがい知ることができる。

同様の記事は、第一期高陽院が完成した直後の姿を伝える『小右記』[25]の記述にも見ることができる。

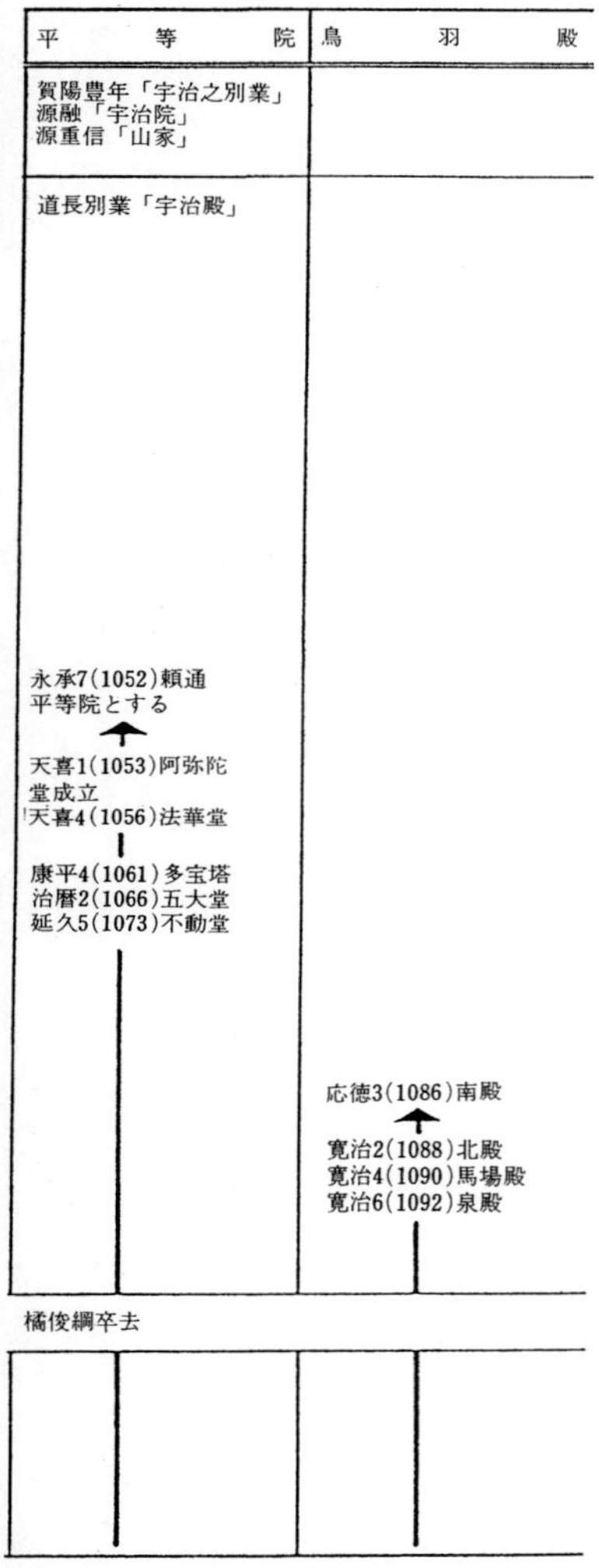

平　等　院	鳥　羽　殿
賀陽豊年「宇治之別業」 源融「宇治院」 源重信「山家」	
道長別業「宇治殿」	
永承7(1052)頼通 平等院とする	
天喜1(1053)阿弥陀 堂成立 天喜4(1056)法華堂	
康平4(1061)多宝塔 治暦2(1066)五大堂 延久5(1073)不動堂	
	応徳3(1086)南殿 寛治2(1088)北殿 寛治4(1090)馬場殿 寛治6(1092)泉殿
橘俊綱卒去	

表15　橘俊綱が選定した名園・居館の造営年代表

西暦	年号	天皇	石田殿	高陽院	伏見亭
それ以前				賀陽親王邸宅(9C)	
1000	長保 寛弘				
1010		一条 (1011) 三条			
	長和 寛仁			寛仁3(1019) 藤原道長入手	
1020	治安 万寿 長元	後一条 (1036)		第I期	
1030	長暦 長久	後朱雀		長暦3(1039)焼失	
1040	寛徳 永承	(1045)	この頃，藤原泰憲から覚円に譲渡か？	第II期	
1050	天喜 康平	後冷泉		天喜2(1054)焼失	
1060	治暦 延久	(1068) 後三条		第III期	治暦・延久年間(1065～1073)成立か？
1070	承保 承暦	(1072) 白河		承暦4(1068)焼失	
1080	永保 応徳 寛治	(1086)		寛治3(1089)師実再建開始	
1090		堀河 (白河)		第IV期	寛治7(1093)焼失
			寛治8(1094)7月14日		
1100	嘉保 永長 承徳 康和 嘉承	(1107) 鳥羽			

参高陽院、上達部多会、営造之由、作山立石公（云々カ）、高大荘麗無可比類、……令成五六尺立石、令植樹木云々、……

これは治安元年（一〇二一）九月二十九日に、息男資平の高陽院訪問に関する報告を受けて、藤原実資が自らの日記『小右記』(25)にしたためた一文であるが、庭園には「高大荘麗無可比類」であるほどの築山と立石が築かれ、とりわけ後者は高さ五～六尺にもおよんだという。

さらに、長元八年（一〇三五）五月十六日に行われた歌合の内容について記した『賀陽院水閣歌合』(26)には次のように記し、絢爛さがうかがえる。

……三位中将当日追為左方念人。文殿幷水閣南廊為左右宿所。当日早旦。東廂水閣。……先文殿南釣台下撫船二隻。……方念人宰相中将。……渡寝殿東階歴東対北階来臨。……鼓棹盪舟。自後池北歴寝殿東高階下潺湲参進。……池水湛然。遂不知方外也。人間也。亦不知崑岡歟。蓬瀛歟。縦観之者目不暫捨矣。或衣色照耀於簾中。或香気酷烈於檻外。斯乃優悠好耳目之娯也。棹影穿波着南洲。階下異草雑種。奇巌怪石。千名万形。……

文殿南の釣台から二隻の舟で出発した歌合の左方人たちは、寝殿北側の池から寝殿東方の遣水を下って南の池へ入り、中島南側の反橋辺りで下船して徒歩で水閣まで至っている。先の『栄花物語』(11)の記述のごとく、寝殿の四周を園池がとりまいていたことがここにも描かれており、船の往来が可能なほど大規模であったことが判明する。植栽樹種も「異草雑種」と記すほど豊富であり、そこここに配置された石組も「奇巌怪石。千名万形」とあって極めて優れていた。

このように地形の変化に富んでいたことは、長元四（一〇三一）～五年（一〇三二）に上東門院彰子の高陽院移徙に伴って、高陽院において行われた朝覲行幸の儀を伝える『左経記』(27)長元五年（一〇三二）正月三日条の次のような記

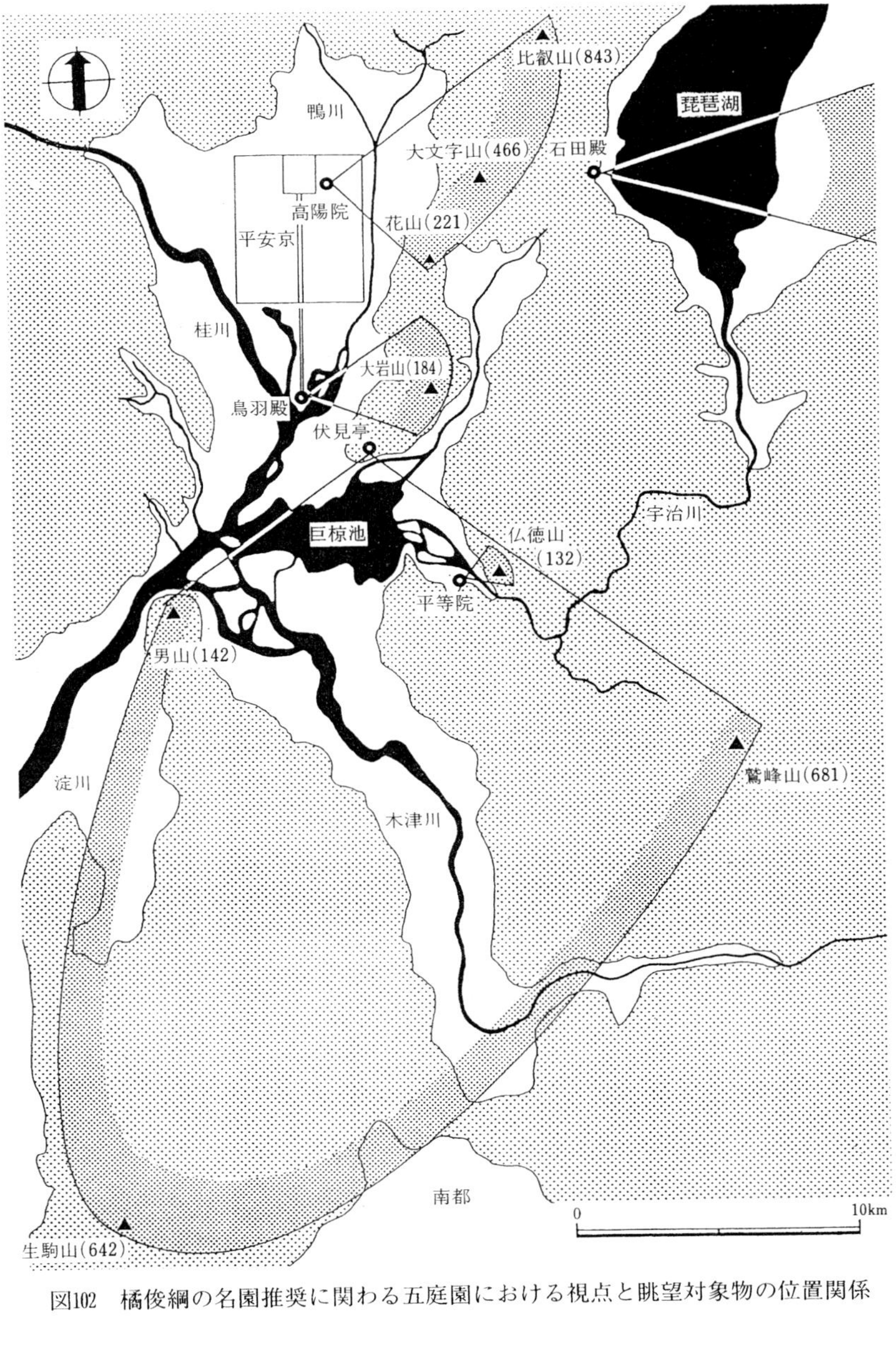

図102　橘俊綱の名園推奨に関わる五庭園における視点と眺望対象物の位置関係

述にも現われている。

……午時乗輿、経日華建春陽明等門、自大宮南行、自大炊御門東行、入自高陽院南門、経東山路、於東対前下御輿、御休所……

見られるように、後一条天皇の高陽院行幸のコースは、御輿が高陽院南門から邸内に入り、「東山路」を経て東対前面まで到着している。すなわち高陽院南門から東対に至る区間は築山の間をぬって「山路」となっていたことが知られる。これより以前、同記の万寿二年（一〇二五）正月二十日条の高陽院に関するものと思われる記述には「南山路」の文字が見え、南池の南側には池を掘りあげた残土を高く積んで築山が構築されていたことが想像される。

晴、午剋許参関白殿、以寝殿西□（放カ）出四間（戸カ）乎西対西廂等客亭、諸卿上官参会、……出御既経南山路、列西中門、渡南庭、応（鷹カ）飼取雉到立作所付雉、賜盃禄如常、了経東池上階去了、……

また『栄花物語』(11)（巻三四　歌合）によると、第一期高陽院の渡殿の下には滝が存在したことが明らかである。

院（上東門院）の高陽院殿に渡らせ給ておはします。殿の上に御対面などあり。殿ゝ御前は、いかならんけうらを尽しても御覧ぜさせむとおぼしめしたり。泉の上の渡殿に、四條中納言参り給へるに、出羽の弁対面したるに、殿、内より御火取持ちておはしまして、空薫物せさせ給て、添ひおはします。なかなかいとつゝましく、物聞え給も、うち出でにくゝ覚えけり。絵に書きたる心地す。その頃、伊予の中納言の君、滝の音をきゝて、

わきかへり岩間をわくる滝の糸の乱れて落つる音高き哉　　出羽の弁

とくれども沫にもあらぬ滝の糸を常に縒りても見まほしきかな

などはかなき事をいひつゝ、明し暮すもおかしくなんありける。

寝殿と東対とを結ぶ東渡殿は床の高い構造を持ち、その下を船の往来が可能であったから東渡殿の下に滝が存在し

たとは考えられない。上記の引用文の渡殿は寝殿と西対を連結する西渡殿で、この直下に滝が存在したものと考えられる。しかし西対と寝殿との間、あるいは寝殿、西対を境として北と南で大きな滝を生成するほど地形の高低差があるとは考えられないから、この滝はそれほど落差のある滝ではなく、西池と南池との間に岩が組まれ幾分せせらぎが生じた程度のものであっただろう。

いずれにしても、第一期の高陽院の庭園は築山・立石・水面・流れなど、きわめて地形の変化に富んでいたことが指摘できる。

〔第二期高陽院〕　第二期の高陽院の存続期間は、長暦三年（一〇三九）の罹災の直後に再び造作が開始され[28]、次の火災で焼失する天喜二年（一〇五四）正月八日[29]までの約十数年間である。この時期の庭園の状況を伝えるのが『栄花物語[11]』（巻三四　暮まつほし）の次のくだりである。

かくて十二月の一日、又一條院焼けぬ。……内は高陽院殿に渡らせ給ぬ。……高陽院殿に一の宮、殿、上もおはします。……一の宮は女院のおはします寝殿の東面、そなたの廊かけておはします。東の対はこの度はなくて、山河流れ、滝の水競ひ落ちたる程など、いみじうおかし。

この記事は、長久三年（一〇四二）に内裏、一条院里内裏が次々火災にみまわれたため、その翌年の長久四年（一〇四三）の末に後朱雀天皇が一時高陽院を里内裏としたときの記述である。ここにおいても築山を縫って流れる遣水があり、その途中に滝が存在したことを知る。おそらくこの滝は第一期の滝と同一のものであろう。この滝を見て詠んだ後朱雀天皇の和歌が『新古今和歌集[30]』に撰じられている。

上東門院、高陽院におはしましけるに、行幸侍りて、せきいれたるたきを御覧じて

たきつせに人のこゝろをみることは昔に今も変らざりけり

これに対してかなりの落差のある滝が存在したことを思わせるのは、天喜元年（一〇五三）八月二十日、後冷泉天皇の里内裏として使用された際の『栄花物語』[11]（巻三六　根あはせ）の次の記述である。

高陽院殿、有様、いとおもしろくをかし。西対を例の清涼殿にて、寝殿を南殿などにて、小寝殿とて又いとをかしくてさし並び、山はまことの奥山と見え、滝木暗き中より落ち、池の面遥に澄み渡り、左右の釣殿などなべてならずおかし。秋深くなるまゝに、紅葉の薄き濃きも錦を引けるやうなり。

内裏として使用するために既存の西対、寝殿をそれぞれ清涼殿、南殿に充てるほか、小寝殿を増築し、対面する築山には欝蒼と生い茂る樹間から滝が落とされていた。この滝は先述の西対と寝殿との間に存在したと思われる流れのような滝とは別のかなりの落差のあるものであったことが想定される。それほど築山も高かったことが推定できる。

また『春記』[31]長暦四年（一〇四〇）十月二十六日条には次のように記し、東山、南山以外にも西山が存在したことを知る。

早坐高陽院云々、……源大納言已下廻見前池□西山等。予相従池水東西。謂其広不賞（異カ）巨海歟、已非人家之体、十二月十三日可渡給云々、営造無極見、其然（壮カ）麗不啻金玉。次其費以千万可数、天下亡弊只□（在カ）此事歟、……

『春記』の著者藤原資房は、水面と築山が織りなす地形の変化を「営造無極見」と絶賛する反面、それが故に「非人家之体」とも批判している。

以上のように、第二期高陽院の庭園も新たなる滝や築山が登場し、第一期にも増して変化に富んだ地形を持っていたといえよう（図103[32]）。

〔**第三期高陽院**〕　第三期は第二期が焼失する天喜二年（一〇五四）[29]から承暦四年（一〇八〇）二月六日[12]までである。

この度の高陽院は最初から里内裏として造営され、建物も内裏に倣って配置形式が定められた。『栄花物語』[11]（巻三六根あはせ）には、次のように記す。

又一条院焼けにしかば、高陽院殿を内定に造らせ給て渡らせ給ぬ。

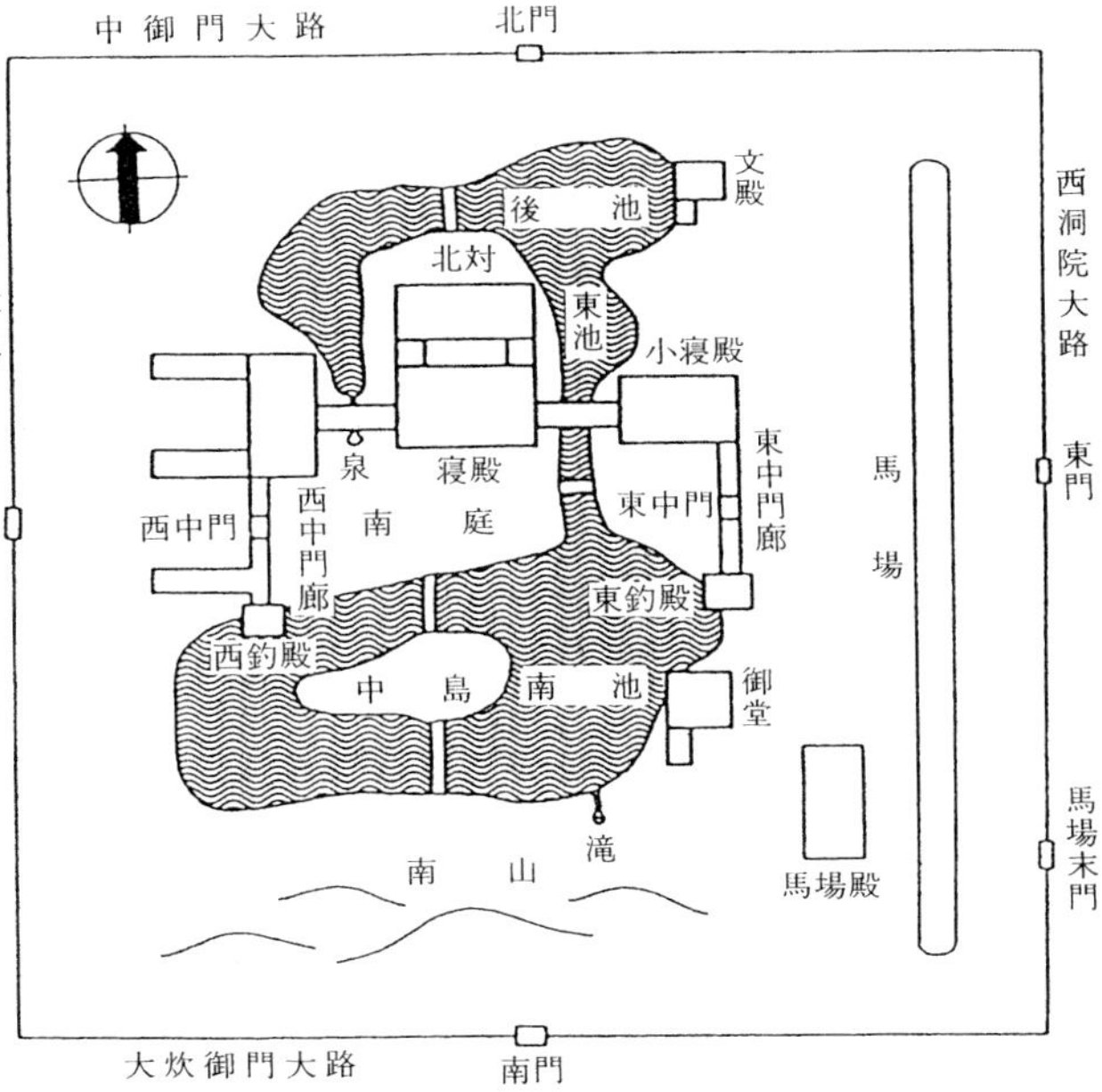

図103　高陽院（第二期）推定復原平面図[32]

これは後冷泉天皇が康平三年（一〇六〇）八月十一日に、焼失後新たに落成した高陽院に初めて移徙した時の記事である。「内定」の語句が示すように、当初から里内裏として内裏様に造られた。第三期の高陽院では建物こそ内裏を模して造作されたが、庭園は第二期をほぼ踏襲するものであったことが推定され、第二期に存在した二つの滝はそのまま第三期にも存続している。例えば『後拾遺和歌集』[33]（第一五）所収の後冷泉天皇の次のような和歌からそれを知ることができる。

賀陽院におはしましける時石たて滝落しなど志て御覧じける頃、九月十三夜になりければ

岩まより流るゝ水は早けれどうつれる月の影ぞのどけき

この滝は、寝殿に対面する築山から落ちていた

比較的落差のある滝であろう。

また、治暦三年（一〇六七）五月に行われた最勝御八講に関する『栄花物語』[11]（巻三七　けぶりの後）の記事には、湧き出る泉に関する描写が認められる。

五月最勝の御八講あるべしとあるに、女院も内（高陽院里内裏）におはします。……御前の泉の水涼しげなるに、御簾かけたり。撫子・花橘ゝど植へさせ給へり。月の入るを見て、中宮の女房、

出でまさる泉の水にならはなん入り方になる夏の夜の月

この泉はおそらく第二期のせせらぎの滝に関係しているのであろう。

〔第四期高陽院〕　第四期高陽院は、それまでのいずれの時期の高陽院もが藤原頼通の手になるものであったのに対し、その子の関白師実の指揮下のもとに造作が行われた。第四期は承暦四年（一〇八〇）二月六日に炎上し[12]、寛治三年（一〇八九）藤原師実によって再建が開始されてから[34]、天永三年（一一一二）五月十三日に失火によって焼失する[35]までの約二三年間である。本章の冒頭で触れた白河上皇と橘俊綱との会話に登場した高陽院は、この第四期高陽院に相当する。

第四期の庭園も基本的に第二期、第三期を踏襲するが、師実は庭園の部分的な改修を企てている。師実の嫡男師通の日記である『後二条師通記』寛治六年（一〇九二）七月二十一日条には、七月十日に高陽院に移動した師実が競馬を行ったことを記し、これに先立つ同記同年六月二日条には次のようにあって、東対付近の遣水に石を補充するなどの改修工事を行っていることが判明する。

東方流水石立之間、一日廻神無憚之由、道時（言）朝臣所申也、可奉勘文、至道時六七月間候憚之由也、召家栄、可被仰吉日勘文云々

この遺水には「虹橋」が架かっていたことが同書寛治六年（一〇九二）七月二十四日条(36)、あるいは寛治七年（一〇九三）正月一日(37)、四月二十七日(38)、七月七日条(39)などに散見される。このうちとりわけ寛治七年（一〇九三）正月一日条(37)には虹橋からの眺望に関する興味深い記述がある。

六条院渡虹橋上、優美不少、高陽院池上、水面澄如鏡鑑、寄眸照曜、眺望無極。

図104　発掘調査で明らかとなった高陽院の園池遺構（調査：京都市埋蔵文化財研究所，1981）

文中の「眺望」が邸内の景観に対する眺望であるのか、あるいは庭園と邸宅外の風景をも対象とする「眺望」であるのか、明確には決し難い。前者である可能性も大きいのだが、また後者を否定することもできない。もし後者であるとするなら、どちらの方角に対する眺望景観であっただろうか。先ず寝殿が南面し馬場殿が東面しているから、北の方向への眺望ではなかったであろう。寛治七年（一〇九三）二月二十二日の時点では西対（西小寝殿）など、寝殿西方の殿舎群の建設が未着手のままで(40)、寝殿、東対、馬場殿など敷地の中央から東半部にのみ建物が建設されていたことが推定される。したがって、高陽院の邸宅内から邸宅外の風景を眺望できるとすれば、邸宅内の建物が比較的希薄だと推定される西の方向への眺望であった可能性がある。しかしながら高陽院は平安宮東方の平安宮にほど近いところに位置しているため、高陽院西方の眺望は平安宮の殿舎群が視線を阻害して不可能に近かったものと推定される。これに対して東方は比叡山をはじめとする東山連峰が西方の愛宕山などの西山連峰に比して至近距離に存在するため視線の仰角が大で、馬場殿や東対東面からは眺望が比較的容易となる（図102・103）。寝殿南面からも邸宅内の東半部に存在する建物がどの程度視界をさえぎるのか不明だが、あるいは重畳する殿舎群の屋根の間から東山を垣間見ることも可能であったかも知れない。

同様の記述は『後二條師通記』寛治六年（一〇九二）九月六日条にも見ることができる。

晴、参高陽院、入自北門、諸大夫等下劣人満居庭中南北、面白眺望無極、……

この記事からは、師通が通用門である北門から高陽院に入った後どこに到着したのかが不明だが、おそらく寝殿南面から南庭に列する諸大夫等に対面したときの記述で、その状況を「面白」く「眺望」していることがうかがえる。この「眺望」も果して邸宅外の景観をも含めたものであるかどうかは疑わしいが、注意を要する記事ではある。

この後、橘俊綱が亡くなった直後の承徳元年（一〇九七）八月には、台風によって完成間もない西対が倒壊するなどの大きな被害を受け(41)、西対の再建に際しては里内裏とするためか白河法皇の命によって計画変更を行い、西対が小寝殿に改められた(42)。新造なった里内裏高陽院の状況は『中右記(43)』承徳元年（一〇九七）十月十七日条が次のように伝える。

今日依吉日与四位少将同車参内、見新造御所高陽院体、寝殿之西又新立小寝殿為中殿、其儀如清涼殿、……凡勝地幽奇、風流勝絶、池水湛千秋之色、山形伝万歳之声、是非啻累葉之槐門、兼又伝四代之皇居也、

第一～三期に劣らず、第四期の庭園も秀逸を極めたことを知る。とりわけ築山は「伝万歳之声」ほどの立派なつくりで、地形の妙はこの時期においても優れていた。第四期には新たなる遣水の造成や改修があるものの、以前の水脈が変化したことや第三期の地形を大きく改変したと思われる記録はないから、おそらく第三期の二つの滝もそのまま

存続したのであろう。

以上のように、十一世紀の高陽院はいずれの改作においても地形の変化に富んでおり、橘俊綱の推奨する庭園としてふさわしいものであったといえる。

② 伏 見 亭

伏見亭の概要については、すでに第Ⅱ章第一節で明らかにした。ここでは前掲記述において触れなかった史料をもとに、とりわけ伏見亭の位置について記す。

伏見の大亀谷笹谷町は正円寺に伝わるとされる『伏見山寺宮近迴地図大概』[44]なる一枚の絵図が存在する（図105）。この絵図は、南は巨椋神社から北は稲荷社まで、東は醍醐の山並から宇治平等院、西は深草宮までの範囲を描いており、奥書には次のようにあって文安二年（一四四五）四月に北尾村郷士である石川清重なる人物が光厳院の塔頭から拝借して書写したものだという。

伏見山柏原神明社旧別当　大亀谷笹谷町正円寺所蔵古図写

此伏見山近迴之名□地図者光厳院之塔頭大□院良元禅師之所蔵也則拝借而令写云

文安二年乙丑四月中旬

北尾村郷士　石川清重（花押）

この写本は、その後天正二年（一五七四）戊□月に浄安寺に写本が伝わり、さらに浄安寺のものを写して正円寺所蔵としたのが正徳三年（一七一三）であった。その後明治四十三年（一九一〇）、大正六年（一九一七）十一月一日、大正十四年（一九二五）一月十六日に、それぞれ写して修繕したものが最終的に現在に伝わったものと思われる。絵図の変転が著しいため描かれている内容の年代特定や真偽の程は疑わしいが、十五世紀以前の伏見周辺の状況をある程

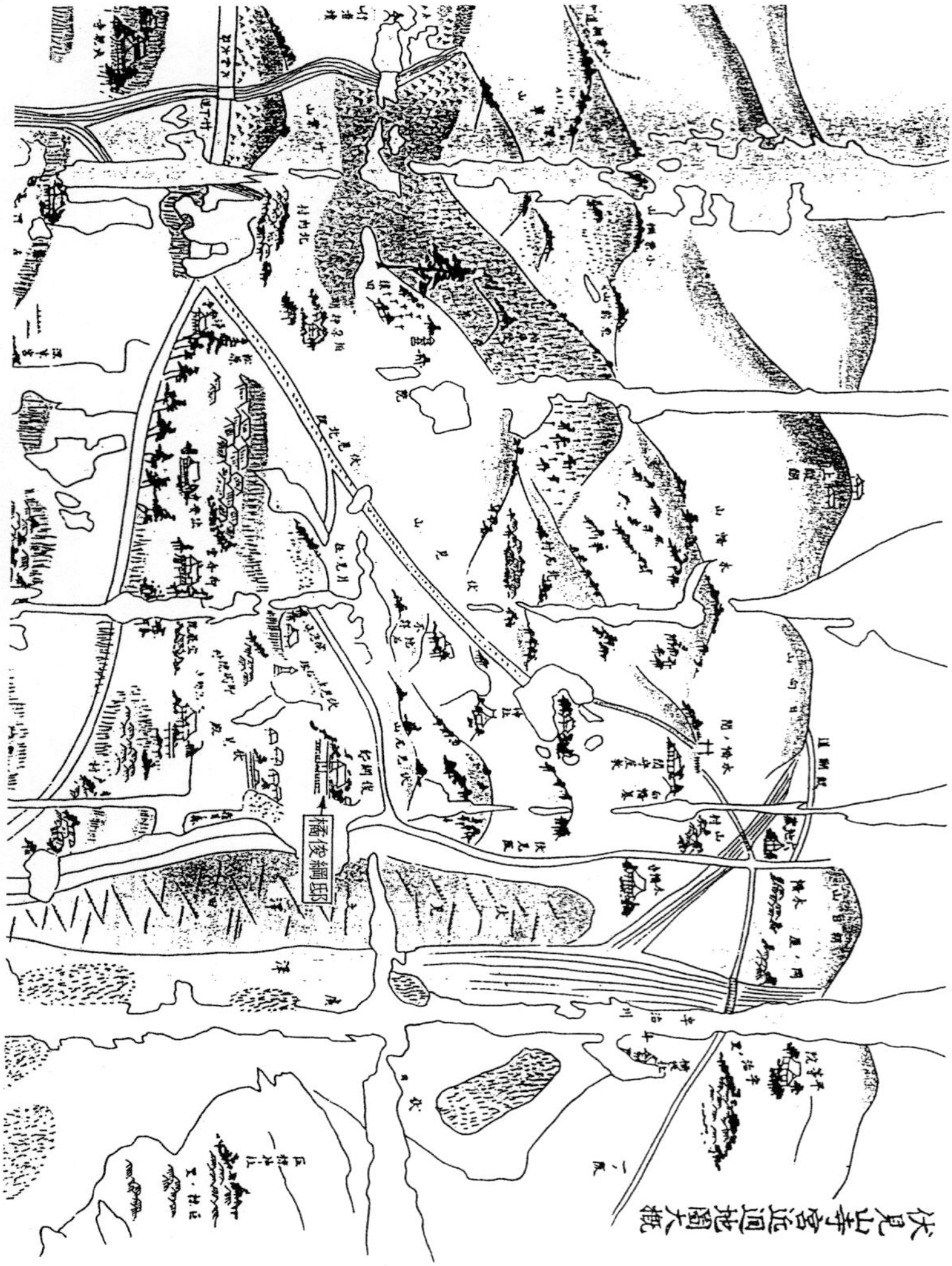

図105　伏見山寺宮近迴地図大概（部分）(44)

度推定することのできる貴重な史料ではある。

この絵図の中に俊綱の伏見亭が記されており、宇治川、巨椋池の北岸、指月の森の東北方、即成院村の東方に位置することがわかる。即成院村はおそらく俊綱の菩提寺即成院に由来する集落名と思われ、『雍州府志』[45]（五）には次のように記す。

即成院　在伏見始号光明山……始修理太夫橘俊綱山荘在伏見城山之南豊後橋辺、其地向南山水在目前、且其地形自有高低雪朝特添奇観、俊綱常以是誇人死後山荘為寺号即成院、……

いまこれらの位置を現状の地形図で追ってみると、俊綱の伏見亭は宇治川に南面する伏見山の南麓に存在したものと推定できる。『雍州府志』[45]の「豊後橋」は現在の観月橋にあたり、これより東方の宇治川右岸は比高約一五メートルの崖地形になっており、鬱蒼とした樹林に覆われている。このあたりは先の絵図によると「指月の森」のあたりである。『雍州府志』[45]（一）には「指月　在豊後橋東城山上」と記し、『山州名跡志』[46]巻一三には次のように記す。

指月　地名　云橋北至東二町余内、此地景色アリ。東南西ニ渺々タル流アリ。巽ニ巨椋入江。東ニ伏見沢アリ。爾バ便愛月ニ無双ノ景色也。故ニ此名ヲナス地ニ在月橋院。此院ノ後丘ノ上。北方二町許ニ通東西街アリ。是ヲ号立売秀吉公在城時所開也。指月ハ此街南東西三町許惣名也。

この樹林帯の東側には南北に走る小谷地形が存在し、俊綱の伏見亭はこの谷地形東方の丘陵上に比定することができる（図106）。この地点からは眼下に宇治の川浪と、絵図に記された「宇治の湿田」、およびその先には広大な巨椋池の水面をはるかに望むことが可能である。また水面のさらに南は、山城盆地を経て奈良山、生駒山系をも眺望することができる（図102・107）。この伏見亭比定地における「地形」の高低差と、そこから一八〇度に展開する「眺望」とは、とりもなおさず伏見亭を推奨した俊綱の自負心の裏付けとなるであろう。

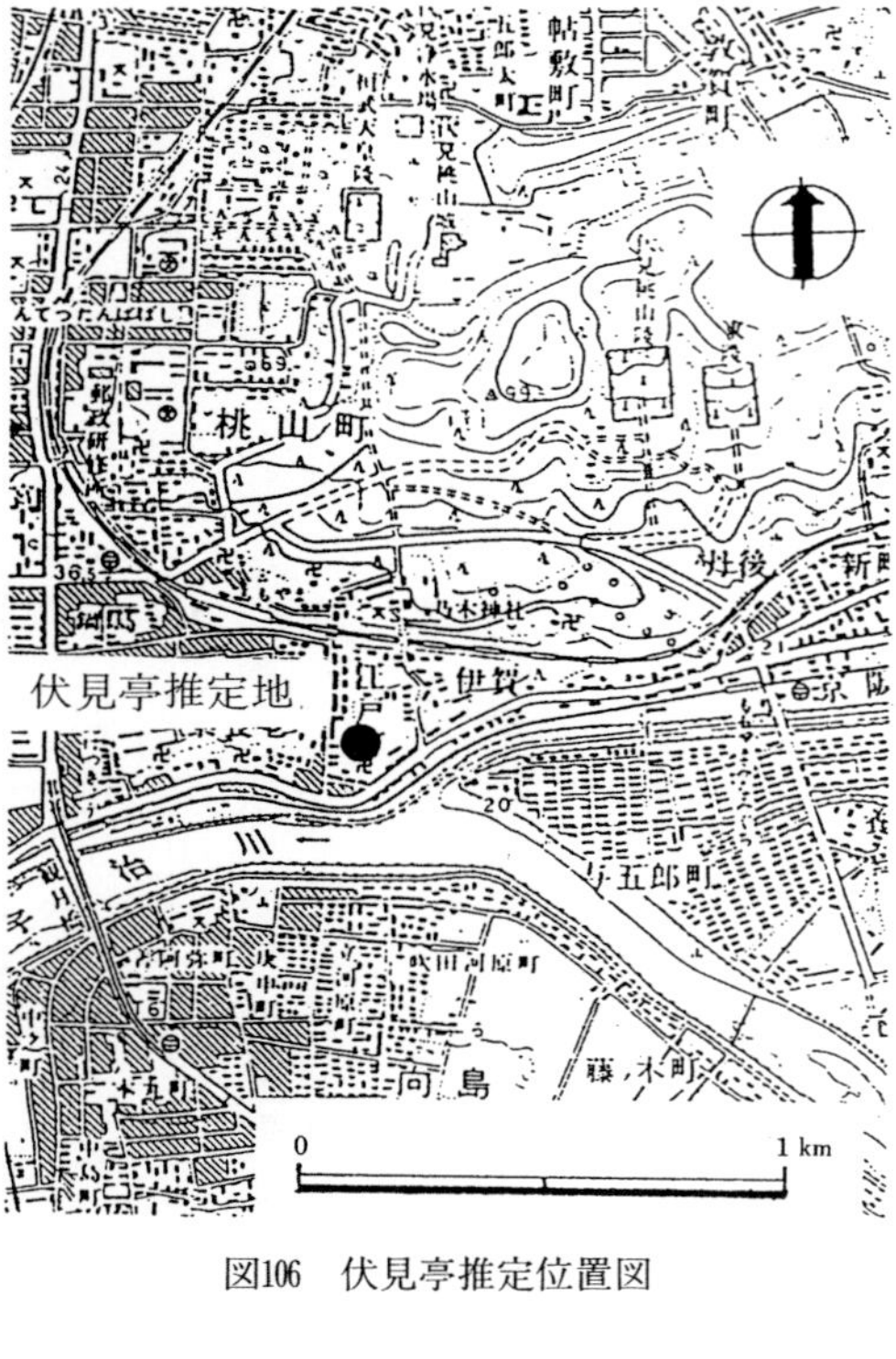

図106　伏見亭推定位置図

図107　伏見亭推定地からの現状眺望景観（東南方向を望む）

③　平等院

平等院は、長徳・長保年間（九九五〜一〇〇三）以来藤原道長の別業であった「宇治殿」を、道長没後の永承七年（一〇五二）、頼通が喜捨して仏寺としたことに端を発する。(47) 寺院内には、多くの堂舎の存在したことが判明するが、それらは永承七年の時点ですべて存在したわけではなく、ある時間を経て順次増築されて行ったものである。本堂は永承七年に造営されるが、(48)「鳳凰堂」の別称で知られる阿弥陀堂は天喜元年（一〇五三）三月、(49) 法華堂は天喜四年（一〇五六）十月、(50) 多宝塔は康平四年（一〇六一）十月、(51) 五大堂は治暦二年（一〇六六）十月、(52) そして不動堂は延久五年（一〇七三）(53)に、それぞれ付加建造されていった。これらの諸堂舎の位置についてはすでに詳しい研究(54)(55)があり、これを推定図示したものが図108である。宇治川の左岸に位置し、宇治川の旧河床とでもいうべき池と、これに東面する阿弥陀堂を中心とする寺域である。平等院の寺域内と、寺をとりまく地形環境を具体的に示す記事は『扶桑略記』や『為房卿記』、あるいは『後二条師通記』などの中に散見される。

『扶桑略記』治暦三年（一〇六七）年十月五日条の記事は以下のごとくである。

天皇車駕幸臨宇治平等院。宸儀渡御兎道橋之間。伶人棹華船。泝河上。凡仁祠之荘厳。事絶于曩篇。入御之後。即駕腰輿。奉礼阿弥陀堂。池上架錦繡仮屋。又池中有竜頭鷁首船。奉童楽訖。渡御経蔵。御覧仏具。還御之後供御膳。以金銀珠玉儲之。事之希有。殊催叡感。翌日雨下。乗輿停蹕。風流地勢殊可賞翫。

この記事は後冷泉天皇が平等院に御幸した時の記事であるが、見られるように宇治川から船で平等院内に入った後、御輿によって阿弥陀堂前面の池上に設営された仮屋に至り、そこから阿弥陀堂の奉礼を行ったことが判明する。池には竜頭鷁首の船が浮かべられ、「風流地勢殊可賞翫」と記すごとく、人為的な演出効果と自然の地形とが織りなす妙は賞翫に値すべきものであったらしい。なお平等院の庭園景観に関しては第四節においても詳述する。

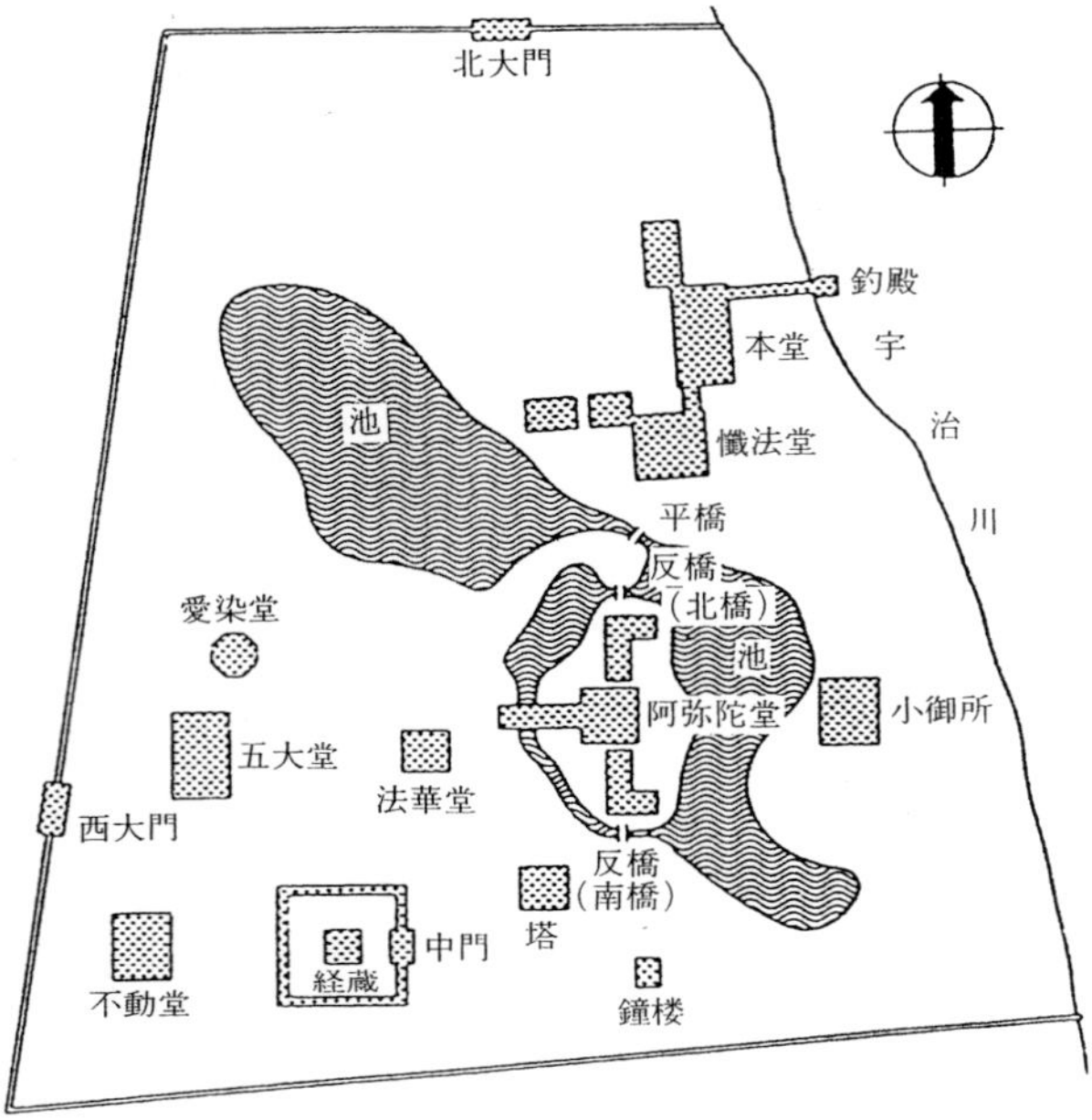

図108　宇治平等院推定伽藍配置図(55)

図109　宇治平等院阿弥陀堂前からの現状東方眺望景観

同じ行幸に関する記事は、『今鏡』（「すべらぎの上」金のみのり）にも見られる。ただし『今鏡』では天皇の行幸を治暦三年（一〇六七）十月十五日のことと記す。

> 三年十月十五日には宇治の平等院にみゆきありて。おほきをとゞ（頼通）二三年かれにのみをはしまし、かば。わざとみゆき侍て。見たてまつらせ給とぞうけ給りし。うちはしのはるかなるに。船よりがく人まいりむかひて。宇治川に船うかべてこぎのぼり侍りけるほど。からくにもかくやとぞ見えけると人はかたり侍りし。みだうのありさま。かはのうえに錦のかりやつくりて。いけのうえにも。からふねにふゑのねさまざましらべて。御まへの物などは。金銀いろいろのたまどもをなんつらぬきかざられたりける。

治暦年間には頼通は宇治へひき籠りがちで、これを見舞った後冷泉天皇は宇治川沿いに船で平等院に到着したことが想像され、これを楽人等の船が歓待したという。宇治川や池の上には仮屋が架けてあり、ここから阿弥陀堂に対面したことがわかる。すなわち宇治川左岸では川の水面上から直接阿弥陀堂を望むことが可能であったことが想像され、現在の堤防はさらに低かったものと推定される(56)。

また『為房卿記』(57)寛治元年（一〇八七）五月十六日条には、宇治に到着していったん泉殿に入り、御堂すなわち阿弥陀堂から寺域の北側に存在した富家殿へと至るコースをとっている。

> 参宇治、殿下御泉殿、次令渡御堂給、被開経蔵、……次巡礼諸堂、次自御船渡御富家殿、臨昏御帰洛、

この記事は寺域内の宇治川岸から直接乗船して北上したことを想像させるから、前記の『今鏡』の記述と同様に、現在宇治川左岸に存在する高い堤防が当時はさほど比高のなかったことを思わせる。この時期にはすでに頼通は亡く、宇治はもっぱら頼通の男師実とその一男師通が利用していたが、師通の日記『後二條師通記』(58)寛治七年（一〇九三）二月二日条には次のような興味深い記述が認められる。

平等院眺望無彊。寺中神妙極云々……

この一文からは、寺域の神妙さに加えて眺望に極めて優れていたことが判明する。もっとも、この眺望がいずれの方向に対する眺望であるのかは判然としないが、阿弥陀堂から宇治川を越えて対岸の朝日山（仏徳山）などの山脈に対する眺望、と理解するのが自然であろう。この推定が可能とすれば、前記の『為房卿記』の記述からうかがい知れるように、宇治川左岸の堤防は現在よりもかなり低く、寺域から朝日山に対する眺望は現在以上に広々としたものであったに違いない（図109・110）。

また寺域内の変化に富んだ地形がわかる史料として、やや時代が下がるが『中右記』長承元年（一一三二）九月二十四日条[59]や『兵範記』仁平三年（一一五三）三月三日条[60]の記事を挙げることができる。

今日院有御幸宇治平等院、……巳時白河御所出御、経大炊御門東洞院六条万里小路九条、……関白冠直衣御車、……入御北大（門）内、寄御車於本堂廊北階、仏前中央間東庇敷高麗一枚供茵、為御座、御覧本堂并懺法堂、寄御車於懺法堂東階、経池辺、寄御車於阿弥陀堂西廊御覧、兼儲御座如初、経本路寄御車於小御所南御覧、次経野路御覧花園、乍御車覧之、次舞台北、寄御車於経蔵、前門敷筵道、……数刻御覧、寄御車於桟敷、廊為御所、……」（『中右記』長承元年（一一三二）九月二十四日条）

天晴、鶏鳴入道殿還御宇治、直着御平等院、依一切経会也、下官依催追参上、禅定自今朝御坐本堂御所也、……午刻、移御桟敷、透御輦、……其道添池辺、経阿弥陀堂北廊北、自山路経円堂南五大堂後、依不可経堂前、不令直行給也、……（『兵範記』仁平三年（一一五三）三月三日条）

これらの記述によると、長承年間から仁平年間にかけては東小御所の南側、経蔵に至る区間は花園の間を縫って「野路」になっていたことや、阿弥陀堂の西側から南側にかけては「山路」になっていたこと、等が判明する。本堂

図110　宇治平等院東の宇治河畔からの現状眺望景観（東南方向を望む）

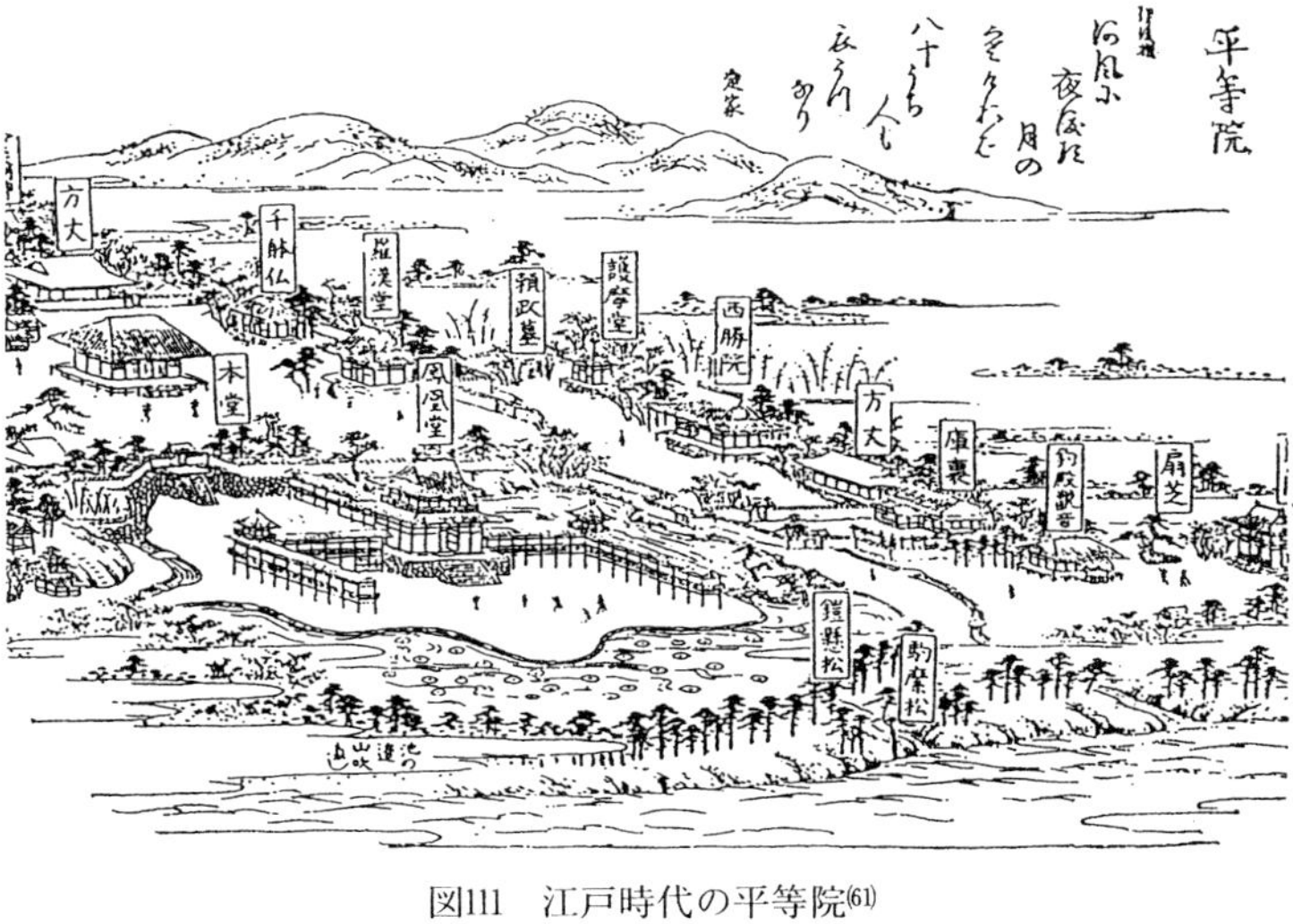

図111　江戸時代の平等院(61)

は永承七年（一〇五二）、五大堂は治暦二年（一〇六六）の建造になるから、これ以後仁平年間までの間に寺域内の大規模な地形の改変があったとは考え難い。それゆえ「野路」「山路」は、俊綱と白河上皇との間に問題の会話が交わされた寛治年間の後半期（一〇九二〜一〇九四）においても既に存在していたものと考えて大過あるまい。江戸時代の『都名所図会』(61)には阿弥陀堂の西側にかなり比高のある石積擁壁が描かれており（図111）、『兵範記』に示す「山路」の名残であろうと思われる。この地形の高低差は、現在でも認めることができる。この山地形の頂部からは、阿弥陀堂前面における眺望よりも、さらにひろびろとした宇治川ならびに対岸の朝日山（仏徳山）の眺望が得られたことと思われる。

以上のように平等院では、阿弥陀堂前面から宇治川を越えて対岸の朝日山を広々と眺望することが行われると同時に（図102）、池をはさんで阿弥陀堂の対岸から西方浄土を眼近に眺望するという、互いに正反対の方向に作用する二つの視線が想定されるのである。俊綱が指摘した「地形」「眺望」とは、平等院庭園において見る限り、上記の二方向の眺望を指すとともに、眺望を確保し、眺望の効果を高める庭園内の地形の高低差をも含むものであるといえる。

④　鳥　羽　殿

冒頭に述べた会話が交わされたのは、鳥羽殿が建設されて間もない頃であった。応徳三年（一〇八六）に、まず南殿が造営なった。その後寛治二年（一〇八八）に北殿(62)、寛治四年（一〇九〇）に馬場殿(63)、寛治六年（一〇九二）に泉殿(64)などの殿舎が次々と建設されて、多くの御堂が建ち並んで行った。その造営当初の記事は『扶桑略記』応徳三年（一〇八六）十月二十日条に見ることができる。

公家近来九条以南鳥羽山荘新建後院。凡ト百余町焉。近習卿相侍臣地下雑人等。各賜家地。営造舎屋。宛如都遷。……堀池築山。自去七月。至于今月。其功未了。……池広南北八町。東西六町。水深八尺有余。殆近九重之淵。

或摸於蒼海作嶋。或写於蓬山畳巌。泛船飛帆。煙浪渺々。飄棹下碇。池水湛々。風流之美不可勝計。

南北八町、東西六町という広大な池沼は鴨川、淀川によって形成された氾濫原と遊水池であり、これを庭園としてとりこむ、まさに自然の景勝地の中に一体的に造営された離宮であった。『栄花物語』（巻第四〇　紫野）[11]は、造営当初の姿を「九条のあなたに、鳥羽といふ所に、池、山広うおもしろう造らせ給は、……」と伝える。『中右記』[65]、『後二条師通記』[66]は、ともに寛治二年（一〇八八）三月九〜十日に石清水行幸の後、鳥羽行幸があったことを記し、この時の模様を同じ『栄花物語』（巻第四〇　紫野）[11]は「八幡行幸つごもり方にありて、帰さにかの鳥羽院におはしまさせ給。十余丁を籠めて造らせ給。十丁ばかりは池にて、遥ばると四方の海のけしきにて、御船浮べなどしたる、いとめでたし。……」と伝える。全面積「十余丁」のうち「十丁ばかり」が池であったというから、ほぼ七割が自然の水面で占められ、四方はさながら海のような水面景観を呈していたことがわかる。しかし、いずれの文献にも優れた眺望に関する記述は認められない。

ところで鳥羽殿の発掘調査は一九六二年から継続的に行われ、上記の殿舎配置や池の範囲、および建物の特殊な基礎構造、庭園のデザイン、構築技法に関する新しい知見が得られつつある[67]。図112は判明した遺構から地形の平面を模式的に示したものだが[68]、鳥羽作道の東に広がる鴨川に面して西南岸に南殿、西北岸に北殿、中島に馬場殿、東北岸に東殿（泉殿）と、大きく四つのブロックに分けて建物群が配置されていたことが推定される。池の汀線は、いずこも礫を敷きつめた州浜に大きな景石を配置しているから、自然の川岸を利用しながらも建物に面する部分のみ庭園的な意匠を施したものとみられる（図113）。これらの建物群のうち北殿、泉殿は建物遺構を検出していないので不明であるが、南殿に関しては寝殿、小寝殿、証金剛院御堂と、これらを連結する廊を検出している。寛治年間後半期（一〇九二〜一〇九四）の南殿には証金剛院は未だ建造されていなかったから、かかる年代の建物は寝殿と小寝殿というこ

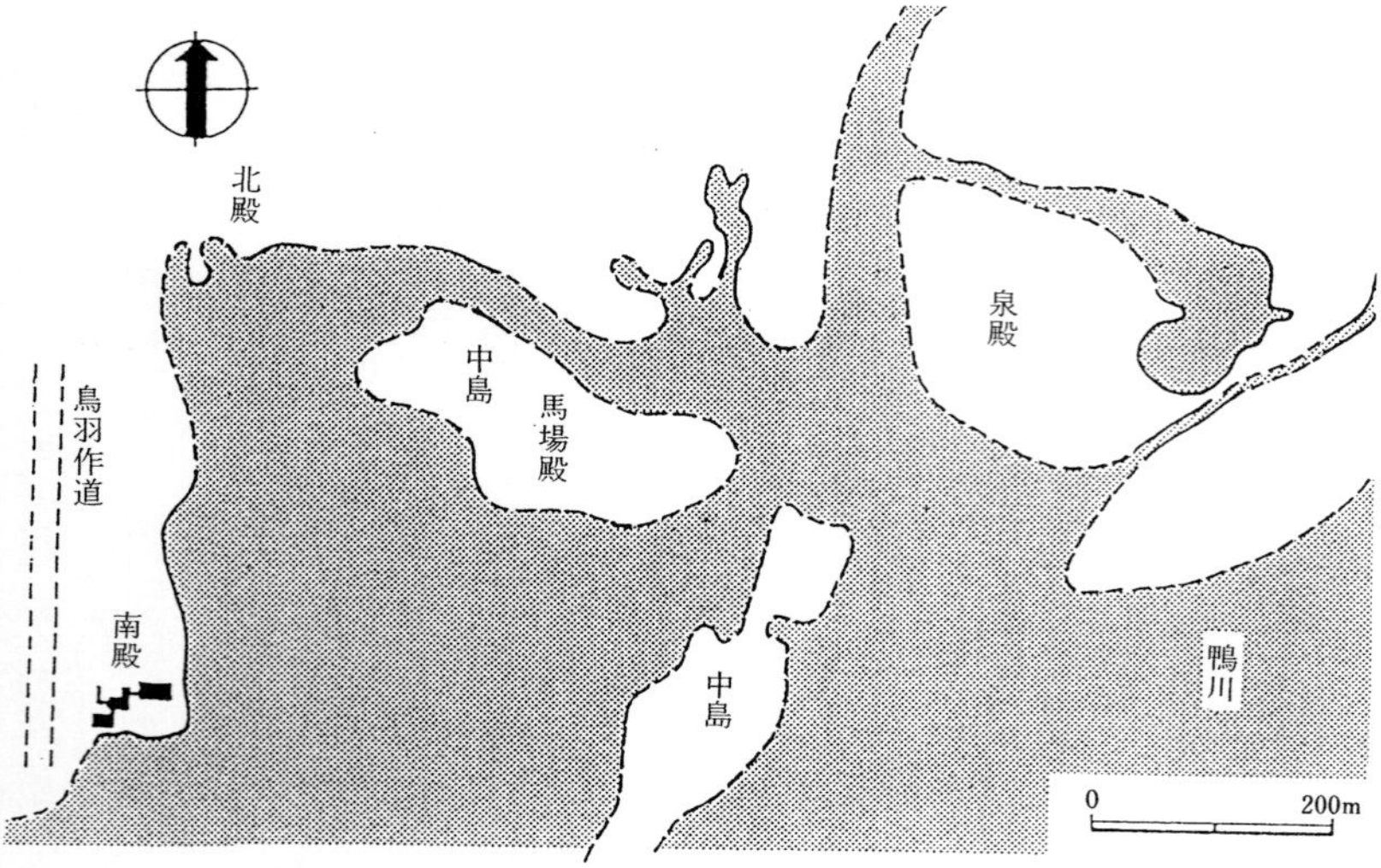

図112　発掘調査で明らかとなった鳥羽殿の園池と建物(67)

図113　鳥羽殿庭園遺構（調査：京都市埋蔵文化財研究所，1981）

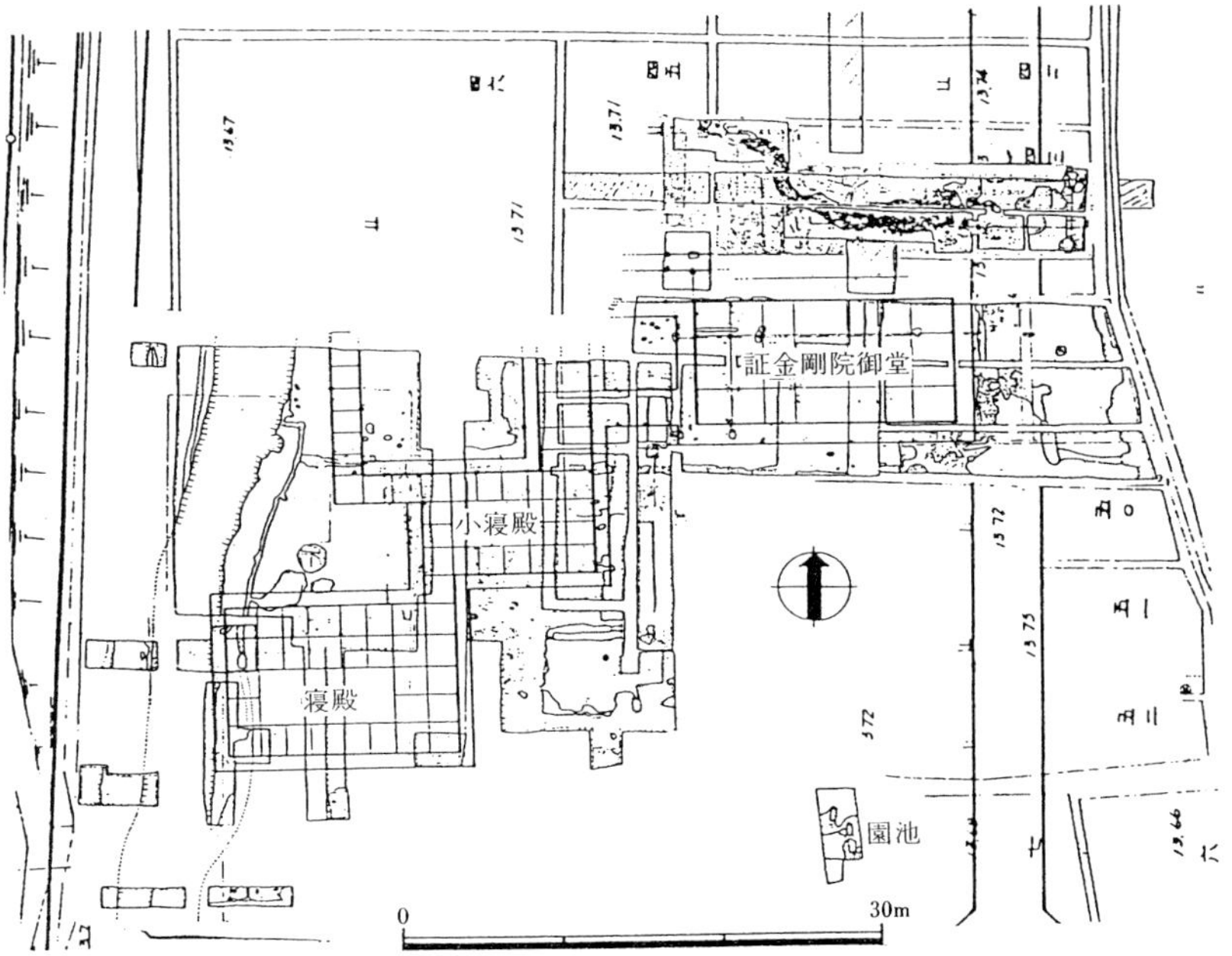

図114　鳥羽殿南殿遺構平面模式図(67)

とになる。前者は五×二間の母屋の四面に庇、東面と北面に孫庇が付く立派な東西棟で、後者はそれよりもやや小さい三×二間の母屋の四面に庇、東面に孫庇が付く東西棟である（図114・115）。いずれの建物も南面および東面しており、この二つの建物からは東南方向に水面を越えて遥かな眺望が可能であったはずである。しかし南殿は鴨川の水面に接しており、かなりの低所に位置している。また図102（一七五頁）からもわかるように、南の方向には眺望するべき山脈が適当な位置に存在せず、東の方向に位置する伏見山（大岩山）もそれほど標高のない丘陵である。したがって南殿からの眺望は、近景の水面と遠景の山脈とを、互いに平面と立面というコントラストのある景観として広々と見渡すような「眺望」ではなかったことがわかる（図116）。

以上のように、鳥羽殿は自然の沼沢地を利用

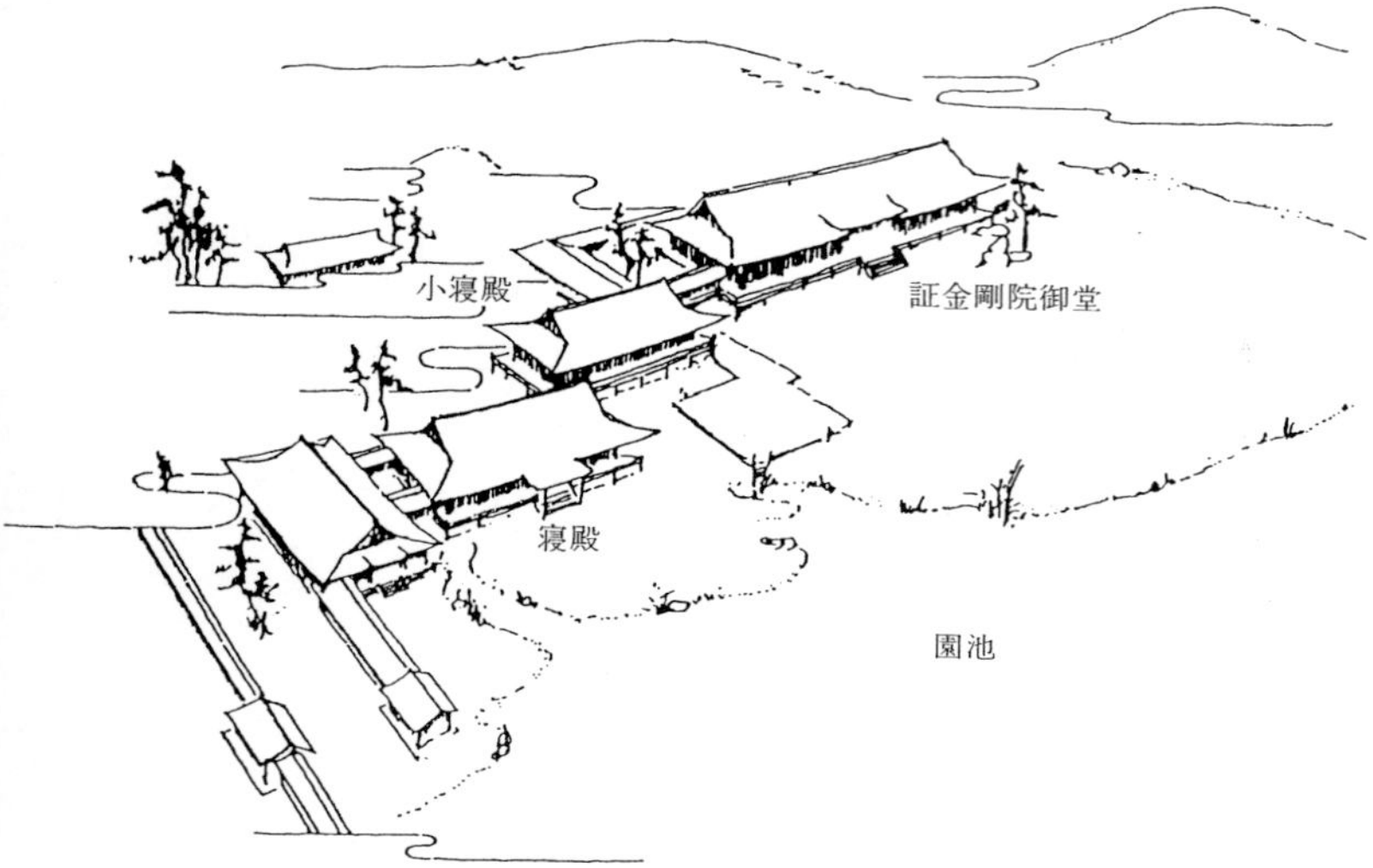

図115　鳥羽殿南殿推定復原鳥瞰図(67)

図116　鳥羽殿からの現状東方眺望景観

した構想雄大な庭園を具有していたにもかかわらず、眺望の視点となる建物の位置が低いうえに、眺望の対象もさほど標高の高い山脈ではないため、眺望景観はやや平面的なものにならざるを得なかったものと思われる。そこに俊綱があえて退けた根拠を見いだすことができるであろう。

(3) 各庭園の比較検討

(2)で明らかにした各庭園の比定地をもとに、各事例における視点と眺望対象物との位置関係をまとめたものが図102（一七五頁）と表16である。この図および表によれば、五者のうち高陽院以外のいずれの庭園も、自然に形成された水面とその後方に存在する山並とを主たる眺望対象としていることが共通点として指摘できる。以下にこの表をもとに、五庭園の比較検討を試みる。

まず、水面の大きさおよび視点と自然水面との位置関係とを指標として検討しよう。

石田殿・伏見亭・鳥羽殿は、いずれも広大な自然の水面に臨むという点で共通している。石田殿は琵琶湖の南湖、伏見亭は巨椋池遊水池、鳥羽殿は鴨川遊水池がそれぞれ眺望対象となっている。面積別にみると、石田殿、伏見亭、鳥羽殿の順に大きい。しかし視点と水面との位置関係を考慮すると、石田殿・伏見亭の場合は水面と建物との間に一定程度の距離と高低差のあることが想定されるのに対し、鳥羽殿は視点のすぐ前面が自然水面を取り込んだ園池となっており、視点と水面との間の距離や高低差はきわめて小さい。すなわち、石田殿や伏見亭が広大な自然水面を高所から俯瞰するため、水面をより広く立体的に眺望することができるのに対し、鳥羽殿は視点が低いために水面景観が平面的になりがちであることがわかる。これに対し平等院は、宇治川という自然の水面に面するという点で石田殿・伏見亭・鳥羽殿と共通しているが、宇治川の水面は鳥羽殿の鴨川遊水池よりもさらに小規模である。また、高陽院の

表16　橘俊綱が選定した各名園の視点・眺望対象・眺望角度

庭園名	推定地の現状高(m)H2	眺望対象物	眺望対象物の標高(m)H1	眺望対象物の方向角	対象物までの距離(m)L	視角 θ	視角の最大と最小の差
石田殿	120	三上山	432	78°	16,700	+1°04′	4°04′
		御在所岳	1,210	90°	51,500	+1°12′	
		釈迦岳	1,092	92°	54,000	+1°02′	
		○ 琵琶湖東岸	85		5,500	−0°22′	
		○ 琵琶湖誓願	85		700	−2°52′	
高陽院	45	大文字山	466	90°	6,000	+4°01′	4°47′
		花山	221	130°	4,500	+2°14′	
		比叡山	848	50°〜60°	9,600	+4°47′	
伏見亭	30	鷲峰山	681	130°	17,000	+2°11′	6°28′
		生駒山	642	195°	29,500	+1°11′	
		○ 巨椋池南岸	15	170°〜240°	4,500	−0°11′	
		○ 宇治川北岸	15	140°〜240°	200	−4°17′	
平等院	16	仏徳山	132	53°	680	+9°38′	10°52′
		○ 宇治川右岸	15		120	−0°43′	
		○ 宇治川左岸	15		70	−1°14′	
鳥羽殿	13	大岩山	184	88°	4,300	+2°16′	3°49′
		醍醐山	450	96°	8,500	+2°57′	
		○ 鴨川 左岸	12		800〜1,000	−0°04′	
		○ 鴨川 右岸	12		65	−0°52′	

注　$\theta = \tan^{-1}(H2-H1)/L$. ○印は自然水面.

水面は人工的に造成された園池で、自然の営力によって形成された水面ではない。四町四方（約二四〇メートル四方）の敷地を持つから、水面の規模も自ずとこれを越えるものではあり得ない。

すなわち、水面の大きさや水面と視点との位置関係から判断すれば、石田殿・伏見亭における景観構成は格段の雄大さを誇るが、鳥羽殿は視点と眺望対象物との位置関係において、平等院・高陽院は水面規模の点でやや劣っているといえる。

次に、視点と山並との位置関係について比較しよう。石田殿・伏見亭では、小高い丘陵上を視点として、至近距離にある広大な琵琶湖や巨椋池遊水池の水面から、かなりの遠距離に存在する御在所岳・生駒山・鷲峰山などの山並に至るまで、広く俯瞰することができる。これに対して鳥羽殿では、鴨川・淀川の氾濫原に位置するが故に標高も低く、周辺に優れた眺望を確保するような丘陵地形は存在しない。東方に伏見丘陵や醍醐の山並を望むことも可能ではあるが、伏見丘陵の最高地点、大岩山はさして標高が高いわけではなく（一八四㍍）、醍醐山も標高の割に鳥羽からの距離が長いこと、鳥羽殿の位置が低地で視点が低いことなどから、望まれる山のスカイラインはそれほどコントラストの明瞭なものとはならない。また平等院では、宇治川という自然の水面を介して東方の朝日山（仏徳山）を眺望するという点で石田殿・伏見亭と共通し、しかも視点から朝日山までの距離が短いために仰角は大きく、山のシルエットはかなり明瞭なものとなっている。これに対し高陽院では、『後二条師通記』の記述からもうかがい知れるように、東面する馬場殿や東対などからは比較的東山の眺望が可能であったことが想定されるものの、それ以外の寝殿や庭園内の一画からは部分的な眺望にとどまったであろう。

このように、石田殿・伏見亭・平等院から望まれる山岳景観に比較して、鳥羽殿や高陽院におけるそれはややランクの低いものとして位置づけることができる。

上記の水面と山並とで構成される景観の総和を、視点における視界の広がりを考慮してとらえた場合、次のような点が指摘できる。

まず水平方向の視界の広がりでは、石田殿・伏見亭・平等院・鳥羽殿の四者がほぼ一八〇度の視界の広がりを持つことが想定される。石田殿・伏見亭は高所に位置するため、余程のことがない限り常に広範囲にわたる眺望が確保されていたものと推定できる。平等院も宇治川左岸の堤防が現在よりもっと低く、庭園と宇治河畔とが連続するような河岸景観であったとするなら、一八〇度の眺望が可能であっただろう。鳥羽殿南殿の眺望においても、図102（一七五頁）から判断すれば同様のことが推定できる。これに対し、唯一高陽院が同一敷地内の建物や東方の市街地に阻害されて部分的な眺望にとどまることが想像される。

また垂直方向の視界の広がりを、眺望対象物に対する視線の傾きとしてとらえれば、いずれの事例もプラスマイナス三～一〇度の範囲に納まるが、なかでも鳥羽殿が一番低い値を示すことがわかる（表16）。つまり、この数値は鳥羽殿の眺望景観が最も平面的であることを端的に示している。

以上の比較検討の結果から、石田殿、伏見亭は景観構成要素およびそれらの位置関係の点できわめて優れており、これに次ぐものとして平等院を挙げることができる。部分的な眺望の可能性をはらむ高陽院や眺望景観がやや平面的であった鳥羽殿は上記の三例にはややおよばないものだといえよう。その点では『今鏡』に伝えるように、俊綱が第二に選定したのは高陽院ではなく平等院であった可能性が高い。しかし、高陽院がデザイン・構想ともに優れた当代有数の第宅であったことは当時の世人たちの衆目の一致するところであり、また『扶桑略記』の記載が示すように、鳥羽殿は園池が大海を思わせるがごとく広大で深く、四方に四季の景色を望むがごときデザインの優れた庭園であったことも事実である。したがって前述したごとく、石田殿、伏見亭、平等院における景観構成の優秀さは事実であり、俊綱の選定にはある程度の客観性は認められるが、五者を比較した際に鳥羽殿が格段に劣っているとは断言できない。

以上の諸点から、俊綱が選定の基準とした「眺望」「地形」の性格を次のように定義付けることができる。

まず「眺望」とは、自然に形成された広大な水面と遥かな山並を平面（自然水面）と立面（山並）との明瞭な対比関係として、高所からあるいは低所から一八〇度の方向に俯瞰したり仰望したりすることであったといえるであろう。

一方、「地形」とは「眺望」を確保する上での地形の高低差を指すのであり、また各々の別業内の地形の起伏をも指すのであろう。たとえば高陽院は平安京の中心部に位置し広大な自然の水面に臨んでいるわけではないが、園池が寝殿の四周をとりまいていることや、園池の南にかなり幽邃な山が築かれて滝が落とされていること、あるいは巨大な立石が組まれていることなどから、庭園内の「地形」はかなり変化に富んでいたものと想像される。俊綱が名園の第二にあげた所以でもあろう。また平等院も境内地に丘陵地形が諸処に存在し、「地形」の変化に富んでいたことが指摘できる。

さて、最後にこれらの庭園の政治・経済・社会的「立地」について言及しておきたい。「立地」は石田殿を除いて非常に優れているといえる。石田殿は園城寺北郊に位置し園城寺の住坊、あるいは別業としての立地はよいが、交通、交易の経路からははずれている。これに対して他の四つの庭園はいずれも交通の要衝に位置し、別業の立地が果たす政治的役割にはきわめて大きなものがある。高陽院は平安京内の内裏にも近い中心部に位置し、里内裏としても利用されるほどの重要な邸第であった。また鳥羽・伏見・宇治には舟運の拠点となる津が存在し、平安京を難波、南都と結ぶまさしく交通の要衝であった。鳥羽殿・伏見亭・平等院は、いずれもこうした交通、交易の拠点を押さえる意味からも重要な機能を果していたのである。とりわけ鳥羽は、南都に対しては交通の便が良いが巨椋池・宇治川のさらにまだ上流に位置する宇治や、巨椋池の北岸中程に位置する伏見に比較して、平安京にも西国にも最も近い位置にあり、交通に関して最も好位置を占めていたといえる。それは、とりもなおさず白河上皇が院政を行うために造営した離宮の最大の立地条件でもあった。

以上のように、鳥羽殿と他の庭園・別業とを比較すると、俊綱が指摘した「地形」の変化や「眺望」という景観構成上の観点からは鳥羽殿がやや劣るというものの際だった格差があるわけではなく、むしろ政治・経済・社会的「立地」の点では、鳥羽殿が難波津を経て西国諸国に通ずる平安京西南郊の玄関口、すなわち交通の要衝に位置するという好条件を備え、他の四庭園よりも別業の存在そのものが果たす社会経済的な機能においては優位にあったといえる。白河上皇面前において俊綱が披瀝した彼の別業論・庭園論には、やや増幅の痕跡が認められるといっても過言ではない。

(4) 小　結

本節で明らかとなったことをまとめると、以下のようになる。

1　俊綱が別業選考の基準とした「眺望」とは、「居館や庭園から広大な自然の水面と山並とを平面と立面という対比関係として一八〇度遠望することができる」という意味であり、「地形」とは、かかる「眺望」を保証する庭園や居館の地理的な立地条件を指す。第一に挙げた石田殿、第三の伏見亭、そして『今鏡』の筆者が第二に推定する平等院は、いずれもこの条件を満たすものであった。

2　同時に「地形」は、庭園内の地形の変化をも語意に含むものである。高陽院庭園は敷地外の風景を広い範囲にわたって眺望することができないという弱みがあるものの、築山や園池、滝など内部の装置が豊富で地形の高低も変化に富んでいる。また平等院では、それぞれの堂舎が高低のある地形に立地していた。したがって、「地形」の語句は居館そのものの地形的な立地条件を指すとともに、居館内部の起伏をも語意に含むものである。

3　高陽院は「眺望」の点でやや難点があるうえに水面も人為的に造成された園池であり、石田殿・伏見亭・平等院のような自然の池沼や河川のスケールにはとうていおよぶべくもない。そういう意味からも俊綱が第二に推奨した庭園は、『今鏡』も伝えるように、高陽院ではなく平等院であった可能性が高い。

4　鳥羽殿は庭園内に一八〇度の眺望を確保する地形の高低がなく、周囲に立面として意識されるべき標高の高いスカイラインの明確な山並も存在しない。したがって、俊綱の挙げた「眺望」、「地形」の二つの基準を厳密に満たすものではない。俊綱の選に漏れた所以でもある。しかし一方では、鴨川・淀川の氾濫原ともいうべき広い水面に面する地形的な立地条件は他の庭園とも共通するものであり、『扶桑略記』にも詳しく記述されるように、細部の優れた庭園意匠からは当代屈指の庭園、別業であったことがうかがえる。それゆえ、鳥羽殿は他の庭園と比較して「眺望」「地形」の二点においてやや劣るとはいうものの、両者の間に格段の差を認めることはできない。

5　鳥羽殿は難波津と平安京とを結ぶ最短コース上に位置し、交通の要衝を占めている。したがって他の別業、居館と比較して、政治・経済・社会的立地条件の面では最も優位にある。

6　以上の点から、俊綱の選考は僅差を増幅した可能性がある。

それではいったいなぜ、俊綱はそのようなわずかな差をとりあげ、これをあえて増幅してまで白河上皇の面前において論断したのであろうか。それは次にみるように、当時の社会における彼の政治的位置や、二人の間に交わされた会話の政治的背景を考察することによってより鮮明となろう。

3　橘俊綱の名園選考とその政治的背景

(1)　会話の政治的背景

①　後三条天皇の親政

2でもふれたように、『今鏡』[1]に記す俊綱と白河上皇との会話は寛治六年（一〇九二）から寛治八年（一〇九四）のおよそ三年間のいずれかの時点でかわされたものとみられる。この時期を政治的な側面からとらえるなら、藤原氏の権力が徐々に弱体化し、代わって上皇を中心とする院権力が強まっていく、まさに摂関政治の最盛期から院政期への過渡期として位置づけられるであろう。その端緒ともなったのが、延久元年（一〇六九）の後三条天皇による親政の開始であった。それ以前の醍醐天皇以降一一代の天皇のいずれもが藤原氏の女所生の天皇であったのに対し、後三条天皇は父を後朱雀天皇、母を陽明門院禎子内親王とし、約一七一年ぶりに直接藤原氏と外戚関係にない天皇として即位したのであった。後三条即位の背景には、たまたま摂関家に天皇の母となるべき子女を欠いていたという、いわば偶発的な因子が大きく作用していたのである。(69)『愚管抄』や『今鏡』(梅のにほひ)(70)の記述が示すように、関白藤原頼通は後三条即位にかなりの難色を示したといわれる。(71)禎子内親王の母は藤原道長女の妍子ではあったが、父三条天皇は外戚関係の獲得をもくろんでいた道長によって一条天皇と中宮彰子(道長女)との間に生まれた後一条天皇への譲位を強要されたという経緯があった。(72)また、後一条即位と同時に立太子した三条天皇の第一皇子敦明親王(小一条院)は、彰子所生の敦良親王(後朱雀天皇)の立太子を狙う道長一派の野望の前に、わずか一年七ヵ月をもって廃太子させられてもいる。(73)したがって、後三条天皇はかかる出自の故に摂関家とは自ずから相入れるはずもなく、もともと互いに反目し合う関係にあったといえる。

後三条天皇の親政で注目すべきは、やはり荘園整理令の発令であろう。本来荘園は国衙機構のもとに公領として国司が管理統括するのがたてまえであったが、藤原氏に代表される権門勢家の台頭とともに諸国に荘園の開墾が進み、やがて不輸・不入などの特権獲得のために領主層は競って権門貴族・寺社へと荘園を寄進して行った。こうした私的荘園の増大は国衙を通じて中央に収公される租税の著しい減少をひきおこし、任国における国司・受領の任務遂行を妨げ、国家財政の危機をも招いた。そこで長久および寛徳年間以降(一〇四四〜)、新立荘園の停止を目的として幾度かの整理令が発令されてきたわけであるが、いずれも大きな効力を発するまでにいたらなかった。(74)一大荘園領主である藤原氏を外戚とするこれらのいずれの天皇にとっても、強力な整理令を施行することは不可能だったのである。これに対して延久の整理令は、それ以前の整理令に比して、寛徳以降(一〇四四〜)の新立荘園の停廃を中心として、それを破った際の厳しい罰則規定を定めるとともに、太政官朝所に記録券契所を設置することによって領主・国司間に起こった争論を公平に裁定するなど、かなり新しい具体策が盛り込まれていた。しかも「御心いとすくよかに、……人に従はせ給べくもおはしまさず、御才などいみじくおはします」(75)という天皇の気性も手伝って摂関家の所領をも整理の対象としたため、後三条天皇と藤原頼通との対立はさらに激しさを増し、やがて頼通は摂関職を弟教通に譲って宇治への隠遁を余儀なくされることとなる。(6)

また、こうした後三条天皇の親政を強力に支持したのが反摂関勢力であった。摂関家の中でも大江至孝の強姦事件にかかわった引責を問われて道長から勘当処分を受けた藤原能信(道長息)は、道長亡き後、頼通を筆頭とする摂関家に反発して後三条即位に大きく貢献したし、(76)受領の任用をめぐって摂関家に不満を抱く中流以上の貴族層も多く親政に結集した。また後三条天皇は村上天皇の血筋をひく村上源氏を太政官に登用し、藤原氏摂関家を次第に排除して行った。(77)

② 白河院政の開始

後三条天皇の次に皇位を継承したのが貞仁親王、すなわち白河天皇である。貞仁は後三条即位の頃藤原茂子との間に生まれた第一皇子で、後三条譲位後に皇位を継承するのはいわば当然のなりゆきであった。茂子は、後三条親政実現の立役者でもあり、また反摂関の態度を露わにしてはばからない藤原能信の養女として入内していたのだが、実は藤原公成の女で、(78)摂関家ではないにしても藤原氏の血を引くことに変わりはなかった。後三条天皇は、このような藤原氏の影響下にある白河系の天皇の存続を制止することを目的に、貞仁を東宮とするにあたって小一条院(三条第一皇子)の子である源基平の女基子と後三条との間に生まれた第二皇子実仁親王(早世)を立太子し、実仁親王に万一の事態が発生した場合には同母弟の三宮輔仁親王をさらに立太子することを考えていた。しかし白河天皇は後三条崩

表17　源氏公卿の変遷グラフ(82)

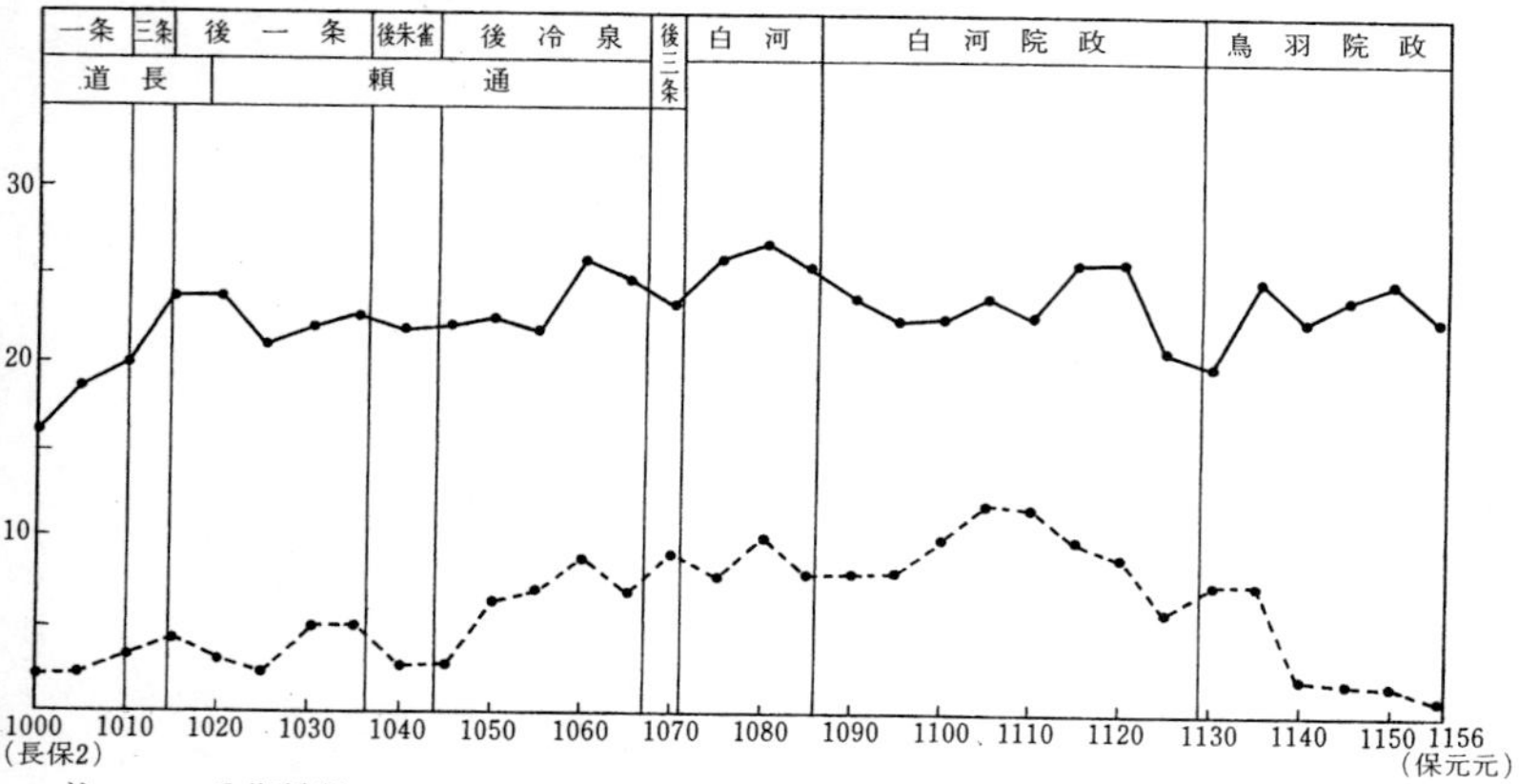

注　——公卿総数，------源氏公卿数．総数と源氏公卿数との差が藤原氏公卿数となる．

御の後、先帝の遺志を継がずに自らの第一皇子善仁親王、すなわち堀河天皇に譲位して院政を開始してしまうのである。(79)白河天皇が自らの児孫に皇位を伝達することにいかに心血を注いだかは、『中右記』(80)、『愚管抄』(81)などの記述によって知ることができる。

白河院政開始間もない頃の政局の力関係はきわめて詰抗していた。御三条天皇の荘園整理政策が功を奏しはじめ、摂関家の荘園が以前のように膨張していくことはもはやあり得なかった。代わって白河院近臣の受領が任国において激しい収奪をくりかえし、院財政を豊かにするばかりか次第に院宮領が集積されはじめた。また、太政官における政治的色分けも徐々に塗り変えられることとなった。表17(82)に示すように、公卿総数のうち藤原氏の占める割合が徐々に小さくなるのにしたがって、治暦（一〇六五～一〇六八）年間以降公卿の中に村上源氏が台頭し、永保三年（一〇八三）には源師房・顕房父子が左右の大臣として並び立つまでに至っている。『中右記』(83)寛治七年（一〇九三）十二月二十七日条には「左右大臣、左右大将、源氏同時相並例、未有此事、……加之大納言五人之中、三人已源氏、六衛府督五人已源氏、七弁之中四人也」と記し、「他門誠奇有之例也、為藤氏甚有懼之故歟」とあって、藤原氏の将来に一抹の不安を記している。また同書康和四年（一一〇二）六月二十三日条の「近代公卿廿四人、源氏之人過半歟」という一文が示すように公卿二四人中源氏が過半を占めるまでになり、『中右記』の筆者藤原資能を「未有如此事歟、但天之令然也」と嘆かしめている。村上源氏は師房が藤原道長の女尊子を妻とし、道長嫡男頼通の養子となるなど(84)、もともと藤原氏ときわめて親密な関係にあったが、尊子との間に生まれた顕房は女賢子を頼通の子藤原師実の養女として白河後宮に入内させ、外戚関係を生み出す子女を欠いていた摂関家にとって大きく貢献した。そうすることによって白河院近習の公卿としても重きをなすに至ったのである。師実の摂関継承に際しても賢子の尽力があった。『古事談』(85)によれば、頼通の後に関白を継承した弟教通が、教通の後継を師実とするという頼通との契約を反古にして、教通の子の信長に関白と藤原氏長者を継承させようとしたとき、賢子が白河院に嘆願し、ついに師実が関白を継ぐことになったという。村上源氏は藤原氏摂関家、白河後宮と二重三重にわたる姻戚関係を結ぶことによって、その勢力を拡大していったのである。

このような経緯もあって、師実を中心とする摂関家と、村上源氏・白河院・堀河天皇との関係も、水面下では互いに牽制しつつも表面上の力関係はきわめて桔抗していた。『愚管抄』に師実と白河院との関係を「アイアイマイラセ」(86)たと記す所以である。また、堀河天皇が幼少であり、しかも若くして病弱であったことを理由に譲位後も院政を行う白河上皇ではあったが、『中右記』嘉承二年（一一〇七）七月十九日条などの記述にみられるように、堀河天皇も才智高く、諸道に精通した理性的な性格の持ち主で(87)、これを補佐した師実の嫡男師通も白河院に対しては「おりゐの御かどの門に車立つやうやはある」(88)といった態度を崩さない、「御心のたけさ、理のつよさ、さしもゆゝしき人」(89)であったため、「延久嘉保永長間天下粛然」(90)といわれるように上皇側と天皇側との力関係はきわめて桔抗していたといえるだろう。しかしこの後、堀河天皇、藤原師通、藤原師実が相次いで没し、鳥羽天皇が即位するにおよんで「天下盛権只在此人」[91]とか「今思太上天皇威儀、已同人主、就中我上皇已専政主也」[92]などの記述が示すように、白河上皇は諸意的な政治介入を強力に押し進めていったのである。したがって、応徳～寛治年間（一〇八四～一〇九四）の頃は、嘉承年間以降（一一〇六～）白河上皇がいわゆる院政を不動のものに確立していく時期の、まさに前夜であったといえる。

③　受領俊綱の政治的位置

以上のような政治的背景を考慮するとき、橘俊綱が極めて微妙な位置に存在することに気付く。すなわち本節の冒頭でも述べたように、俊綱は橘俊遠の養子となるが実は藤原頼通の子であり摂関家の血を極めて濃く引いている。俊綱は『今鏡』によれば十五歳で尾張守として赴任したのを最初として[93]、表18のごとく但馬・播磨・近江などの大国、熟国[94]の受領を歴任している。このような順調な受領生活を可能ならしめたのも、最初の頃こそ実父頼通の庇護が大きく影響していたためと考えられるが、頼通没後はそれまでの長い受領生活の間に蓄積した莫大な財力を背景とし、自らの血縁関係を巧みに利用ながら白河後宮に力を延ばしていったことに起因しているのである[95][96]。俊綱が結婚したのは醍醐源氏の源隆国の女であったが[97]、彼の一男隆俊の女のうちの一人は村上源氏の源顕房と結婚し[98]、その女は白河後宮に入内して堀河天皇母となった中宮賢子であった（図117）。すなわち賢子は俊綱にとって妻を介して姻戚関係にあったわけである。賢子が媞子内親王出産に際して俊綱妻の姉妹を乳母としたことや[99]、堀河天皇を出産したのが他ならぬ俊綱の邸宅であったこと[100]、また寛治七年（一〇九三）一月には俊綱は郁芳門院媞子内親王の殿上人となっていることなどから[101]、両者のきわめて親密な関係を想像することができる。同時に俊綱は源顕房の同母兄俊房の子師頼を養子としていたこともあって[13]、村上源氏とも親密な関係にあった。先にも触れたように賢子の実父は源顕房であるが、俊綱の同母兄の藤原師実の養女として白河後宮に入内しており、俊綱・村上源氏・摂関家・白河後宮がそれぞれ血縁や乳母関係によって深くかかわりあっていることがわかる。

それでは、このような政治権力の奪取を狙ういずれの氏族集団もが、俊綱と血縁関係を結ぶことを潔しとしたのはいったい何故なのか。それは俊綱の莫大な財力に期待していたからに他ならない。受領生活で蓄積された巨万の富は、俊綱を「伏見の長者」と呼ばせるまでに至った。平安時代初頭の『かげろふ日記』（石山詣で）には、受領とは諸国の国司への任官や遥任を求めてひたすら「あけくれひざまづきありく物」として蔑まれているのであったが、[102]『愚管抄』の中の「庄園諸国ニミチテ受領ノツトメタヘガタシナド云ヲ……」[103]の一文が語るように、延久の荘園整理令を実現させた背景には摂関家に集中した荘園の分散化を求める受領層とでもいうべき中流貴族達の功績に目をみはるものがあった。そしてかかる受領たちは白河院政開始以後、任国における激しい収奪のもとに蓄積した財力にものをいわせて、いわゆる白河院近臣受領として院への「成功」に奔走するのである。[104]たとえば鳥羽殿のうち南殿御殿は讃岐守高階泰仲と備前守藤原季綱、北殿御殿は丹波守高階為章[105]などの受領の成功によって建造されたものであった。『中右記』[106]大治四年（一一二九）七月十八日条には「受領功万石万疋進上事」とあって、贈収賄を繰り返す受領と院との姿を垣間見ることができる。同書天仁元年（一一〇八）正月二十四日条には受領の任地における非道ぶりを記すほか、[107]受領の激しい収奪に耐えかねて農民が太政官に訴訟を起こしたという話も枚挙にいとまがなかった。[108]

俊綱もそうした受領の一人であった。『今鏡』が語る彼の任国における挿話からは、いずれも性格剛毅にして風流な文化人という側面がうかがわれるのだが、これを他面から捉えるなら、任地で強権を発動して収奪し、そしてそれが故に生じた財力を基盤として広範な文化活動を展開していったというふうに理解するこ

表18　橘俊綱が歴任した役職

年代	年齢	役職
長久年間（1040～1043）	？15	尾張守
康平5（1062）～治暦2（1066）	35～39	丹波守
～延久2（1070）	39～43	播磨守
～承保2（1075）	43～48	讃岐守
承保3（1076）～承保4（1077）	49～50	内蔵頭
～寛治8（1094）	51～67	修理太夫
承保2（1075）～承暦2（1078）	48～51	近江守
～永保1（1081）	51～54	但馬守
？　～寛治8（1094）	？～67	近江守

図117　橘俊綱関連人物系図（＝は婚姻関係、…は養子〔女〕関係を示す）

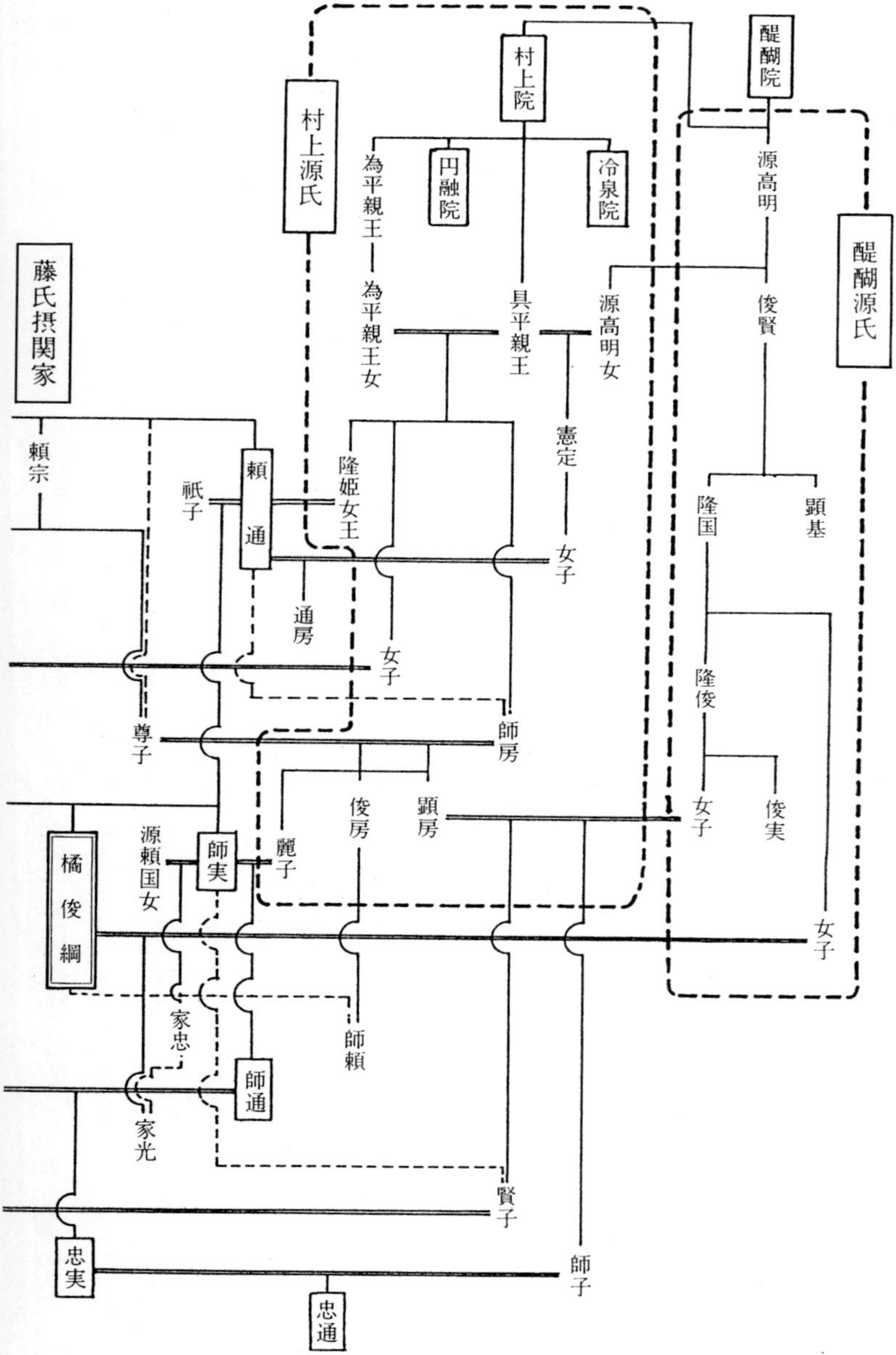

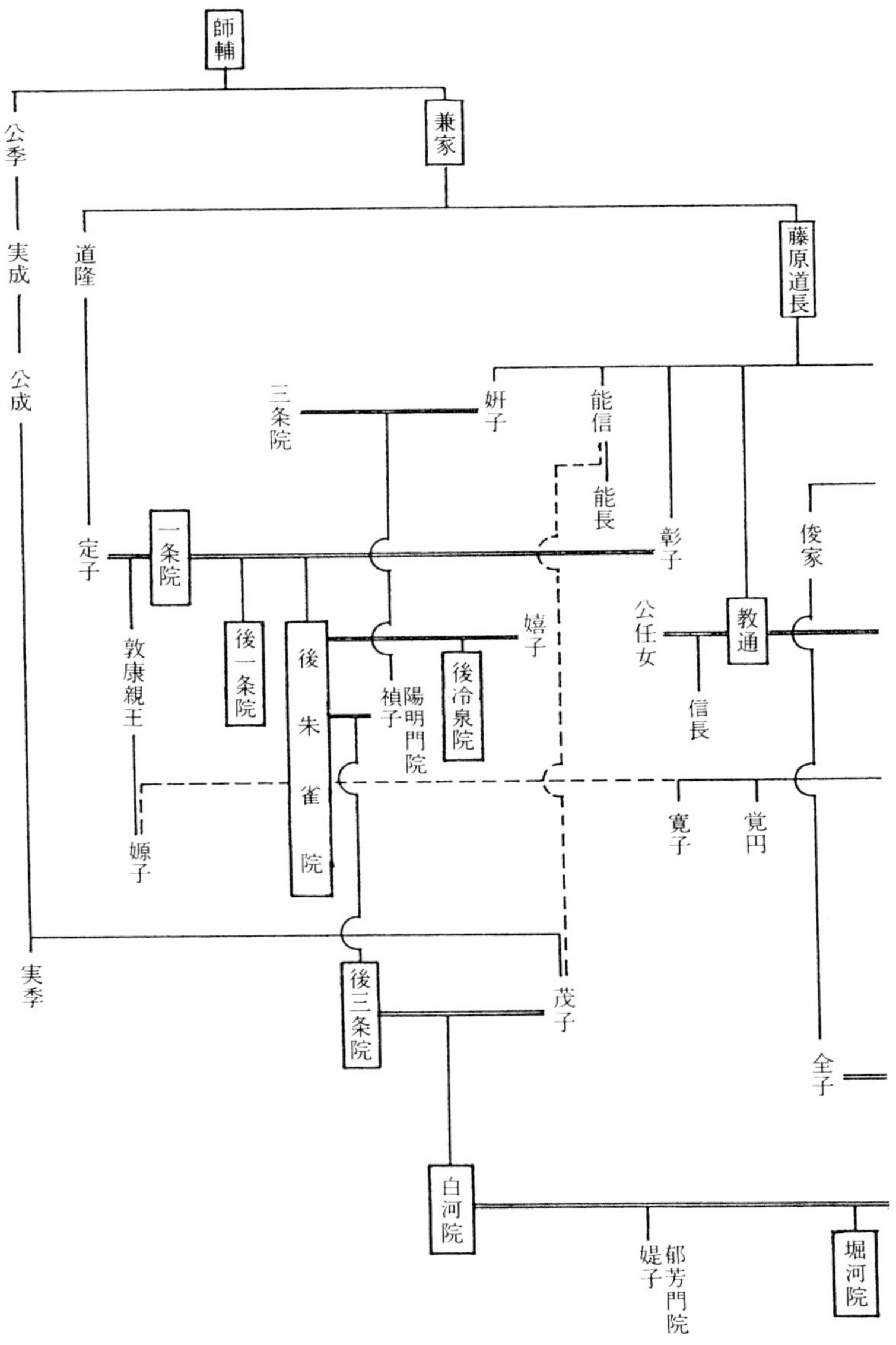
師輔
兼家
公季
実成
公成
実季
藤原道長
道隆
定子
一条院
敦康親王
嫄子
後一条院
後朱雀院
三条院
妍子
禎子
陽明門院
嬉子
後冷泉院
能信
能長
彰子
茂子
後三条院
白河院
媞子
郁芳門院
堀河院
教通
公任女
信長
寛子
覚円
俊家
全子

とも可能である。たとえば尾張守として赴任した時、目通に参上しない熱田大神宮の宮司の横暴を成敗したことを昔の聖にちなんで美化した話などは、実は彼の強権力の発動とみることができよう。(109)

俊綱の豊かな財力を示すものとしては、承保三（一〇七六）～四（一〇七七）年に内蔵頭に任じられていることも挙げられる。(110) 内蔵頭は内蔵寮の長であるが、内蔵寮とは皇室の宝物財産の管理と儀式・宴遊に使用する器物・服飾の整備にあたる重要な官衙であり、またかなりの財政的裏付けを必要とする官衙でもあった。白河院政下ではこの内蔵頭に院近臣の中でもより親密な関係にある富裕な受領を充て、彼らの財力を吸い上げることによって内蔵寮を運営したのであった。(111)(112) 俊綱もそのうちの一人であったわけである。(113) 同時に俊綱は長期間にわたって修理大夫に在任している。(114) 修理大夫は土木・建築などを職掌する修理職の長であり、修理職は内蔵寮と同様に大規模な財政基盤を要する官衙である。この官職に俊綱が長く在任したのも彼の財力が見込まれてのことであっただろう。また、同じ受領で和歌の仲間でもあった源経信の三男俊頼を養子としたことや、村上源氏の源俊房の一男師頼を養子としたことも、経信や俊房が俊綱の財力を見込んで息子を託したものと理解できる。(13)

このように、俊綱は受領生活の中で築きあげた莫大な財力を背景として、政治的な諸勢力のいずれとも親密な関係を結び、その間隙をぬって巧みに生き抜いて行ったのであった。これまでの庭園史学界では、俊綱を広範で豊かな趣味生活に生きた徳人として捉える傾向がきわめて強かった。それらの多くの研究は、『今鏡』に残る俊綱関連の説話のいずれもが継母（頼通妻、隆姫女王）に容れられぬが故に他家へ嫁せられたという彼の悲劇的出自を物語のベースとし、それでもなお趣味多彩な徳人として生きた俊綱の姿を美化して描いていることを最大の論拠としている。(115) しかし、『今鏡』が摂関政治の最盛期から衰退期に至る下降線上に位置する多くの主人公を半ば懐古趣味的な筆致で嘆美的に美化して描いていることを考慮するとき、『今鏡』の内容からのみ俊綱像を抽出するのはきわめて一面的であるといわざるを得ない。同時代の貴族の日記や他の文学作品からは、当時の受領たちがいかに任国で自らの蓄財に狂奔し、熟国・大国受領への人事異動や遙任を期待して「成功」を繰り返して行ったかをつぶさにうかがい知ることができる。俊綱の幅広い文化活動の背後には上記のような受領層の動きがあったのであり、これを抜きにしては受領の一員でもあった俊綱自身を語ることもできないであろう。したがって、俊綱は従来指摘されてきたごとく和歌や笛を愛した風流な文化人である反面、一方ではそうした趣味生活を支える手段として姻戚関係を巧みに利用しながら熟国・大国を渡り歩いて激しい収奪を繰り返した、当代の典型的な受領であったといえるであろう。

(2) 小　結――俊綱と白河上皇との会話の性格について――

以上のような政治的背景と、その世代を生き抜いた受領、橘俊綱の経歴とを、多面的に考慮したとき、冒頭に掲げた白河上皇と俊綱との会話はどのように位置づけられるであろうか。

まず俊綱が推奨した四つの庭園のうち、石田殿は覚円僧正、高陽院・平等院は藤原頼通と、いずれも藤原氏の作庭になるものである。またいうまでもなく伏見亭は俊綱自身の作庭であるから、彼の出自を考慮するならこれも藤原氏の作庭といってよい。石田殿はもともと藤原泰憲の居館であったものが頼通の申し出によって覚円に譲渡されたのだが、[116] 藤原泰憲は頼通摂関の折に太政官公卿として頼通を補佐しており、摂関家とはきわめて親密な関係にあった人物である。[117] したがって、以上の四つの庭園は藤原氏の作庭というよりは、むしろ藤原氏摂関家にゆかりの庭園といった方が正しいであろう。

これに対して鳥羽殿は白河上皇の手になるものである。鳥羽殿は西国にも平安京にも近いという交通の要衝に位置し、白河上皇の院政の舞台としてかなり強力な政治的意図のもとに造営された離宮であった。3―(1)でふれたように、この時期における摂関家・上皇との間の政治的力関係はきわめて桔抗状態にあった。白河上皇は、藤原氏摂関家が造営した東三条殿・高陽院をはじめとする贅の限りを尽くした数々の邸第に対向して、自らの院政を執り行う場としての鳥羽殿をどうしても整備拡充しておく必要性に迫られていた。その並々ならぬ意気込みが白河上皇をして作庭や土木工事の第一人者たる修理大夫俊綱に冒頭の会話を投げかけしめたのである。一方、俊綱は藤原氏摂関家に出生しながら継母に容れられぬがゆえに他家へ嫁せられ、一受領として任国において蓄えた財力をもとに白河院近臣として勢力を伸ばしていったという経歴を持っていた。俊綱にとっては摂関家は自らの血を引く生家であり、白河院とも親交の厚い関係にあったのである。しかも一方は外戚関係を生み出すべき母権を喪失し、半ば衰退傾向にあったが、片や天皇の父権を利用して恣意的な執政を行おうとする野望に満ちあふれていた。この両者の狭間を巧みに泳ぎ、伏見亭を中心とする文化活動の覇権を樹立していったところに俊綱の特殊性があった。俊綱はおのずから前者を擁護し、台頭の兆し著しい後者に対して厳しい判断を下したのである。そして、白河上皇が俊綱に対して明瞭な反論を下せなかったのは、従来『今鏡』を論拠とする諸先学(115)が指摘してきたように、俊綱自身の作庭分野における業績が大きく影響していると同時に、白河院政の財政的基盤が俊綱をはじめとする受領の援助（成功など）なしには成立し得なかったこととも大きく関係しているのである。

このように、冒頭の会話は二つの勢力にそれぞれ関与しあう二人の人間の間でたたかわされた庭園・別業論であり、またそれが故にこの会話には政治的な色彩が色濃く投影しているのである。本節の2でみたように俊綱の名園の選考はある程度の客観性を持つものであるとはいえ、僅差を増幅した可能性をはらむものであった。何故増幅する必要があったのかは、本節で述べたように政治的な力関係に大きく依拠しているのである。「地形」「眺望」などの基準に基づく名園の選考には、政治的なかけひきのための一つの手段としての意味もこめられていたともいえるであろう。

注

（1）『今鏡』「ふぢなみの上」ふしみの雪の朝、「新訂増補国史大系」一二一下、吉川弘文館、一九四〇。その御は、（祇子）は贈二位さぬきのかみとしとをのぬしのこの定にて。大殿（師実）のひとつ御はらなり。ふしみの修理のかみ俊綱ときこえし人もひとつ御はらにおはしき。としつなの君御子におはしけれど。けざやかならぬほどなりければにや。なをとしとをとあひぐし給へりければ。たちばなのとしつなとてぞをはせし。後になを殿の御子とてふぢはらになり給へりき。なをしなどきられけるをも、たちばな、をしとぞ人は申ける。

（2）『宇治拾遺物語』巻三「伏見修理大夫俊綱事」「新訂増補国史大系」一八、吉川弘文館、一九三二。これも今はむかし。伏見修理大夫は宇治殿（頼通）の御子にておはす。あまり公達おほくおはしければ。やうをかへて橘俊遠といふ人の子になし申て。蔵人になして十五にて尾張守になし給てけり。

（3）『愚管抄』巻第四「後三条」「日本古典文学大系」八六、岩波書店、一九六七。宇治殿ハ具平親王ノムコニトラレテ、ソノ御ムスメ北政所ニテヲハシマシケレド、ツイニムマズメニテ、御子ノイデコザリケレバ、進ノ命ブトテ候ケル女房ヲヲボシメシテ、ヲヽクノ御子ウミタテマツリケルヲ、イタクネタマセ給テ、ハジメ三人ヲバ別ノ人ノ子ニナサレニケリ。ハジメノ定綱ヲバ経家ガ子ニナサレニケリ。……ツギノ忠綱ヲバ大納言信家ノ子ニナサレニケリ。……第三ノ俊綱ヲバ讃岐守橘俊遠子ニナサレタル。フシミノ修理大夫俊綱ト云名人コレナリ。

（4）進命婦に関する説話は、『宇治拾遺物語』巻第四「進命婦清水寺詣事」、『古事談』第二「臣節　清水寺師僧恋慕進命婦事」、『愚管抄』巻第四などにみられる。

（5）『尊卑分脈』三「新訂増補国史大系」六〇上、吉川弘文館、一九六一。隆姫の父は村上天皇皇子具平親王で、摂関頼通に嫁した由緒正しき正室であった。

（6）『尊卑分脈』一「新訂増補国史大系」五八、吉川弘文館、一九五五。

（7）森蘊『作庭記の世界』「ＮＨＫブックス」（カラー版）、日本放送出版協会、一九八六。

（8）太田静六『寝殿造の研究』吉川弘文館、一九八七。

（9）『国歌大観』歌集編、中文館書店、一九三一。『詞歌和歌集』巻第三・秋

橘としつなのふし見の山庄にて七夕後朝のこゝろをよめる　良暹法師

逢夜とは誰かは志らぬ棚機の
　明る空をも包まざらなむ

『後拾遺和歌集』巻一・春上

俊綱の朝臣の家にて春山里に人を尋ぬといふ心をよめる　藤原範永朝臣

尋ねつる宿は霞にうづもれて
　谷のうぐひす一こゑぞする

など。

(10)『今鏡』「ふしみの雪の朝」には、「雪のふりたりけるつとめて。俊綱がいたくふしみふけらかすに」と前置きして、師実と師信とが雪の降り積もった朝に突然伏見亭を訪問したとき、俊綱は庭園を利用した種々の演出をしてもてなした、という説話が伝えられる。

(11)『栄花物語』下「日本古典文学大系」七六、岩波書店、一九六五。

(12)『扶桑略記』承暦四年（一〇八〇）二月六日条「丑刻。高陽院焼亡。天皇駕花輿。率爾入幸内裏」。『百錬抄』同日条「皇居高陽院焼亡。天皇入御内裏」。

(13)『中右記』一「増補史料大成」九、臨川書店、一九六五。寛治八年（一〇九四）七月十四日条「今夕入道橘俊綱卒去、年六十七、正四位上修理大夫近江守也、是依重病、近会出家、及数十日、遂以非常、頭弁師頼朝臣、左京権大夫俊頼朝臣、為彼人養子」。

(14)『今鏡』「ふしみの雪の朝」の章の冒頭には、「大将殿のほかの君達は。おほとの、ひとつ御はらにをはしましき。大殿の御すゑこそは。いまに一の人つがせ給めれ」とあり、以下この章の全文にわたって師実は「大殿（おほとの）」と呼称されている。

(15)西山恵子「大殿考」『史窓』三六、京都女子大学史学会、一九七九。

(16)『公卿補任』一「新訂増補国史大系」五三、吉川弘文館、一九三八。

(17)板橋倫行『日本古典全書　今鏡』（解説文）朝日新聞社、一九五〇。

(18)『今鏡』「ふしみの雪の朝」には、「やすのりがたちにつかうまつるいしだと中家こそ寺もちかくて。……」とある。

(19)『拾芥抄』中「増訂故実叢書」一一、吉川弘文館、一九二八。諸名所部　第二〇には「中御門南堀川東、南北二町、南一町後入賀陽親王家（高陽院御子家）」と記す。

(20)『御堂関白記』下「大日本古記録」岩波書店、一九五四。

(21)朧谷寿「十一世紀の高陽院について」『平安時代の歴史と文学』歴史編、吉川弘文館、一九八一。

(22)森蘊「寝殿造系庭園の立地的考察」（『奈良国立文化財研究所学報』第一三冊）奈良国立文化財研究所、一九六二。

(23)太田静六「藤原頼通の邸宅高陽院に就いて　附作庭記との関係」『庭園と風光』二三―五、日本庭園協会、一九四一。

(24)『扶桑略記』「新訂増補国史大系」一二、吉川弘文館、一九三二。長暦三年（一〇三九）三月十六日条「十六日寅刻。高陽院焼亡。放火云々。嫌疑人叡山専当能法師遁避山林。因茲被尋求諸国。遂以捕得。禁囚獄中云々」。

(25)『小右記』六「大日本古記録」岩波書店、一九七一。

(26)『賀陽院水閣歌合』「群書類従」第一二輯（巻一八一）、群書類従完成会、一九三〇。

(27)『左経記』「増補史料大成」六、臨川書店、一九六五。

(28)『春記』「増補史料大成」七、臨川書店、一九六五。長暦三年（一〇三九）十一月十九日条には「又被仰云、隆祐、章信一日蒙関白勘当、是依高陽院堀池事也……」とあって、焼亡後少なくとも八ヵ月後には改修にとりかかっている。

(29)『扶桑略記』天喜二年（一〇五四）正月八日条「寅時。賀陽院焼亡。天皇移幸冷泉院」。『百錬抄』「新訂増補国史大系」一一、吉川弘文館、一九二九。『百錬抄』同日条「高陽院焼亡。天皇渡御冷泉院。高陽院炎上。前滝口紀近則放火云々」。

(30)『新古今和歌集』巻第一八　雑歌下（一七二五）「日本古典文学大系」二八、岩波書店、一九五八。

(31)『春記』「増補史料大成」七、臨川書店、一九六五。

(32)太田静六『寝殿造の研究』吉川弘文館、一九八七。

(33)『後拾遺和歌集』「国歌大観」歌集編、中文館書店、一九三一。

(34)『後二条師通記』上「大日本古記録」岩波書店、一九五六。寛治三年（一〇八九）六月十五日条裏書「加陽殿造給事被仰、華山院播磨定綱給材木、私家被造材木進上殿下歟、……」。

(35)『中右記』四「増補史料大成」一二、臨川書店、一九六五。天永三年（一一一二）五月十三日条「亥時許休息、就寝之間人走来告云、当西方有焼亡、是皇居賀陽院之方也者、乍驚走出見之、火高、或已皇居者、……尋火根源之処、北対中程皇后宮女房退出之間、従曹局中火出来也……」。

（36）『後二条師通記』中「大日本古記録」岩波書店、一九五六。寛治六年（一〇九二）七月二十四日条「又参高陽院、右相撲人相具少将顕実、参、殿御坐寝殿内、召虹橋下、召相撲人御覧、脱如常、……」。

（37）『後二条師通記』下「大日本古記録」岩波書店、一九五七。寛治七年（一〇九三）正月一日条「未剋参高陽院、……殿下以下渡坤虹橋、鴈行庭中……」。

（38）『後二条師通記』寛治七年（一〇九三）四月二十七日条「天晴、於高陽院有競馬事、……上達部等候御供、経西廊并池際虹橋了、……」。

（39）『後二条師通記』寛治七年（一〇九三）七月七日条「於高陽院和歌事、……於虹橋先有糸竹事」。

（40）『中右記』「大日本史料」三―二、東京帝国大学、一九二七。寛治七年（一〇九三）二月二十二日条「于時中宮并関白殿下共御高陽院也、又陽明門院密々同御之、西対未出来、仍以東対方為礼也」。

（41）『中右記』二「増補史料大成」一〇、臨川書店、一九六五。承徳元年（一〇九七）八月五日条「賀陽院西対并廊共近日為皇居被怱作間、一日上棟了、而為大風被吹僵、又如本諸国構立云々」。

（42）『中右記』承徳元年（一〇九七）八月二日条「被勘申賀陽院西対立直日時、件対一日棟上了、而依法皇仰俄被立直小寝殿也、是依皇居便歟、……」。

（43）『中右記』二「増補史料大成」一〇、臨川書店、一九六五。

（44）『京都府伏見町誌』伏見町役場、一九二九。

（45）『雍州府志』「増補京都叢書」三、増補京都叢書刊行会、一九三四。

（46）『山州名跡志』「増補京都叢書」二〇、増補京都叢書刊行会、一九三五。

（47）『扶桑略記』永承七年（一〇五二）三月二十八日条「左大臣捨宇治別業為寺。安置仏像。初修法華三昧。号平等院」。

（48）『伊呂波字類抄』風間書房、一九六五。『伊呂波字類抄』一〇には、「平等院。永承七年三月廿八日癸酉。関白左大臣頼通公。御年六十一。改宇治別業為寺　五間四面。中尊大日東向」と記し、続けて阿弥陀堂・法花堂・御塔・五大堂・不動堂の成立年代を記す。したがって、上記の「五間四面」とは本堂のことを指すのであろう。

(49)『扶桑略記』天喜元年（一〇五三）三月四日条「関白左大臣平等院内建立大堂。安置丈六弥陀仏像。……」。
(50)『伊呂波字類抄』一〇「平等院……法花堂　天長（喜）四年十月廿二日壬寅供養之」。
(51)『扶桑略記』康平四年（一〇六一）十月二十五日条「供養宇治平等院之塔。……」。
(52)『扶桑略記』治暦二年（一〇六六）十月十三日条「右大臣藤原朝臣師実。平等院内建五大堂。供養之」。
(53)『伊呂波字類抄』一〇「平等院……不動堂　延久五年供養。……」。
(54)杉山信三『院家建築の研究』吉川弘文館、一九八一。
(55)清水擴「平等院伽藍の構成と性格」『平等院大観』岩波書店、一九八八。
(56)村岡正「平等院の庭園」『平等院大観』岩波書店、一九八八。村岡によると、宇治左岸の堤防は、文禄三年（一五九四）に豊臣秀吉が宇治川治水のために築いた槇島堤の一部が遺存し、明治時代に高く盛土されたものと推定している。
(57)『為房卿記』「大日本史料」三―一、東京帝国大学、一九二六。
(58)『後二条師通記』下「大日本古記録」岩波書店、一九五八。
(59)『中右記』六「増補史料大成」一四、臨川書店、一九六五。
(60)『兵範記』一「増補史料大成」一八、臨川書店、一九六五。
(61)『都名所図会』巻五「京都叢書」第一一巻、京都叢書刊行会、一九三四。
(62)『後二条師通記』寛治二年（一〇八八）三月五日条「(朱)上皇始御鳥羽北殿　雨降、飛羽殿北殿初御度也、……」。
(63)『中右記』寛治四年（一〇九〇）四月十五日条「天陰終日微雨、太上皇於鳥羽殿馬場、初有内競馬事、未刻許渡御馬場殿、……」。
(64)杉山信三「院の御所と御堂―院家建築の研究―」『奈良国立文化財研究所学報』第一一冊、奈良国立文化財研究所、一九六二。杉山は、『中右記』寛治六年（一〇九二）二月十七日条「又今夜太上皇還御鳥羽殿、是依新御所御渡也」や、同四月十五日条「上皇未時許有御幸鳥羽殿、是依新御所御渡也」に記す「新御所」が泉殿を指す可能性のあることを指摘している。
(65)『中右記』寛治二年（一〇八八）三月十日条「還御了、次御鳥羽殿、有御乗船之興」。
(66)『後二条師通記』寛治二年（一〇八八）三月十日条「(朱書)還御儀次御鳥羽□儀」。
(67)『増補改編鳥羽離宮跡一九八四』財団法人京都市埋蔵文化財研究所、一九八四。

(68)『鳥羽離宮跡』鳥羽離宮跡調査研究所、一九七二。

(69) 頼通には、入内させて皇子を生むべき子女を欠いていたため、道長の兄である道隆の女定子と一条天皇との間に生まれた敦康親王の女子を養女として後朱雀中宮に送り込み、また後に長女寛子（四条宮、母は俊綱と同じ祇子）を後冷泉后として入内させるが、いずれも皇子は誕生しなかった。

(70)『今鏡』「新訂増補国史大系」二一下、吉川弘文館、一九四〇。「ふぢなみの上」（梅のにほひ）には、「後三条院位につかせ給てぞ。としごろの御心よからぬ事どもにて。宇治にこもりゐさせ給て……」とある。

(71)『古事談』「新訂増補国史大系」一八、吉川弘文館、一九三二。『古事談』（第一　王道后宮）には、「後朱雀院依御薬危急。被奉譲位於春宮之時。新帝御事。幷新春宮御事等。宇治殿ニ被仰置之処。春宮御事被仰之時者。下令申御返事給。有不受之色云々」とあって、頼通には尊仁親王（後三条）の皇太子については「不受之色」があったという。また『江談抄』第三「雑事」（『群書類従』第二七輯〔巻四八六〕所収）は「壺切事。剣ハ壺切。……件剣ハ累代東宮渡物也。而後三条院東宮之時。廿三年之間。入道殿不令献給云々。其故ハ。藤氏腹東宮之宝物ナレハ何此東宮可令得給乎云々」と記し、代々東宮の渡物であるはずの「壺切の剣」を、頼通は二三年もの間尊仁親王に譲らなかったと伝えている。

(72)『小右記』四「大日本古記録」岩波書店、一九六七。『小右記』長和四年（一〇一五）八月四日条には「近日頻有催事『御譲位左府被催申事』」とあって、道長が三条天皇に譲位を迫ったことがわかる。

(73)『大鏡』「新訂増補国史大系」二一上、吉川弘文館、一九三九。大鏡「左大臣師尹条」による。また『長秋記』（『長秋記』二「増補史料大成」一六、臨川書店、一九六五）元永二年（一一一九）八月七日条に「大略人々同心合力、如奪小一条院東宮之儀歟」とあることによっても知れる。

(74) 延久の整理令以前に出された整理令として、寛徳（一〇四四〜一〇四五）、天喜（一〇五三〜一〇五七）、治暦（一〇六五〜一〇六八）の整理令があり、これ以外にも長久年間（一〇四〇〜一〇四三）に発令が審議された形跡がある。

(75)『栄花物語』下、巻三八「松のしづえ」、「日本古典文学大系」七六、岩波書店、一九六五。

(76) 能信は、陽明門院禎子内親王の中宮大夫、皇后冊立に際して皇后宮大夫となり、後冷泉中宮嫄子の後見である頼通と激しく対立し、陽明門院禎子の二宮である尊仁親王（後三条）が東宮となる際に大きく貢献している。

(77) 後三条天皇は、朝廷における朝儀、公事などの主導権を握るために、これらの作法を詳細に記録化する努力を行っている。

『後三条天皇御記』『後三条院年中行事』等はその成果であり、また『扶桑略記』に伝える承保三年（一〇七六）の大井川行幸、承暦二年（一〇七八）の殿上歌合等は、宮廷行事を自らの主導のもとに実行しようとしたことのあらわれでもある。これに対し、『百錬抄』永保三年（一〇八三）閏六月二日条には関白家女房主催の歌合を華美さの故に停止させたことや、『後二条師通記』永保三年十月十二日条には関白師実の大井川遊覧を差し止めたことを伝え、藤原氏主催の行事を積極的に押さえて主導権を確立しようとする天皇側の意気込みを見ることができる。

(78)『尊卑分脈』三「新訂増補国史大系」五八、吉川弘文館、一九五七。

(79)白河上皇は、最初堀河天皇の皇后に自分と同母の妹である篤子内親王をあてたが、堀河天皇より二十歳近く年上で皇子は誕生しなかった。篤子内親王の立后は、白河院が、後三条天皇の遺志を違える上での一種の免罪符としての行為であった。

(80)『中右記』二「増補史料大成」一〇、臨川書店、一九六五。『中右記』康和五年（一一〇三）正月十七日条には「皇子之事多年之思只在此一事、今已相叶、誠是勝事之由、有御気色、又聞、上皇御感之余、已及落涙、其理可然歟」と記し、白河院が宗仁親王（鳥羽天皇）の誕生をことのほか喜んだことが伝えられる。

(81)『愚管抄』「日本古典文学大系」八六、岩波書店、一九六七。『愚管抄』巻四には「ヤガテ御出家アリケルニ、ホリカハノ院ウセ給テケル時ハ、重祚ノ御心ザシモアリヌベカリケルヲ、御出家ノ後ニテ有リケレバ、鳥羽院ヲツケマイラセテ、……」とあって、鳥羽天皇誕生以前には病弱であった堀河天皇に万一の事態が発生したときには、白河院自ら重祚することを決意していたという。

(82)竹内理三「院政の成立」『岩波講座日本の歴史』四（古代四）、岩波書店、一九六二。

(83)『中右記』二「増補史料大成」一〇、臨川書店、一九六五。

(84)『尊卑分脈』三「新訂増補国史大系」六〇、吉川弘文館、一九六五。

(85)『古事談』「臣節」、「新訂増補国史大系」一八、吉川弘文館、一九三二。

(86)『愚管抄』「日本古典文学大系」八六、岩波書店、一九六七。巻第四。「京極大殿ト云運者又殊勝ノ器量ニテ、白河院ヲリ居ノ御門ニテ、ハジメテ世ヲオコナハセ給ニ、アイアイマイラセテメデタクアル也」。

(87)『中右記』三「増補史料大成」一一、臨川書店、一九六五。『中右記』嘉承二年（一一〇七）七月十九日条によると、「我君才智漸高、已通諸道、就中法令格式之道、絃管歌詠之遊、天性所授不愧往古、従少齢之日及大位之年、敍位除目御意所及、為先道理也」とある。
(88)『今鏡』「すべらぎの中」もみじのみかり。他に「ふぢなみの上」(なみのうへのさかづき)の章には、「このおとゞ心ばへたけく。すがたも御のうもすぐれてなんおはしましける」と記す。
(89)『平家物語』上「日本古典文学大系」三二、岩波書店、一九五九。平家一之巻「願立」による。師通の性格に関する同様の記事は、彼の日記『後二条師通記』にも随所にみられ、例えば永長元年(一〇九六)正月十二日条には「有非理時、可申道理也」とあって、物事に対する批評は遠慮会釈なく行ったことがわかる。
(90)『本朝世紀』「増補国史大系」九、吉川弘文館、一九三三。康和元年(一〇九九)六月二十八日条。
(91)『中右記』一「増補史料大成」九、臨川書店、一九六五。永長元年(一〇九六)八月七日条。
(92)『中右記』三「増補史料大成」一一、臨川書店、一九六五。天仁元年(一一〇八)十月二十八日条。
(93)『宇治拾遺物語』巻三—一四「伏見修理大夫俊綱事」、「日本古典文学大系」二七、岩波書店、一九六〇。
(94)『官職秘抄』「群書類従」第四輯　官職部(巻七〇)、群書類従完成会、一八九八。近江は大国・丹波・讃岐、但馬を上国とする。これらは収穫量の多い順に定められた。
(95)真鍋熙子「橘俊綱考—その一　伝記をめぐって—」『平安文学研究』二五、平安文学研究会、一九六〇。
(96)真鍋熙子「橘俊綱考—その二　俊綱の周辺—」『共立女子大学短期大学紀要』四、共立女子大学、一九六〇。
(97)『尊卑分脈』三「新訂増補国史大系」六〇上、吉川弘文館、一九六一。この源隆国女は俊綱の一男(橘家光)の母である。
(98)『尊卑分脈』三「新訂増補国史大系」六〇上、吉川弘文館、一九六一。
(99)『尊卑分脈』三。この源隆国女は藤原頼宗の末裔の能仲の母である。
(100)『扶桑略記』「新訂増補国史大系」一二、吉川弘文館、一九三二。承暦三年(一〇七九)七月九日条「中宮誕皇子。先是。出御但馬守橘俊綱里第」。
(101)『江記』「大日本史料」三—二、東京大学、一九二七。寛治七年(一〇九三)正月十九日条には、殿上人四位の最初に「修理大夫橘俊綱朝臣」をあげる。
(102)『かげろふ日記』「日本古典文学大系」二〇、岩波書店、一九五五。
(103)『愚管抄』巻第四「日本古典文学大系」八六、岩波書店、一九六七。

(104)『扶桑略記』応徳三年(一〇八六)十月二十日条「公家近来九条以南鳥羽山荘新建後院。……讃岐守高階泰仲依作御所。已蒙重任宣旨。備前守藤原季綱同以重任。……」。
『百錬抄』寛治元年(一〇八七)二月五日条「上皇遷御鳥羽離宮。……本是備前守季綱朝臣領也。去年進上之。讃岐守泰仲造進舎屋」。
(105)『中右記』承徳二年(一〇九八)十月二十六日条「暁法王有御幸鳥羽殿云々、為遷御新所云々、……今日上皇遷御鳥羽殿新造北御所、……是閑院被壊、渡之御所也、丹波守為章朝臣作也、……」。
(106)『中右記』六「増補史料大成」一四、臨川書店、一九六五。大治四年(一一二九)七月十八日条には、「法皇御時初出来事、受領功万石万疋進上事、十余歳人成受領事、……始自我身至子三四人同時成受領事、……」とある。
(107)『中右記』三「増補史料大成」一一、臨川書店、一九六五。天仁元年(一一〇八)正月二十四日条には、「□受領官任国次第頗違乱、壊道理事、只仰天道許歟」とある。
(108)長和五年(一〇一六)、尾張国軍司百姓が受領藤原経国の不法を訴えたほか(『御堂関白記』)、寛仁三年(一〇一九)には丹波国(『小右記』)、治安三年(一〇二三)には伯耆国(『小右記』)、万寿三年(一〇二六)には伊賀国(『左経記』)などの百姓が、それぞれ受領の非道を愁訴するにおよんでいる。
(109)『今鏡』「ふじなみの上」ふしみの雪の朝、「新訂増補国史大系」二一下、吉川弘文館、一九四〇。
この修理のかみの。昔尾張国にすんがうといひけるひじりにておはしけるを。あつたの社のつかさのないがしろなることのありければ。むまれかはりて。その国のかみになりて。かの国にくだるまゝに。あつたにまうでゝ。その大宮司とかをかなしくせためられなどしければ。あやまちなき物をかくつかまつるなど神に申しければ。ゆめに昔すんがうといひてありしひじりの。法施をとしごろえさせざりしかば。いかにもえとがむまじきとぞみたりける。
(110)『中右記』承徳元年(一〇九七)閏正月四日条裏書には「内蔵頭次第」を記し、俊綱は藤原顕綱以降の受領のうち第四代目に記されている。
(111)橋本義彦「院政政策の一考察」『書陵部紀要』四、宮内庁書陵部、一九五四。
(112)森田悌「平安中期の内蔵寮」『平安時代政治史研究』吉川弘文館、一九七八。
(113)『中右記』承徳元年(一〇九七)四月三十日条には「近会有松容之次御気色云、汝欲成内蔵頭如何、予奉曰、従往古以来、

為蔵寮頭者、或蔵人頭、或弁官、近衛将任来、雖然近代御服美麗、寮納不足、仍被任顕綱朝臣後、次八人皆以受領也」とあり、寮経営経済の不足に反比例して内蔵寮で扱う服飾が美麗になってきていることを指摘し、これを支えるために藤原顕綱以降八人がすべて受領をもって任命されたとしている。

(114)『歌合集』「日本古典文学大系」七四、岩波書店、一九六五。承暦二年（一〇七八）の内裏歌合には、「蔵人頭実政朝臣左方ノ頭ト為ル。右方蔵人頭無キニ依ツテ、位階ノ上臈ヲ以ツテ、修理大夫俊綱朝臣ヲ用ウ」とあり、注(13)の俊綱死亡記事にも修理大夫としているから、少なくとも一七年以上は修理大夫に在任したことになる。

(115) 久恒秀治『作庭記秘抄』第一〇章「橘俊綱」誠文堂新光社、一九七九。

(116)『今鏡』「ふぢなみの上」ふしみの雪の朝、「増補国史大系」二一下。

(117)『今鏡』「ふぢなみの上」ふしみの雪の朝。「やすのりの民部卿は。おほ殿の中将など申て。まだいはけなくおはしましけるに。……」。

四　浄土庭園

1　序　言

本節では、平安時代中期以降に多く登場した浄土庭園における眺望の特徴について明らかにする。本論に入る前に、まず「浄土庭園」の語義規定について触れ、本節で対象とする浄土庭園の範囲を明らかにしておく。いわゆる「浄土庭園」とは、一九四〇年前後に日本庭園史研究の分野に定着し始めた造語であり(1)(2)、仏堂と一体となって仏の浄土を荘厳するために仏堂前面に準備された園池を指すのが今日では通説となっている。本書でも、基本的には上記の語義規定に従うが、一方では仏堂に安置された本尊の種別に拘らず、このような様式を持つすべての庭園を、広義の「浄土庭園」の範疇に含め得ることにも留意しておかなければならない。すなわちインドから中国に仏教が伝播する過程で形成された大乗思想には、十方世界に存在する諸仏のいずれにも、その居所たる仏国土（浄土）を想定するから、本尊の種別を問わず仏堂の前面に仏国土を表現するために準備された園池は、広義において「浄土庭園」と呼称されるべきものである。したがって本節では、阿弥陀如来の極楽浄土を表現する庭園に限定することなく、釈迦の容厳（霊山）浄土や薬師如来の浄瑠璃浄土、そして正確には浄土ではないが疑似浄土ともいうべき弥勒の兜率天浄土などの天部を浄土と見なす思想など、多種の浄土の反映として生成された庭園のすべてを考察の対象としている。

さて、浄土信仰は平安初期から天台浄土経の勃興や末法思想を背景としてやがて全貴族階級に浸透したが、寝殿造住宅内の庭園に付随して造営された小規模な持仏堂の域を脱皮して、純粋な大規模な伽藍の中に浄土庭園を築造する嚆矢ともなったのは、藤原道長によって造営された法成寺であった。法成寺は平安京域に接して立地したいわば都市立地型の浄土伽藍であったが、道長の息男頼通の造営になる平等院は洛外の別業を母胎とする郊外立地型の浄土伽藍で、法成寺における空間構成、景観構成をさらに発展させたものである。また洛東白河に次々造営された御願寺のなかでも魁となった白河天皇による法勝寺は、法成寺の伽藍配置の一部と奈良式の復古的伽藍様式を踏襲しつつ極楽浄土を表現したもので、東山に近接するが故に園池と庭外の自然景観とを視覚的に結合させることを可能とし、自然の山を浄土空間の背景的効果を持つものに転化させる素地を含むものであった。そして仏堂と園池と自然景観の三者関係を明確に関連あるものとして最大限に表現したのが平泉の無量光院であった。したがって本節では、まず2において上記の四つの代表例をとりあげ、そこに見られる浄土庭園の空間構成、景観構成の特徴について例証する。さらに3では全国各地に伝播した浄土庭園の事例を渉猟し、2で明らかとなった浄土庭園の特性を確認するとともに、各事例の特殊性について言及する。そして4では浄土庭園の生成・流行の背景となったいくつかの問題をとりあげ、2で得た成果を補完的に証明する。

2　浄土庭園の特徴

まず最初に、法成寺を始め、後続の平等院・法勝寺、そして最も発展した形態に位置づけられる平泉の無量光院など、浄土庭園の典型ともいうべき四例に焦点をあて、浄土庭園が持つ空間構成上、景観構成上の特徴の抽出を試みる。

(1)　法成寺

法成寺は、『阿娑縛抄』に「在近衛北、京極東、入道大相国御建立」(3)と記す如く、藤原道長が自らの邸第土御門殿の東に接して、近衛大路を南限とする京極大路から鴨川までの敷地に造営した寺院である。『中古京師内外地図』（図118）は西を中河、東を鴨川に接する近衛大路以北のほぼ六町を寺域とする。(4)杉山信三は、この六町のうち南の方二町を主要伽藍域に、さらにその北側の二町を子院および僧坊域に比定した。(5)同時に杉山は、この寺域内に想定される主な堂宇の名称と造営年代を、阿弥陀堂供養、金堂供養、天喜六年（一〇五八）火災焼失直前、再建の四時期に分けて示している（表19）。本項では、法成寺が浄土伽藍として持っている景観構成の特徴分析を行う前に、まず最初に法成寺の伽藍配置に関する従来の研究史について概観し、併せて若干の私見を述べておく。

法成寺の伽藍配置は古く鵜飼峯生によって概略が提案されたが、(6)その後福山敏男(7)や前掲の杉山(5)の研究によって配置の変遷や各建物の規模に関する復原が進み、最近では清水擴(8)の研究によって新しい復原案が提案されている（図120）。

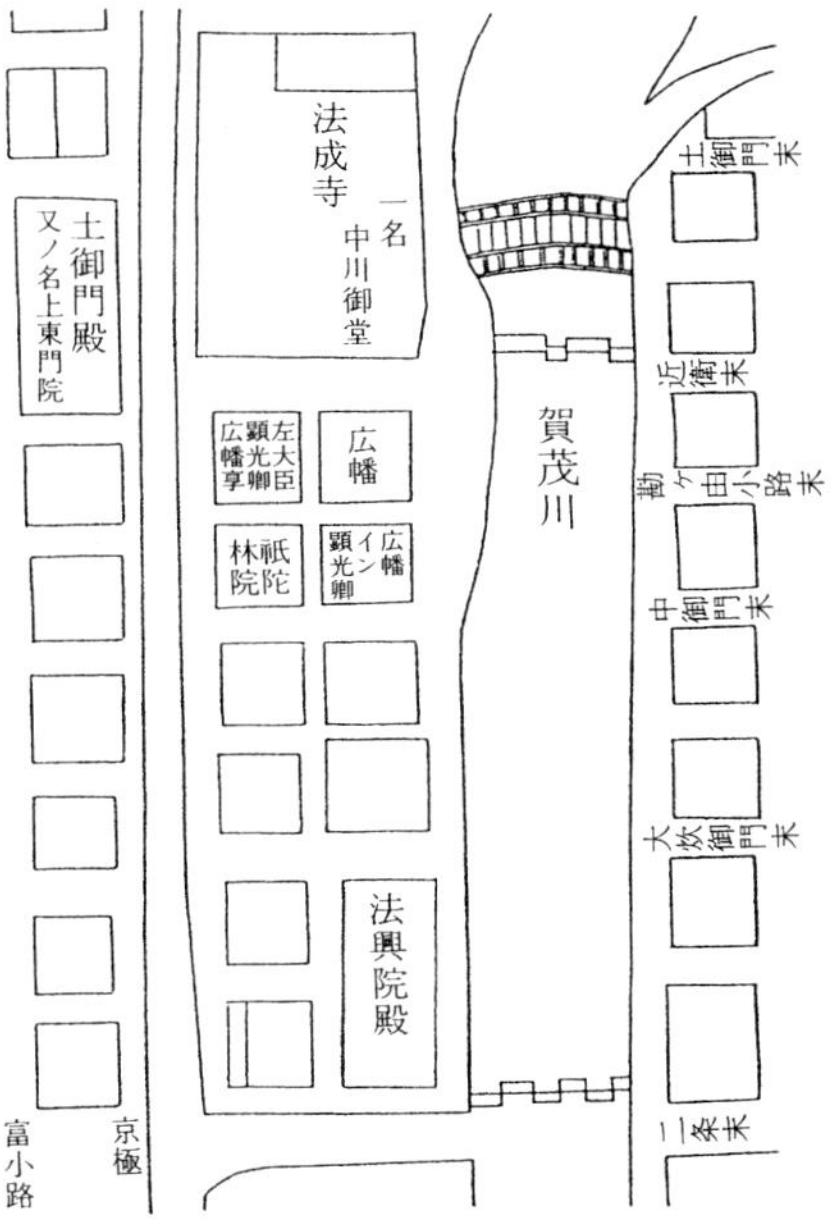

図118　中古京師内外地図(4)

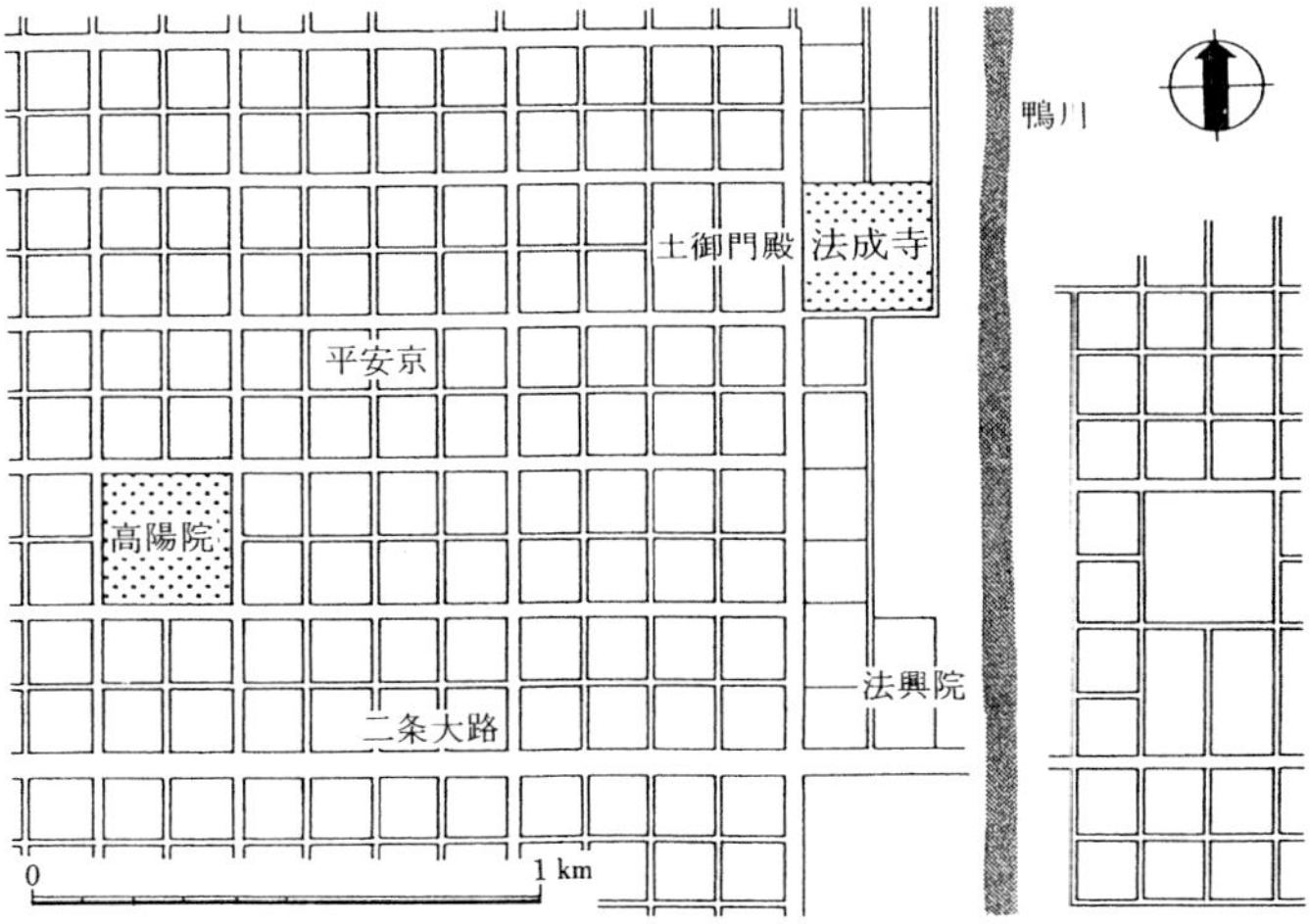

図119　法成寺位置図(9)

表19　法成寺の主要堂宇の変遷(6)

年	道長	倫子	彰子	土御門殿	阿弥陀堂(1)	〃(2)	十斎堂(1)	〃(2)	三昧堂(A)	南楼	宝蔵	西北院	金堂	五大堂	鐘楼	経蔵	三昧堂(B)	薬師堂	釈迦堂	塔	尼戒壇
1015 長和4	病重し																				
1016 〃5				7.27 焼亡 10.29 居礎																	
1017 寛仁元																					
1018 〃2	この頃病			6.27 移徙 10.22 行幸																	
1019 〃3	3.21 出家				7.17 着想 12.4 造仏																
1020 〃4					1.14 築壇 3.22 供養		4.27 事始														

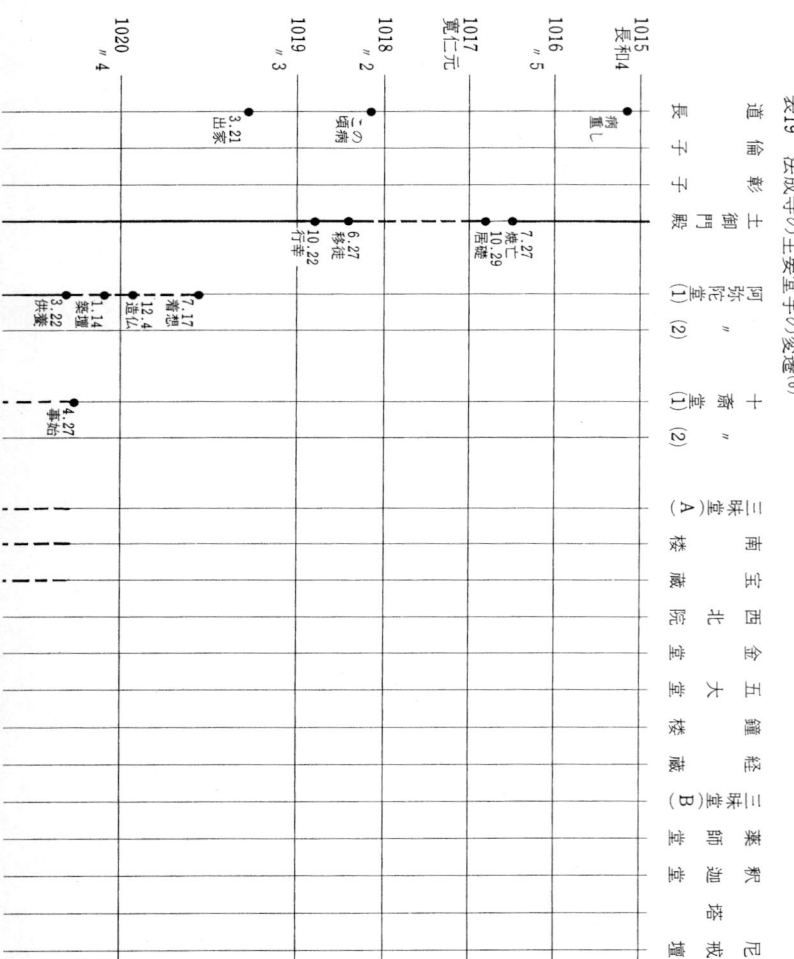

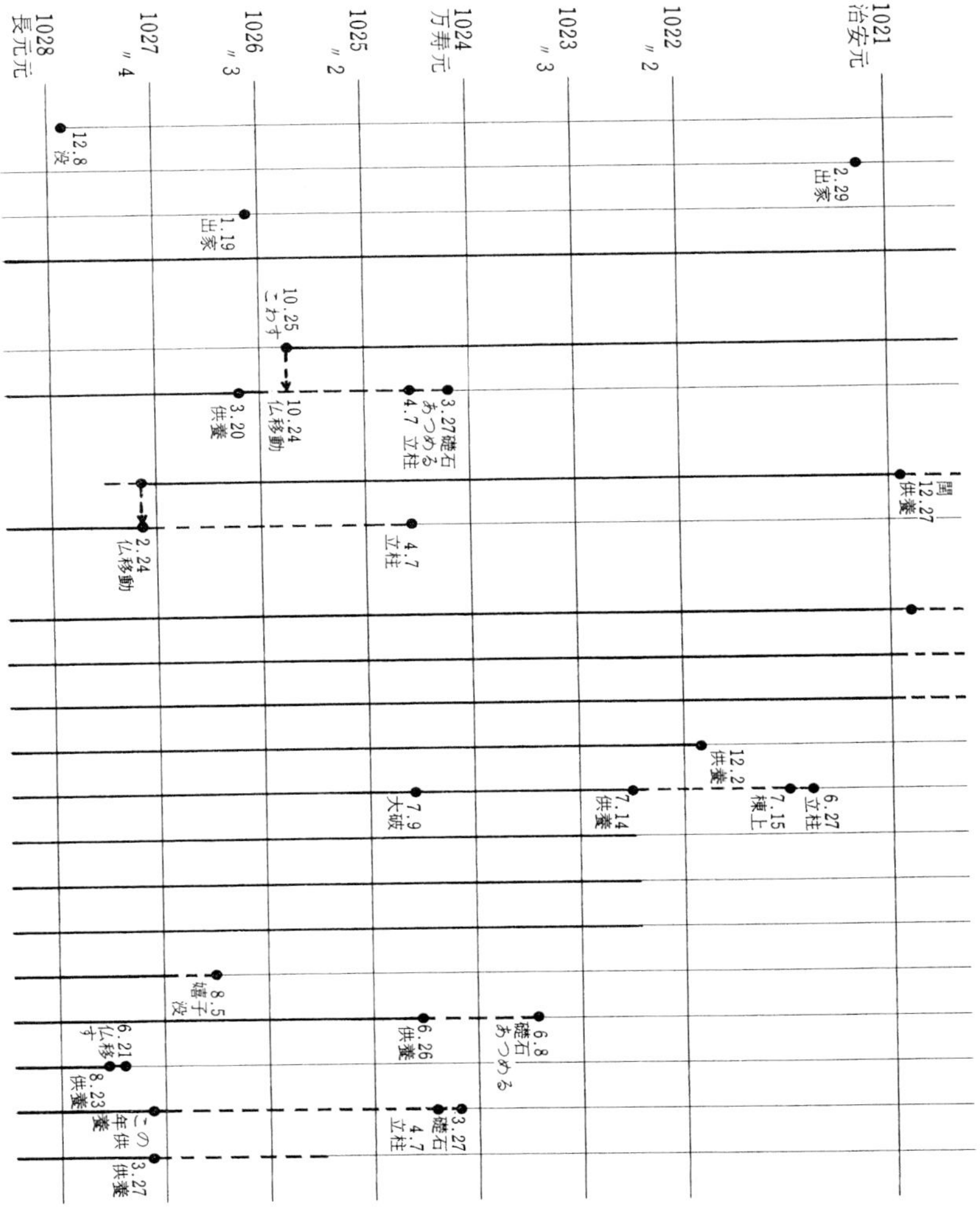

1021 治安元
1022 〃2
1023 〃3
1024 万寿元
1025 〃2
1026 〃3
1027 〃4
1028 長元元
12.8 没
2.29 出家
1.19 出家
10.25 こわす
10.24 仏移動
3.20 供養
3.27 礎石あつめる
4.7 立柱
閏12.27 供養
2.24 仏移動
4.7 立柱
12.2 供養
6.27 立柱
7.15 棟上
7.14 供養
7.9 大破
8.5 嬉子没
6.8 礎石あつめる
6.26 供養
6.21 仏移す
8.23 供養
この年供養
3.27 礎石
4.7 立柱
3.27 供養

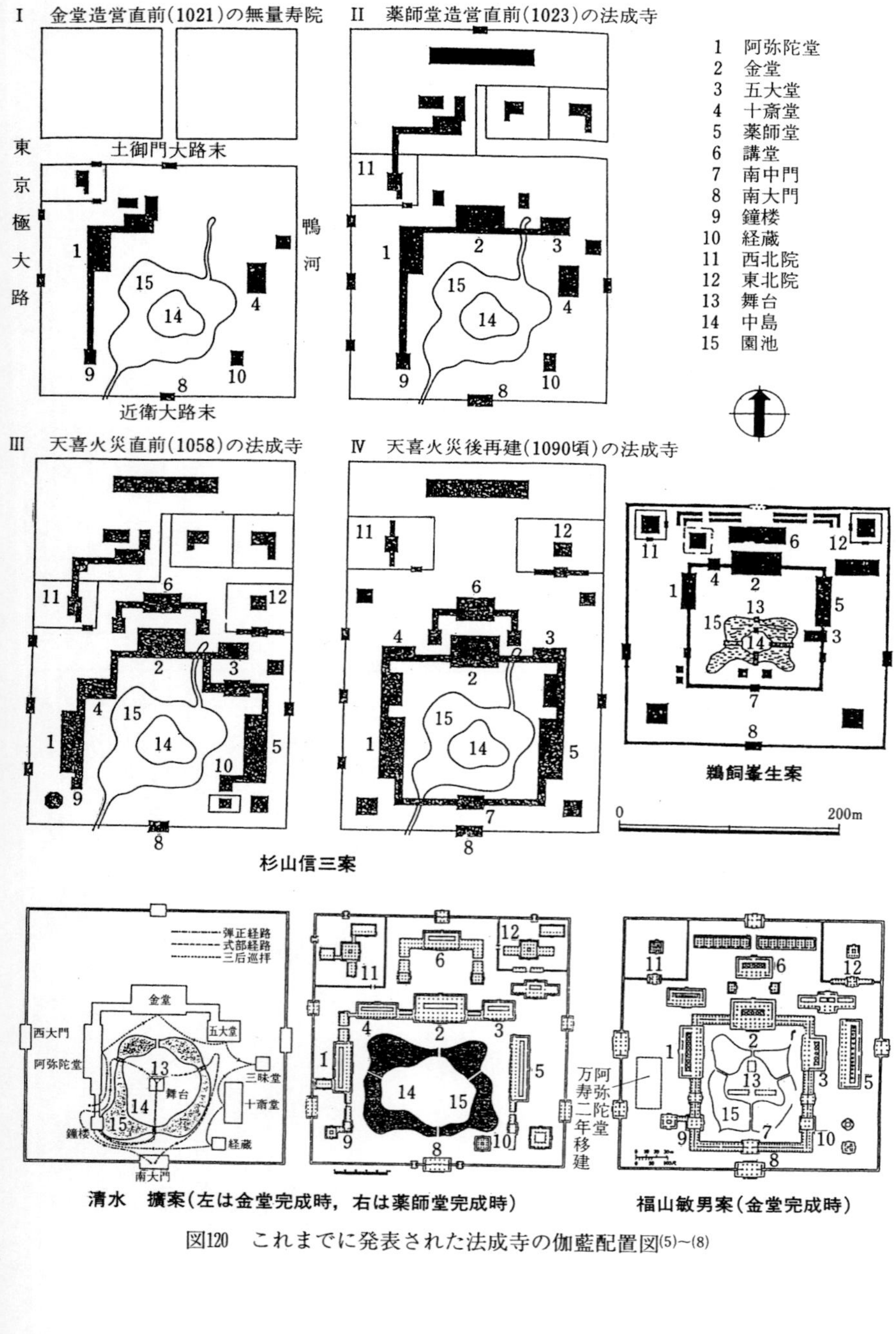

図120　これまでに発表された法成寺の伽藍配置図(5)～(8)

しかし、法成寺推定地が現在の京都市街地のなかでも家屋密集地帯に位置し、発掘調査によって諸堂宇の規模や位置を明らかにできないという弱みがあるため、いずれの復原案も日記等の文献による推定復原の域を出ないものである。史料を駆使した上記諸先学の功績は浄土寺院伽藍の研究を進める上で今日大きな意義を持ってはいるが、四者の復原図には共通点も多い反面、そうした現実的な制約から少なからぬ相違点を生む結果となり、細部の配置や変遷について今後検討するべき余地を充分に残している。四者の相違は図120に明らかであるから、それらを個々に列挙することは差し控えるが、論を進めるにあたってとりあえず庭園に関連する問題に焦点を絞って四者の相違点を指摘しておこうと思う。

相違点の第一は、園池と建物との位置関係の問題である。先の復原案では四者ともに園池の復原位置を図示するが、このうち鵜飼案と福山案は道長によって完成された焼失直前の姿のみを示し、園池の位置・規模等の変遷に関する復原は不明である。両案ともに南中門と南面回廊とを想定し、廊が堂宇を相互に連結して園池の四周を完全にとり囲む伽藍配置とする点で共通しているが、園池と堂宇との位置関係において若干の相違点がある。鵜飼案では金堂南面に広い空閑地を想定するため、金堂・阿弥陀堂・薬師堂を中心伽藍の北半部に、園池を南半部にそれぞれ片寄せて復原するのに対し、福山案では金堂南面の空閑地を狭く採るため、金堂・阿弥陀堂・薬師堂などの主堂宇群と園池とはそれほど隔たりを見せない。前者が堂宇群と園池とをことさら分離したような印象を与えるのに対し、後者ではこの傾向をある程度解消している。

これに対して杉山案はⅠ期からⅣ期までの造営の変遷を明確に図示し、どの時期の園池も形態と位置に変化が無い。その理由は園池の改造を示す明確な史料が存在しないことによるものと思われる。杉山案の特徴は、阿弥陀堂造営当初の園池を堂の東南方に想定し、Ⅰ期では堂と園池とが明らかに中軸線を異にすると考えている点である。杉山は両者の中軸線が揃う時期を阿弥陀堂が万寿二年（一〇二五）に建て替えられた以後のこととする。

また最近の清水案では、杉山案のII期に該当する道長の金堂完成時と、III期に該当する伽藍焼失直前のそれぞれ二図を示すが、ともに阿弥陀堂と園池とは中軸線を揃えないものと解釈している。しかも注目すべき点は、両時期の間に園池の改作を想定することである。氏の論考中には園池の改作に関する記述は無いが[10]、両図を比較すれば明らかである。II期からIV期に至る期間に阿弥陀堂は当初の位置から西方に移建されており、移建に伴って園池の改作が行われなかったとすれば当然当初の阿弥陀堂の建っていた場所、すなわち移建後の阿弥陀堂と園池との間には空閑地が存在するはずである。しかし清水案の二図では阿弥陀堂と園池との距離をほぼ同長に示すから、この期間に園池西岸の拡張を想定していると解釈せざるを得ない。また焼失直前の復原図では、南中門・南面回廊に関する記録を誤記としてその存在を否定し、南に開放された伽藍配置を想定する。この点は杉山と共通するが鵜飼・福山案と相違する点である。

さて、四つの復原図の相違点に関して指摘されるべき第二の点は、第一の点とも関連して園池にかかる橋の問題である。杉山案では橋を図示しないが、他の三者は明確に図示している。鵜飼案が中島の北側にかかる橋を示さず、南・東・西のいずれの橋も金堂や阿弥陀堂の中軸線に合わせて復原するのに対し、福山、清水両案では四方の橋がすべて存在したものと考え、東西両橋のみ阿弥陀堂および薬師堂の中軸線からずらして斜めに復原している。東・西・南の橋は『法成寺金堂供養記』や『不知記』の記載から明らかに存在したことが判明するが、北橋の存在を明確に示す叙述は管見の及ぶ範囲では認められない。中島から金堂前庭にかけて北橋が存在したことも充分想定されるが、福山案と清水案ともに北橋復原の具体的根拠を示さない。両案は橋の問題に限定するならほぼ同一プランで、清水案は福山案の研究成果を継承したものと理解できる。

以上のように、四つの復原案には園池と諸堂宇との位置関係や橋の位置の問題でいくつかの相違点を認める。前述したように、文献に記された事項からのみ復原しようとする場合には、記載されない部分を推定によって復原しなければならないという弱点があり、その点で以下に述べる私見も、あくまで推定にとどまらざるを得ないことを断わっておく。

まず園池とこれをとりまく諸堂宇の中軸線相互の関係であるが、筆者は阿弥陀堂と園池とは当初から中軸線を揃えて計画されたものとの私見を持っている。この場合、園池の中軸線とは中島（中洲）のほぼ中心を通る中軸線を指す。中島は阿弥陀堂落慶から数えて二年後の金堂供養の法会記事（『不知記』治安二年〔一〇二二〕七月十四日）[11]に初出するが、阿弥陀堂完成から金堂供養に至る期間に園池の改造を推定し得る記事も認められるものの[12]、その規模がかなり大がかりであったことを示す記事も同時に認められないから、中島の上限を阿弥陀堂造営当初にまでさかのぼらせて考えることも可能であろう。筆者は、この中島のほぼ中心が阿弥陀堂の東西中軸線上に位置していたと考える。その最大の理由は、両者が法成寺造営の当初から不可分のものとして計画された可能性が高いことである。無量寿院（法成寺）の伽藍の造営順序は、道長が何故この寺を造営する必要があったのかという理由を明瞭に示している。造営当初の発願主旨は、道長が頻繁にくりかえす胸病の発作によって死期の近いことを悟り、自らの後生を極楽浄土への蘇生に託したことにあったため、当然阿弥陀堂が最優先された[13]。『左経記』寛仁四年（一〇二〇）三月二十二日条の無量寿院供養に関する記事には「乗輿入御之間有船楽」とあるから、この時点で園池が開削されていたことは疑いない。しかも法成寺は純粋な住宅として出発したものではなく、最初から寺院として造営されたのであった。したがって園池を併置する伽藍の諸堂宇の中でもとりわけ阿弥陀堂の建設が最優先されたという事実は、阿弥陀堂と園池との積極的関連性を推測させるものである。阿弥陀堂が阿弥陀如来の住む西方極楽浄土を内部空間として具現したものだとするならば、園池は阿弥陀浄土を荘厳する外部空間装置として一体的に準備された可能性はきわめて高いといえるだろう。

第二の理由として、仏堂を園池西岸に建設し、両者の関係を緊密に意識させる配置形式が、法成寺に先行する道長の第宅土御門殿においてすでに確立されていたという事実を挙げることができる。『御堂関白記』寛仁二年（一〇一八）十月二十二日条の土御門殿の競馬に関する記事によれば「堂東廂池辺為文人座」とあって、土御門殿の仏堂が園池西岸に位置し、しかも両者が近接していたことを知る。この仏堂は長和五年（一〇一六）七月二十一日の土御門殿焼亡直後に新造されたもので、規模および安置仏はともに不明である。[14] しかし旧「堂」には釈迦三尊、阿弥陀三尊が安置されていたことが判明し、再建までの期間がきわめて短いことなども考慮すれば、[15] おそらく新堂は旧規の規模や安置仏の形式をほぼ継承したものと推定される。このことは、優れて住宅的装置であった園池の西岸に現世・来世の二世安楽を願って仏堂を併設するという配置形式が、すでに土御門殿において既成概念として確立されていたことを示すものである。土御門殿の仏堂は住宅に併設された持仏堂ないしは念誦所という性格を持ち、しかも平安京域内に位置するという立地的制約も手伝って檜皮葺素木造の小規模な仏堂にとどまったであろう。しかしその東方隣接地は明らかに平安京域外に位置し、瓦葺や朱塗柱を用いて大々的に伽藍を建立し、極楽浄土を実体化することが可能であった。九品往生になぞらえて建立された法成寺の九体阿弥陀堂は土御門殿の仏堂と園池の規模を拡張し、極楽浄土具現を強調したものに他ならなかった。したがって法成寺の園池は、当初から極楽浄土を表現する空間装置として九体阿弥陀堂と中軸線を揃えて一体的に開削された可能性がきわめて高いのである。もっとも法成寺九体阿弥陀堂は、土御門殿の仏堂のように園池に近接していたわけではない。『左経記』寛仁四年（一〇二〇）三月二十二日条には「次舞有事」という一文が見られ、『小右記』にも道長、左右大臣が簀子に居て、大唐高麗舞人による「舞」等を観覧したことを記す。[16] この「舞」がいったいどこで行われたのかは不明だが、阿弥陀堂に接する東庭で行われた可能性が高い。『左経記』寛仁四年七月二十二日条に記す無量寿院百座仁王講に際して一〇〇の高座が設けられたのも、おそらく阿弥陀堂東庭であっただろう。[17]したがって九体阿弥陀堂と園池中島とが相互に中軸線を揃えていた可能性とともに、九体阿弥陀堂と園池との間には庭儀を行うための空閑地が確保されていた可能性も同時に指摘されなければならない。

しかし、この推論に問題が無いわけではない。それは阿弥陀堂供養の二年後に金堂が竣工した時、阿弥陀堂の東に渡殿がとりついていたという事実である。『権記』治安二年(一〇二二)七月十五日条に記す三后順拝に関する記事には明確に「阿弥陀堂東渡殿」とみえ、[18]『栄花物語』には前日の金堂供養に際して後一条天皇が「西の中門→西の中門の北の廊の南の階→阿弥陀堂の簀子」を経由して「東の渡殿」に着座したことを記す。[19]「阿弥陀堂東渡殿」を字義どおりに解釈すれば阿弥陀堂東方に存在する渡殿ということになるが、阿弥陀堂は南北棟であるから阿弥陀堂北妻から東方に延びる東西方向の渡殿と考えるのが妥当である。これに対して『不知記』は後一条天皇の行幸経路を「西門→中門→莚道→中門北廊東簀子→阿弥陀堂同簀子」の順に記し、最終の着座位置を「金堂西廊」とする。[20]「金堂西廊」はもちろん金堂の西に延びる東西方向の廊を指す。したがって前記の『栄花物語』の「東の渡殿」と『不知記』の「金堂西廊」とは、あるいは同一の建物の異称ではなかったかという推論が成立し、[21]阿弥陀堂北妻と金堂西妻とは東西方向の一本の渡殿あるいは廊で連絡されていたことになる。しかも『不知記』によると、金堂前面には導師の高座や公卿等の幄を設営するための南庭を要したことが明らかであるから、[22]園池はL字型に配置された阿弥陀堂・東渡殿(金堂西廊)・金堂などの主堂宇の東南方向に想定せざるを得なくなるわけである。この解釈に基づいて作成されたのが杉山案のⅠ・Ⅱ期の復原図である。見られるように、阿弥陀堂と園池との中軸線は完全にずれており、両者の一体感がきわめて希薄な配置構成となっている弱点は否めない(図120)。

しかしながらこの問題はひとえに「東渡殿」および「金堂西廊」をどのように解釈するかにかかっているといえよ

う。すなわち金堂と阿弥陀堂を連結する廊を一本の東西廊と解釈するのではなく、L字型あるいは矩折に想定することも可能なわけである。「東渡殿」の「東」を阿弥陀堂を起点とする方角を意味するものと理解し、阿弥陀堂の東方に存在する建物に連続して行く廊状建物と考えるならば、途中で少々曲折していても廊全体の呼称法として支障はないであろう。例えば『春記』永承五年（一〇五〇）三月十五日に見る講堂とその周辺堂舎に関する記録には、講堂東西両妻からL字型にのびる廊を「東西廊」あるいは「東西掖廊」と呼称している。(23)この場合、「東西」の意味が廊の棟の方向ではなく、講堂を起点として廊の存在する方角そのものを指していることに注意すべきである。したがって、金堂西廊が金堂西妻から西方へと延び、途中でいったん南折した後、阿弥陀堂北妻から東方に延びてきた東渡殿に連結していた可能性は充分にある。これらの矩折の廊は、総体的に阿弥陀堂からみれば東渡殿であり、金堂からみれば金堂西廊と呼ばれていたのであろう。あるいは二つの呼称の相違は、途中で矩折になっていたことに起因するのかも知れない。ただし南折部の延長は極力短く想定するべきであろう。

以上のように、法成寺は当初から阿弥陀堂と中島とが相互に東西中軸線を揃え、金堂が完成するに至って金堂と舞台とが庭儀のための南庭を介して南北中軸線を揃えて建設された可能性が高い。二つの中軸線の設定は、伽藍の造営が整然とした計画のもとに園池と建物との一体感を重視しつつ実施されたことを示している。

さて、阿弥陀堂に続いて金堂・五大堂・十斎堂・三昧堂が造営され、さらに薬師堂の建設とともに五大堂の移建、旧十斎堂が取り壊され、新十斎堂の建設に伴って新阿弥陀堂が建設され、旧阿弥陀堂が取り壊された。杉山・清水案では新阿弥陀堂を旧阿弥陀堂の西南方向に想定するが、『小右記』には「新造西堂」とのみ記すから、旧堂の真西に新堂を建設した可能性もある。(24)これに伴って園池の拡張に関する記述は管見のおよぶ範囲で認めることはできないから、新堂東面の園池に臨む区域には旧堂を取り壊した後の部分が空閑地として残されていたものと考えられる。旧堂は新堂完成後西大門の南腋に移建される予定であったが、急遽取り壊しとなった。(24) また新規に造営された薬師堂は、道長の病気治癒のために必要不可欠の堂宇であった。『無量寿院供養記』によれば、阿弥陀堂供養の当日に阿弥陀堂と未だ造営の途にも付かない薬師堂の「僧升検校別当三綱等、惣御堂雑事」を「自今夜被定置」とあって、道長は阿弥陀堂だけでなく薬師堂の建設についても当初から伽藍造営計画のなかに組み入れていたことが知られる。『栄花物語』(とりのまひ)の「かくて、御堂の東に、北南ざまにて、西向に、十余間の瓦葺の御堂建てさせ給て、……」の記述や、「御堂の造りざま、犬防のさまなど、西の御堂に異らず」と記すこと、あるいは薬師堂供養時の園池の状況を「池に色いろの蓮花並みよりて、風涼しう吹けば」と叙景することなどから、桁行の規模(阿弥陀堂は桁行一一間、薬師堂は桁行一五間)こそ相違するものの、園池をはさんで西に阿弥陀堂、東に薬師堂の互いに意匠・構造の類似した二棟の南北棟が並び立っていたことが判明する。薬師堂の造営に至って、園池中島の舞台を中心とする東西・南北の二本の中軸線を設定し、園池を三方から取り囲む堂宇の前面に一様に庭儀のための空閑地を準備するなど、一段と対称性の強調された伽藍配置が完成するのである。

次に、園池にかかる橋と舞台の位置に関して筆者の私見を述べておこう。まず、先述の中軸線の問題と関連して、東西の橋を福山、清水案のようにわざわざ斜めに復原する必要があるのかという疑問がある。園池の開削が阿弥陀堂の造営と同時期であることは『無量寿院供養記』の記載からも明らかであり、両者がセットで造営されたとするなら両者の中軸線はともに一致していたと考えるのが自然である。それゆえ、東西の橋は阿弥陀・薬師両堂の東西中軸線に合わせて架けられたのではないかと思う。また、中島に設営された舞台は中島北岸から池上に張り出し、舞台北橋から対岸の金堂南庭に向かって橋が架かっていたことが推定できる。福山・清水両案では舞台を中島中央に想定するが、『不知記』の「庭池之南構舞台、通中洲、……」の記事から判断すれば、上記の位置が正しい。舞台と園池北岸

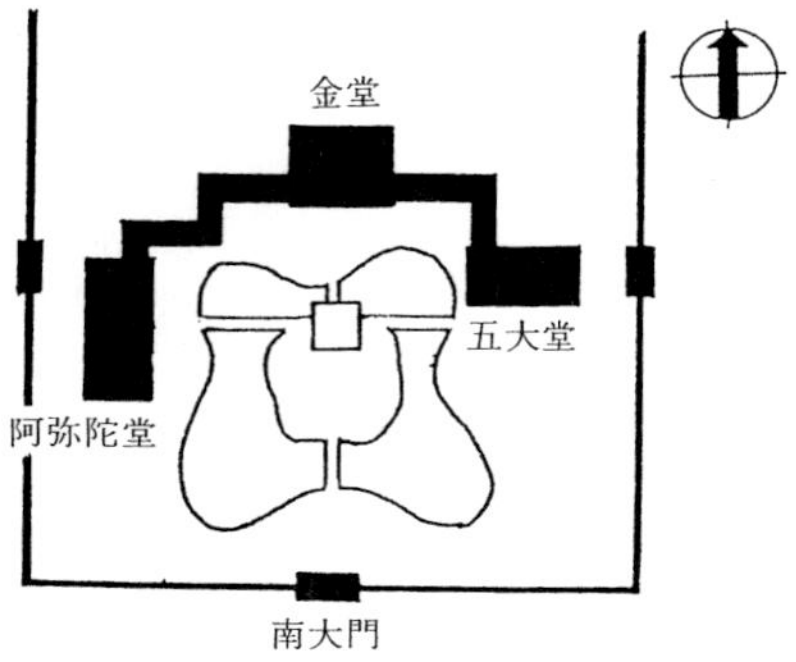

図121　法成寺伽藍配置復原模式図（私案）

を結ぶ北橋に関する記事はいずれの文献にも存在しないが、同じく『不知記』からは導師天台座主権僧正院源と呪願興福寺別当大僧都林懐が南門から金堂南庭の高座に至るコースの途上、東西両橋を経由することなく舞台を経て直接金堂南庭に達したことがうかがえるから、[25] 舞台から金堂南庭に北橋が架かっていたことは疑いない。北橋は舞台の一部と見なされていたため、あえて「北橋」と呼称はされなかったものと考えられる。したがって図121に示すように、舞台を中心に四方の橋が金堂、阿弥陀堂、薬師堂、南門と中軸線を揃えて整然と架かっていた可能性が高い。

以上のように、法成寺の伽藍配置は従来提案されてきた復原図のように南北の中軸線を設定するだけにとどまらず、阿弥陀堂、薬師堂および中島に架かる東西の橋がともに東西方向の中軸線を揃えて計画された可能性も否定できないのである。

さて上記の復原私案を前提として、以下に法成寺庭園が浄土伽藍庭園として持っている四つの特徴について述べることとする。

第一の特徴は、すでに述べたように、造営当初から園池と諸堂宇との中軸線を揃え、両者を一体感のあるものとして構成しようとしたことである。法会時に舞台が中島北端に設定されることによって諸堂宇の軸線が強調され、さらに堂宇の整備拡充に伴って中島に向かう求心的な配置構成は一層強調されることとなった。

特徴の第二は、法会を行う際の施主や賓客の着座位置が仏堂と園池の中程に設定されていることである。すでに述べたように阿弥陀堂供養では施主である道長や賓客である皇太后以下諸王卿の着座位置が阿弥陀堂東縁に定められた。

この場合人間は、浄土を内部空間として実体化した九体阿弥陀堂と、これを荘厳する外部空間としての庭園との境界部に位置し、まさに現世に創出された浄土空間の中央に位置していることになる。金堂供養の法会においても同様のことが指摘できる。金堂供養では阿弥陀堂東縁と五大堂西南庇とが僧座に定められ、太皇太后以下王卿が金堂西廊、女房が西廊北庇に着座、金堂前庭には導師・咒願の二高座を配置し、先述の如く中島に舞台、楽人の二幄、南大門を入って東に「積誦経物之所」と為す幄等が設けらている。(25) また賓客の入堂に際しては随時楽船が登場している。(27) つまり法会は金堂以下伽藍の内部と中央の庭園との一体的な利用のもとに進行し、法会の中心となる施主や賓客は内・外部空間の接点に位置しながら総体的には浄土を象徴する空間のほぼ中心に位置することとなる。この場合、人間の視界のうち一方は礼拝という行為を通じて本尊の安置された仏堂の内部に向けられ、他方は極楽浄土を荘厳するための庭園とそこで繰り広げられる庭儀の二方向に向かうことになる。しかも視点が両者の中央に位置するが故に、この二つの視界は一八〇度逆の方向に展開することとなる。このような視覚構成の特徴は、人間に対して自らが造りだした浄土空間の只中に存在するという緊迫した感情を抱かせるという点で大きな効果を持つが、2―(2)に述べる平等院阿弥陀堂のように定視点から展開する単一方向の視界において浄土空間の全体像を同時的に視覚の上で把握させるという手法とは明らかに異なるものである。

法成寺にみる法会は奈良時代以降の寺院におけるそれと同一の構成をとっており、明らかに前時代の手法を踏襲している。奈良時代の寺院伽藍では必ず仏堂の南面に庭儀空間が準備され、王卿・諸公卿・衆僧等の幄や舞台、礼盤などが設営された。施主や賓客の着座位置は当初仏堂南面の庭上に準備されていたが、次第に仏堂内や仏堂の左右に延びる廊に取り込まれ、時間の経過とともに仏堂周辺へと併呑されて行く傾向を認める。(28) したがって法成寺の法会にみる特徴、すなわち定視点からの二方向への視界の展開は、こうした奈良時代以来の法会構成の発展過程のなかで必然的に生み出されたものだといえるだろう。しかし法成寺は園池を中心とした浄土伽藍を現世に創出することを発願の最大主旨としていた点で、奈良時代の寺院と大きく異なっている。法成寺では、仏堂という内部空間において念仏を修することによって極楽浄土を観想することが求められたし、また他方では庭園等の外部空間を極楽浄土の荘厳装置として準備し、そこで大規模に繰り広げられる法会を継起として極楽浄土を疑似体験するという現世享楽的な側面も同時に重視された。極楽浄土の内面的観想とその視覚的現実化のうちに自らの極楽往生願求を達成することこそが法成寺造営の所期の目的であったとするなら、それを前時代の法会構成を踏襲しながら実現したところに法成寺の特殊性があった。極楽浄土の内面的観想は仏堂内部において完結させることによって実現した。また極楽浄土の視覚的現実化は、内・外部空間の境界部に設定した視点から一八〇度異なる二方向の視界のうえに、一方は内部空間としての浄土の光景を、もう一方は外部空間としての浄土の光景をそれぞれ個別に展開させることによって実現したのである。しかしそれは他方では法成寺の限界でもあった。前時代からの法会構成を踏襲するが故に生じた二方向への視界の展開は、本来一体として把握されるべき極楽浄土の光景を分断するものでもあったからだ。

しかしながら第三の特徴として、法成寺においてそうした景観構成手法の素地ともなるべき堂宇配置が認められることも指摘しておく必要がある。すなわち薬師堂が造営されるにおよび、薬師堂を定視点として、阿弥陀堂、すなわち極楽浄土に対する視線が園池を介して一方向に限定される可能性をはらむこととなった。同時に阿弥陀堂から園池を介して薬師堂に向かう視線も準備されることとなり、極楽浄土・浄瑠璃浄土に対する二つの視線が互いに固定化される可能性をも内在していた。しかしながら、それは第一の点でも指摘した如く、薬師堂造営後に阿弥陀堂で実施された各法会の多くが、庭上に臨む庇ないしは縁に賓客の着座位置を設定していることを考慮すれば[29]、明確な視線方向の限定にまでは発展せず、単なる素地に留まるものであることは論を待たない。

法成寺の第四の特徴は、庭園を飾る景物にある。『栄花物語』の記載に従えば、法成寺の庭園には他の寝殿造住宅庭園にはみられない特殊な景物が配置されていたことがわかる。金堂供養の日には「鸚鵡」「孔雀」などの人工の装飾物を中島の舞台周辺に配置し、園池水面には小さな造像と燈明を頂く夥しい数の人工の蓮花を浮かべたことが知られる。治安三年（一〇二三）三月十日に行われた万燈会では、燈明の中にも「孔雀」「鸚鵡」「伽陵頻」あるいは「鴛鴦」や「鴨」などの水鳥形の燈明も園池に浮かべられている。園池周囲の樹木には「真緑樹」「真金葉」「虎魄葉」「白瑠璃」等の語句が示すように、各々瑠璃色・金色・琥珀色・白色の人工の葉を付け、場合によっては「羅網」と呼ぶ宝珠を連綴した網状の布を掛け、ここにも燈明を設けたりもしている。[30] 草花では阿弥陀堂高欄の下に「薔薇」「牡丹」「唐瞿麥」「紅蓮華」等を植栽したことも注目される。[31] また金堂供養だけでなく、薬師堂供養においても同様の意匠が施されたことはすでに述べたとおりである。このような景物や植物は、一般的に同時代の他の寝殿造住宅には用いられないものであり、法成寺に特有のものである。表20は『作庭記』に記す庭園修景材料をまとめたものであるが、ここには法成寺にみられるような特殊景物は認められない。また道長の子頼通が造営した高陽院は『今鏡』に記す如く当代有数の名園を具有する邸第として名高いが[32]、とりわけ『栄花物語』に記す庭園修景材料に着目するなら、人工的な演出や加工を伴わない自然の素材が採用されていることがわかる。表21に示す如く、高陽院の修景材料のなかに、法成寺のような特殊な景物を見いだすことはできない。それらは自然の山野に自生する植物や自然の景観そのものを寝殿の南庭に移築・再配置しただけの、人為的・意識的な加工を全く伴わないきわめて即物的な自然認識に立脚するものである。『栄花物語』に記す法成寺の庭園造営に関わる叙景によれば[33]、法成寺園池は寝殿造住宅庭園の作庭工程とさほど異ならないことが判明する。前述の法成寺特有の庭園景物も、法会開催時に臨時に設営された可能性があり、普段は他の寝殿造住宅庭園と変わりない庭園景観を醸成していたであろう。しかし、植栽品種に珍しい草花

表20 『作庭記』にみる庭園修景材料

部分	種別	内容	植栽樹種
池	大海のやう	あらいそ，石，洲崎，白はま	松
	大河のやう	石，白洲，洲	
	山河のやう	つたひ石，白洲，洲	
	沼地のやう	いり江	あし，かつみ，あやめ，かきつばた他
	葦手のやう		こささ，ますけ，梅，柳他
島	山島	石，しらはま	常緑樹
	野島	石，しらはま	苔，秋の草
	杜島	平地，砂子	疎林，苔
	礒島	立石	松
	雲形	洲のみ，石なし	樹木なし
	霞形	白洲のみ	樹木なし
	洲浜形	砂子	小松（少々）
	片流		
	干潟	石（少々）	樹木なし
	松皮		
滝	みつおちの石　はなれおち， 左右の石　つたひおち はにつち　他		
遣水			桔梗，女郎，われもかう きほうし
泉			
橋			
山(枯山水)			
野筋			
樹木	柳9本　流れの代用　青竜を象徴する（東） 楸7本　大道の代用　白虎を象徴する（西） 桂9本　池の代用　朱雀を象徴する（南） 檜3本　をかの代用　玄武を象徴する（西） 東に花の木　西にはもみちの木 島に松，柳 釣殿のほとり………かへて 門付近…………………槐 門前……………………柳		

表21　『栄花物語』にみる高陽院庭園の景物

内　容	記　述　章	年　月
あやしき草木 かどある厳石 山，池 寝殿の北，南，西，東に池 中島に釣殿 岸の白菊，松	巻第23　こまくらべの行幸	万寿元年（1024）9月
滝	巻第32　歌　合	長元8年（1035）5月
泉 泉のそばの撫子，花橘	巻第37　けぶりの後	治暦3年（1067）5月
山河の流れ 滝	巻第34　暮まつほし	長久4年（1043）11月
山（奥山） 木暗き中より落ちる滝 池 紅葉	巻第36　根あはせ	天喜元年（1053）8月

や蓮を用いたことや、樹木に装飾物を付加したこと、あるいは架空の動物をも含めて多数の人工的景物を導入したことなどをはじめとして、堂宇の建築意匠にも瑠璃瓦や施釉塼を用いるなど、(34)庭園と建物の細部にわたって極楽浄土を象徴表現するための意匠に趣向を凝らしている点は、やはり法成寺の特徴として注目してよい。

法成寺の特徴の最後に、仏の種別による方位の設定を掲げておきたい。法成寺では、園池を囲むように阿弥陀仏の居所たる極楽浄土を象徴して阿弥陀堂を西方に、毘盧遮那仏の密厳浄土（蓮華蔵世界）に擬して金堂を北中央に、そして薬師如来の浄瑠璃浄土に対応する薬師堂を東方に配置し、各々の仏の持つ浄土と方位との相関関係を空間として実体化した。本節の4でも詳述するが、こうした浄土を方位に基づいて空間化するという傾向は奈良時代には想定できないものであり、平安時代初期の慶滋保胤の池亭において片鱗を確認するものの、最終的に法成寺において完成されたとみてよい。その背景には、律令体制の崩壊に端を発する政情不安のもと、永承七年（一〇五二）の末法突入を控えて各種の浄土信仰の中でもとりわけ阿弥陀浄土信仰が興隆してきたという事実があり、それに伴って諸仏が依拠する個々の浄土を明確に分離認識しようとする意識が次第に醸成され始めたものと考えられる。阿弥陀浄土信仰の台頭は極楽浄土を方位のうえで特定させる契機ともなり、それに伴って他の浄土空間の方位による特定も促進されたのである。法成寺は最初に阿弥陀堂建立に着手するという事実が端的に示すように、道長個人の極楽往生願求を発願の基調としていた。しかしながら、続く金堂、五大堂、十斎堂および薬師堂などの諸堂宇が建設されるにおよんで、呪術的な密教修法や御霊思想、あるいは薬師信仰に基づいて藤氏摂関家の安泰や道長個人の病気平癒を祈願するというかなり現世主義的欲望をも表現するものであった。そこに、道長に代表される王朝貴族の切実な願望、つまり一方で来世への蘇生を標望しつつも他方で現世に強烈な未練を残すという二世安楽的な願望を認めることができるのであり、それを空間として実現させたところに法成寺の特徴があった。

(2) 平等院

平等院は、藤原頼通が長徳年間（九九五〜九九八）以来道長の別業として藤原氏に伝領されてきた「宇治殿」を、永承七年（一〇五二）に喜捨して仏寺としたことに端を発する。[35] 平等院の諸堂宇の配置や変遷に関しては、諸先学[36]がすでに詳しく明らかにするところであるため、ここでは平等院阿弥陀堂にみる配置構成上の特徴について述べる。それらはおおむね次の四点に集約することができる。

第一は、園池が阿弥陀堂の四周をとりまき、阿弥陀堂が島の上に位置するということである。この配置構成が同じ頼通の手になる高陽院のそれと類似していることは、すでに先学が指摘するとおりである。[37] 同一人物の造営で、しかも配置構成が酷似するという事実は、両者が同一の計画理念のもとに造営されたことを推測させる。同一の計画理念が、一方は平安京内の寝殿造住宅において、他方は洛外の自然環境に包まれた浄土伽藍において、それぞれ実現されたものと理解することが可能である。すなわち、同時代の住宅と浄土伽藍との間に、空間構成手法の相互移入が行われたことを端的に示している。ただし後述するとおり、高陽院では『駒競行幸絵巻』[38]に描くように寝殿南庭が庭儀のための場所として広い空間を占めるのに対し、平等院阿弥陀堂の位置する島はかなり小さいという点で、両者は大きく相違する。

第二に阿弥陀堂の東方、園池をはさんで対岸に「小御所」あるいは「東御所」が存在し、視点となる建物と視覚の対象となる建物が中軸線を揃えて建っていたという事実である。この御所は『為房卿記』寛治元年（一〇八七）五月二十日条[39]を初現とするが、『扶桑略記』治暦三年（一〇六七）十月五日条の阿弥陀堂奉礼時の記事には「池上架錦繡仮屋」[40]とあって池上に仮設の建物を建てたことが知られ、阿弥陀堂造営直後から阿弥陀堂正面の池上ないしは東岸付近に礼拝のための内部空間が準備されていたことを推知し得る。『中右記』元永元年（一一一八）閏九月二十一～二十二日条の阿弥陀堂十種供養に関する記載に従えば、法会に際して「太后幷前斎院姫君」および「殿下（忠実）」の「御所」として使用されているから、[41]「東御所」は先述の「錦繡仮屋」のような仮設的な幄舎ではなく、かなり格式の高い常設的な建物であったことが判明する。その後日記類に「小御所」「東御所」が散見されることからも、[42]恒常的に建てられていた建物であることがうかがえる。元永元年（一一一八）の十種供養では、小御所の南に建てた仮屋を公卿座、そのさらに南の幄を楽人座とし、本堂川辺透廊ならびに経蔵方を出発した左右の衆僧や幄を出発した楽人は、いずれも東御所西面の池上に設営された舞台から橋を経て阿弥陀堂前に進むコースを採る。したがって小御所・舞台・橋は園池を介して阿弥陀堂と中軸線を揃えて東西に並び建っていたものと想定できる。しかもここで注目すべき点は、小御所が法会に際して施主および賓客の御所に充てられ、法会は必ず東御所の西方の空間で行われたという点

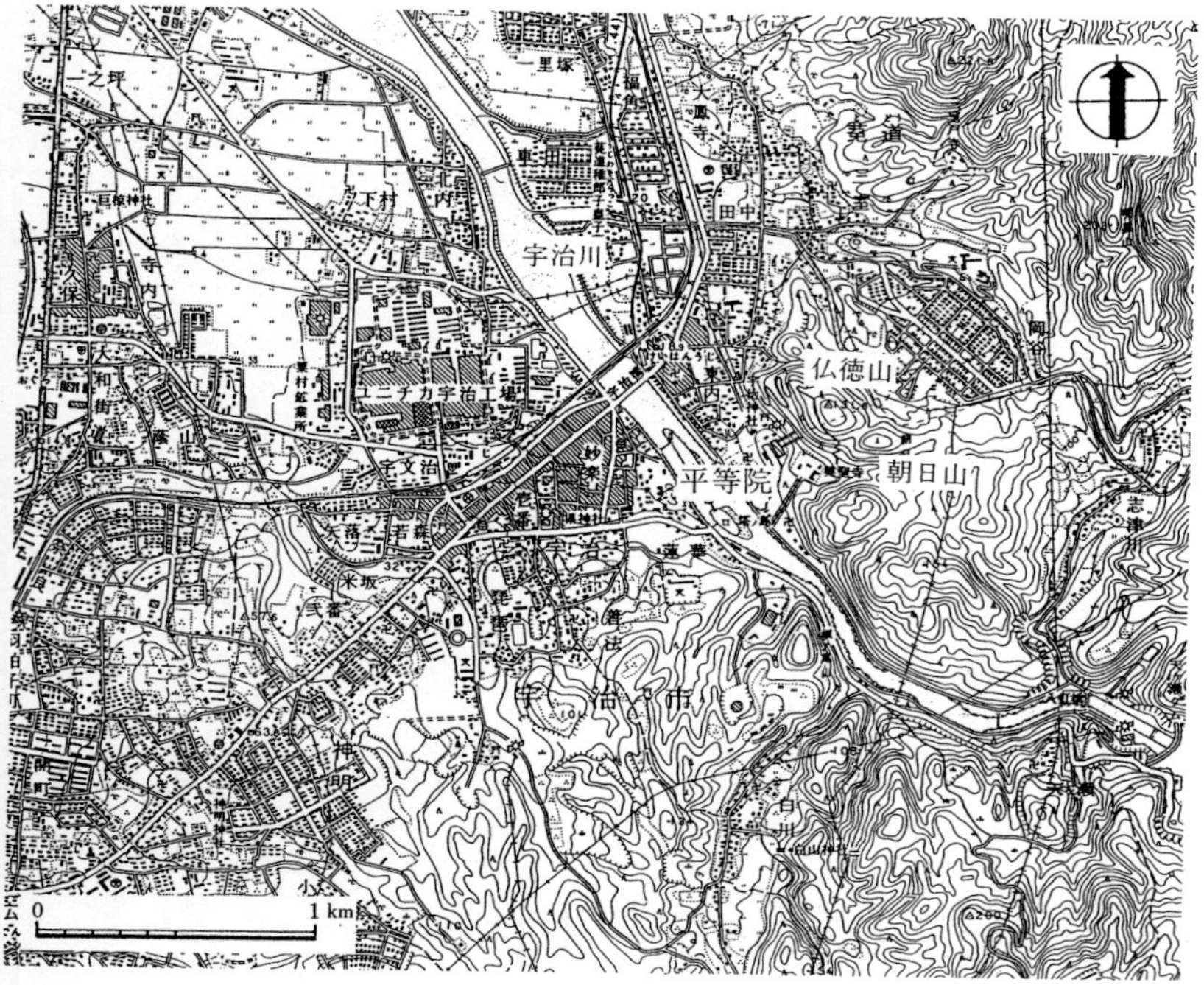

図122　平等院位置図

である。先述の十種供養を例とするなら、小御所に位置する太后・斎院姫君・殿下などは舞台・橋・園池を前面として後方に阿弥陀堂を望みつつ法会に参加することとなる。つまり「東（小）御所」は阿弥陀堂礼拝時の視点を固定するために準備された建物だったわけである。そこでは視線を一方向に限定することによって、法会における正面性が強調されることになる。法成寺では施主や賓客の着座位置が阿弥陀堂東縁にあり、視点は一地点に限定されてはいたが、そこからの視界は二方向に分断されていた。つまり、視点が中軸線を揃える仏堂と東庭とのまさに中央に位置していたため、視界の一方は九体阿弥陀像に、他方は東庭で繰り広げられる「舞」等の庭儀に向けられることになる。したがって法会の情景は互いに一八〇度異なる方向に展開することとなる。これに対して平等院では、小御所が建設されることによって、視界の方向を一方向に限定することに成功した。それは極楽浄土を内部空間として実体化した阿弥陀堂と、外部の演出空間として実体化した庭園空間とを視覚的に一体化する効果を果たし、ひいては極楽浄土を内面的な観想だけでなく可視領域において体現させるうえで重要な機能を持っていたのである。

平等院の特徴の第三は、庭園景物の面で法成寺に類似していることである。先に掲げた十種供養の法要では、園池水面に蓮の造花や水鳥の作りものを浮かべ、周囲の岸辺に鶴や砂鴒を作って樹間に置き、樹木も桜や紅葉に擬して人

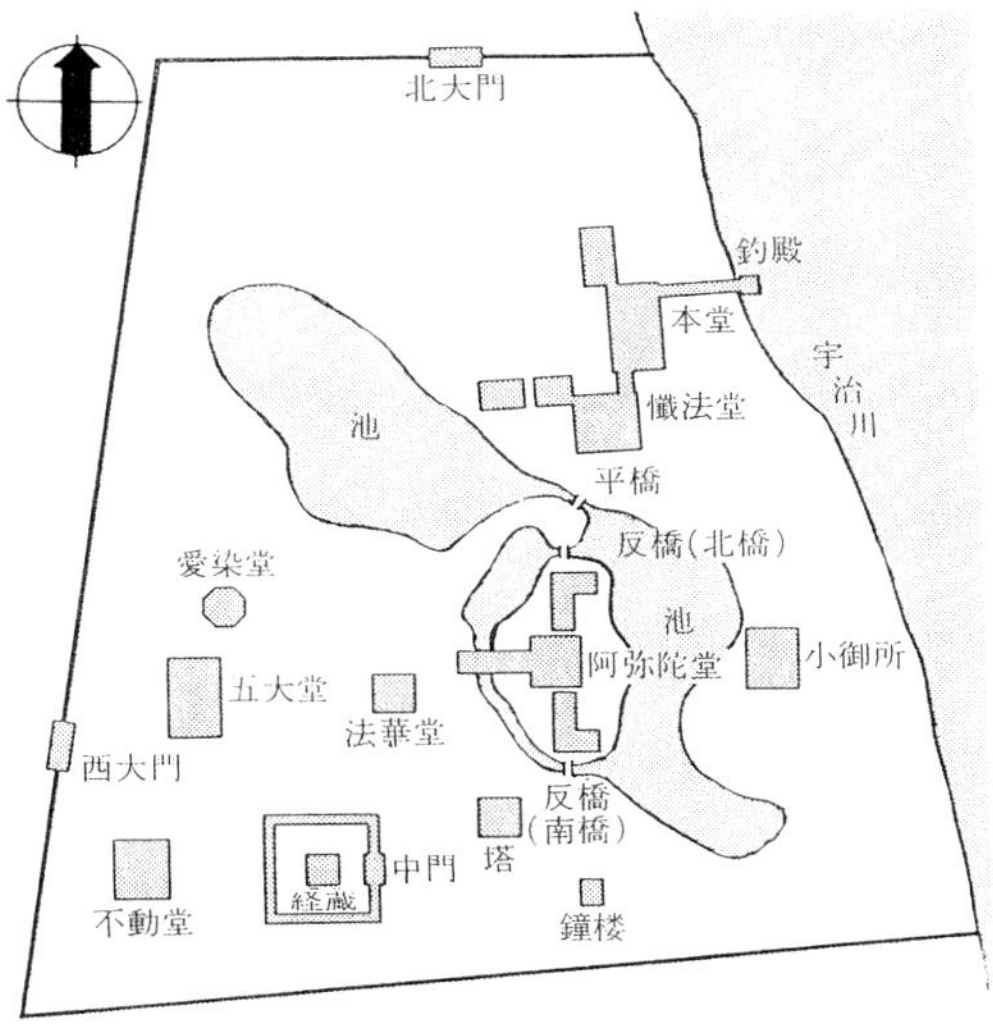

図123　平等院伽藍配置模式図（注(36)清水による）

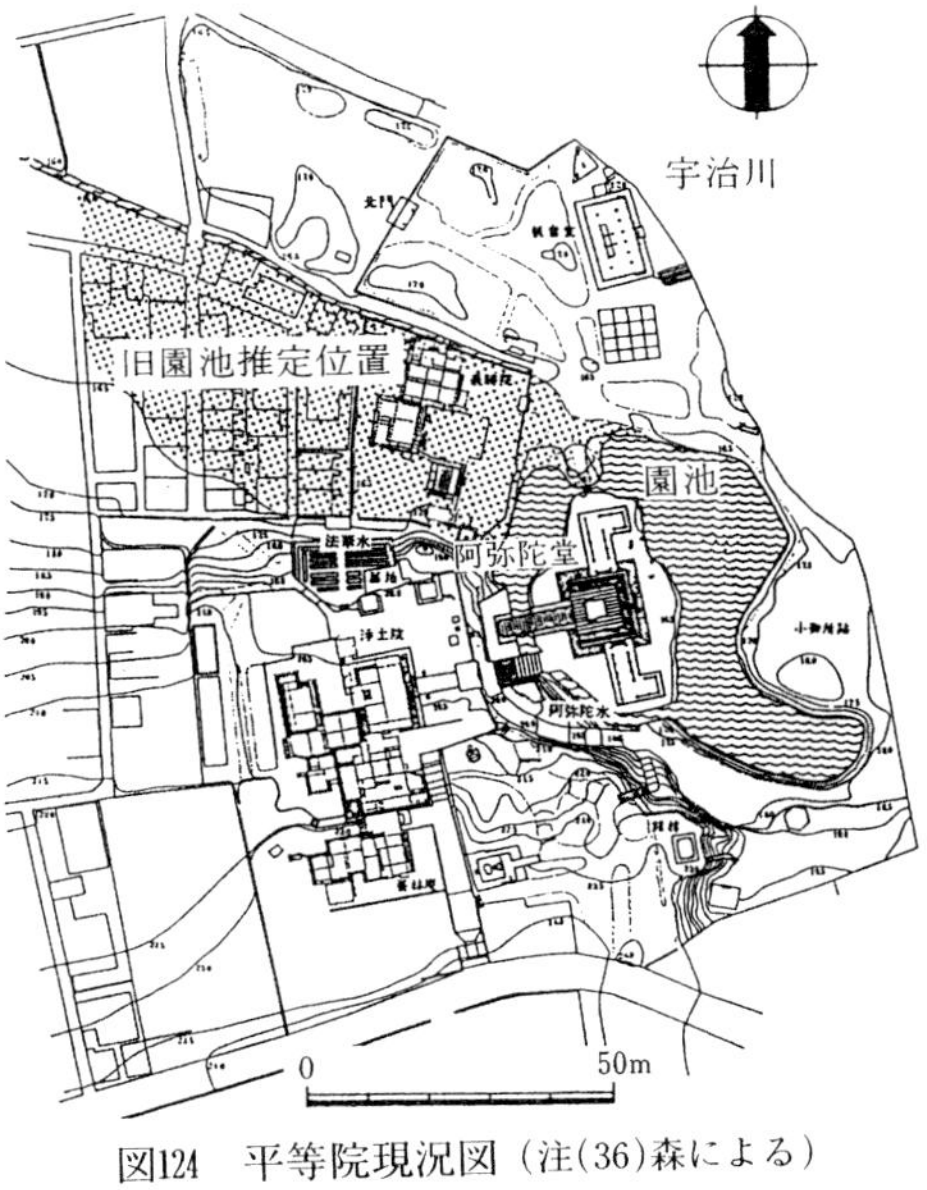

図124　平等院現況図（注(36)森による）

工的に化粧されたりもした(43)。この意匠は2—(1)でみた法成寺の庭園景物の取り扱い方と全く同一で、平等院の配置計画が高陽院のそれと同一の計画理念のもとに定められているとはいえ、他の寝殿造住宅庭園とは異なる浄土庭園特有の意匠を持っていたことが判明する。同時に阿弥陀堂の建つ中島とも呼ぶべき部分が、高陽院に比してきわめて小さいことも両者の相違点として挙がるだろう。一九九〇～九一年度に実施された発掘調査(44)の結果、平安時代の園池州浜護岸が現状の汀線より約一～二メートル陸側で発見され、阿弥陀堂の建つ中島はひとまわり小さかったことが判明した。中堂（阿弥陀堂）の東前面の調査区では、確認した平安時代の州浜状汀線遺構と現状の中堂石階第一段との延長距離が約六～七メートルしかなく、現状の前庭部よりかなり狭かったことがうかがえる（図126～128）。また翼廊の先端部では部分的に柱礎石の上端を残して水面に覆われることとなり、阿弥陀堂は左右の翼楼を含めてあたかも水面に浮かぶ宝楼の如き観を呈していたのである。中堂東正面の前庭部は、面積を考慮するなら大規模な法会の庭儀に不向きであることが明らかである。しかも前庭部中央で検出した石灯籠台石は、中堂に東面する小空地が灯籠のために準備された象徴的な場所であったことを示し、東小御所から阿弥陀堂正面へと展開する視界の正面性を強調する装置として準備されたことを想像させる。

第四の特徴点は平等院をとりまく自然環境である。宇治川の旧河床ともいうべき池沼地帯を利用して園池の造成が行われたことは、現状の地形に照らしても充分推定し得る。阿弥陀堂の西背面は『兵範記』仁平三年（一一五三）二月二十七日条(45)に「山路」と称されていたように現在でも急峻な崖地形をなしており、阿弥陀堂北側に東西に延びる帯状の低地は江戸時代の絵図(46)が示すようにもともと園池の一部でもあった（図124・129）。発掘調査の進展を待って慎重な判断を下すべきだが、おそらく園池は宇治川と連続していたのではないかと思われる。そして園池の水源としてだけではなく、宇治川は平等院の景観構成上にも大きな意味を持っていた。

図125 平等院周辺地形図

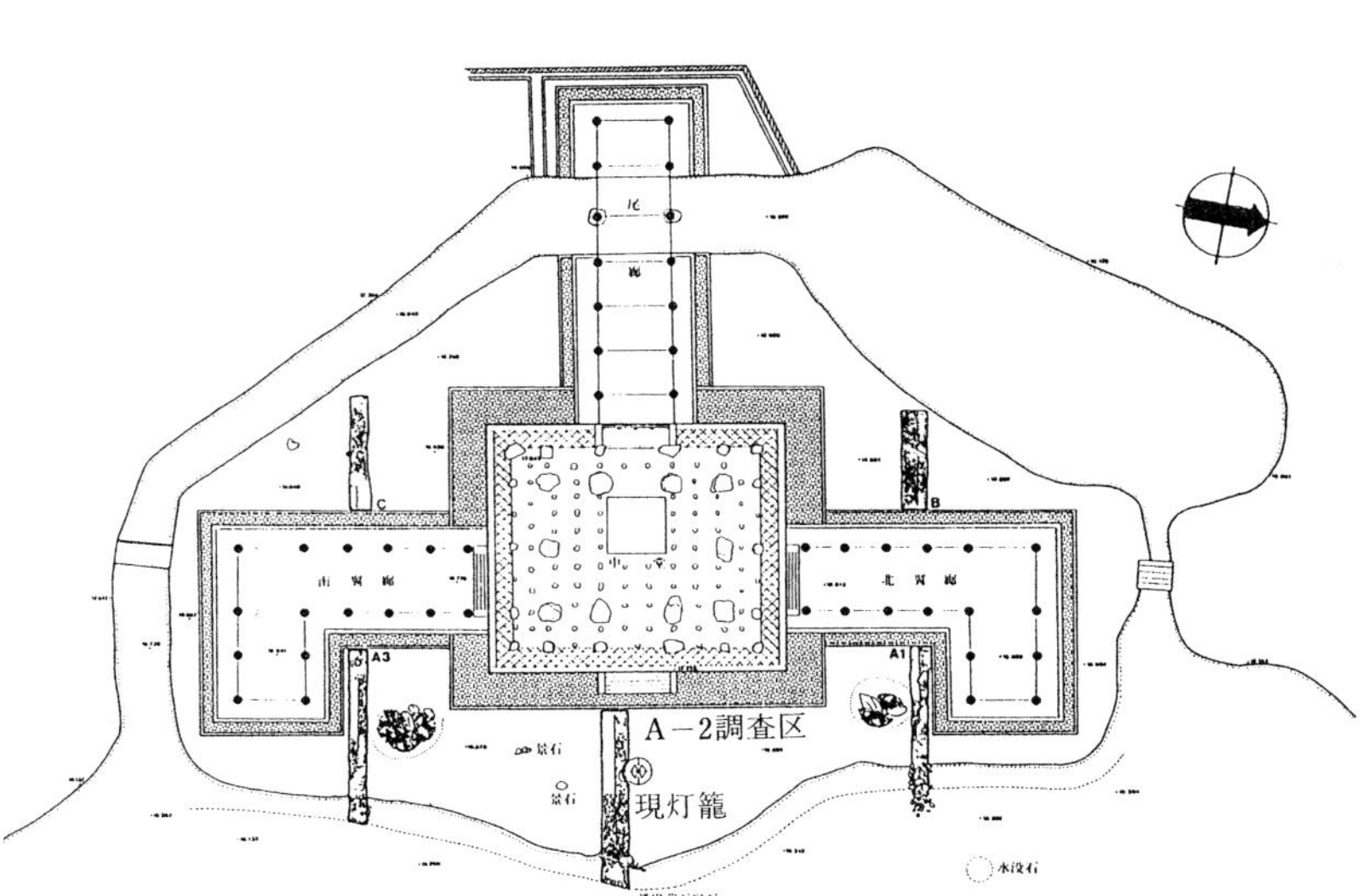

図126 1990年度平等院発掘調査位置図(44)

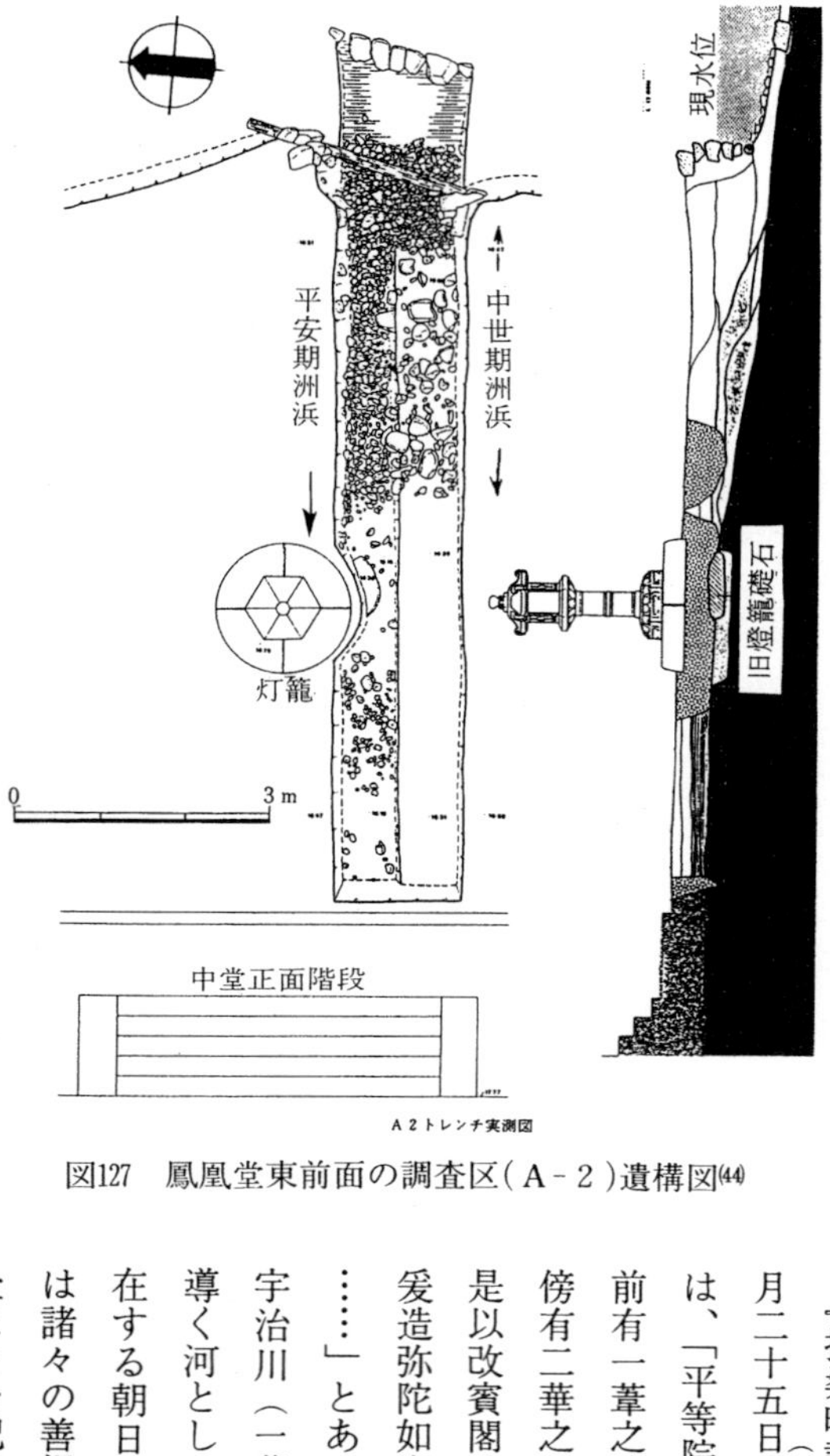

図127　鳳凰堂東前面の調査区（A－2）遺構図(44)

『扶桑略記』康平四年（一〇六一）十月二十五日条[47]の塔供養に関する記事には、「平等院者。水石幽奇。風流勝絶。前有一葦之渡長河。宛如導群類於彼岸。傍有二華之畳層嶺。不異積諸善而為山。是以改賓閣兮為仏家。廻心匠兮構精舎。爰造弥陀如来之像。移極楽世界之儀。……」とあって平等院に面して流れる宇治川（一葦之長河）は群類を彼岸に導く河として位置づけられ、傍らに存在する朝日、仏徳両山（二華之畳層嶺）は諸々の善根を積んだが故に山となったことを記す。もっともこの記述には多少の文飾も想定されるのだが、浄土経の経理解釈のもとに平等院をとりまく自然環境の意味付けを行っている点が注目される。すなわち平等院と対岸の朝日・仏徳両山を含めた地域全体を極楽浄土の空間とみなし、宇治川を浄土に通じる一葦の長河と見るのである。平等院より上流の東・南・西の三方を山脈が囲繞する空間全体を極楽浄土になぞらえ、宇治川を此岸と彼岸とをつなぐ川に見立てたものであろう。この場合此岸とは政治・経済の中心地でもある京洛を意味するのかも知れない。とりわけ貴顕の多くが宇治川を船で往来して本堂御所の釣殿に到着している事実[48]は、

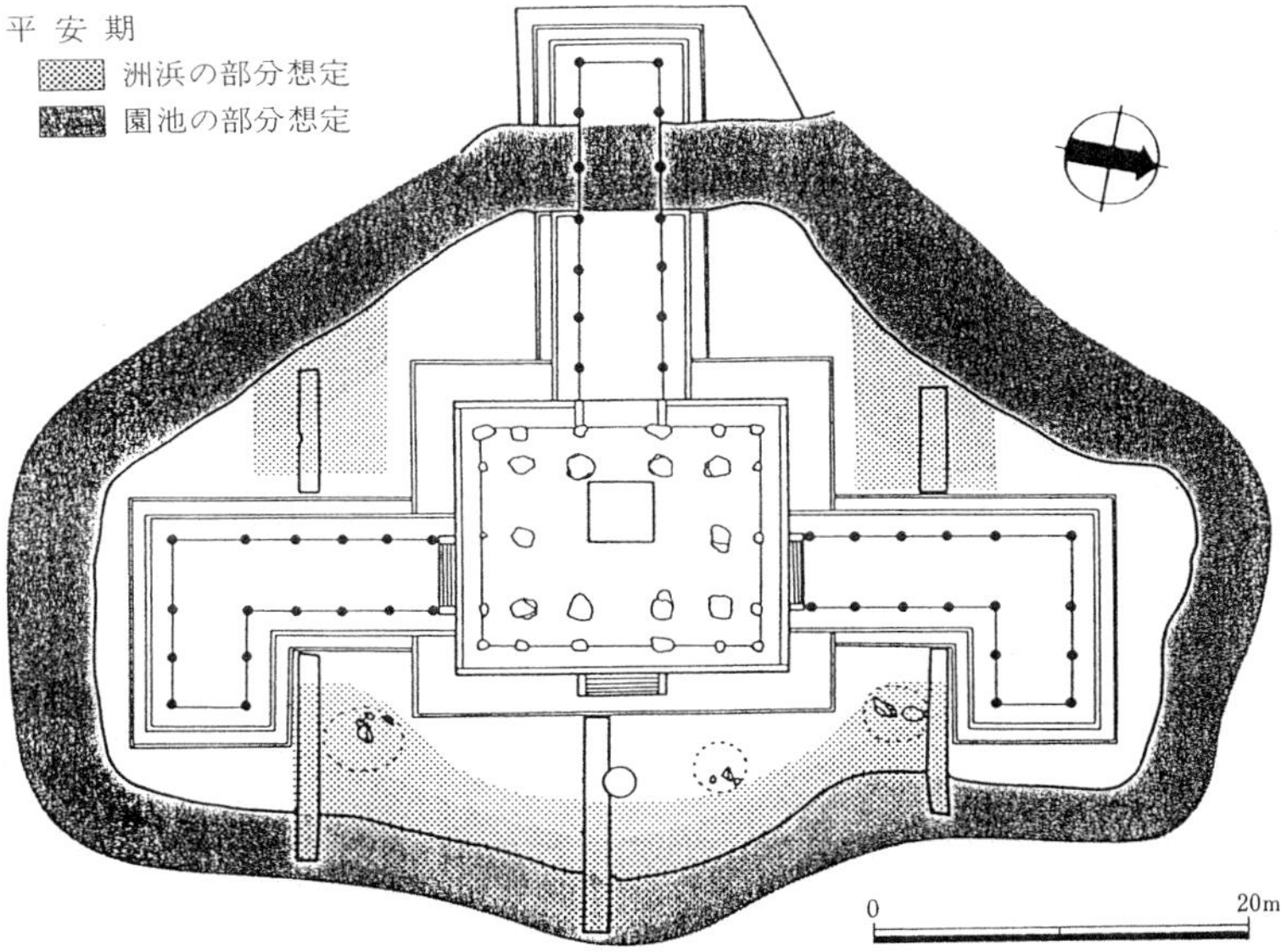

図128　発掘調査によって明らかとなった平等院の園池汀線(44)

図129　『都名所図絵』に描く平等院(46)

平等院とその周辺の自然環境に対するこうした宗教的認識を暗に裏づけるものである。

また、ここで注目されるいまひとつの点は、第二の点と関連して、極楽浄土を内・外部空間として人工的に創出した阿弥陀堂および庭園と、周辺をとりまく自然景観との関係である。先述のごとく平等院では法成寺の段階から一歩前進し、定視点となる建物を設定することによって阿弥陀堂と庭園の両景観を定視点から一方向に展開する視界の中に同一の景観として把握することに成功した。極楽浄土を象徴する内・外部空間の景観は、視線の固定に伴って正面性をさらに強調するものへと発展した。ところが周辺の自然景観は、いかに浄土経の経理によって宗教的な意義付けが行われようと、前述の一方向に固定化された視界との関連性をまったく見いだすことができない。すなわち阿弥陀堂・庭園・東小御所の三者間には東から西に向かう一方向の視線が存在するのみで、この視線の延長線上に独立峰や高い山脈などの顕著な自然景観を認めることができないのである。むしろ宗教的な意味付けが可能な朝日・仏徳両山のような独立峰は、東小御所に位置する定視点から東方に延びる視界の延長線上にある（図122・125）。したがって、平等院では仏堂や庭園などの人工的に創出された浄土空間に限れば、視界は一方向に限定され浄土景観の正面性は強調されているといえるが、周辺の自然景観をも含めた広義の浄土空間を想定する場合、視界は互いに一八〇度逆の二方向に作用することとなる。

平等院では、郊外に立地するが故に浄土として意識すべき空間を仏堂や庭園などの人工的に創出されたものだけに限定せず、周辺の自然環境にまで拡大することを可能とした。この点で平安京の外縁部に立地する法成寺のような、いわば都市立地型の浄土庭園では芽生えることのなかった意識を認めることができる。しかしながら自然環境をも含めて極楽浄土を象徴するすべての空間を、定視点から一軸線上に展開するひとつの景観として同時的に把握させることができなかった点で、平等院はなお完成に一歩およばない段階といわざるを得ない。それはいったい何故なのか。

最大の原因は単純かつ明快に平等院の立地条件に帰すことが可能であろう。極楽浄土を表わす西方に、象徴的な自然の山が存在しなかったからである。こうした立地条件の選択は、平等院の出発点が浄土伽藍の造営にあったのではなく、道長以来伝領されてきた別業を喜捨してはじめて浄土伽藍として成立したという造営の経緯と無関係ではないだろう。つまり、もともと浄土伽藍としての自然環境を考慮した立地の選択ではなかったのである。

(3) 法勝寺

平安京の鴨川以東は東山から流れ出る白川の名に因んで古くから白河と呼称され、白河上皇の院政開始以降いわゆる六勝寺が次々と建立された造寺の中心地であった。その嚆矢ともなったのが承暦元年（一〇七七）白河天皇が造営した法勝寺である[49]。法勝寺伽藍配置の復原については福山[50]や清水[51]の詳しい研究成果があり（図131）、伽藍造営の経緯や性格に関する論考も[52]~[54]、歴史、建築の分野を問わず幾多の研究者によってすでに発表されている。法勝寺に関する諸問題はこれらの研究成果にすでに言い古された感がないではないが、以下にその成果をまとめるとともに、とりわけ庭園と立地環境に焦点を絞って筆者の私見を述べてみたいと思う。

既往の研究成果による法勝寺の伽藍配置構成上の特徴は、大略以下の四点にまとめることができる。

1　法勝寺は藤原氏の法成寺に対向して白河上皇が造営した御願寺で、専制君主たる上皇自身の現世的安穏と来世往生願求を通じて、国家そのものの安泰をも同時に祈願することを造営目的とし、『愚管抄』[55]の記載どおりまさしく「国王の氏寺」とも称すべき寺であった。

2　ほぼ同時期に完成した金堂と阿弥陀堂は、前者が大日如来を本尊として密教的呪術修法のもとに玉体安穏の成就を目的とするのに対し、後者が九体阿弥陀如来を本尊として極楽浄土の体現とそこへの往生祈願を表現するものである。しかし、一方は伽藍の中心に位置するのに対し、他方は西南隅に偏っており、位置関係は両堂の伽藍内に占める歴然たる比重の差を示している。ただし供僧の数では他の堂宇に比較してやや阿弥陀堂が多く、上皇の極楽往生に対する強い願望を読み取ることができる。

3　中島の八角九重塔こそ法勝寺の性格を決定づけるものである。すなわち金堂が胎蔵界を表現する四仏を安置するのに対し、塔は金剛界の四仏を安置し、両者は一体となって両界曼荼羅の構図さながらの密教的世界観を具現するものであった。

4　金堂とその両妻から延びる東西廊がコの字型に南庭をとり囲む配置型式は、すでに法成寺講堂の一郭にみられるもので、金堂と阿弥陀堂との位置関係も含めて法勝寺は法成寺の配置型式の発展延長線上に位置づけられる。

以上の成果を踏まえて、筆者は庭園を中心とする伽藍配置上の特徴と立地環境に関する特徴を、およそ以下の四点にわたって抽出する。

まず第一に、法勝寺は鴨川と東山連峰に挟まれた洛東に位置し、平安京内はもちろんのこと、京極大路をへだて京域に接して立地した法成寺と比較しても、かなり自然環境に恵まれていたことが指摘できる。それは『栄花物語』（根あはせ、布引の滝）に記す天狗の出没の記事や、伽藍造営に伴って天狗のたたりを恐れる記事などに照らしても明らかである。(56)しかも法勝寺の西・南・北は門と築垣によって明瞭な結界を有するが、東側は白川の氾濫から寺域をまもるための堤防が築かれているだけであった。三方は人工的な構造物で伽藍の閉塞性を強調するが、東山連峰に面する東側のみ河川と堤防という自然的要素を多分に含む結界であった（図131）。『法勝寺供養記』(57)によれば、金堂供養の法会に際して、この東堤上に兵衛陣、右衛門陣の二幄を南北に設営したことが知られるから、高さも極端に高いものではなく、儀式時に人間の登降を可能とする程度の比較的緩勾配の土堤であったと推定できる。したがって、法勝寺

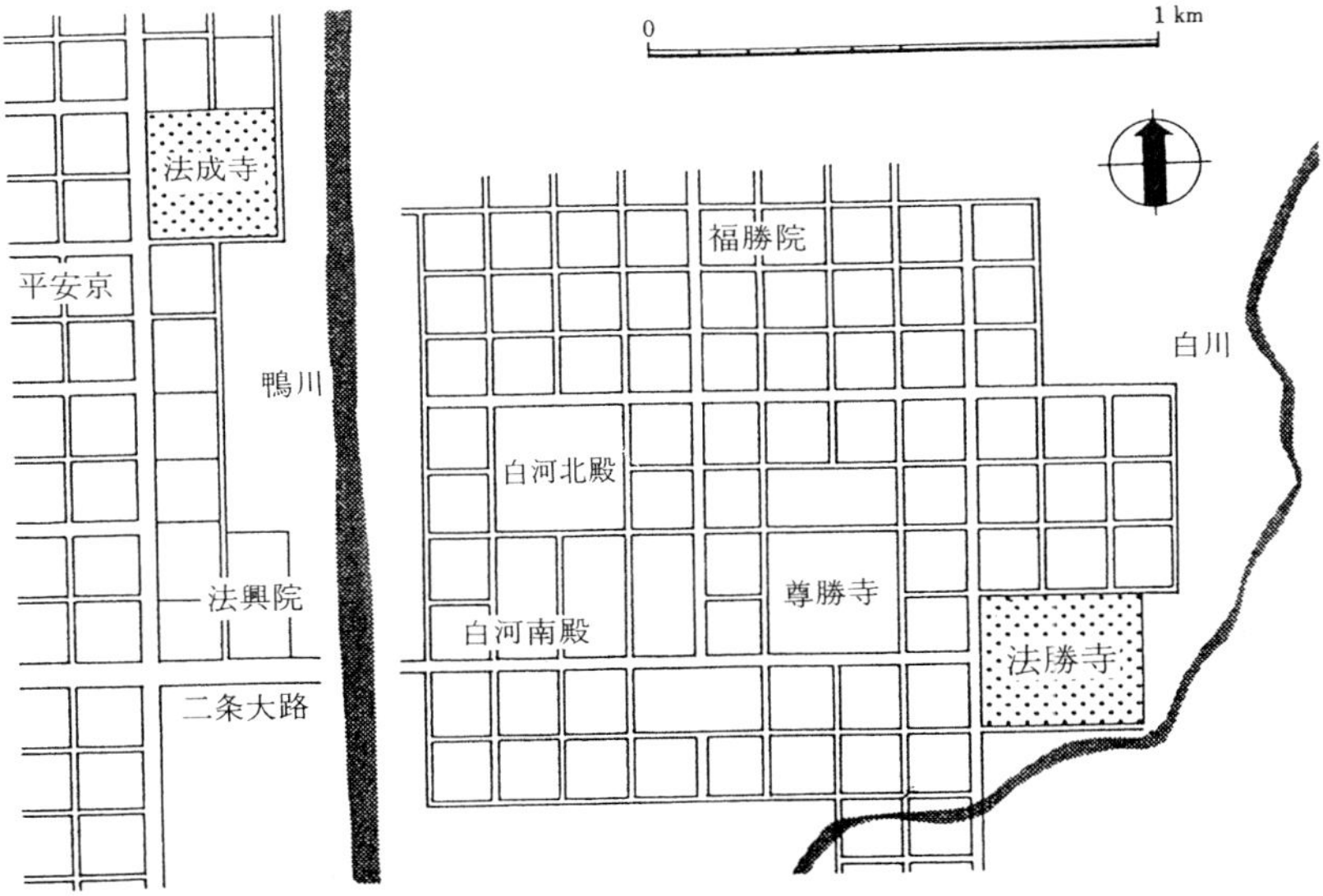

図130　法勝寺位置図(9)

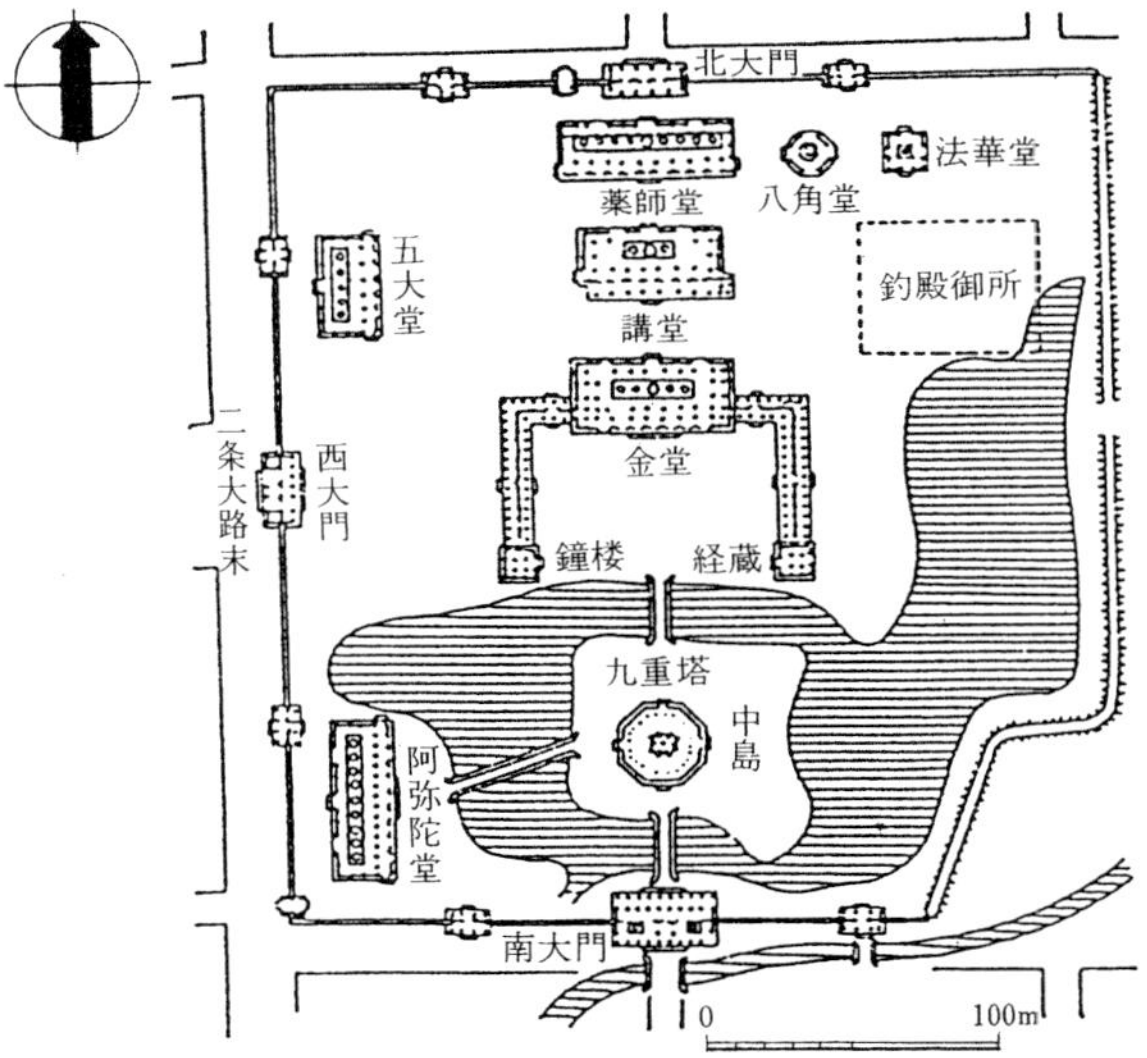

図131　法勝寺伽藍配置図(50)

では白河に隣接する立地条件の故に寺域の東結界に白河右岸の土堤を代用せざるを得なかったわけだが、東山の自然景観に恵まれていたこともあって、結果的に寺域と東山連峰との空間的連続性を意識させることとなり、ひいては寺域内から東方の園外景観へと視界が展開していく可能性を秘めることとなった。このことを明瞭に示す史料はないが、法勝寺の西方約一キロの鴨川東岸に造営された白河泉殿九体阿弥陀堂で、東山と庭園とを同時に眺望したという事実が、上記の可能性を推測するうえで最も有力な参考事例となろう（図130）。

　御覧新堂地形、遠山之礼、前池之様、宛如蓬莱歟[58]

これは永久二年（一一一四）に完成した九体阿弥陀堂に白河法皇が御幸した時の記事だが、阿弥陀堂から庭園を介して東方に東山の稜線を望見することが可能であったことを知る。この地は白河殿をはじめとする藤原氏経営の別業地帯として有名であり、白河泉殿ももとを正せば藤原頼通の息男である覚円大僧正の房であった。白河法皇はこれを譲り受け、九体阿弥陀堂を建立して浄土伽藍とした後、法皇没後には蓮華蔵院と名を改めている。『中右記』嘉保二年（一〇九五）五月十日条[59]には覚円所有の頃から良好な立地環境と秀逸な庭園景致を具有していたことを伝え、鴨川以東の洛東の地は豊かな自然景観の恩恵に浴して、貴顕の別業経営や寺院建立の好適地とも見なされていたことを知る。法勝寺は白河泉殿よりも東方に位置するから、法勝寺阿弥陀堂から望見される東山はさらに緊迫感のある景観と映ったに相違ない。しかも法勝寺の場合は東側の結界施設が築垣等の人工的意匠を持つ構築物ではなく、自然的要素の強い土堤であったことが、庭園と東山との関連性を強く認識させる継起ともなった可能性がある。防災上の立地的制約が、とりもなおさず視界を外部へと展開させるうえでの立地的利点ともなり得たのである。しかしながら4でも述べるように、白河泉殿の眺望に関する記事では、山は神仙思想に基づく蓬莱になぞらえられていることから、山をも含めた自然景観に対する意識が、あくまで宗教的意味づけのもとに行われている点も見逃してはならない。

以上のように、法勝寺は平安京に近接するとはいえ、東山にも近い洛東に位置するという良好な自然的立地条件の故に、阿弥陀堂から東方に展開する視線の延長線上に庭園と園外の自然景観との対応関係を、宗教的意味付けを媒介として認識させる素地を充分にはらんでいたといえる。

法勝寺の第二の特徴は、阿弥陀堂と八角九重塔との位置関係である。八角九重塔は全高二六～二七丈（約八〇メートル）の破格の高さを誇り(60)、中島中央に金堂と南北中軸線を揃えて建っていた。金堂や阿弥陀堂が完成した六年後の永保三年（一〇八三）十月一日に造立供養が行われている(61)。先述のごとく塔は金堂とともに両界曼荼羅を表現する優れて密教的営造物であったから、極楽浄土を表現する九体阿弥陀堂とは直接的に関与しあうものではない。もちろん図131に明らかなように、中軸線は相互にずれているから、両者間に明確な空間的対応関係も認めることはできない。しかし、西に阿弥陀堂、東に塔を配置するという位置関係は、後続の福勝院や浄瑠璃寺などにみられる阿弥陀堂と三重塔との位置関係の祖形と見られなくはない。福勝院は高陽院泰子の御願寺として仁平元年（一一五一）に建立供養が行われたが、『兵範記』所収の指図や記述をもとに杉山(62)・清水(63)が復原配置図を作成している（図132）。それによると当初西の九体阿弥陀堂は寝殿前庭の花園を挟んで東の築山と相対していたが、仁平三年（一一五三）六月十三日に築山を廃絶して三重塔を建設したため、九体阿弥陀堂と三重塔とは相互に中軸線を揃えつつ東西に並び建つことになったという。丈六阿弥陀九体を安置して極楽浄土への往生を直截的に表現する九体阿弥陀堂に対して、塔は三尺の釈迦・多宝の二仏を西面して安置し、法華経を通じて極楽浄土往生を補完的に成就する機能を担っていたわけである。ここでは阿弥陀堂からは釈迦仏の塔に、また逆に塔からは九体阿弥陀仏の九体阿弥陀堂に、それぞれ正反対の方向に作用する二つの視線を想定することが可能である。福勝院には園池は存在しなかったが、浄瑠璃寺では園池を介して三重塔と九体阿弥陀堂とが東西に相対し、建物と庭園、そして両者間に作用する視線の方向性と機能もさらに明瞭となる。しかも

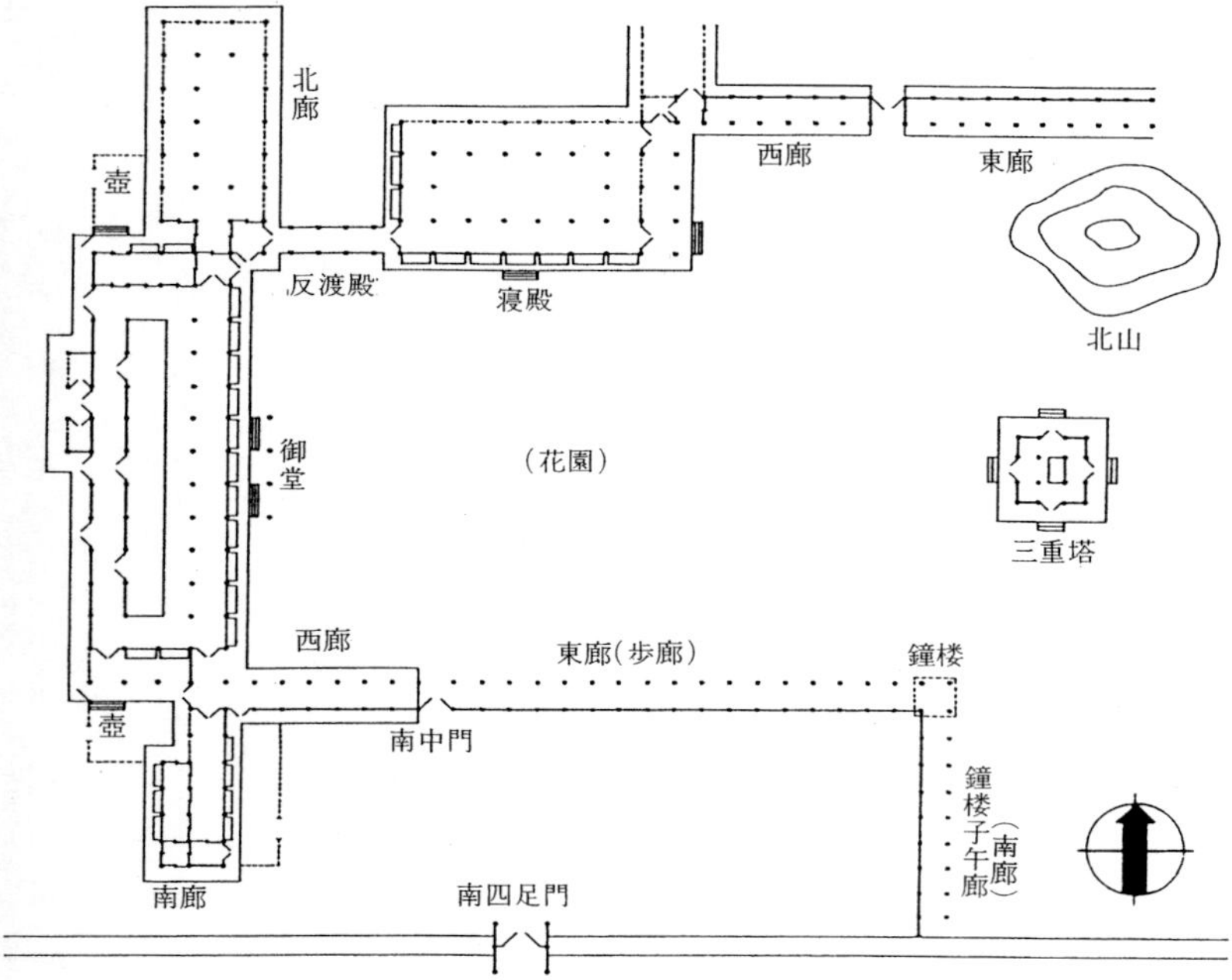

図132　福勝院伽藍復原図[63]

福勝院と共通する点は、三重塔の造営が九体阿弥陀堂の完成より遅れることである。浄瑠璃寺本堂は嘉承二年（一一〇七）ころの造営とされるが、三重塔は治承二年（一一七八）に京都一条大宮某所に存在した塔婆を移築したものであった。したがって福勝院と浄瑠璃寺では当初存在した阿弥陀堂に後に三重塔を対置させることによって、それぞれの視点から相対する方向に向かう二つの視線の展開を可能としたのである。法勝寺における九体阿弥陀堂と八角九重塔との関係は、福勝院や浄瑠璃寺における九体堂と三重塔との関係を生成する母体ともなった可能性がある。

第三の特徴は、金堂における法会開催時の視界の展開手法が、先行する平等院よりも、さらにそれ以前の法成寺に類似することである。すなわち法勝寺では、人間の視座が法要の対象となるべき堂宇の軒先に位置し、堂宇内部の本尊に向かう視線と庭園で行われる庭儀に向かう視線とが一八〇度逆の二方向に作用する。すでに平等院において完成された一方向へ展開する視界の中に、浄土を体現する内・外部の両空間を景観として同時に把握させる手法は、法勝寺においては採用されなかった。それは何故か。法勝寺金堂が密教的世界の具現を目的とするのに対し、平等院が極楽浄土の観想と視覚的体現を目指すものであったことの相違が、その最大の原因であろう。法勝寺は国王の玉体安穏と浄土往生を通じて鎮護国家を複合的に祈願する国家的寺院であり、平等院のように一人の貴族個人の極楽浄土往生にかかわる私的伽藍とは性格を異にしていたともいえるだろう。法勝寺金堂周辺の伽藍構成と、そこにおける法会のあり方は、先行する法成寺のそれをベースとしつつも、古く奈良の律令寺院にまで溯及し得るものである[64]。したがって法勝寺金堂の法会においてふたたび二方向へ展開する視界の操作手法が採用されたのは、かかる法勝寺伽藍の復古的要素に淵源するものであった。

第四の特徴は、金堂・東西廊・および前庭部等で構成される伽藍中核部と園池との位置関係に起因して、法会に際して園池の必要性が希薄化していることである。金堂供養では金堂南面裳層に施主である法皇や諸王卿をはじめとする賓客の座が準備され、東西二階廊が衆僧の座にあてがわれた。つまり施主や賓客の着座位置は、法成寺と同様に内部空間と外部空間との接点に存在していたわけである。これに対して金堂前面の庭部には、咒願・導師の高座や舞楽のための舞台を中心として楽所などの諸幄が、南の園池中島には「積物之所」と為す「五間幄」がそれぞれ設営された[65]。法成寺では中島北岸から池中に張り出す舞台をはじめとして、中島に楽所、そして南大門の東には「積物之所」が設置されたから、法会は金堂前庭部だけでなく中島や園池南方域を含む伽藍全体を使用して行われた。しかし法勝寺では幄舎の大半が金堂と東西廊とがコの字型に囲む金堂前庭部に設営され、唯一「積物之所」の幄だけが南に偏って中島に設置されたに過ぎない。すなわち法勝寺では復古的伽藍配置を採用するが故に、法成寺に比して金堂前面に比較的広い庭部を確保することとなり、法会に必要な仮設の施設の大半を金堂前庭部に集結させることが可能となった。それは結果的に金堂・東西廊・前庭で構成される伽藍主郭部において法会の大半が完結することを意味し、主郭部と南の庭園部分との関連性を希薄にさえするものであった。僧と機縁を結ぶことによって仏の世界にまみえ、仏の功徳に与ることが法会の最大の目的であったとするなら、法会を演出するための全ての空間装置が能うる限りの機能を発揮してこそ最高潮のシーンを現出することが可能となる。法勝寺の法会にみる伽藍主郭部と園池の各機能のいわば乖離現象は、園池が必要不可欠のものとして準備されているのではなく、単に法成寺の模倣によって伽藍内に導入されたことを思わしめるものである。

それでは上記の四点の特徴を踏まえて、法勝寺の園池はどのような機能を持っていたであろうか。それは九体阿弥陀堂にとっては極楽浄土を荘厳する空間装置として、そして金堂にとっては法成寺の模倣として準備された、ということにつきるだろう。前者の場合には、庭園と東方の園外自然景観との視覚的対応を認識させる結接点ともなり得たし、塔の出現によって後続の事例にみられる阿弥陀堂と三重塔との視覚的対応関係の祖形にも比定し得た。また後者の場合には、園池は賓客の会場導入に伴って奏される楽船のためには必要不可欠の装置であったが、それ以外には金堂前庭で繰り広げられる法会の背景的機能しか持たなかったと考えられる。

(4)　無量光院

平泉は十二世紀に藤原三代によって経営維持された奥州支配の拠点都市である。三代はいずれも京都の動静に対して常に敏感で、中央からの文化の移入にも積極的であった。阿弥陀浄土信仰の隆盛のもと、初代清衡の中尊寺、二代基衡の毛越寺、その妻の観自在王院、そして三代秀衡の無量光院と相次いで浄土伽藍を造営したことも、その宗教的

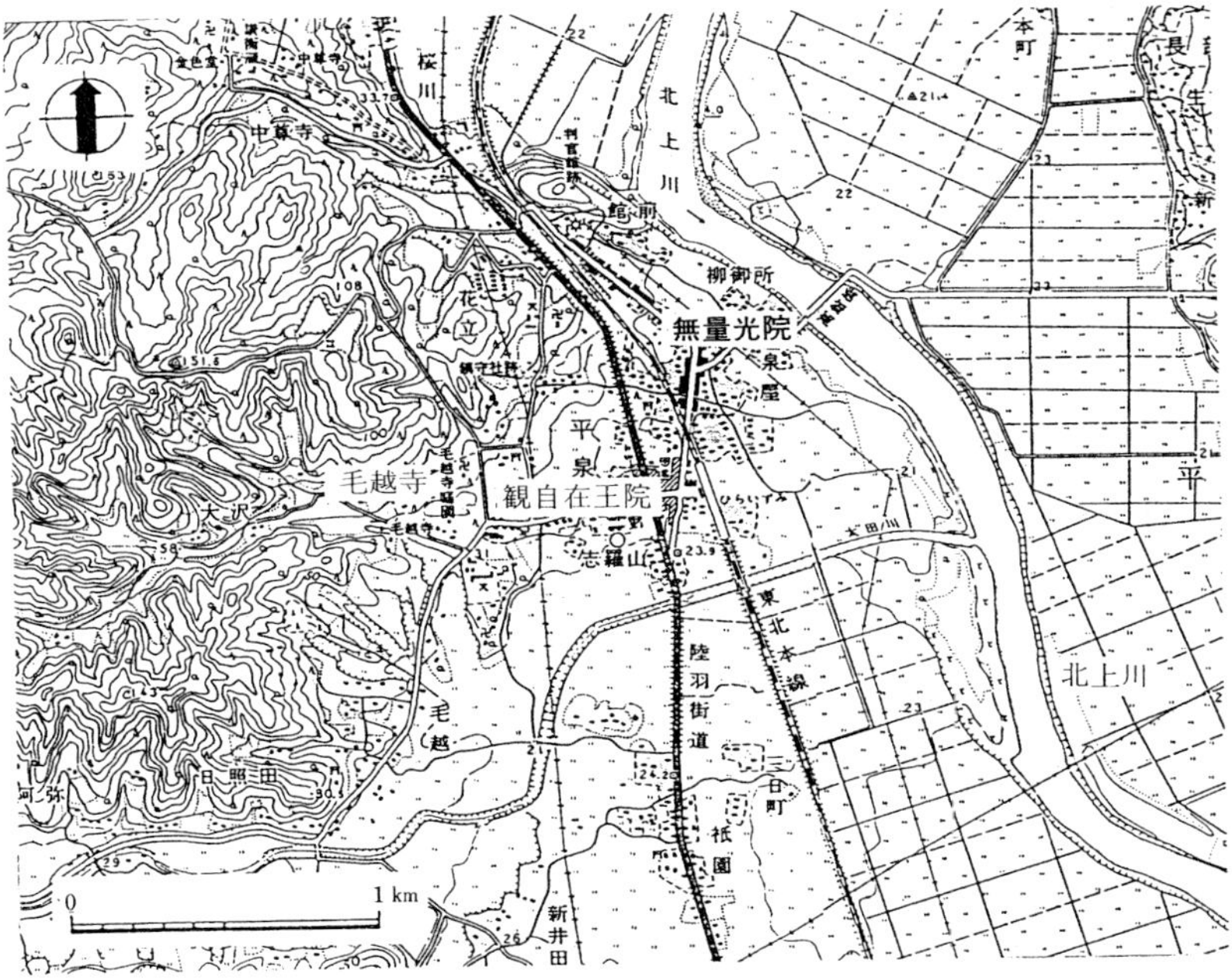

図133　無量光院位置図

側面の積極性を示すものである。そして、これらの浄土伽藍はいずれも京都に存在した浄土伽藍の模倣ないしは発展的接収のもとに造営された。そのうちとりわけ無量光院は、『吾妻鏡』文治五年（一一八九）九月十七日条[66]によると本尊を阿弥陀如来、堂内の四壁扉に観経大意を示す図絵や狩猟の構図を描画させ、ことごとく宇治平等院を模写したものであったという。これを具体的な遺構で証明したのが一九五二年の発掘調査[67]で、翼廊の規模の大小こそあれ両阿弥陀堂の平面プランがきわめて類似していることが判明した（図137）。秀衡は居館である平泉館以外に無量光院の東方にも加羅御所を建設して常の御所としたから、無量光院阿弥陀堂と加羅御所との関係にも、平等院阿弥陀堂と本堂御所との関係、すなわち仏堂と住坊とを相互に併置するという位置関係の影響を読み取ることができる。したがって無量光院は、先行する京都の浄土伽藍の中でも最も発展した形態を持つ平

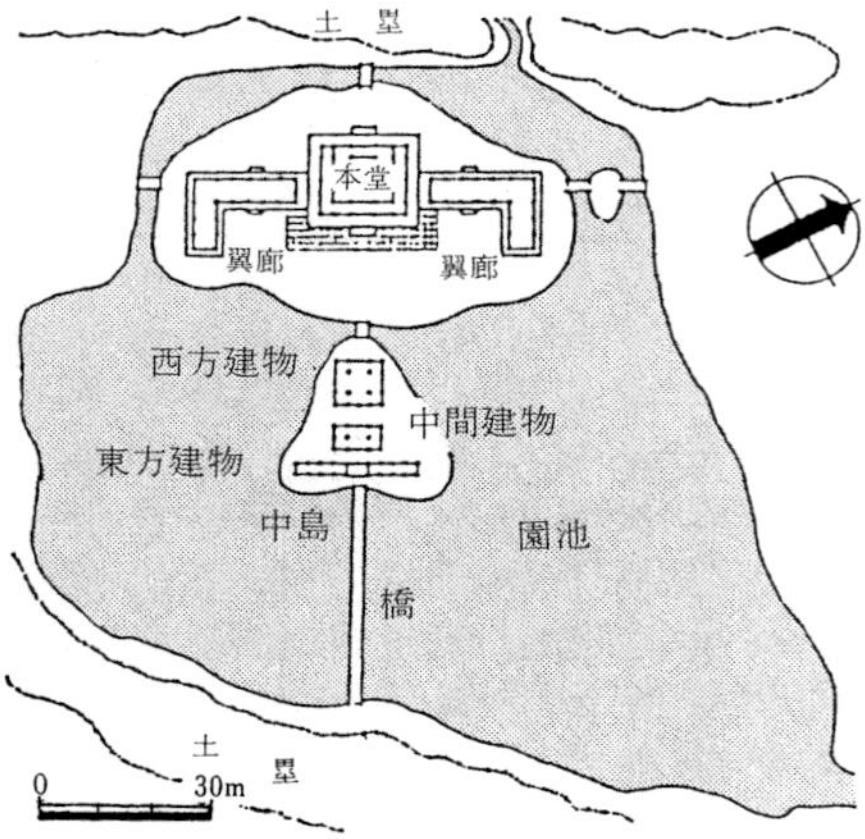

図134　無量光院伽藍復原図(68)

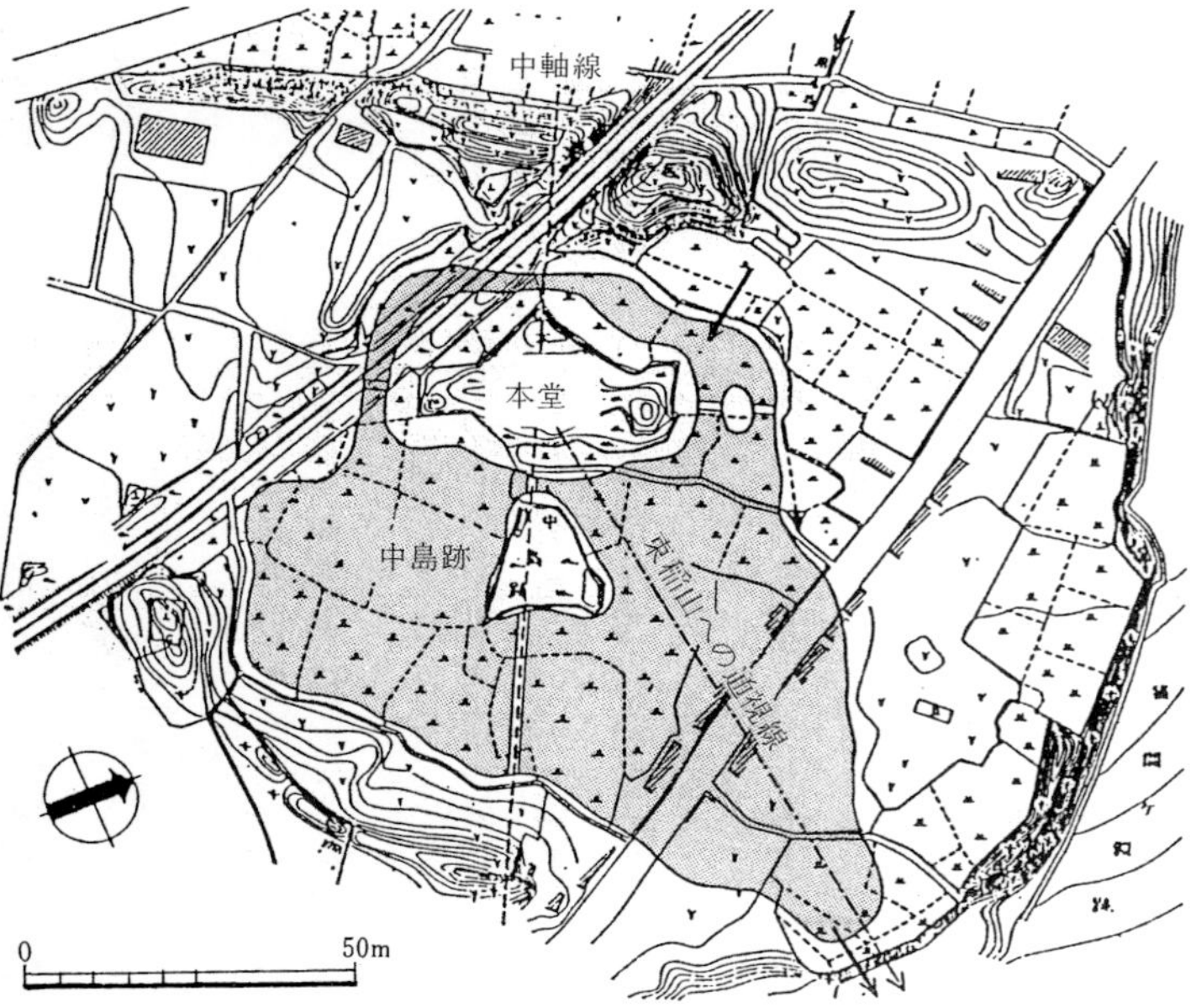

図135　無量光院に想定される通視線（注(69)吉永による）

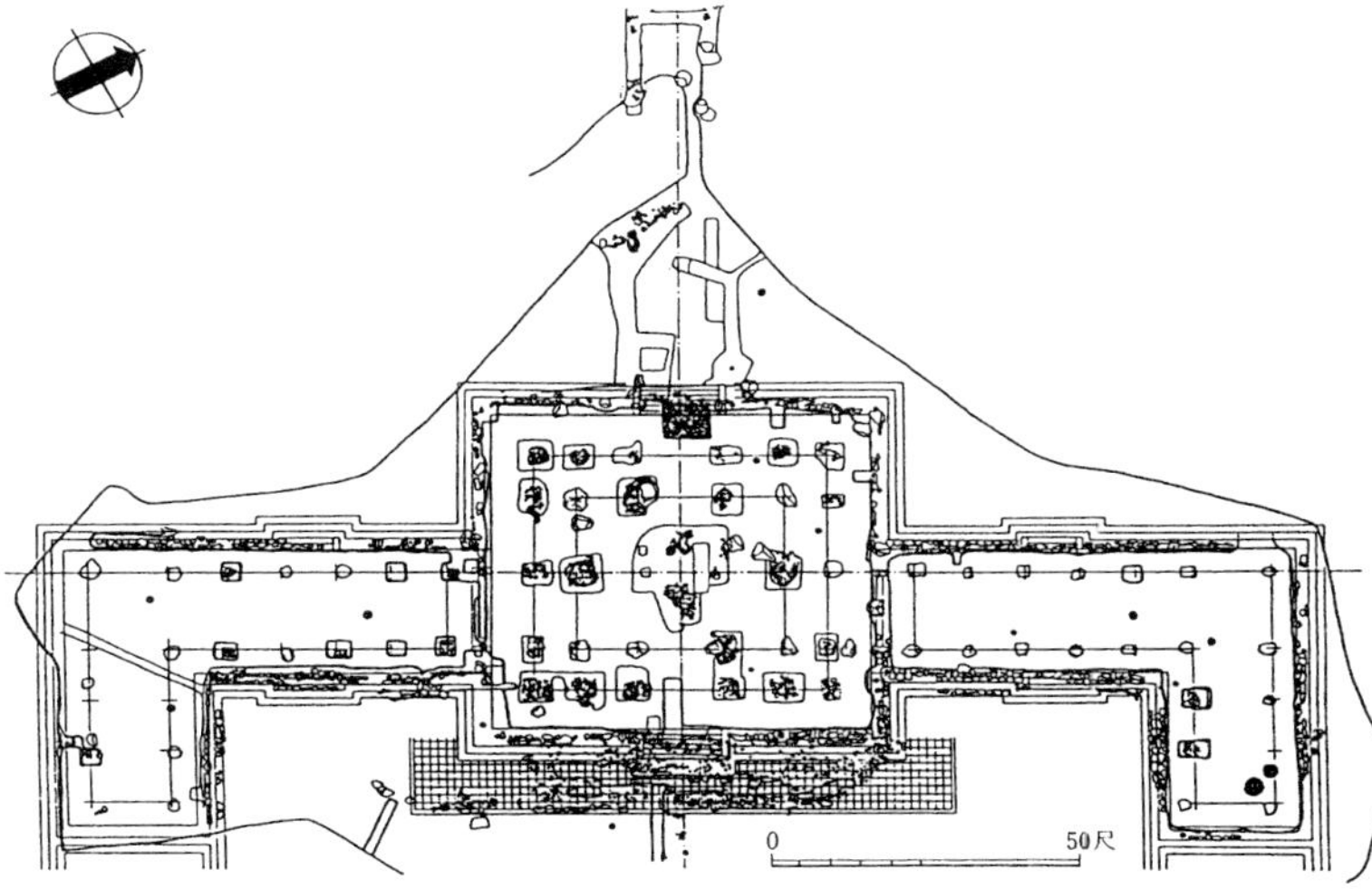

図136　無量光院阿弥陀堂遺構図(67)

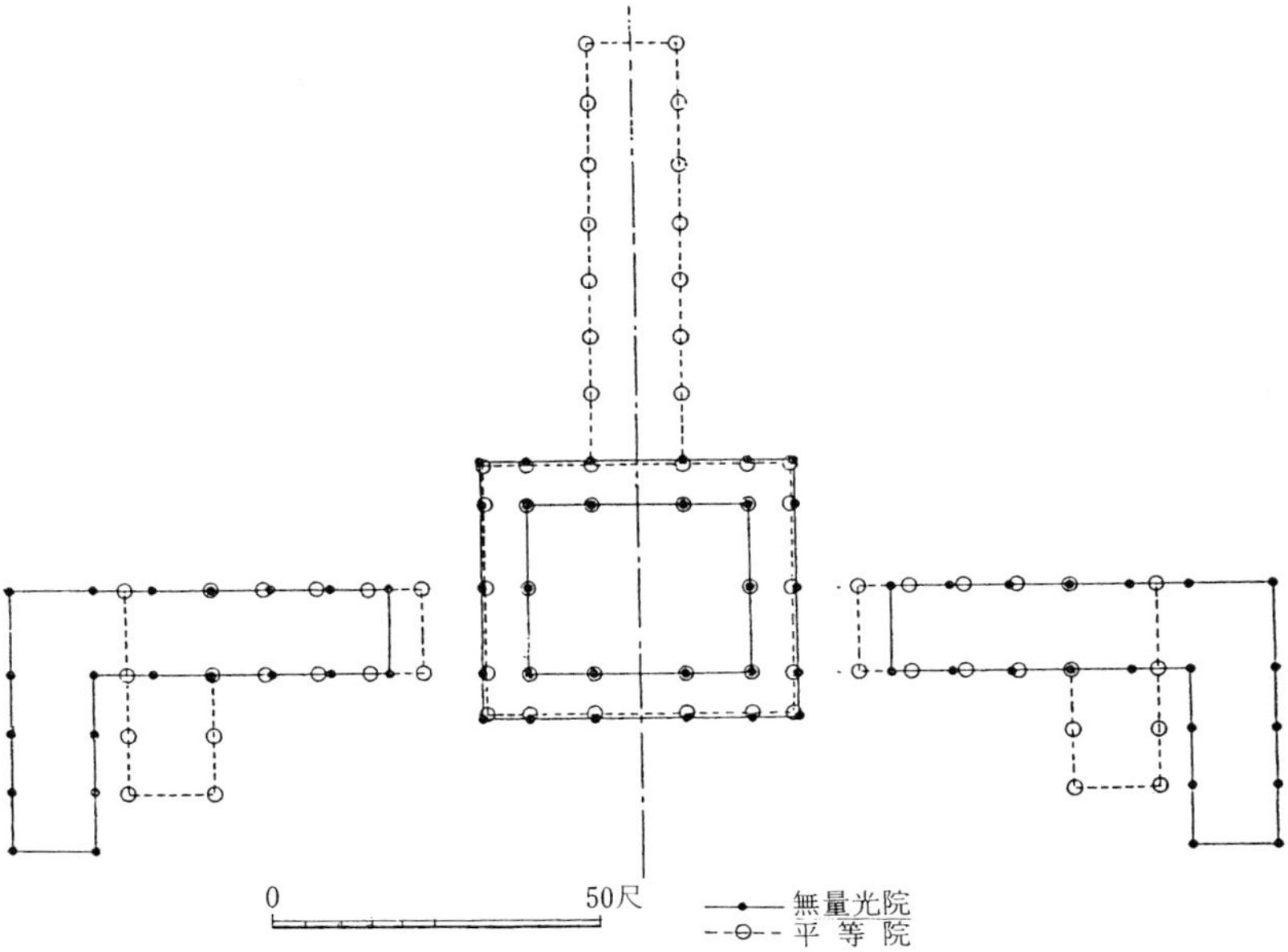

図137　無量光院と平等院の阿弥陀堂プランの比較(67)

等院を規範とすることが明らかであり、ここでは無量光院に焦点を絞って以下に特徴の抽出を行う。

無量光院の第一の特徴は、阿弥陀堂に対する視座を中島上に設定することである。一九五二年の発掘調査では、園池中央の中島上で西方建物・中間建物・東方建物の三グループに区分できる計三〜五棟の礎石建物を検出している(68)(図134・後掲図140)。報文(67)によると、福山敏男は方三間の西方建物が三重塔である可能性を否定し、屋根のある舞台か拝所、あるいは舞殿に拝所を兼ねた特異な形式の建物とする。また東方建物を中門と左右廊あるいは東西楽所に比定し、中間建物を性格不明とする。西方建物は、四面の側柱列に遺存する礎石根石群を結んで幅約六〇センチの帯状栗石列が回り、その内側に石敷が散在するため、地覆長押が柱裾部を連結し、転ばし根太程度の床高のきわめて低い板敷建物を想定する。帯状の栗石列は西面以外の南・北・東面の各入側柱列にも遺存し、そのうち南北両列は外側柱にまで延びて西に向かって開口するコの字型を呈する(図138)。したがって福山はこの位置にも地覆長押のめぐる図139のような復原平面プランを示し、同時に身舎一間四方の屋根は庇の屋根よりも高かった可能性を指摘する。あるいは、コの字型の栗石列が囲む西庇中央間と身舎一間四方域の床は、北・南・東の三方に比べて一段高かった可能性もあろう。そのうえ南・北・西の三面の側柱列は三間だが、東側柱のみ中央に礎石据え付け痕跡が遺存し四間とするから、西方建物は全体的に西方を正面とする平面プランを持つといえるだろう。東面のみ中央柱を建てて四間とし、賓客の位置する最奥部ないしは背面を意味したのだと理解すれば、西方建物を舞殿に拝所を兼ねたものと推定する福山の説は積極的に支持されてよい。西に偏りながらも園池と阿弥陀堂に面する中央の一段高い部分が、舞楽奉納に用いられた場所ということになる。西方建物に隣接する北・南・西面で検出された幅約九〇センチの石敷遺構は、舞人等の導入路とも考えられる(図138・139)。

それでは東方建物や中間建物の性格はどうか。東方建物は福山の推定どおり中門と左右の楽所であろう。そして中

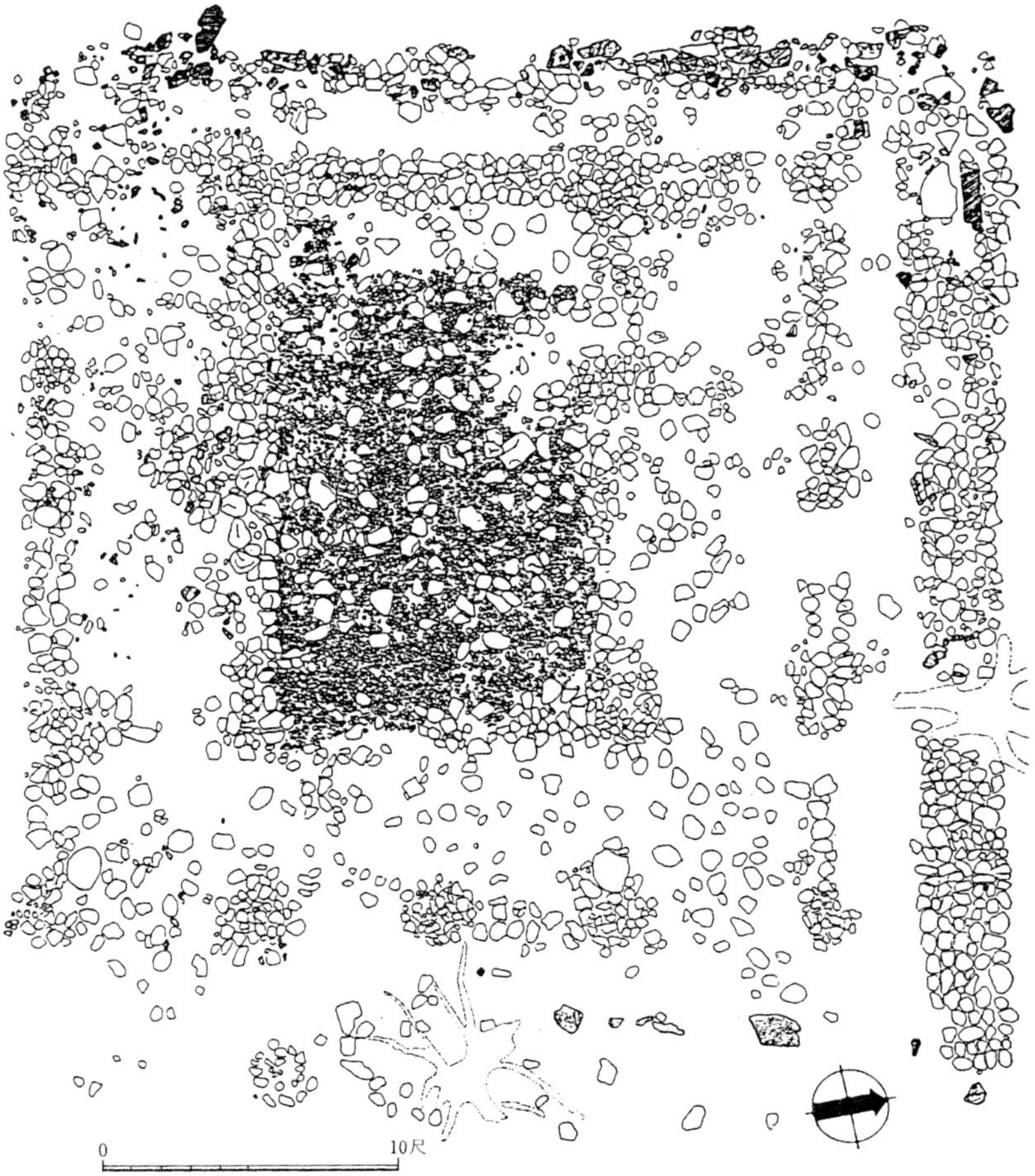

図138　無量光院中島西方建物遺構図(67)

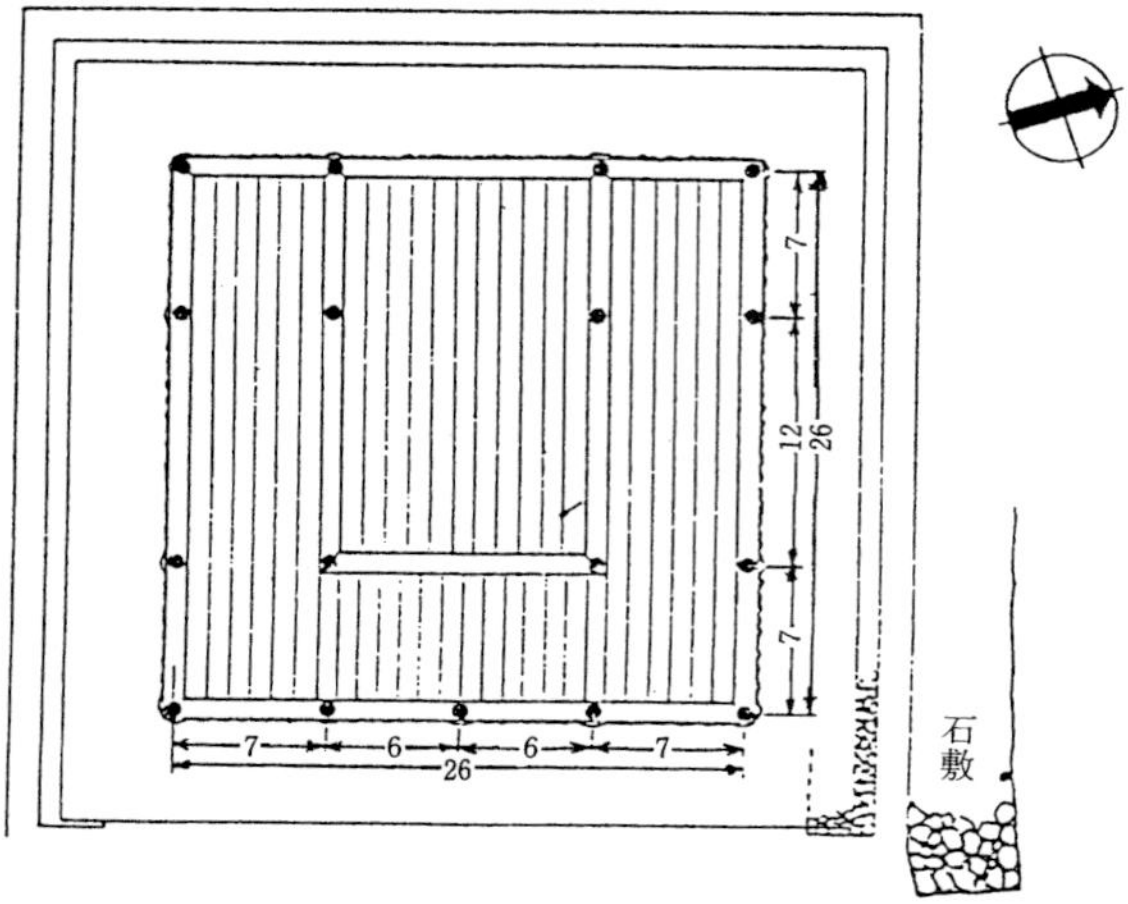

図139　無量光院中島西方建物復原平面図（注(67)福山による）
単位は尺

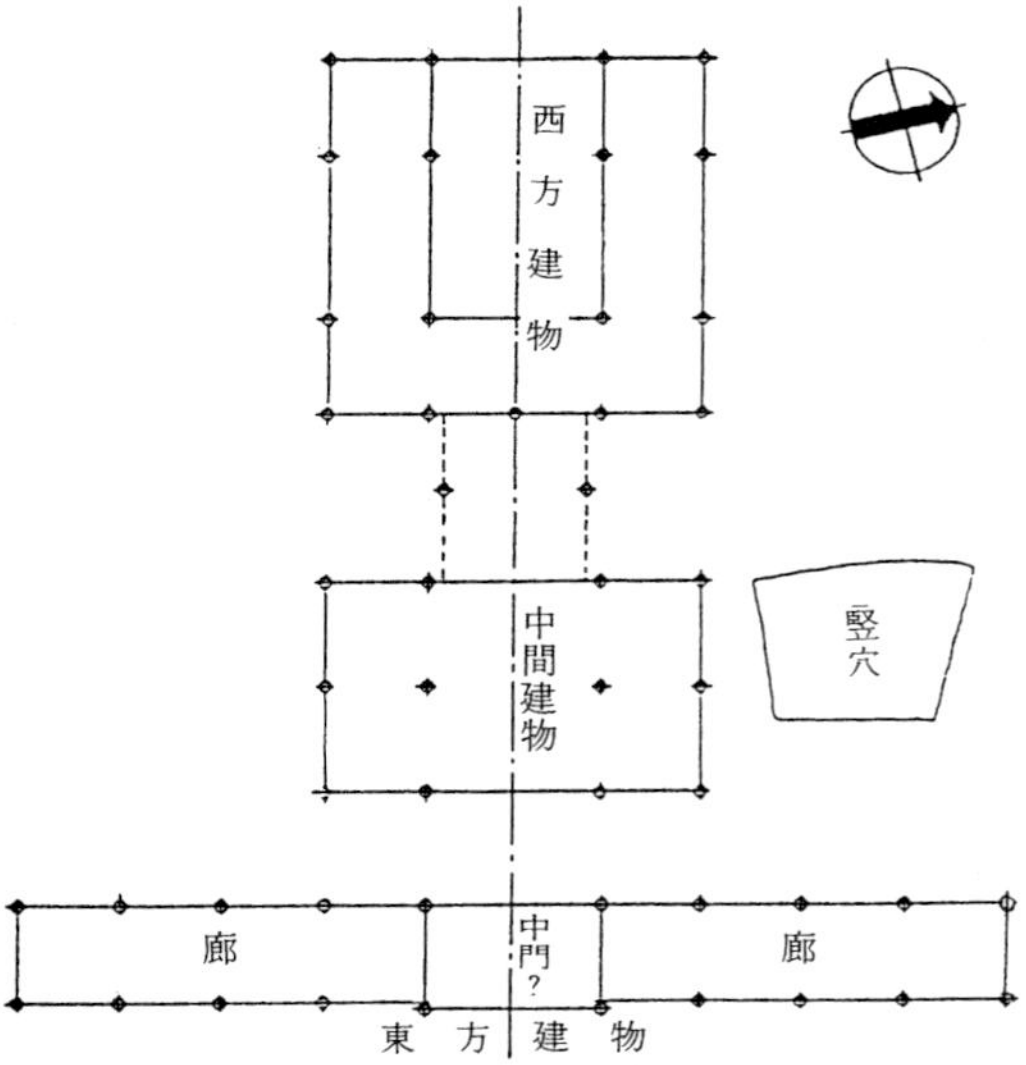

図140　無量光院園池中島で発見された
建物群模式図(67)

間建物は舞人の控所とも、賓客の一時的な滞留の場所とも考えられる。したがって無量光院では、平等院の東小御所と同様に、阿弥陀堂東方に定視点を設定していることが明らかである。定視点からは西方に向かう視線のみが作用し、極楽浄土を具体的な内部空間として表現する阿弥陀堂と、これを補助的に演出する外部空間としての庭園とを、正面景観として同時的に把握させる構成手法を認める。

特徴の第二は、無量光院と西方の金鶏山との位置関係である。この点に関しては、すでに吉永義信[69]や菅野成寛[70]の詳しい研究成果がある。吉永は金鶏山が無量光院阿弥陀堂の背景的効果を持つものと指摘し、菅野はそれをさらに発展させて、両者が密接な関係にあったと説く。すなわち中島上の建物群と阿弥陀堂とが東西の中軸線を揃え、その西への延長線上に金鶏山が位置することから、極楽浄土の光景を現出させることを目的に造営された無量光院にとって金鶏山は単なる背景ではなく景観上重要な意味を持っていたと解釈するのである（図141）。同時に菅野は、実地観測に基づいて中堂付近に日没する時間帯が四月と八月に集中する事実をつきとめ、一一五七年から一一八五年に至る陰暦七月十五、十六日に無量光院で行われた于蘭盆会や清衡命日などの法要が、かかる金鶏山と中堂への日没の光景を前提に営まれた可能性を指摘し、ひいてはこのことが無量光院選地の一要因として作用したのではないかとも推測する。氏の説はまことに興味深く、筆者も積極的に賛意を表する者だが、同時に金鶏山を無量光院阿弥陀堂の背景的効果を担うものとする吉永の指摘にも捨て難いものがある。

明治二十一年（一八八八）編纂の『平泉志』[71]には、金鶏山は秀衡が富士山に擬して高さ数十丈に築いたもので、平泉鎮護のために山上に黄金製の雌雄の鶏を埋納したという伝承を記す。昭和五年（一九三〇）年には、鋳銅製の経筒一点をはじめとして、一部自然釉のかかった計三点の陶製経甕、壺一点、漆塗椀残欠一点、刀身・刀子身残欠各一体、鉄鏃残片や女瓦・砂金等が出土したため、金鶏山は経塚であることが明らかとなった[72]。経塚は末法の世に経典の滅亡を恐れ、弥勒出世や極楽往生の祈願、あるいは現世の自他利益や逆修供養、死者の追善供養などを目的として埋経したことに端を発するが、その淵源は慈覚大師の如法経書写（天長十年〈八三三〉）にまで溯ることができ、末法思想の隆盛に伴って十一世紀から十二世紀にかけて全国各地に波及したとするのがこれまでの通説である[73]。したがって金鶏山が経塚であるという事実は、極楽浄土の現出を目的に造営された無量光院との密接な関係を暗に示すものである[74]。経筒等の出土遺物の年代はほぼ十二世紀前半期に比定でき[75]、無量光院の造営に先立って金鶏山の造営ないしは埋経が

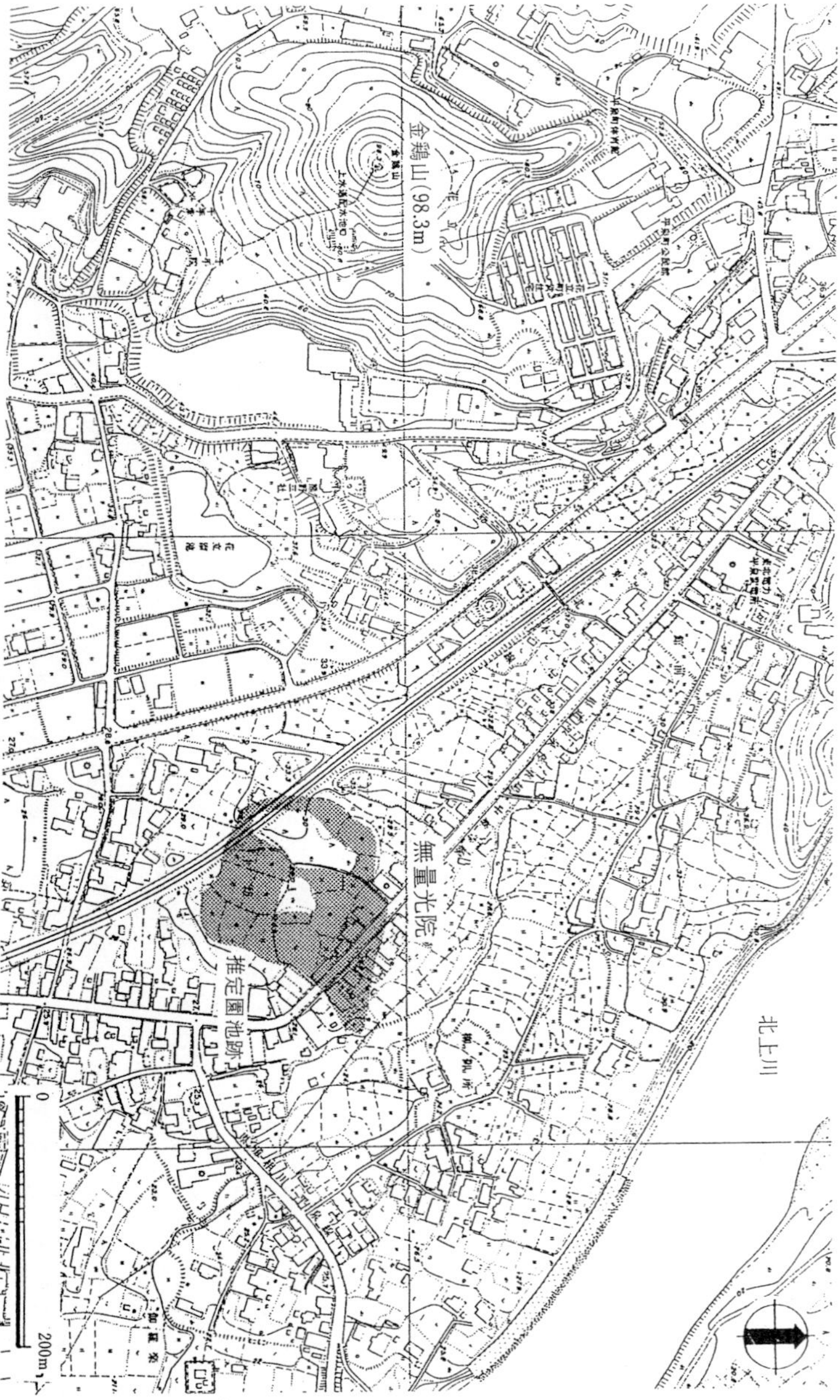

図141　無量光院周辺地形図

行われたものとみられる。菅野の指摘どおり金鶏山頂上と無量光院阿弥陀堂および中島で検出された建物群とは相互に中軸線を揃えるから、両者の先後関係とともに緊密な関係を想定してよい。この場合、伽藍が可視的に極楽浄土を体現するものであるとするなら、背後の金鶏山は浄土を山という自然空間として象徴するものであり、両者の空間的隔たりを解消して相互に連結するものが中軸線上に展開する人間の視線であった。自然空間に浄土教の教理に基づく意味付けが行われ、これを媒体として自然空間を自然景観として伽藍の正面景観との視覚的結合がはかられたのである。

　平等院では宇治そのものを浄土空間と見なし、宇治川・朝日山・仏徳山などの自然の景観構成要素に浄土教の理解に基づく意味付けが行われたが、東小御所から西方に展開する視界の中に人工的な極楽浄土の景観と自然景観との対応関係を明確に位置づけることはできなかった。それは平等院がもともと宇治殿という別業を母胎に出発していたために、西方への視線が大きな要素となる浄土伽藍の地形的選択条件を満たしてはいなかったことが最大の原因であった。これに対して無量光院では金鶏山を視線の延長上に位置づけ、しかも経塚という浄土教的認識をも媒介として、両者を物理的にも精神的にも結合することに成功した。しかし一方では、経塚としての性格を付与された自然の山と浄土伽藍とを、互いに浄土を象徴的ないしは具体的に表現する空間として視覚的に連結する例は、他の諸例に照らしてもきわめて特殊な例だといわざるを得ない。3に列記する全国各地の浄土伽藍では背後に山を配する例を多く認めるものの、経塚の存在する山は皆無である。したがって、無量光院における金鶏山の位置づけは他の浄土伽藍に対する無量光院の優位性を示すものではあるが、決して浄土伽藍・庭園に普遍的なものではない。多くの場合、教理に関わる埋経などの具体的な営為を通じて山と伽藍とが意識的に結合されることはなく、背後の山は単に視覚を通じて浄土を象徴し、伽藍の景観を補助的に荘厳する背景的景観にとどまるものである。すなわち内・外部空間として浄土を具現した仏堂や庭園と、浄土を象徴する山とを対置し、三者を視点を定めることによって関連付ける、換言するなら三者の関係を視覚的に明確化するところに浄土伽藍や浄土庭園の本来的意義があるのであり、むしろその三者関係をあますところなく実現したところに無量光院の意義があったといえるだろう。筆者が菅野説を支持すると同時に、吉永説をも支持する所以である。

最後に無量光院における東稲山の意義についてふれておきたい。東稲山は無量光院の東北方、北上川の左岸に存在する標高五九五・七メートルの山である（図142）。吉永は(69)金鶏山を伽藍の背景的効果を持つものと規定し、同時に中堂前面からは伽藍中軸線に対して左前方約三五度の方向に東稲山への見透線を設定できるとして、東稲山の山容が無量光院庭園にとって借景的効果を持つものとも規定した（図135）。しかし、果してこれを「借景」と呼べるであろうか。しかも金鶏山を背景、東稲山を借景と、それぞれ異なる名称で規定する論拠とはいったい何なのであろうか。吉永の論からそれをうかがい知ることはできない。日本庭園は意匠、構成手法の側面とともに技術的な側面においても、古くから庭園以外の自然景観との対応関係の中で発展してきた。その中で、庭園と自然とを景観として視覚的に結合する手法についても、初源的段階から高度に発展した段階に至るまで、多彩な変遷の過程を辿ることができるはずである。筆者は既往の研究成果の中で、このような手法にその発展過程全体を包摂する名称として「眺望」ないしは「眺望行為」と名付け、諸事例にみる特性と時代的制約について論究してきた。(76)本書もその中に含まれるものである。もちろん浅学と怠慢の故に未だに上記の諸過程の全面的解明には至っていないが、一連の研究が完成した暁には「眺望」の歴史的発展過程が明らかとなり、同時に「借景」の語源や語義規定に関わる問題も自ずと明確化されるものと思う。したがって、ここでは東稲山が「借景」であるか否かを問う以前に、無量光院にとって東稲山の持つ意味について指摘するにとどめておく。結論からいうと、東稲山は無量光院にとって何程の景観的意味も持たなかったといえるだろう。すなわち無量光院で行われた法会では、常に施主や賓客の視点が中島に設定されていたことが想定されるから、

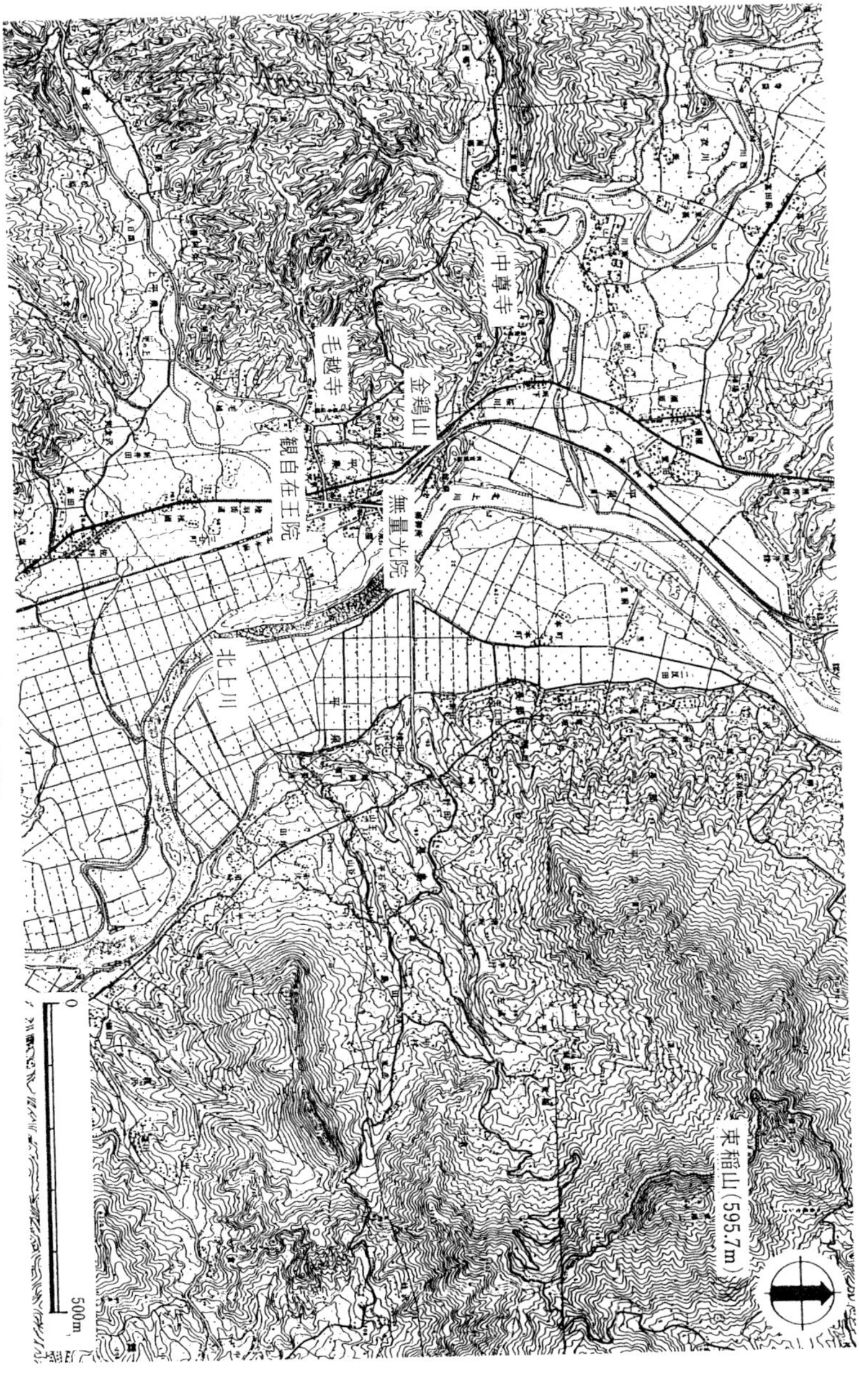

図142 平泉地方地形図

阿弥陀堂前面における視座は全く予定されていなかったわけである。無量光院にプランが酷似する平等院においても法会時の視座は東小御所に定まっていた。これらの視座からは僧や楽人が織りなす法会の景観が、庭園や仏堂、そして背後の山などをバックに極楽浄土さながらに繰り広げられ、現世に居ながらにして来世の光景に接し得た。法会は人間を浄土世界へと導く最も効果的な演劇手法であり、伽藍はそのために準備されたステージともいえるだろう。したがって伽藍は法会を行うために準備されたともいえるのであり、法会開催時の視線の方向とそこに展開する景観こそ伽藍にとって重要な意味を持ったのである。無量光院においては背後の金鶏山こそ法会の背景的な意味を持ち得たが、東稲山は何程の景観的意味も持たなかったといえる。なお、『扶桑略記』[47]に見る平等院の朝日山・仏徳山は、宇治全体を浄土と見なす空間意識に基づいて記載されており、無量光院における東稲山とは捉え方が異なっている。北上川対岸をも含めて浄域と見なす意識は、平泉地方には存在しない。

3　浄土庭園の地方伝播

2で見たように、浄土伽藍の園池は法成寺において確立されるが、その後自然景観と仏堂・庭園景観との視覚的対応関係は平等院・法勝寺を経て平泉無量光院において最も発展した形態にまで高められた。極楽浄土への往生祈願は貴顕を問わずさらに強烈なものに変化したが、やがて天台浄土経に端を発する唱名念仏が庶民階層に浸透して鎌倉新仏教の下地を生成する一方、貴族層の間には多くの功徳を積むことによって来世往生の祈願が達成されるという作善の数量を競う風潮が強まり、京洛の内外に夥しい数の浄土伽藍を出現させた。また極楽浄土信仰の興隆と地方伝播は、中央の貴族層の間に醸成された伽藍造営の風潮を地方の豪族層にもあまねく浸透させる結果となり、各地に大規模な浄土伽藍が出現するに至った。それらの多くは、以下に例証するごとく豊かな自然環境に包まれた郊外に立地し、伽藍と自然景観との緊密な関係をうかがわせるものばかりである。

(1) 鳥羽勝光明院

鳥羽勝光明院が完成して供養が行われたのは保延二年(一一三六)三月二十三日であった。『中右記』同日条によれば「御堂東面向前池被写宇治平等院、……丈六阿弥陀仏安置、前池敷仮板敷、楽屋左右太鼓四口、左右各二口」とあって、宇治平等院に倣って建造された阿弥陀堂には丈六阿弥陀像が安置され、東面する堂前の園池には仮の板敷を架して楽屋としたことが判明する。宇治平等院の模倣のもとに建造されたとはいえ、平等院の阿弥陀堂が四面に裳層を回して二層感を出し、金色丈六阿弥陀独尊一体を安置するのに対して、勝光明院の阿弥陀堂は孫廂の巡る一間四面の初層に同じく一間四面の二層目を乗せていたことが推定されており[77]、また中尊以外に二階軒に伎楽菩薩像三二体を安置するなど[78]、両者は構造・内部荘厳の両面にわたってかなり異なっていたらしい。また、前者が瓦葺であったのに対し、後者が木瓦葺[79]であった点は、外観上の最も著しい相違点であった。

さて勝光明院で注目すべき点の第一は、楽屋となす仮板敷や舞台を池中ないしは池上に張り出して設営したことである。楽屋については先述のとおりだが、『長秋記』保延元年(一一三五)六月一日条の工事最中の記事には「池中舞台可突石壇事」とあって、舞台も池中に石壇を築いて設営しようとしたことが知られる。このことは、両翼の楼を水中に建てるのではなく、柱の汚損を避けて中島上に建てるべきことを議した同記長承三年(一一三四)五月二日条の「於両楼可立洲、立水可有汚損恐」と記す記事ともあわせて、東面する堂が園池と近接していたことを想像させ、勝光明院の御堂前庭が平等院阿弥陀堂と基本的に同一の理念に基づいて計画されたことを示している。ただし保延元年

（一一三五）九月二十六日には「御堂前池水際、自本支度者、遠去可立石壇之由、人々申、如何、申云、近日絶池尻減水也、仍池深見也、水満者随不可池深、只如本近掘尚見苦、後日可改直候、仰云、尤可然」とあって、当初御堂と園池とは接していたが、前庭部を幾分広くとるよう計画変更が具申されている。同じく長承三年（一一三四）五月二日の記事からは、造営の指揮をとった源師時が白河上皇とともに園池東岸から出発し、船上から園池を前景に造営途時にある堂を正面から視察したことが判明するから、仏堂と園池の正面景観が造営時において重要視されたことを示す。同様の記事は同年四月二十八日にも「依仰与国司同船向御堂、々々高由有御難」とあって、船上より御堂の高さを検討している。[80]したがって最終的に御堂が完成し、供養の法会が行われたとき、施主たる上皇や諸賓客の着座位置がどこに設けられたのかは判然としないが、以上の記事を総合的に勘案すると、園池を挟んで御堂正面に対する園池東岸に設けられていた可能性は高いといえるだろう。保延元年（一一三五）七月以降に多出する園池開削工事に関する記事のうち、[81]七月九日には「以伊與守被仰池掘行事、橋別召付也」、七月二十五日には「伊世遷宮神宝送夫、併浮橋役夫之間、池掘不及力、可申免……橋池行事季兼御蔵運役被召云々」とあって、御堂の建つ中島に橋を架けることが計画されていたから、あるいはこのうちのひとつが園池東岸から舞台に至る橋であったとも解せよう。

第二には、勝光明院が他の寝殿造住宅庭園と類似する意匠、構造を持ちつつも、極楽浄土の荘厳のための特殊な装飾が施されたことが指摘できる。『長秋記』には諸処に園池造作に関する記事を認めるが、そのうち保延元年（一一三五）七月二十二日条の「池遣水事」や、同年九月二十六日条の「鳥羽殿遣水料」の記事からは御堂前池に遣水が引かれていたことが知られ、また同年八月一日条の「土佐北池際可置野筋者」の記事からは園池北端に築山程度の野筋が築かれていたことを知る。これらの遣水や野筋は浄土庭園に特有のものではなく、他の寝殿造住宅庭園に普遍的にみられる装置である。また、同記保延二年（一一三六）二月五日条には「池上蓮花事、……而池広花不足歟、可然

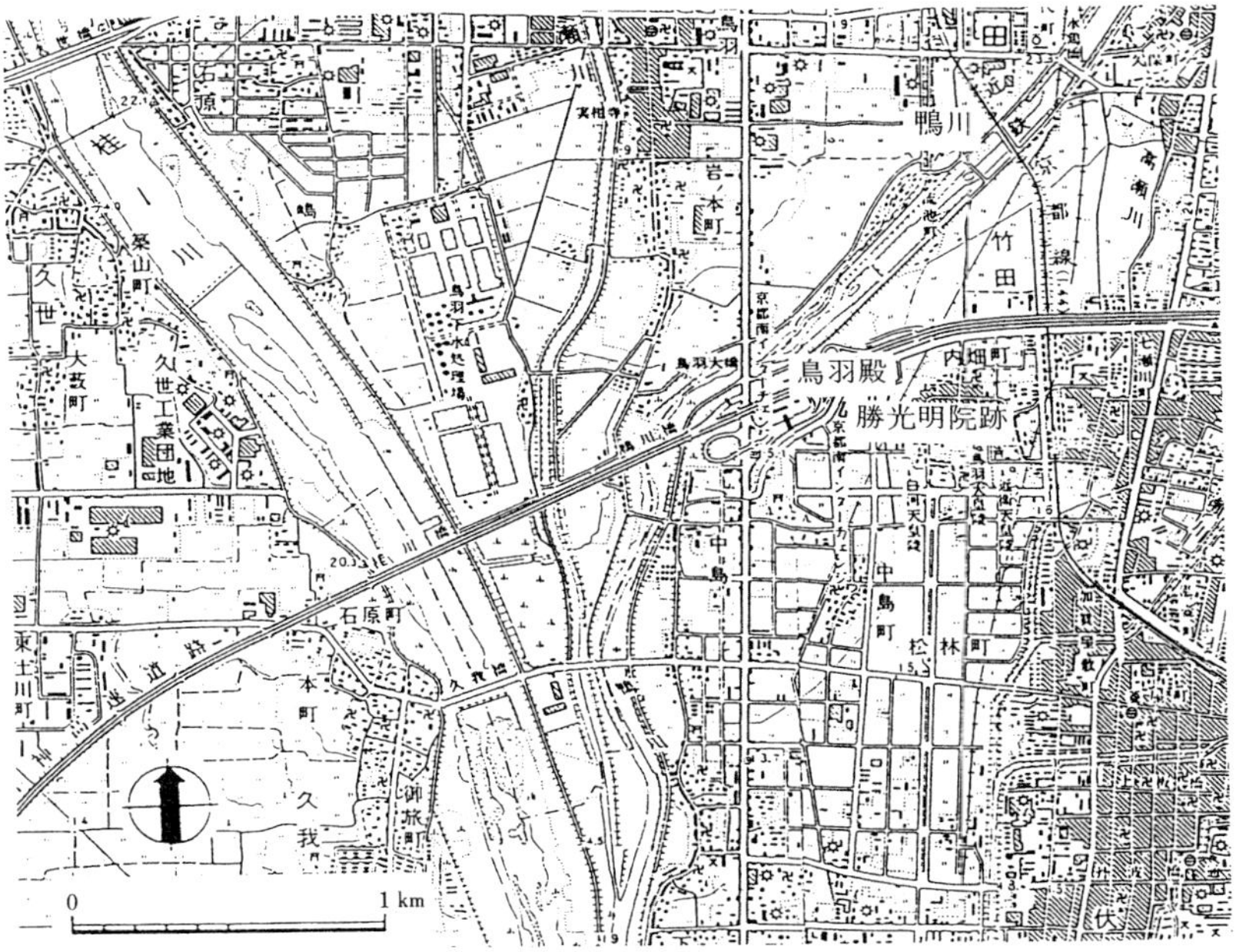

図143　鳥羽勝光明院位置図

人々被召加如何」とあり、供養当日に園池に浮かべる蓮の造花の不足分を製作するために、新たに僧を充当すべきことが記されている。蓮の造花が用いられたことは、2で見た法成寺や平等院と同様、浄土庭園特有の園池荘厳手法といえる。

勝光明院において指摘しておかねばならない第三の点は、勝光明院が良好な眺望を確保し得る立地条件を備えてはいなかったことである（図143）。『長秋記』長承三年（一一三四）四月十九日条には「凡件堂舎在林樹中、毎事無便宜」とあって、樹林に覆われていたことが知られ、その後松樹や柑子樹など御堂周辺の樹木の伐開が逐次検討課題となっている[82]。もともと鳥羽殿は、橘俊綱の指摘したごとく低湿地に立地しているが故に、豊かな眺望景観に恵まれてはいなかった[32]。天仁元年（一一〇八）六月三日に白河法皇が鳥羽東殿に三重塔を建立したときのことを伝える『中右記』の記事によれば、建立予定地が「禁中全無眺望之所」であったことが判明する。おそらく鴨川の氾濫原を利用して造営された鳥羽殿では、ヨシなどの比較的背の高い水草が繁茂すれば瞬く間に視通を阻害してしまったに違いない(83)。したがって、勝光明院は平等院を規範に造営されたが、かかる立地条件の悪さ故に、平等院を凌駕するような伽藍と自然景観との視覚的結合を実現することは不可能であったといえる。

(2) 毛　越　寺

毛越寺は『吾妻鏡』文治五年（一一八九）九月十七日条の記事(84)にも示すように、奥州藤原氏三代のうち二代基衡によって造営された伽藍である。その建立に関わる明確な記事は認められないが、基衡の晩年（永治元年〔一一四一〕〜保元元年〔一一五六〕）に比定する説が有力である(85)。

毛越寺の特徴の第一は、法勝寺の伽藍構成の影響のもとに円隆寺金堂両腋から延びる回廊がコの字型に南庭をとり囲み、その南に園池を配置する点である（図147）。法勝寺の本尊は大日如来であるのに対し毛越寺の本尊が薬師如来である点(84)が異なっており、毛越寺が南面する伽藍構成をとるのは本尊の種別に依拠することなく単に法勝寺の直接的模倣の結果とみて差し支えない。

第二の特徴は、法勝寺では立地条件の故に不可能であった伽藍背景に塔山を位置づけるということを可能とした点である（図144・145）。しかし、ここで問題となるのは法会における視点の位置と視界の展開方向である。毛越寺において法会がどのように行われたか不明であるが、先に見た法勝寺とほぼ同一の形式であったものと思われる。発掘調査でも園池中島に建物等の施設は発見されていないから(86)、法会時における施主、賓客の着座位置も法勝寺と同様金堂周辺に存在したものと推定される。したがって、法会開催時における視線は、仏堂内部と園池を含めた庭部で行われる

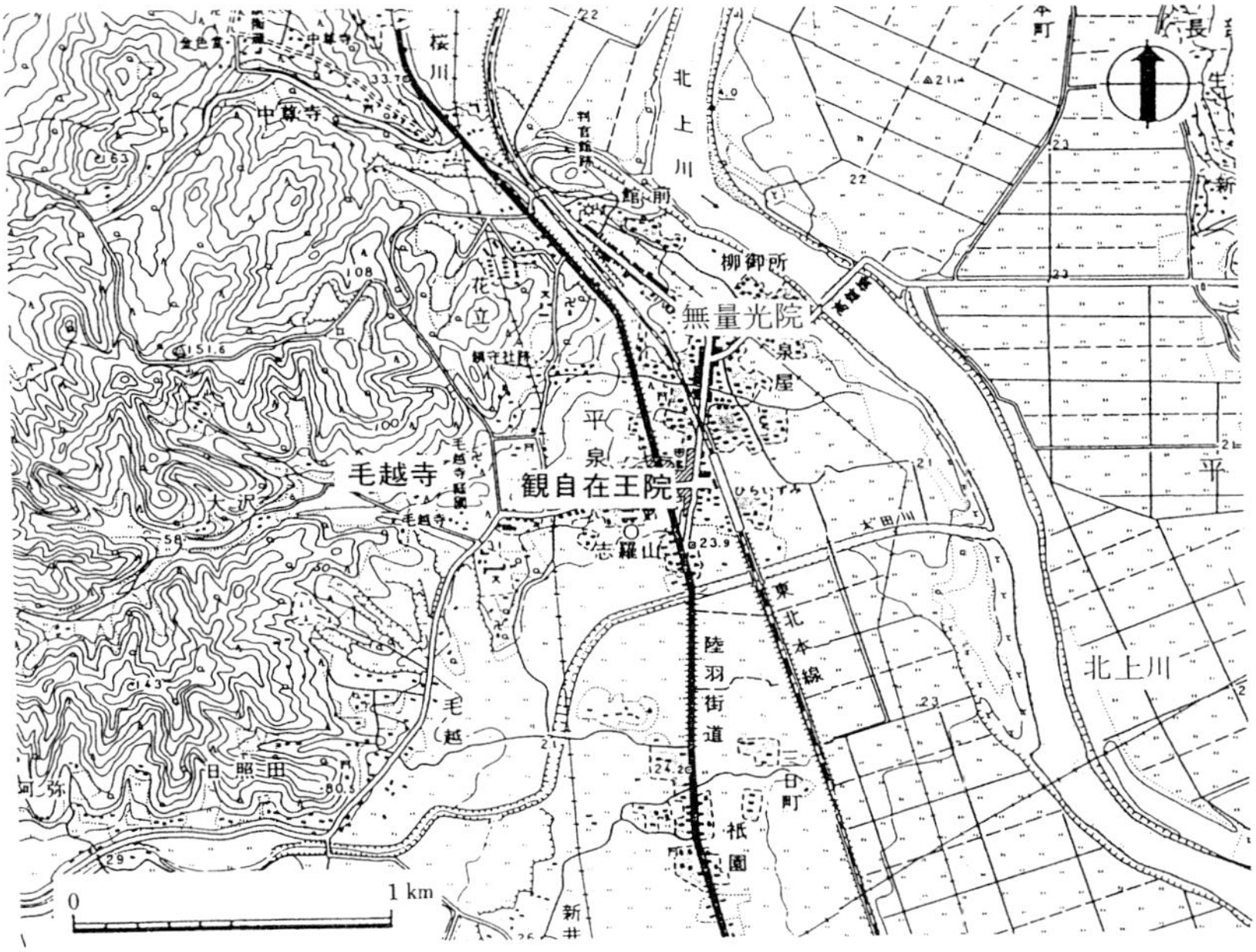

図144　毛越寺・観自在王院位置図

庭儀との正反対の方向に作用することとなり、仏堂・園池・背後の塔山の三者関係を同一方向に展開する視界の中に一体的に構成することはなかった。この三者を視覚的に把握し得る地点は南大門付近に限定されるため、南大門から中島を介して南北の両橋を渡る動線上においてのみ、三者の景観的対比の把握が可能となる。ただし、この場合問題となるのは一九八一・一九八二年の発掘調査で検出された園池北東岸沿いを東門から中心伽藍の方向に向って延びる幅約一・九メートルの東西方向の礫敷歩道である[87][88]（図147）。観自在王院から毛越寺に至る場合や、毛越寺と観自在王院との境界を南北に走る道路から中心伽藍に到着する場合には、この東西方向の歩道を用いた可能性が高い。したがって、この場合には伽藍と背後の自然の山（塔山）とは正面景観の対比関係として視覚されないことになる。南大門と東門のどちらの使用頻度が高かったのか不明だが、毛越寺では両者によって

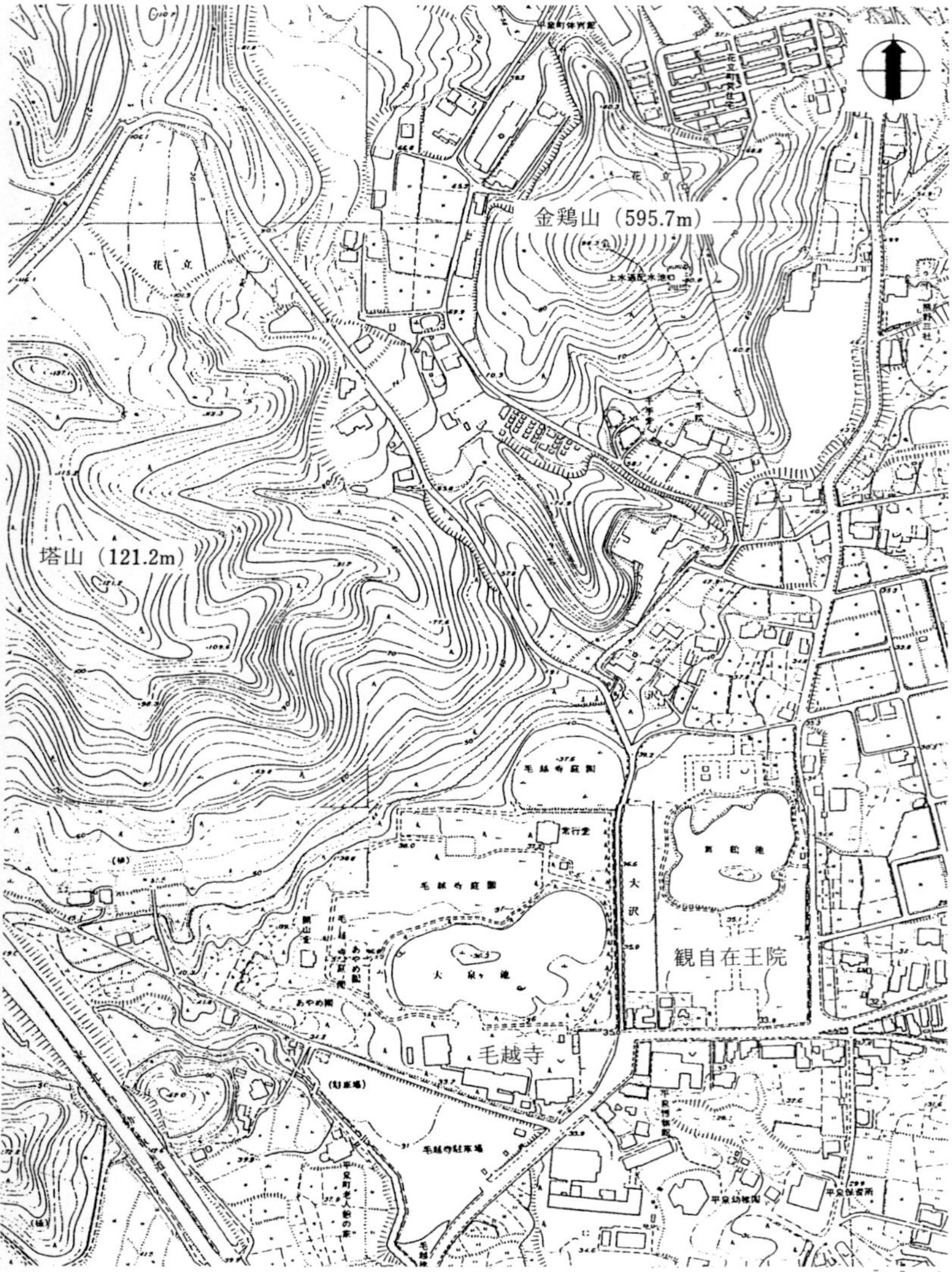

図145　毛越寺・観自在王院周辺地形図

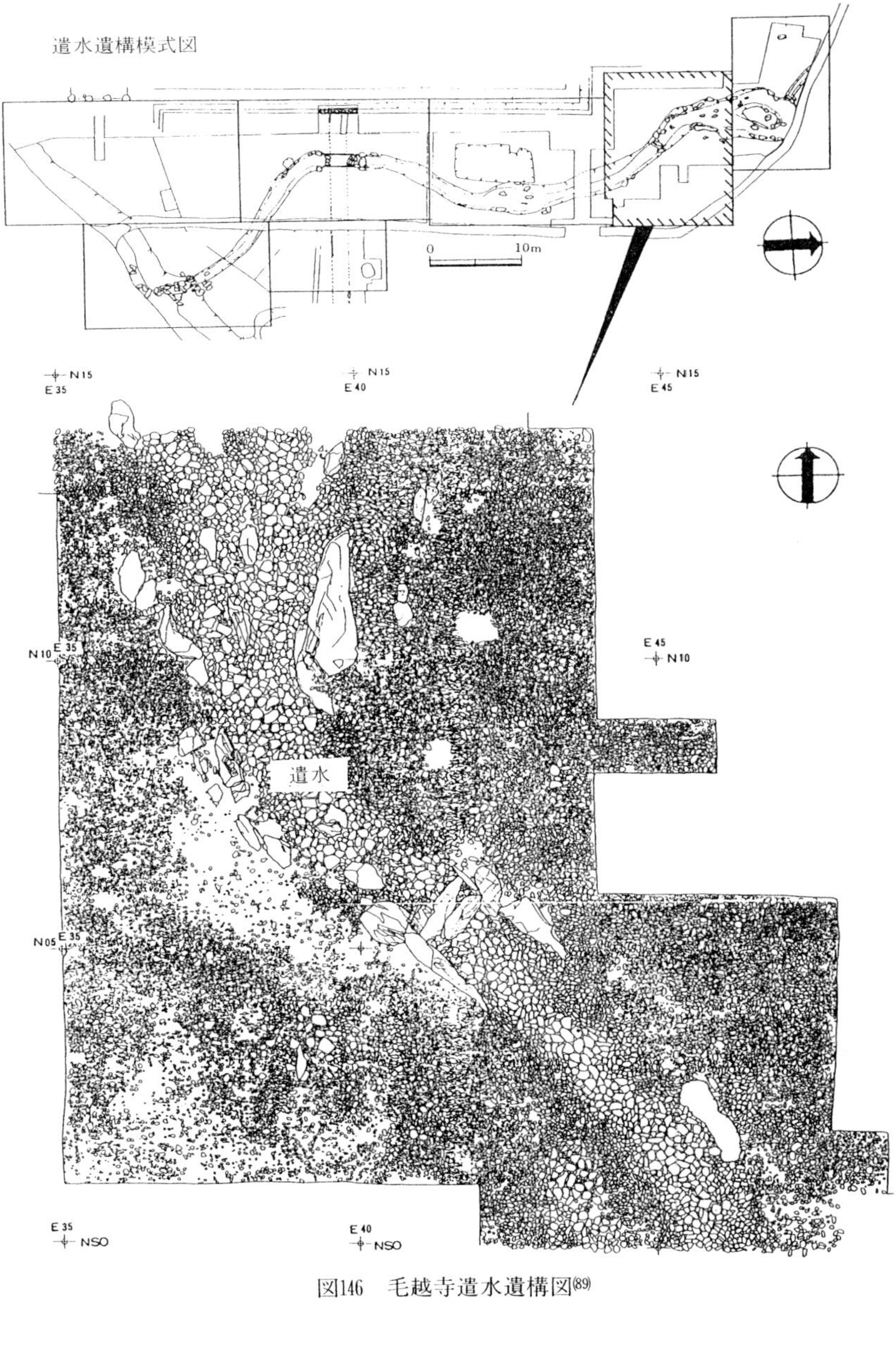

図146　毛越寺遣水遺構図(89)

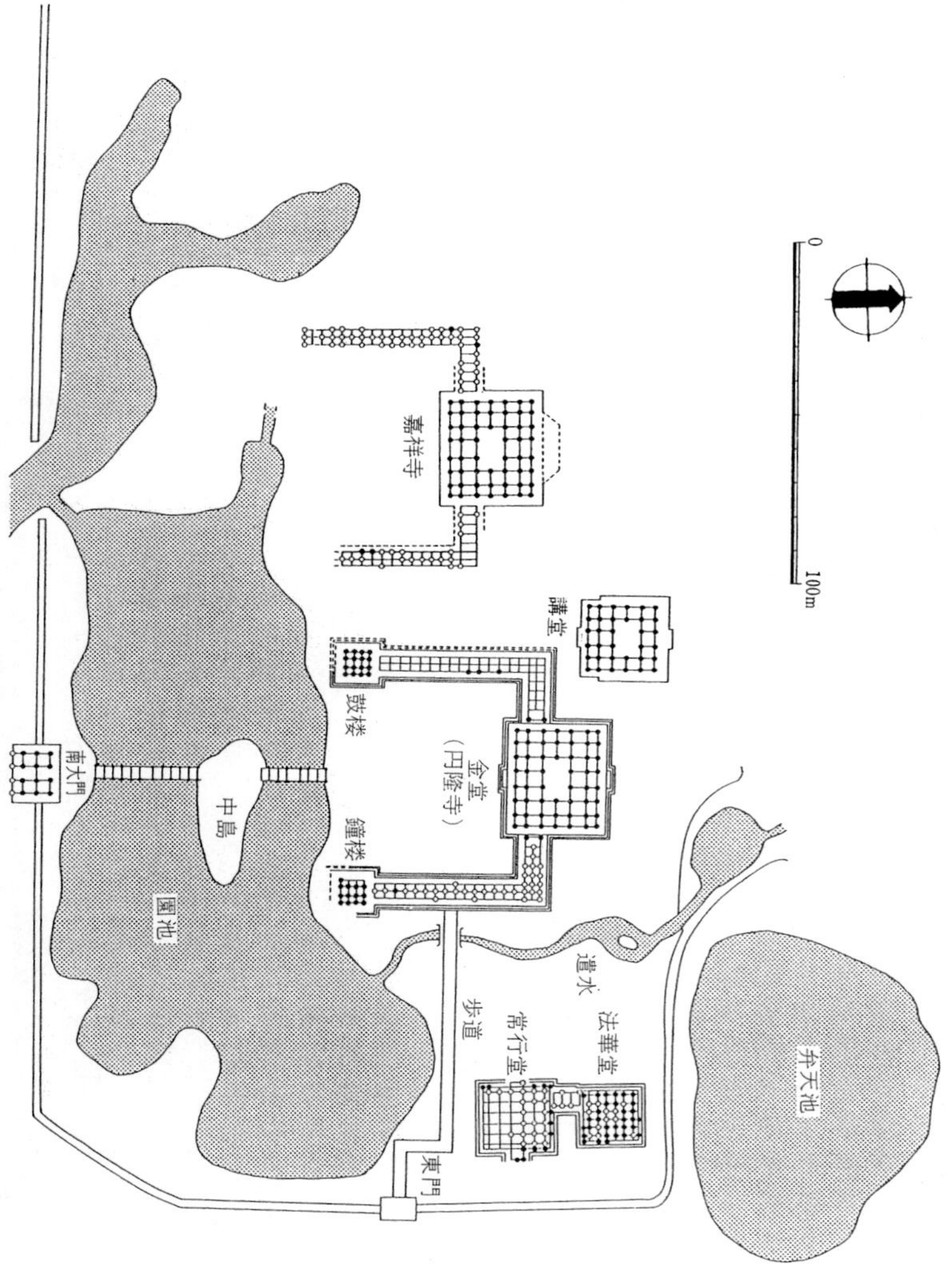

図147　毛越寺伽藍配置模式図

図148　毛越寺の伽藍
上は伽藍全景，下は遣水遺構

人間の視界に展開する景観構成に相違のあることを指摘しておきたい。

第三の特徴は、園池や遣水の汀線が直径約一〇センチの礫敷となっているのに対し、それ以外の平坦部、とりわけ発掘調査が進みつつある園池北岸ではさらに細かい礫を一面に敷き均して地表面を化粧していることである（図146）[89]。この小礫敷は円隆寺回廊基壇縁辺部にまでおよんでおり、少なくとも園池北岸域は全面的に礫で化粧されていたものと推定される。すなわち伽藍主要部は、内部・外観ともに荘厳された仏堂だけでなく、外部空間にもかなり人工的なデザインが採用されたものと思われるのである。この点は次に述べる観自在王院が住宅に端を発する伽藍であるが故に、部分的にしか石材を用いない簡素なデザインである[86]のと比較すると、きわめて対照的である。このような庭園デザインの人工化は、伽藍総体の景観とそれ以外の自然景観との対比関係を否応なく認識させることになったに違いない。第二の点でも指摘したように、主要伽藍に至る導入路の違いによって景観の展開手法が異なるという難点はあるが、南大門から仏堂に至るコースの途上では、上記の景観的対比は一層際だったものとして知覚されたに相違ない。

(3)　観自在王院

観自在王院は藤原基衡の妻によって建立された浄土伽藍で、一九五四～一九五六年に実施された学術発掘調査[86]および一九七二～一九七七年に実施された環境整備事業に伴う発掘調査[90]によって、大阿弥陀堂・小阿弥陀堂・普賢堂などの主要堂宇をはじめ、滝石組・遣水・中島などの園池の細部デザインなどが明らかとなった（図149）。

観自在王院の特徴の第一は、当初から浄土伽藍として出発したのではなく、住宅を喜捨して伽藍となした可能性のあることである。おそらく観自在王院の園池は基衡妻の住宅庭園をそのまま継承するものであり、それゆえに毛越寺に比較してきわめて簡素なデザインとなったのではなかろうか。汀線の州浜状礫敷も毛越寺が全面的に間隙のない密な敷き方をとるのに対し、比較的疎密を認める。とりわけ遣水は玉石を全面的に張るのではなく、ほとんど素掘りである点は注目してよい。

特徴の第二は二棟の阿弥陀堂が園池の北岸に南面して立地する点である。毛越寺は法勝寺の直接的模倣を基本として造営計画が立てられた可能性があるため南面する伽藍構成を採ったが、阿弥陀如来を安置仏とする観自在王院阿弥陀堂が「西」を意識せずに建立されている事実は非常に特徴的である。これは、おそらく伽藍とする以前の住宅が南北に長い敷地であったために、園池西岸に阿弥陀堂を建立する余裕が採れなかったためと考えられる。住宅を喜捨して伽藍としたことに起因して、地形的制約が伽藍配置構成に決定的影響を与えた特殊な事例ではあるが、その後の白水阿弥陀堂などの伽藍構成に与えた影響もまた見逃すことができない。

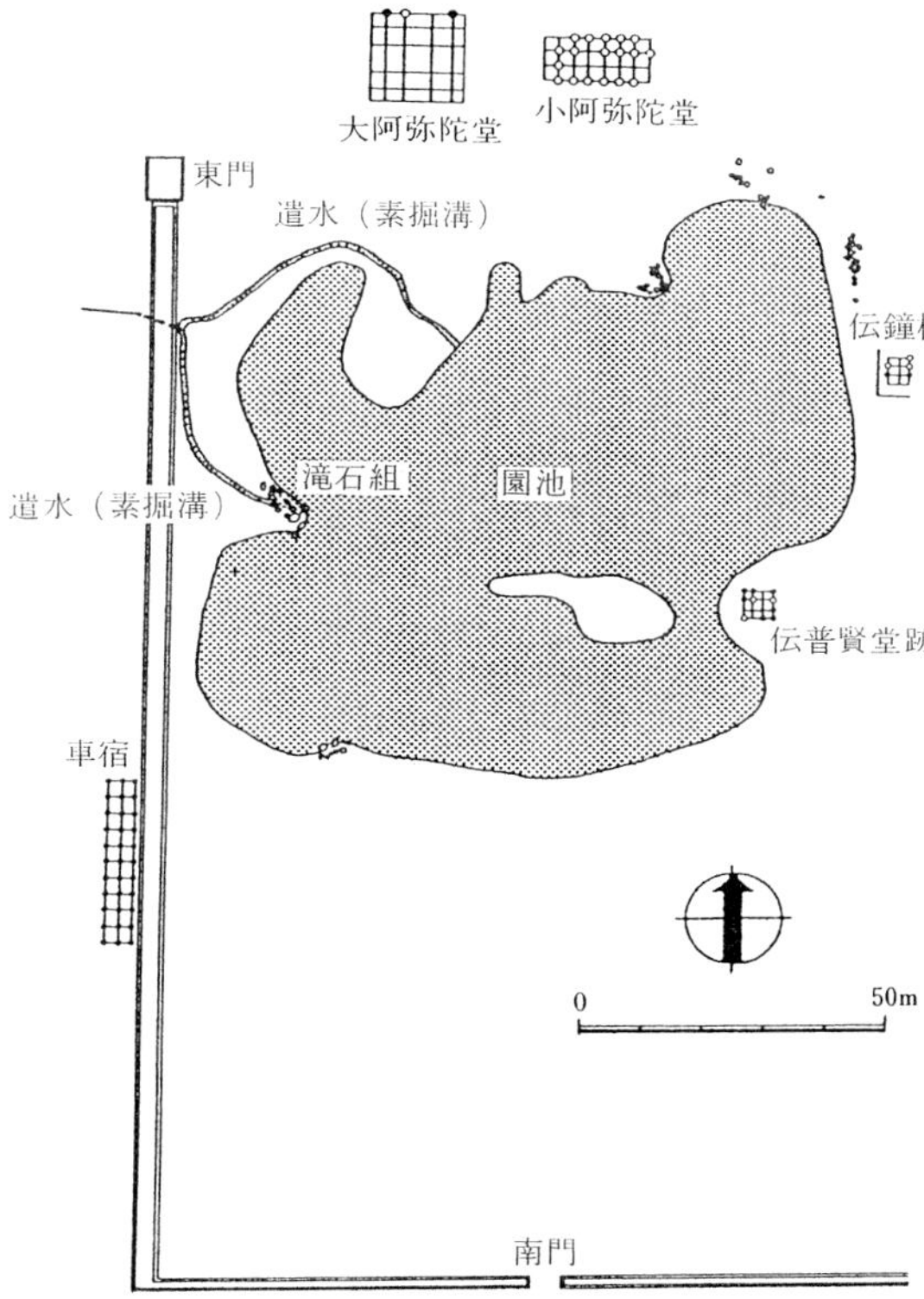

図149　観自在王院伽藍配置模式図

特徴の第三は、第二の点とも関連して、観自在王院のほぼ北の方角に金鶏山が位置することである（図145）。正確には、金鶏山は毛越寺と

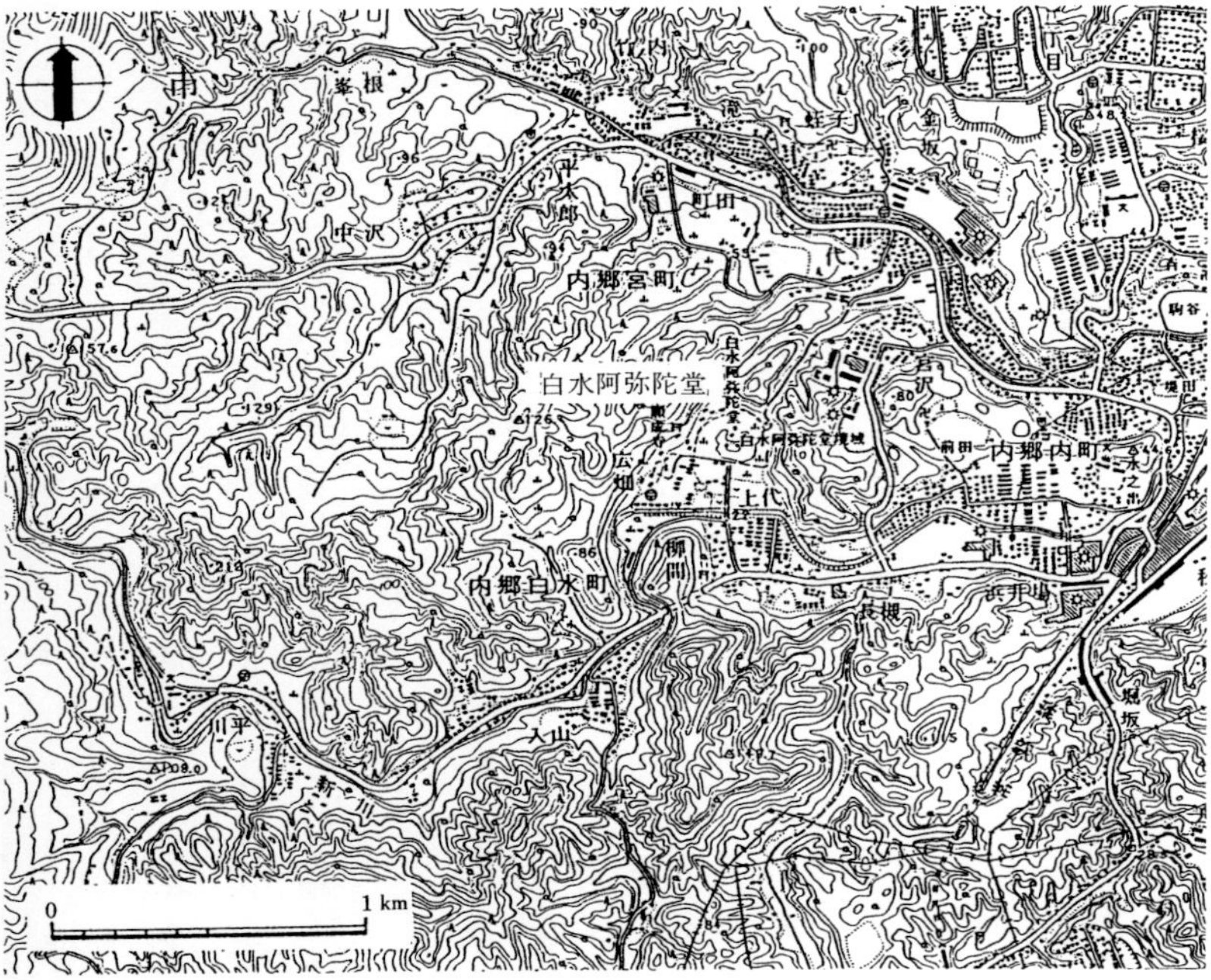

図150　白水阿弥陀堂位置図

観自在王院との間を南北に走る道路の北の延長線上に位置するが、観自在王院の阿弥陀堂の位置は金鶏山との位置関係を考慮して決定された可能性も否定できないだろう。

(4)　白水阿弥陀堂

福島県いわき市に存在する白水阿弥陀堂は白水川左岸に位置し、北背後を経塚山（標高七七・八メートル）に連続する山地形が円弧状にとりまいている（図150・後掲図153）。東流する白水川に向かって南面し、後述する花山寺とも共通する立地条件である。園池は一九七二年から一九八五年までに計八次にわたって実施された発掘調査によって、白水川の旧河道を利用して現存する阿弥陀堂前面に撥鏤形に形成されていたことが判明している（図151）[91]。

白水阿弥陀堂の草創に関わる史料はほとんど存在しないため詳細は不明だが、江戸時代製作の『願成寺縁起』や『磐城風土記』からは磐城地方の領主、磐城則道の妻徳尼を開基とすることが知られる。[91] 徳尼は十二世紀末期に平泉無量光院を建立した藤原秀衡の妹と伝え、現存する方三間宝形造の阿弥陀堂（図152）が解体修理の結果十二世紀中頃の創建とされることなどから、[92] 白水阿弥陀堂園池の造営年代をほぼ推知することができる。

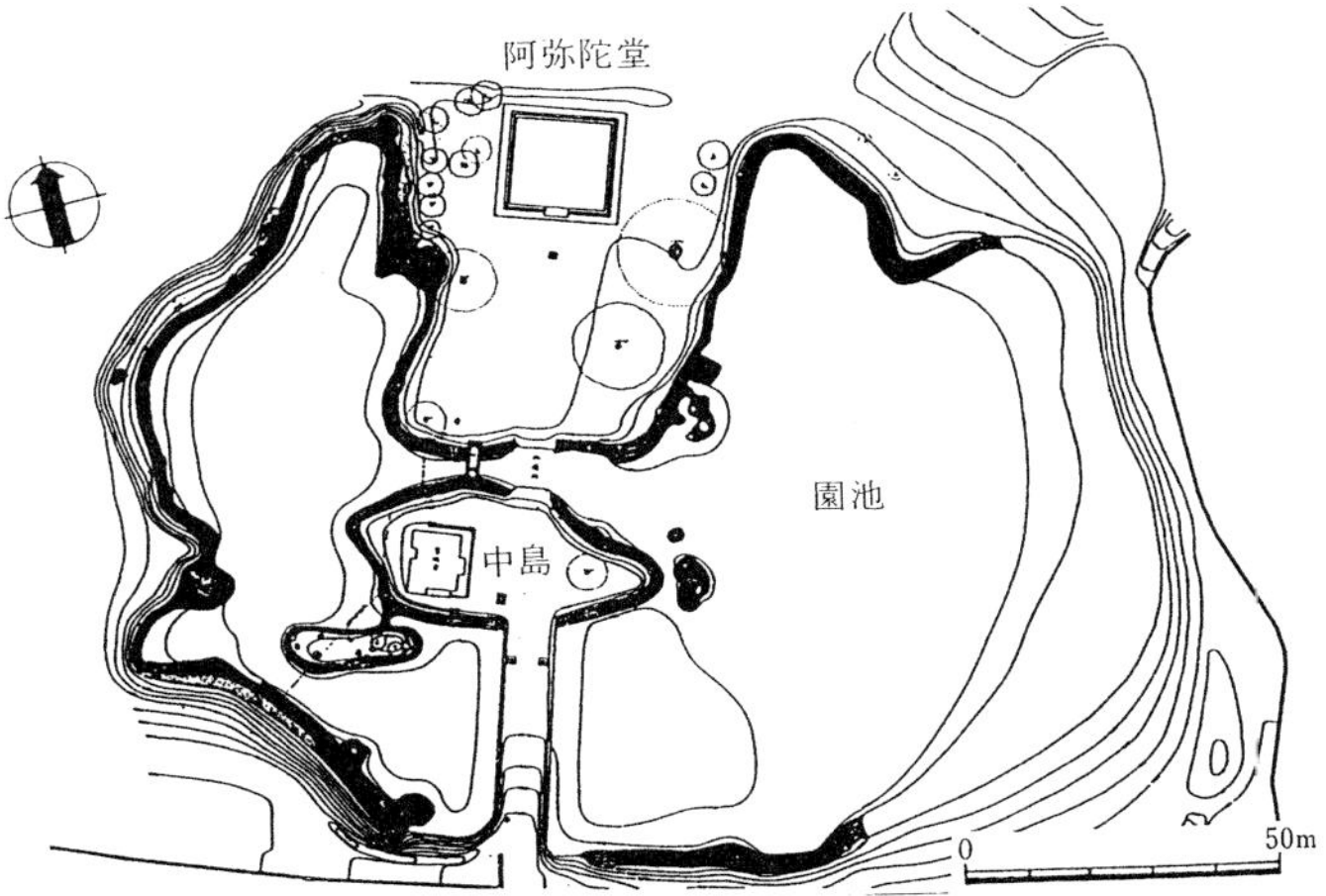

図151　白水阿弥陀堂伽藍配置図[91]

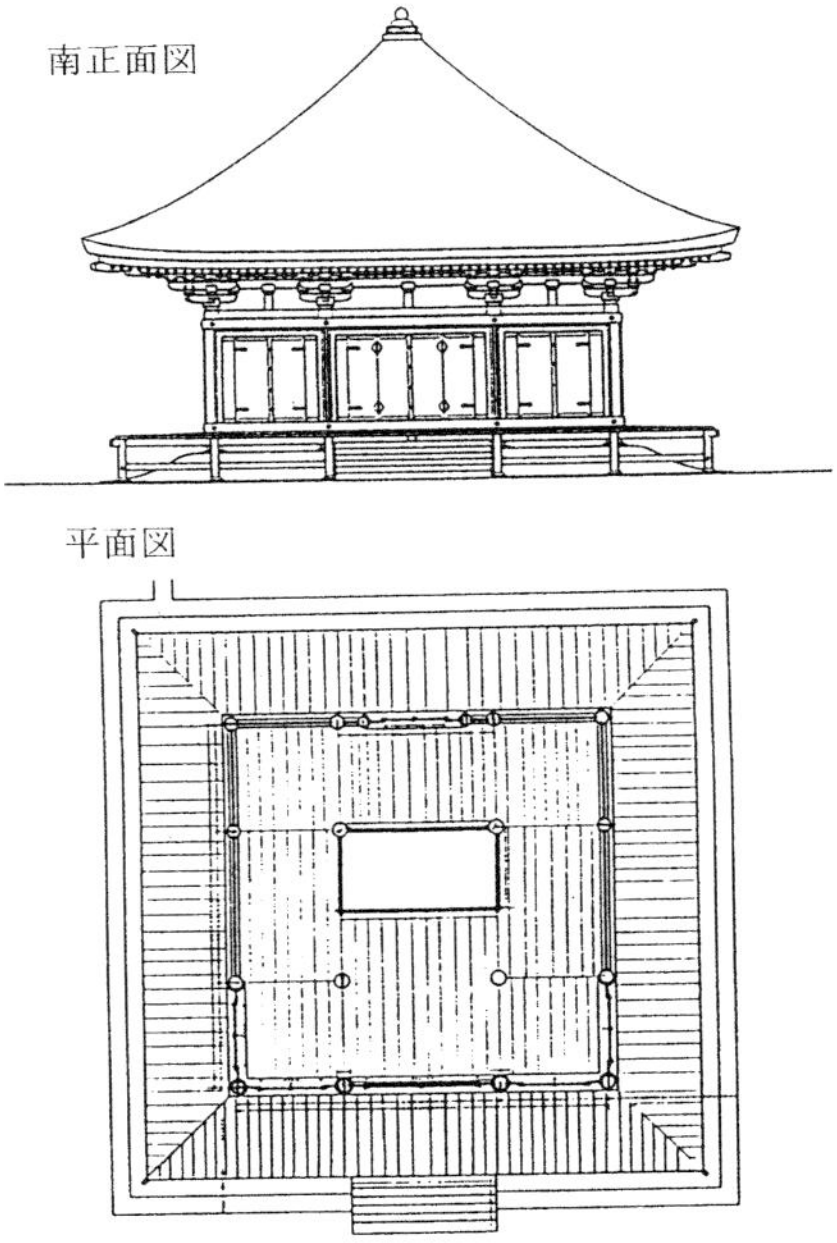

図152　白水阿弥陀堂平面・立面図[92]

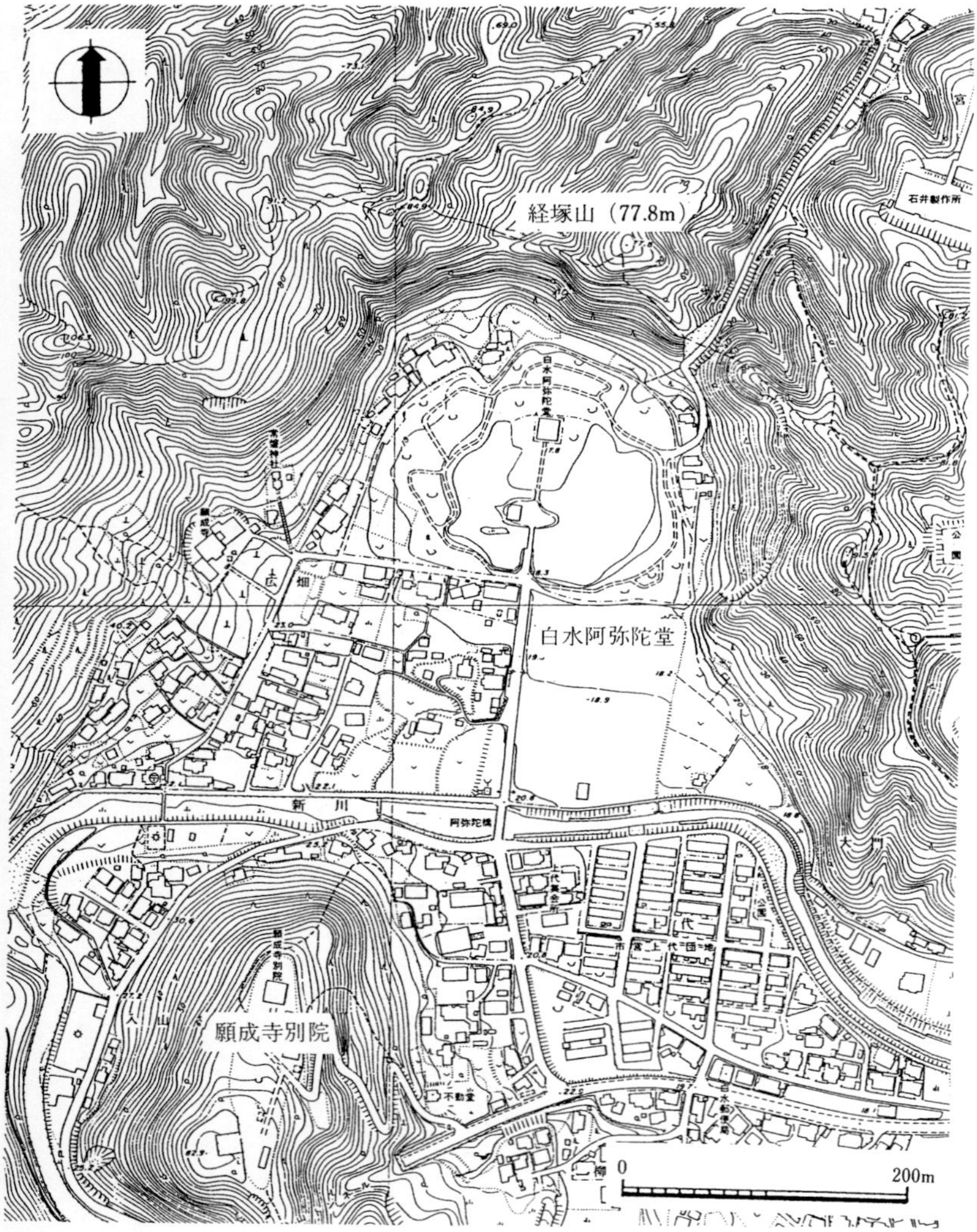

図153　白水阿弥陀堂周辺地形図

図154　白水阿弥陀堂庭園（南から）

白水阿弥陀堂の庭園の特徴は以下の三点に要約できる。まず最初に阿弥陀堂背後にそびえる経塚山（七七・八メートル）の存在である。経塚山は平泉無量光院における金鶏山のように埋経などの浄土願求に関わる直接的な営為を通じて伽藍との連関を意図するものではないが、その名は伽藍に関連するものとも解することが可能であり、阿弥陀堂との位置関係から阿弥陀堂の正面景観に背景としての機能を持ったことは十分想定される。

　第二に阿弥陀堂でありながら南面する立地条件である点も興味深い。先にみた観自在王院では、伽藍に先行する住宅の立地条件に制約されていたために南面する堂舎配置が採用されたものと推定されたが、白水阿弥陀堂の出発点はあくまで浄土伽藍の造営にあり、当初からそのための立地条件が選択されたはずである。なぜ「西」を意識した伽藍配置を採らなかったのか、疑問の残るところである。しかし、先述のごとく白水阿弥陀堂の開基が平泉に関連の深い徳尼であることや、観自在王院大阿弥陀堂は白水阿弥陀堂と規模こそ相違するものの同様の宝形造に復原し得ることなどを考慮すれば、兄秀衡が無量光院を造営する以前に徳尼は観自在王院を手本として白水阿弥陀堂の造営にすでに着手していた可能性も否定できないのである。

第三に、白水川をはさんで南には標高七〇～八〇メートルの独立小支丘が控えている点も注目される（図153）。現在この頂部には願成寺別院が存在するが、ここからの白水阿弥陀堂と園池の俯瞰景観は、背後の経塚山の景観とも相俟って秀逸なパノラマを構成したものと考えられる。十二世紀後半にここからの眺望を予定した伽藍の地形選択がなされたか否かは不明だが、ビューポイントとして機能した可能性は充分想定してよいように思う。

(5)　円成寺

奈良市の東、忍辱山に位置する円成寺は、『和州忍辱山円成寺縁起』によれば天平勝宝八年（七五六）の開基と伝えられ、もとは十一面観音を本尊としていたが、天永三年（一一一二）に南山城から僧経源が入って以降阿弥陀座像を本尊とする伽藍に改められたとする。その後十二世紀半ばに至って広隆寺別当や東大寺別当、東寺長者などを勤めた寛遍によって寺観が整備され、現存の園池もこの時に造営されたものとみられている[93][94]。

円成寺の特徴の第一には、やはり南面する立地を挙げねばならない。ほぼ同時期に完成した浄瑠璃寺では九体阿弥陀堂を園池西岸に配置するから、浄瑠璃寺の伽藍配置計画手法が「西」を意識していたことを示す。しかし円成寺では阿弥陀堂は園池に対して南面している。これは、おそらく円成寺の本堂安置仏が極楽浄土を象徴する阿弥陀座像となる以前に、十一面観音像を中心とする補陀落山浄土を象徴する地形選択がなされたためとみられる（図155・157）。

第二に、南北の中軸線の設定を挙げることができる。現状地形からは、建物の建造に先立って山裾を切土して一段高いテラスを形成していることがうかがわれ、その上面に本堂と楼門とを南北に配置する（図156）。園池はテラスの南に広がる低地に形成されており、中央の中島と本堂、楼門との中軸線が揃う。この中島には園池北岸から通ずる石

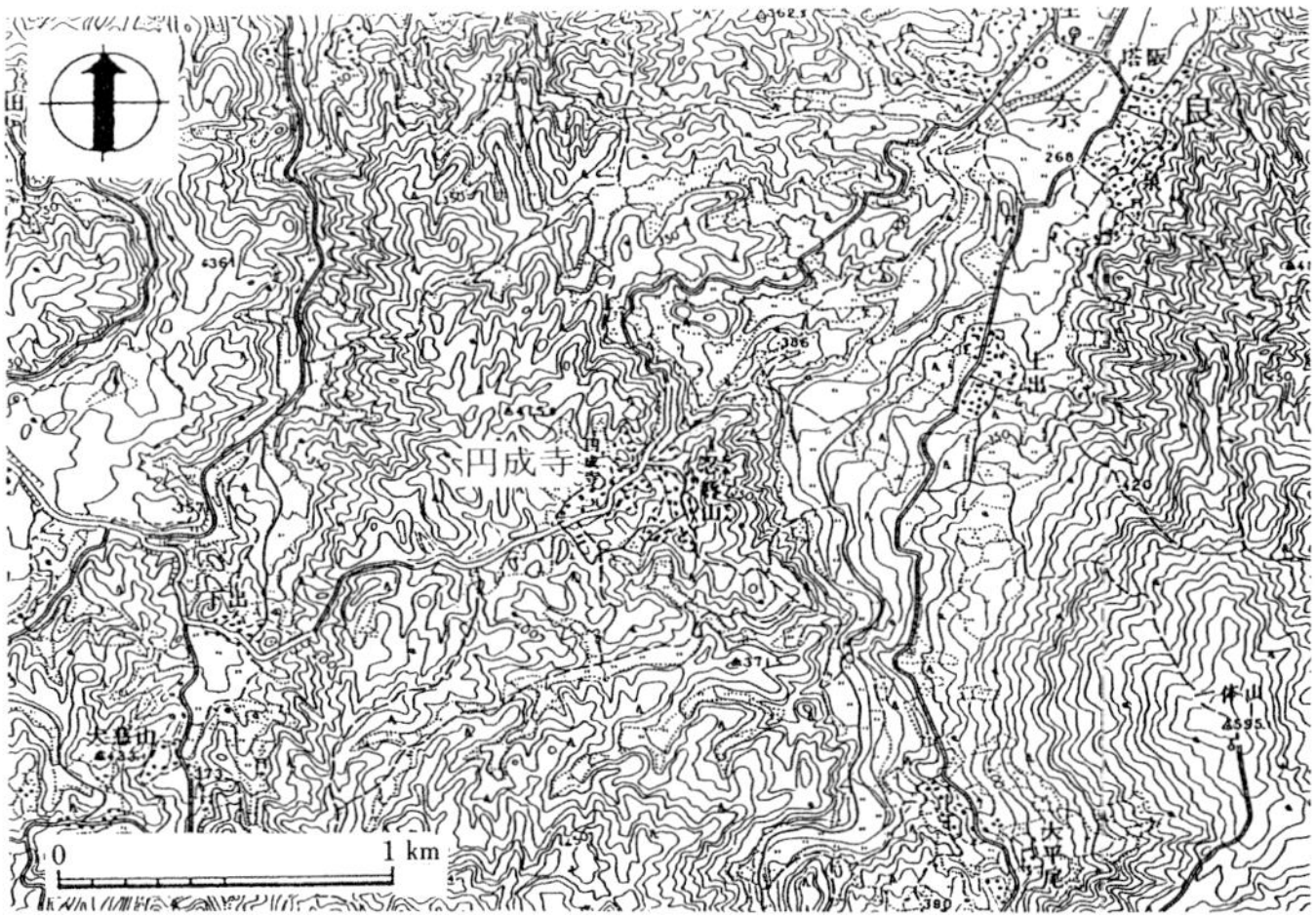

図155　円成寺位置図

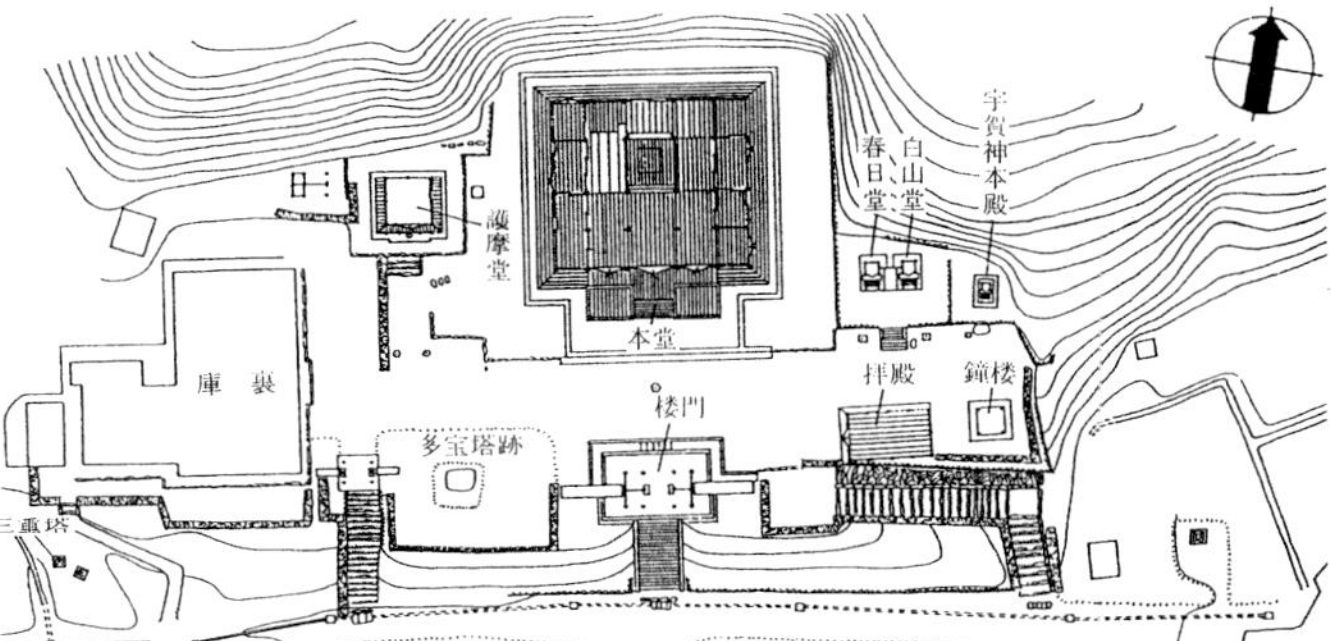

図156　円成寺伽藍配置図(95)

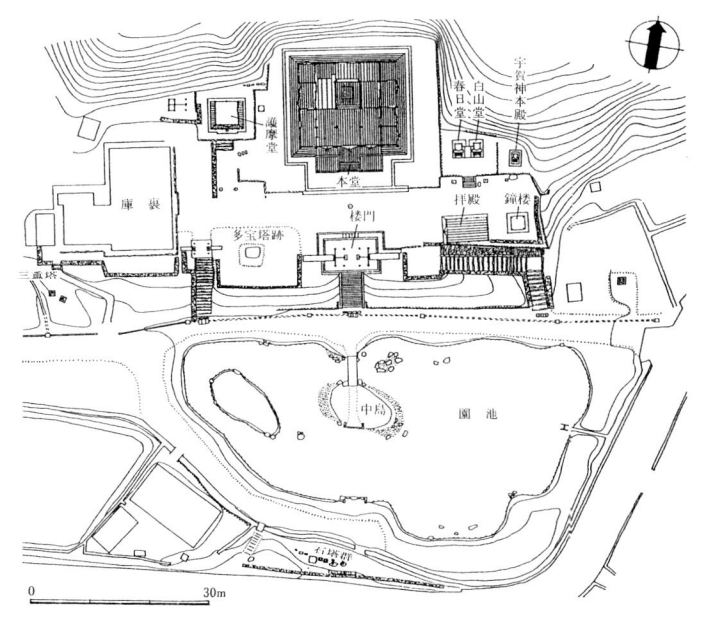

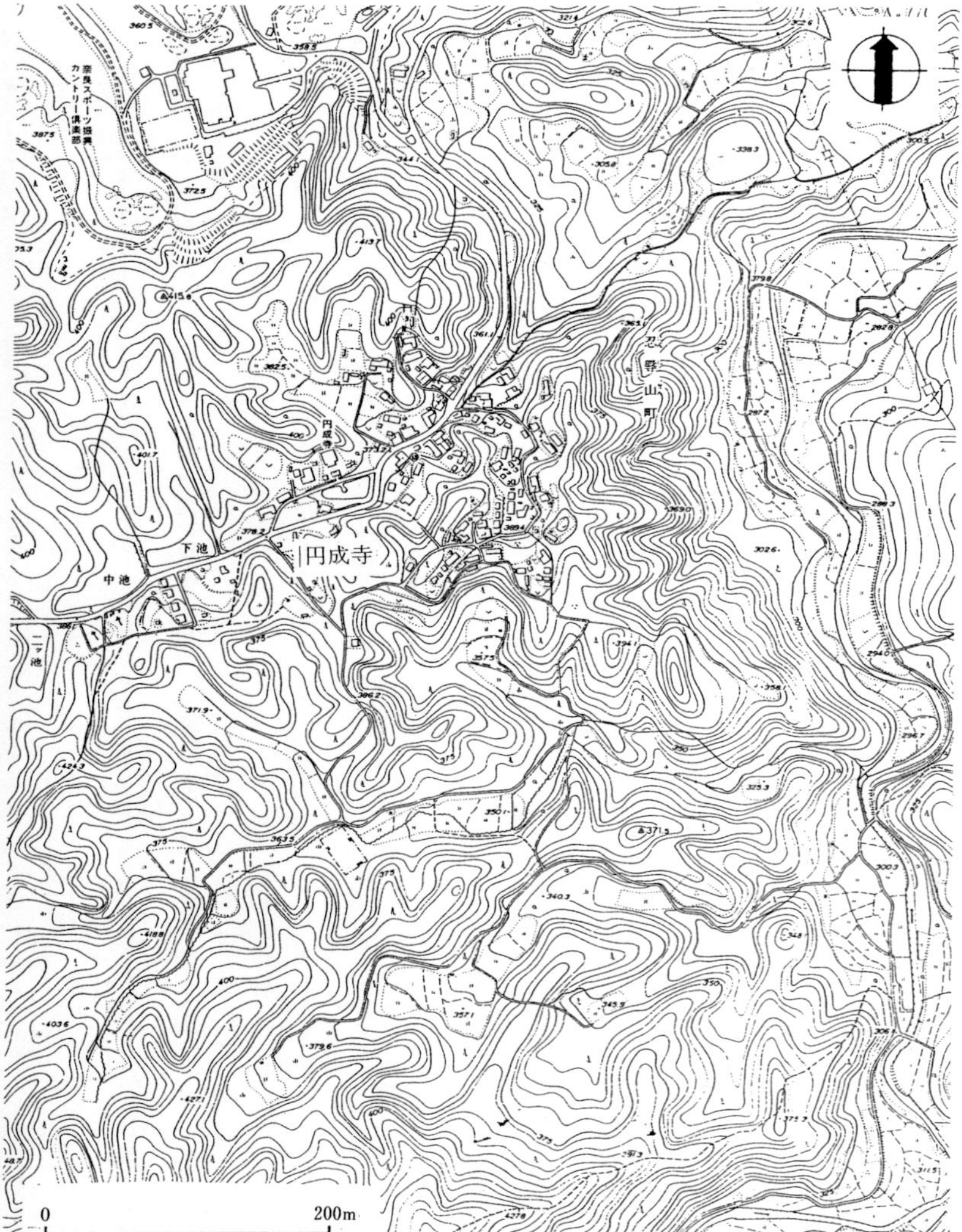

図157 円成寺周辺地形図

図158　円成寺庭園（園池南岸から中島・楼門を望む）

図159　円成寺庭園（楼門から園池・中島を望む）

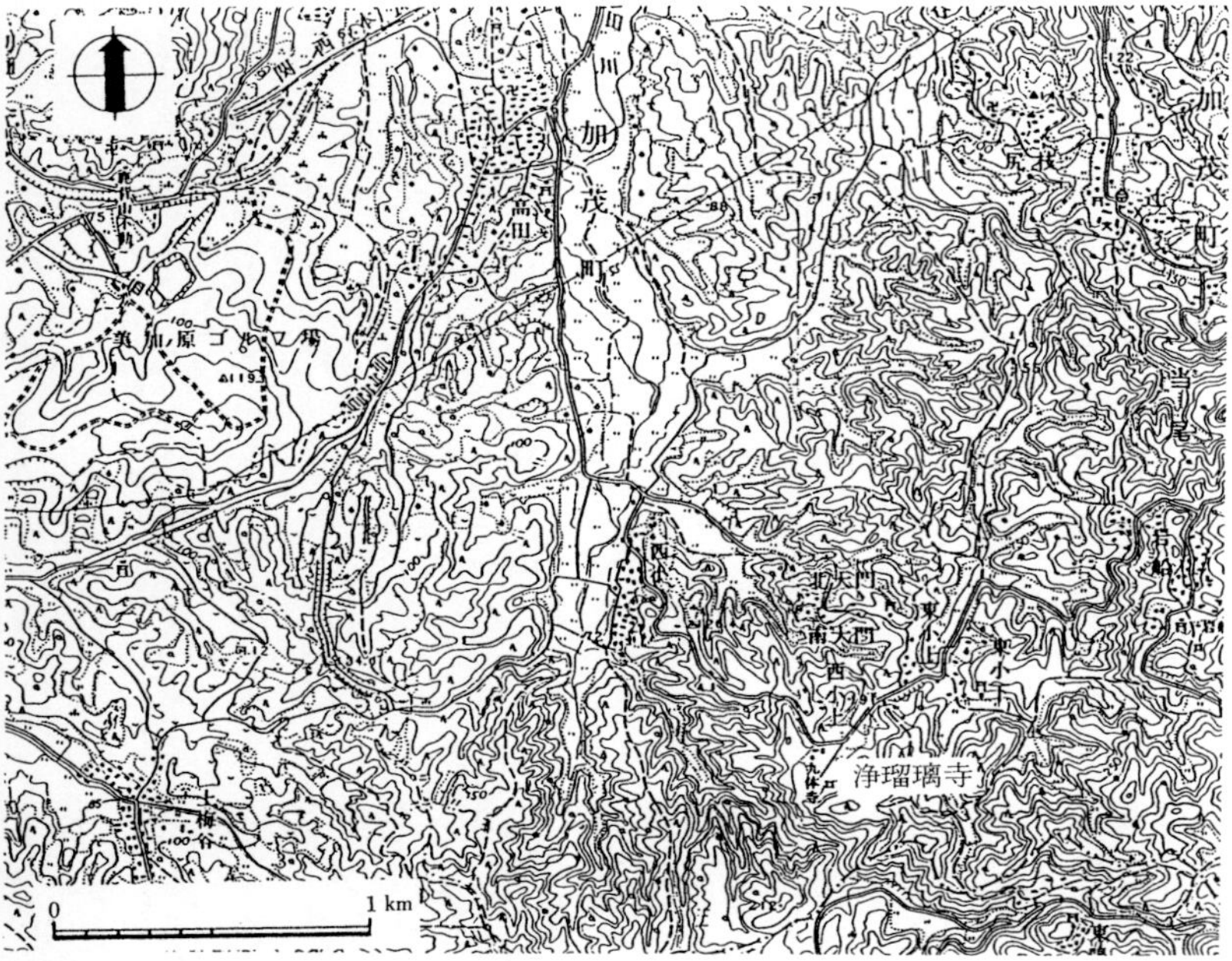

図160　浄瑠璃寺位置図

橋が遺存するが、一九七五年の復原整備に伴う発掘調査[95]では上記の石橋と軸線を揃える中島南岸にも橋脚等の橋の部材を検出しているから、当初は中島から園池南岸へも橋がかかっていたことが推定できる。この中軸線上に園池・楼門・阿弥陀堂、そして背後の山を連続させるところに特徴があるといえるだろう。

(6)　浄瑠璃寺

浄瑠璃寺の本堂である九体阿弥陀堂は、嘉承二年（一一〇七）に建立されたものだが、久安六年（一一五〇）に興福寺一乗院の恵信（関白藤原忠通息）によって寺域や園池が整備拡充された後、保元二年（一一五七）に園池西岸の現在の位置に移建されたものである。森蘊[96]や黒田昇義[97]によれば、もともと存在した「先本堂」は嘉承二年に取

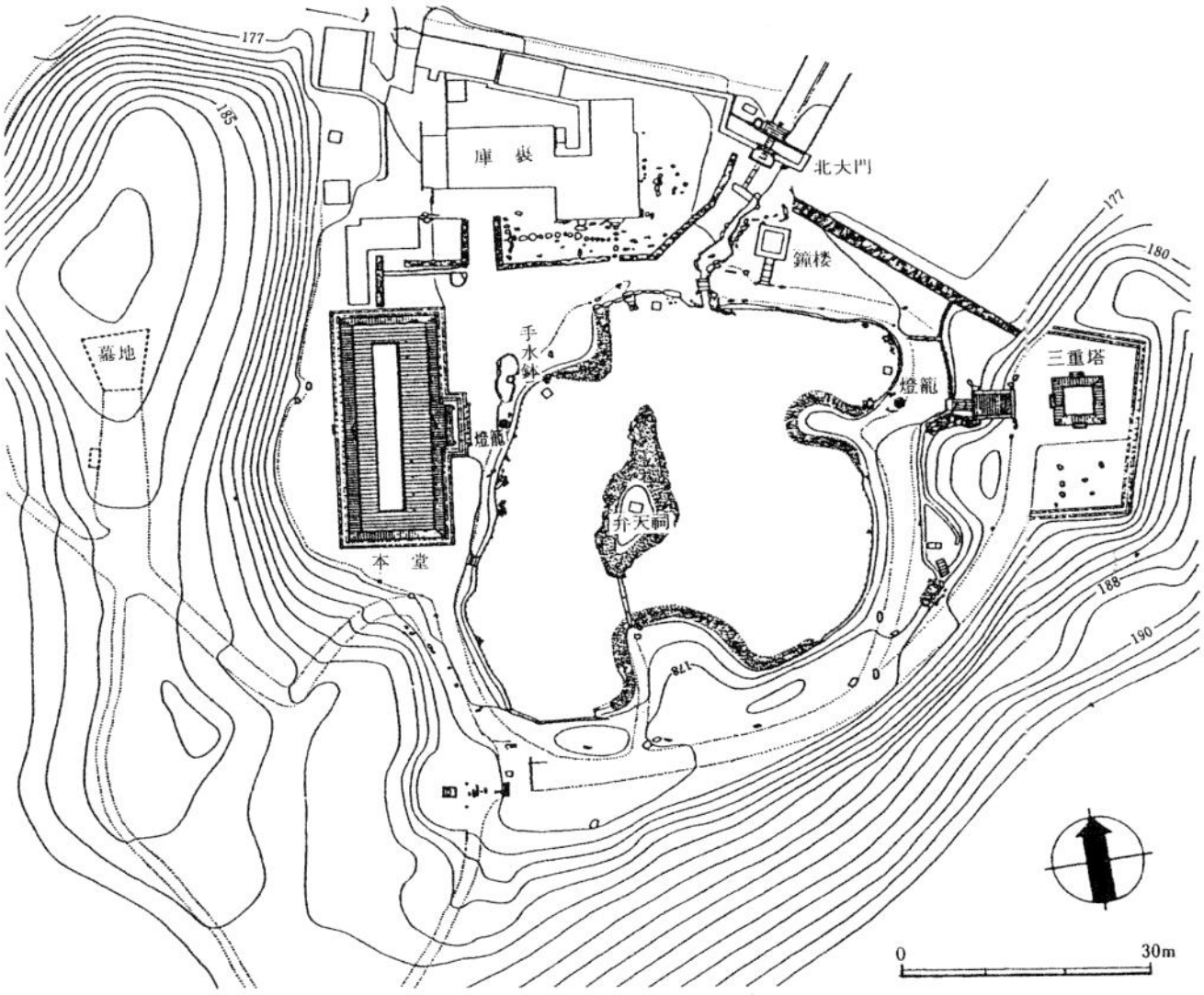

図161　浄瑠璃寺伽藍配置図(99)

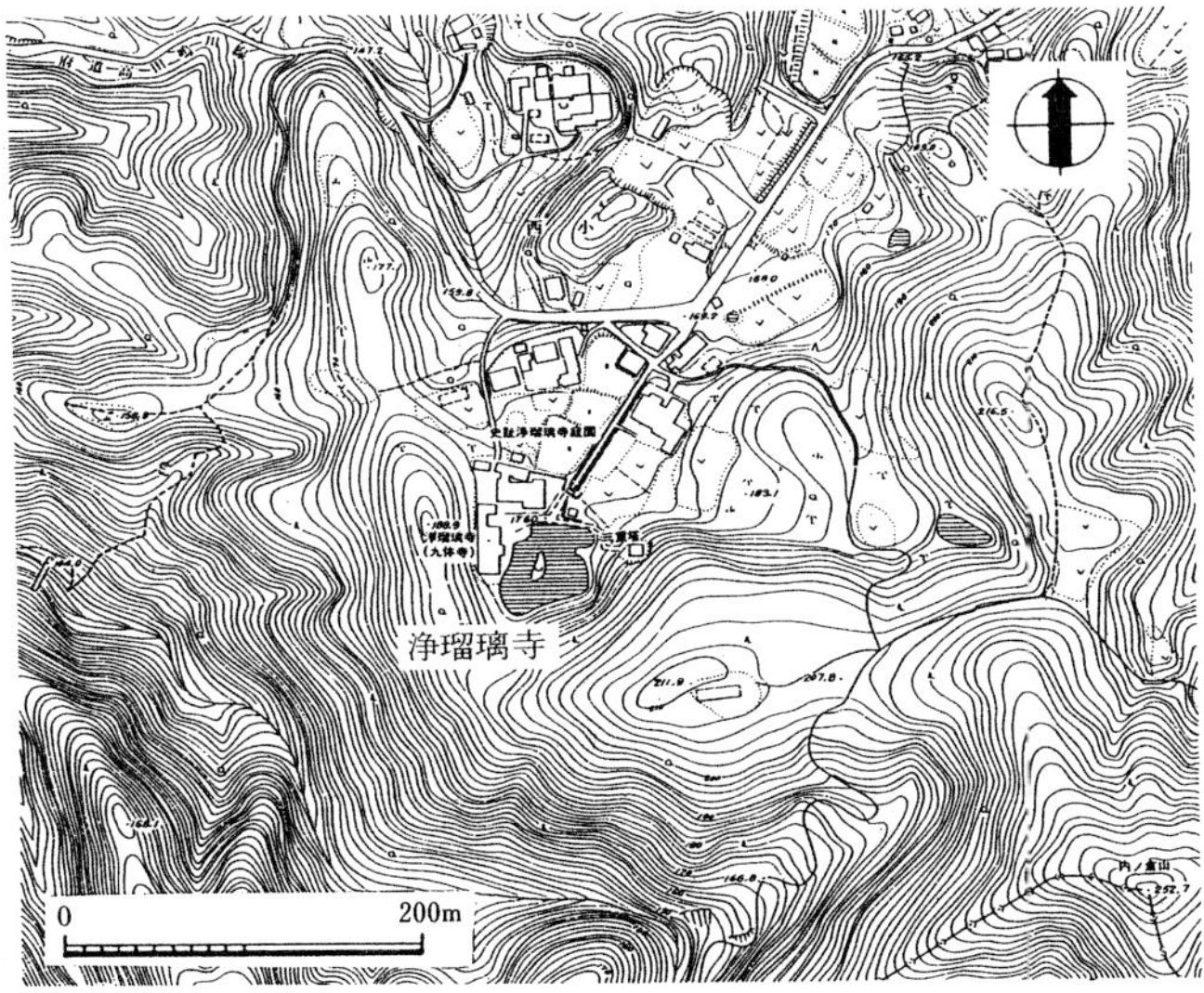

図162　浄瑠璃寺周辺地形図

り壊されたが、これに伴って本仏たる薬師如来は園池西岸付近に位置したと思われる小規模な「西堂」に安置され、新本堂完成後に新造の九体阿弥陀像とともに客仏として新本堂に安置されることになったものらしい。また現存の三重塔は治承二年（一一七八）に京都一条大宮より移建されたもので、初重内部板扉（八枚）には移建以前のものと思われる釈迦八相図が確認される。(98) 一九七五・七六年に実施された発掘調査によって、園池は州浜状の礫敷汀線を主体とすることが判明し、とりわけ阿弥陀堂に面する園池西岸は現状汀線位置よりも当初はさらに阿弥陀堂よりに汀線が存在したことが明らかとなっている。(99) したがって園池は現状以上に阿弥陀堂に近接していたことになり、仏堂と園池の関係はきわめて緊密であったことがうかがえる（図161・162）。

浄瑠璃寺での特徴は、蓮台房の跡地に建立されたところから別名蓮台院とも称された三重塔が、阿弥陀堂に対して園池の東岸に付加されたことである。三重塔扉絵に描く釈迦八相図は、移建以前に一条大宮に存した三重塔が釈迦の密厳浄土（霊山浄土）を象徴するものであったことを示すが、「先本堂」の安置仏と推定される薬師如来を現状では安置するから、いつの頃からか園池西岸に位置する九体阿弥陀堂が極楽浄土を象徴するのに対し、園池東岸の三重塔は薬師如来の居所たる浄瑠璃浄土の象徴として意識されるようになったものと考えられる。両堂舎をとりまく自然の山嶺は、それぞれの浄土をさらに現実的に意識させる上で背景的効果を担ったものと理解できる。2―(3)でも少し触れたが、浄瑠璃寺における本堂と三重塔との位置関係は福勝院をはじめ古く法勝寺にもみられるものである。

(7) 永　福　寺

永福寺は鎌倉の東北方約一・八キロの鎌倉市二階堂小字三堂に位置する。一九三三年に実施された戦前の発掘調査(100)を端緒として、戦後一九五三年の神奈川県史跡指定に伴う発掘調査、一九六五年の伽藍周辺部の調査を経て、一九八一年からは国の史跡指定のもと環境整備事業の一環として現在に至るまで継続的な調査[101]が行われ、二階堂・阿弥陀堂・薬師堂などの主要堂宇をはじめ翼廊・釣殿・園池などを含めた主要伽藍のほぼ半分が明らかとなっている[102]（図165）。

『吾妻鏡』によれば、永福寺は文治五年（一一八九）十二月九日に事始、[103]建久二年（一一九一）二月十五日に頼朝の現地視察、[104]翌建久三年（一一九二）十月二十九日に二階堂竣工、[105]そして同年十一月二十日に完成している。[106]十月二十九日条には「永福寺扉幷仏後壁画図終功。……是摸秀衡建立円隆寺[105]」とあって、二階堂内の荘厳は藤原基衡（上記引用文の秀衡は誤り）建立の平泉毛越寺内の円隆寺を模写したものであったことがわかる。完成を伝える十一月二十日条には「永福寺営作已終其功。雲軒月殿。絶妙無比類。誠是西土九品荘厳。遷東関二階梵宇者歟[106]」と伝えるから、この時点で九品浄土を象徴する阿弥陀堂も完成していたに違いない。薬師堂供養に関する記事は建久四年（一一九三）十一月二十七日条[107]に見えるから、薬師堂の完成は前二堂に比してやや遅れていたものとみられる。

図163・164に明らかなごとく、北・西・東の三方から山が迫る比較的狭隘な地域に、西方の山麓に二階堂を中心として北に薬師堂、南に阿弥陀堂を建て、これらの諸堂を連絡する翼廊が東折して、その先端園池水面上に張り出して左右に釣殿が配置されていた。全体的には東面して園池に臨むコの字型の建物配置形式をとるが、円隆寺に比較して園池に延びる翼廊の折れ曲がり部分が短く、藤原秀衡の無量光院にも若干類似する。

永福寺の特徴は以下の三点にまとめることができる。

まず第一に、二階堂正面東方から三堂を望む視線が予定されていた可能性のあることである。十三世紀の成立とされる『海道記』[108]によれば、「次にひがし山のすそに臨て二階堂を礼す」とあって東方の山麓から三堂を眺望したことがうかがえる。先にみた平等院や無量光院、および鳥羽勝光明院と同様の構成になっている。もちろん永福寺では園池東岸部を広範囲に発掘調査しておらず、定視点となる建物が存在するか否かは不明である。園池の形状は二階堂前

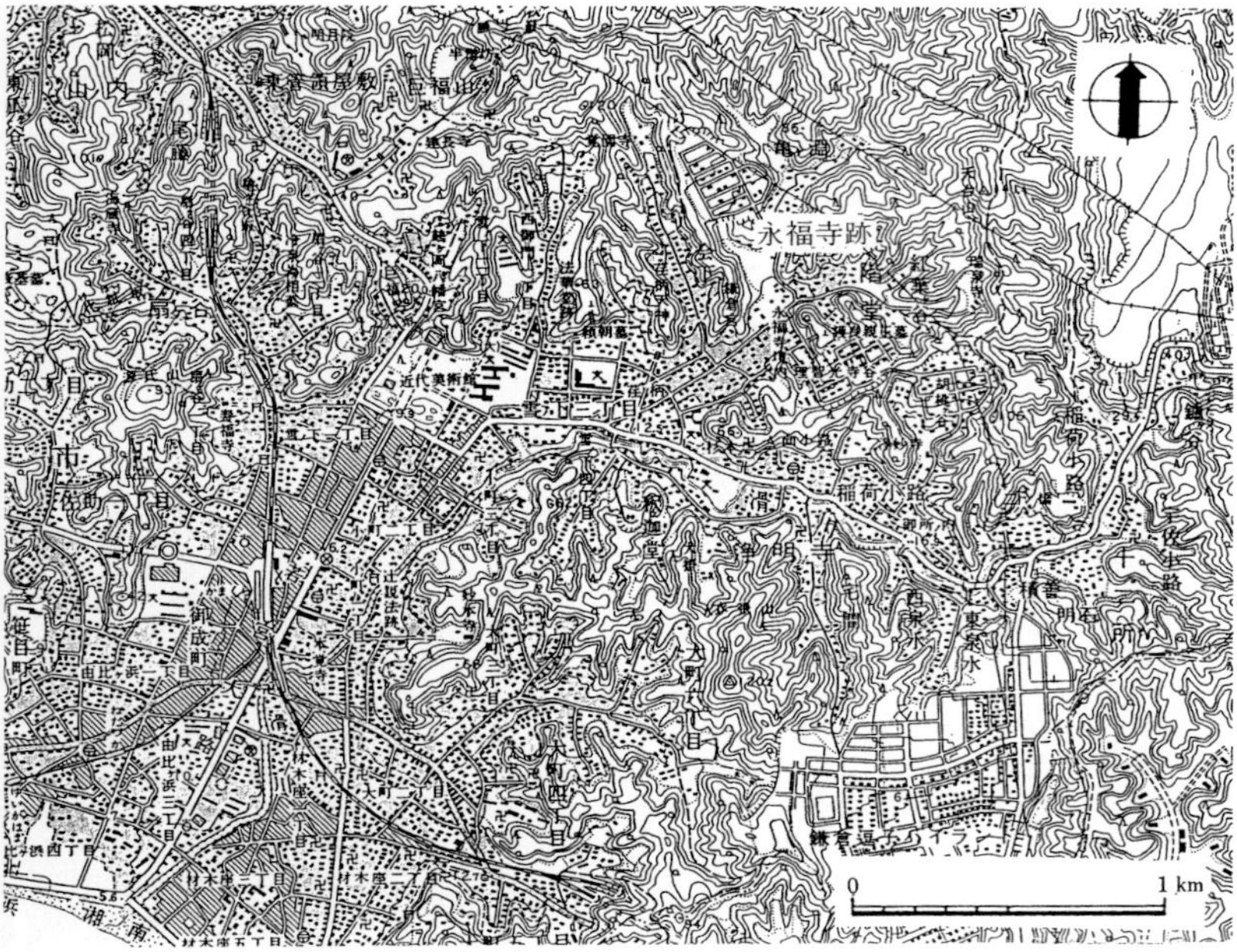

図163　永福寺位置図

面が最もくびれており、今後の調査でこの位置に橋が検出される可能性もある[109](図165)。

第二に、異なる本尊を安置する三堂が南北に一列に並び、しかも全体的には「西」を意識して東面する伽藍構成となっていることが指摘できる。すなわち永福寺は、源頼朝が鎌倉幕府の開幕にあたって源義経や藤原泰衡の怨霊を鎮め、自らの権力誇示をも目的として建立したが、諸精霊の極楽浄土往生と自らの安穏を祈願して無量寿仏を本尊とする阿弥陀堂、薬師如来を本尊とする薬師堂を、それぞれ併置する伽藍配置構成をとったものとみられる。しかしながら伽藍の方位は明らかに阿弥陀堂の「西」が優先されているのが特徴である。永福寺の立地は南に向かって開口する地形であるから、北に諸堂宇を配して南面する伽藍配置とすることも可能であったはずである。しかし実際には東面する配置となっていることは、三堂のうちでも阿弥陀堂の方位が最優先されたとみるべきで

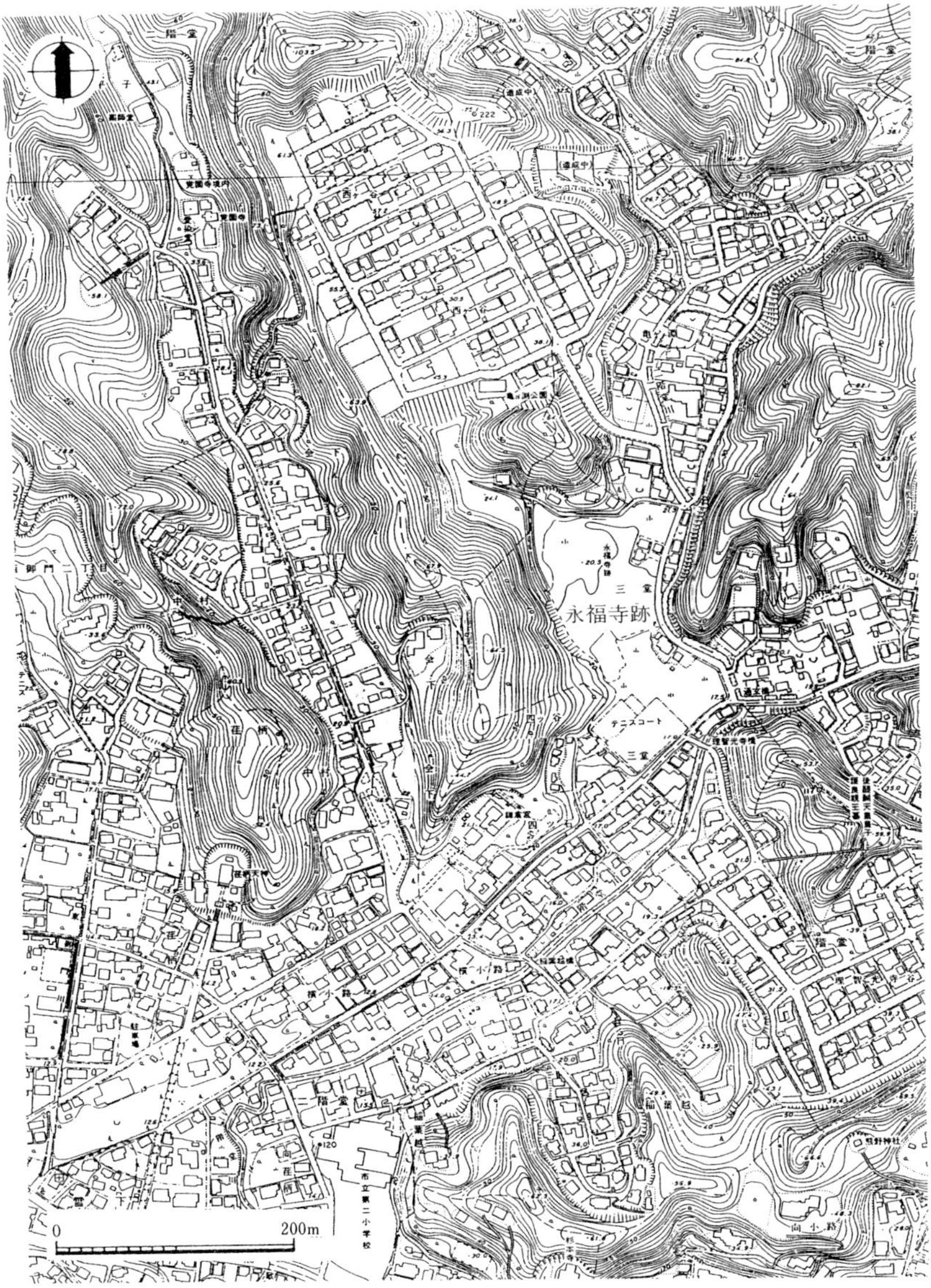

図164　永福寺周辺地形図

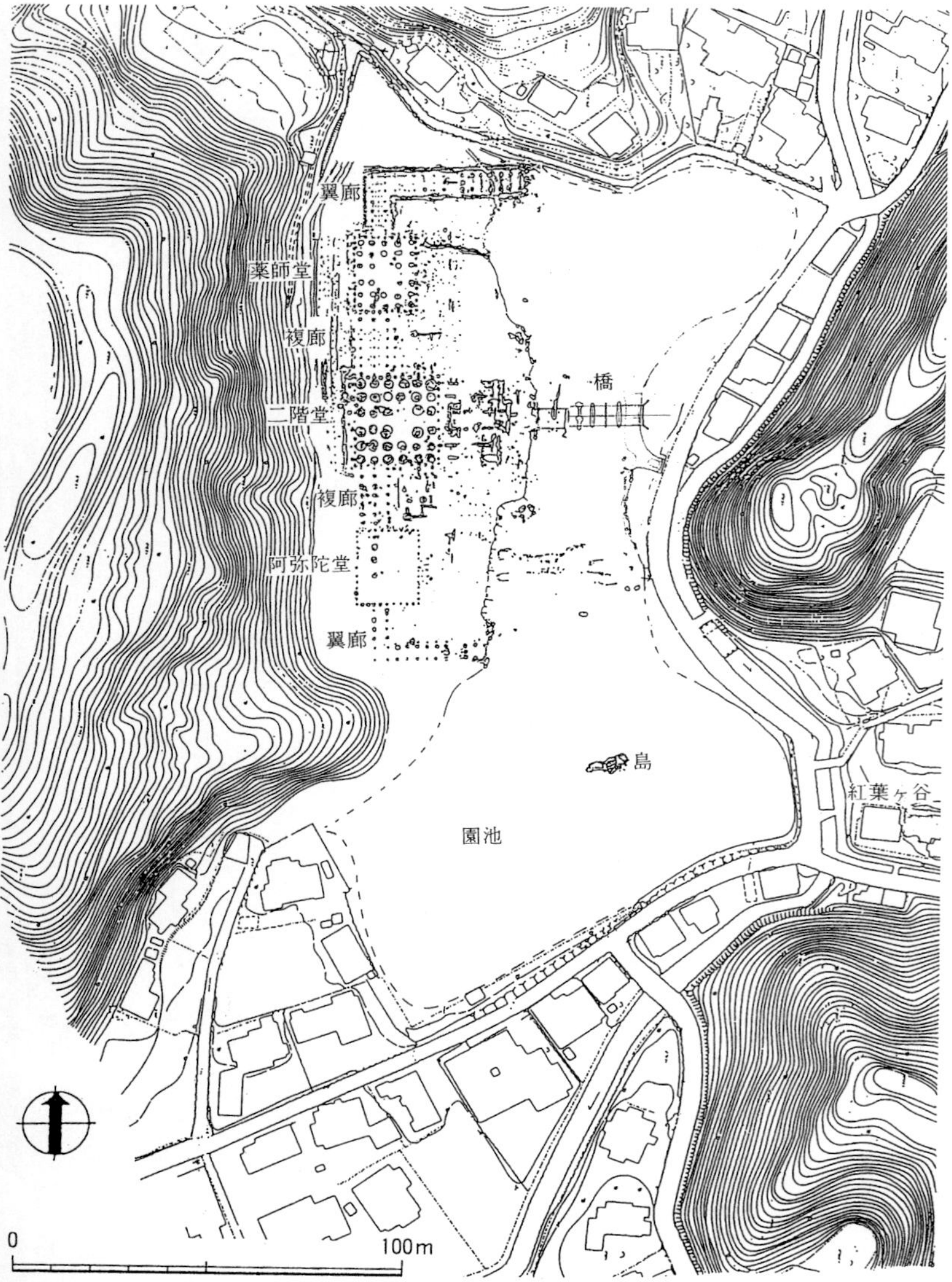

図165　永福寺遺構図

ある。永福寺造営時には、すでに仏堂前池型伽藍を造営するに際して、本尊の種別の中でもとりわけ阿弥陀仏の方位を優先させる思想が熟していたとみることもできる。

特徴の第三は、やはり永福寺の地形的な立地条件である。西方に迫る山は仏堂荘厳になくてはならない背景的効果を持つ。しかし、二階堂前面から眺望される護良親王墓の存在する小山などが伽藍の借景的効果を担っていたとする説[110]には、やはり同意できないものがある。浄土庭園に純粋な借景技法が導入される機縁はないと考えるのが妥当であろう。

(8) 願成就院

伊豆半島の北端部の狩野川畔、静岡県田方郡韮山町寺家に存在するのが願成就院である。『吾妻鏡』文治五年（一一八九）六月六日条[111]によると源頼朝の奥州征伐に先立って、その戦勝祈願のために北条時政が建立したと伝え、承元元年（一二〇七）十一月十九日に南塔[112]、建保三年（一二一五）十二月十六日に南新御堂[113]、寛喜二年（一二三〇）十月十六日に北条御堂[114]、嘉禎二年（一二三六）六月に北塔[115]が、順次造営されている。

願成就院の園池形状は、一九五九年の現況地形測量に基づいて森蘊が推定復原したが[116]（図169[117]）、一九六三年には推定園池の大半が造成工事によって住宅地と化してしまった。その後一九六七年には現本堂の改築工事に伴う調査が実施され、一九七〇年の宅地造成工事に先行する発掘調査によって南塔跡や南御堂とも思しき遺構を検出し[118]、一九七三年には国の史跡指定を受け、一九八一年には南西隅の山麓で再び発掘調査が実施された[119]。

しかし、園池については、痕跡の片鱗として推定園池東北隅部付近において湿潤土層の堆積を部分的に確認したのみで、いずれの調査でも確実な園池跡と認定し得る護岸施設の発見には至っていない。発掘調査の報文[119]によると、現

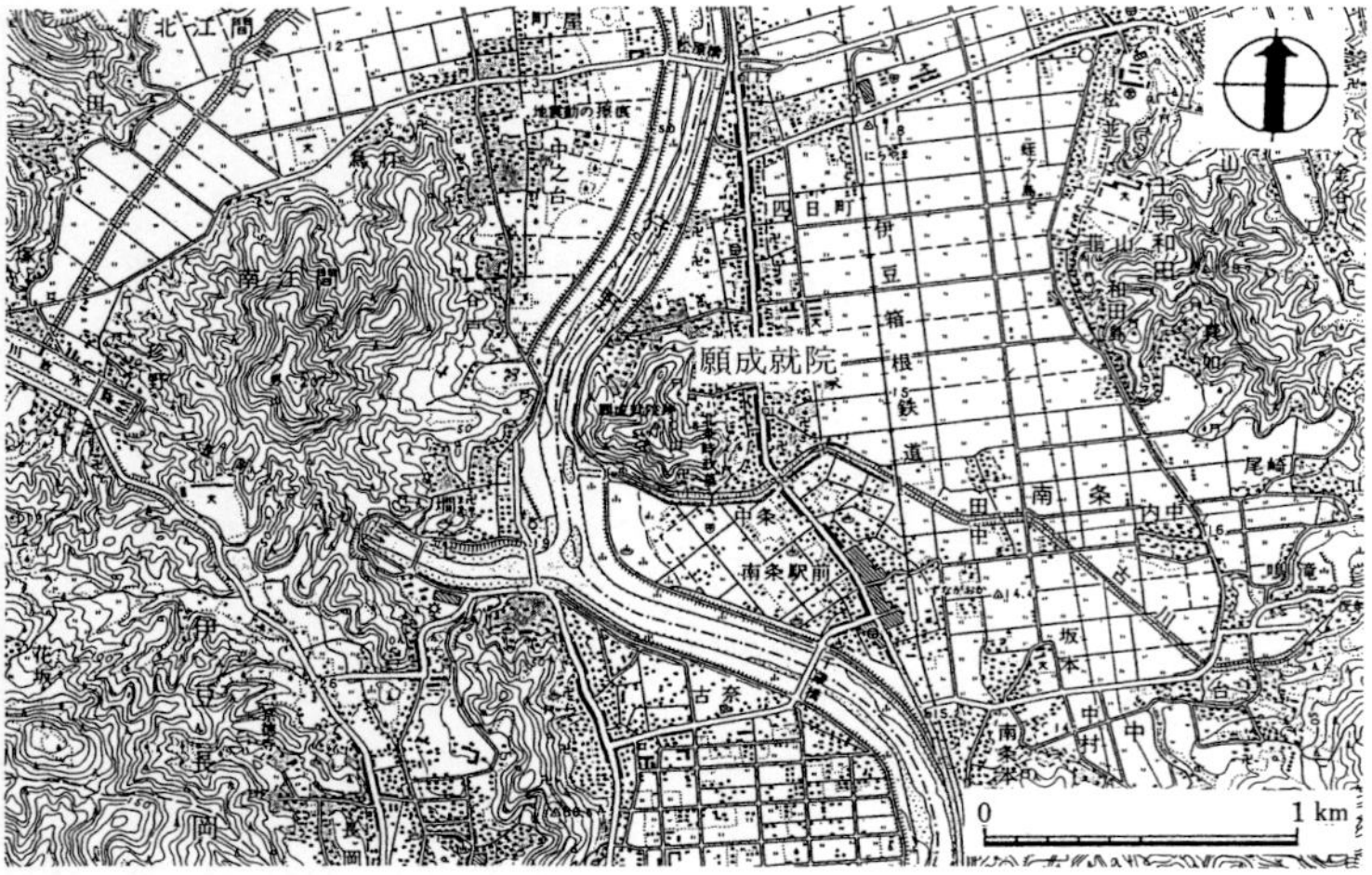

図166　願成就院位置図

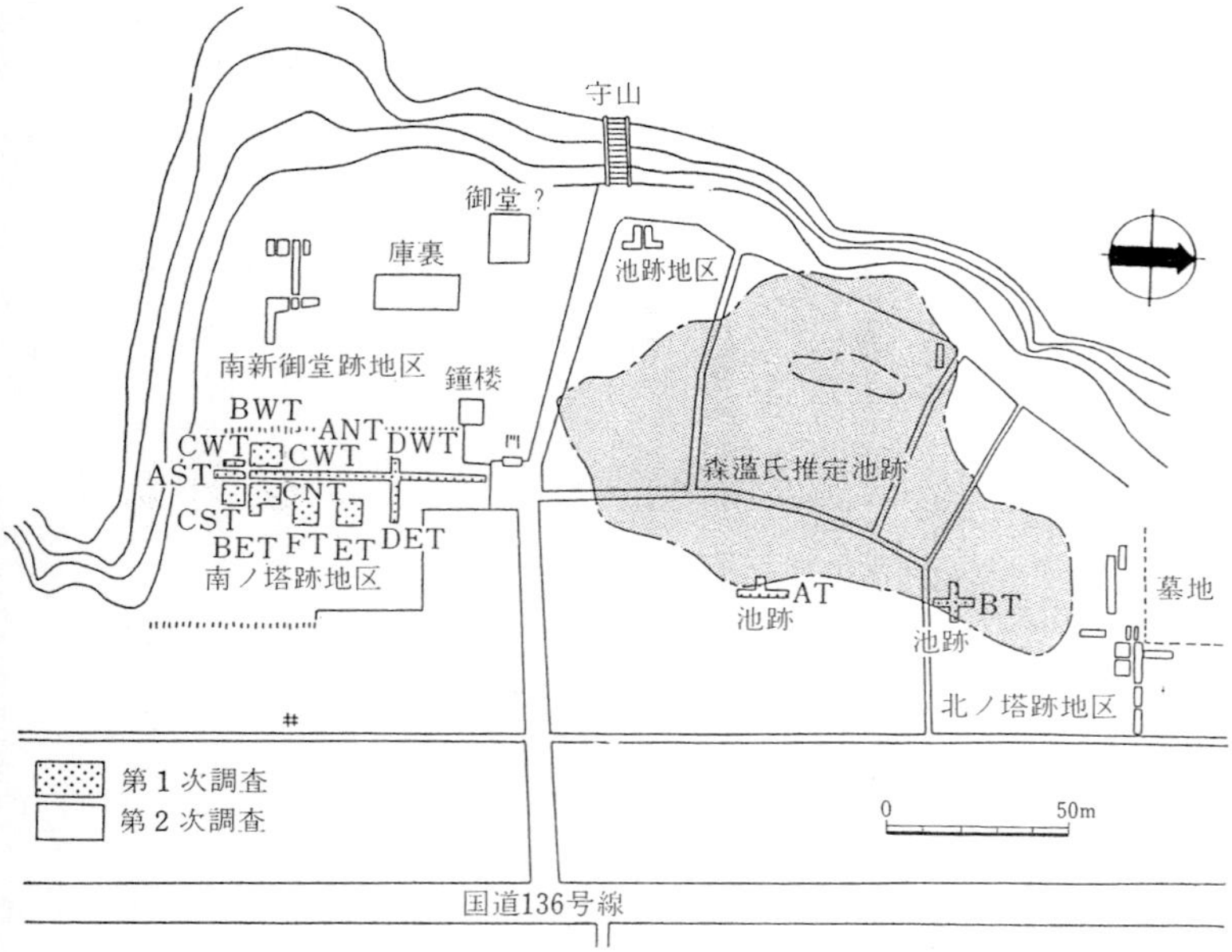

図167　願成就院伽藍配置図(118)

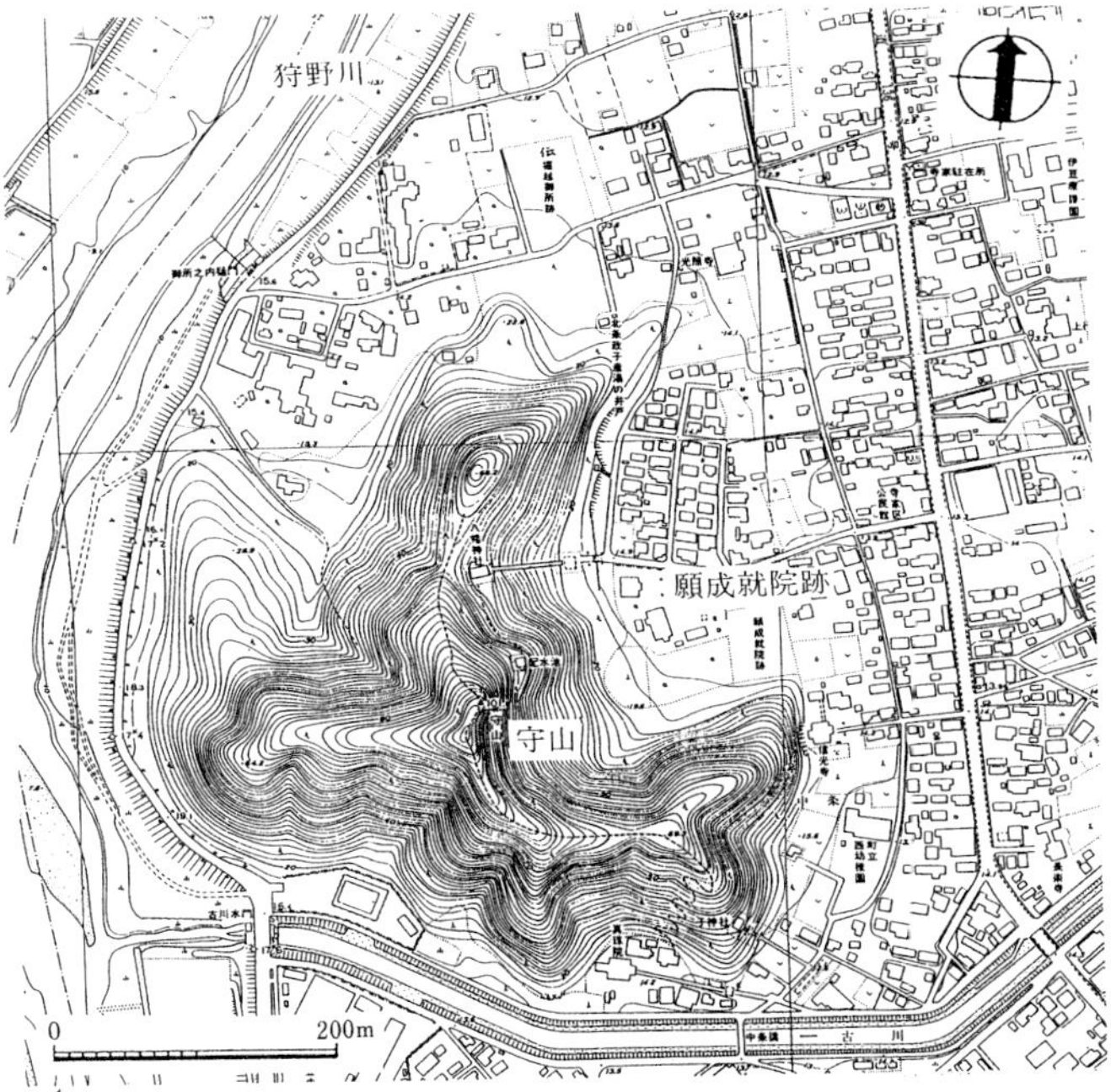

図168　願成就院周辺地形図

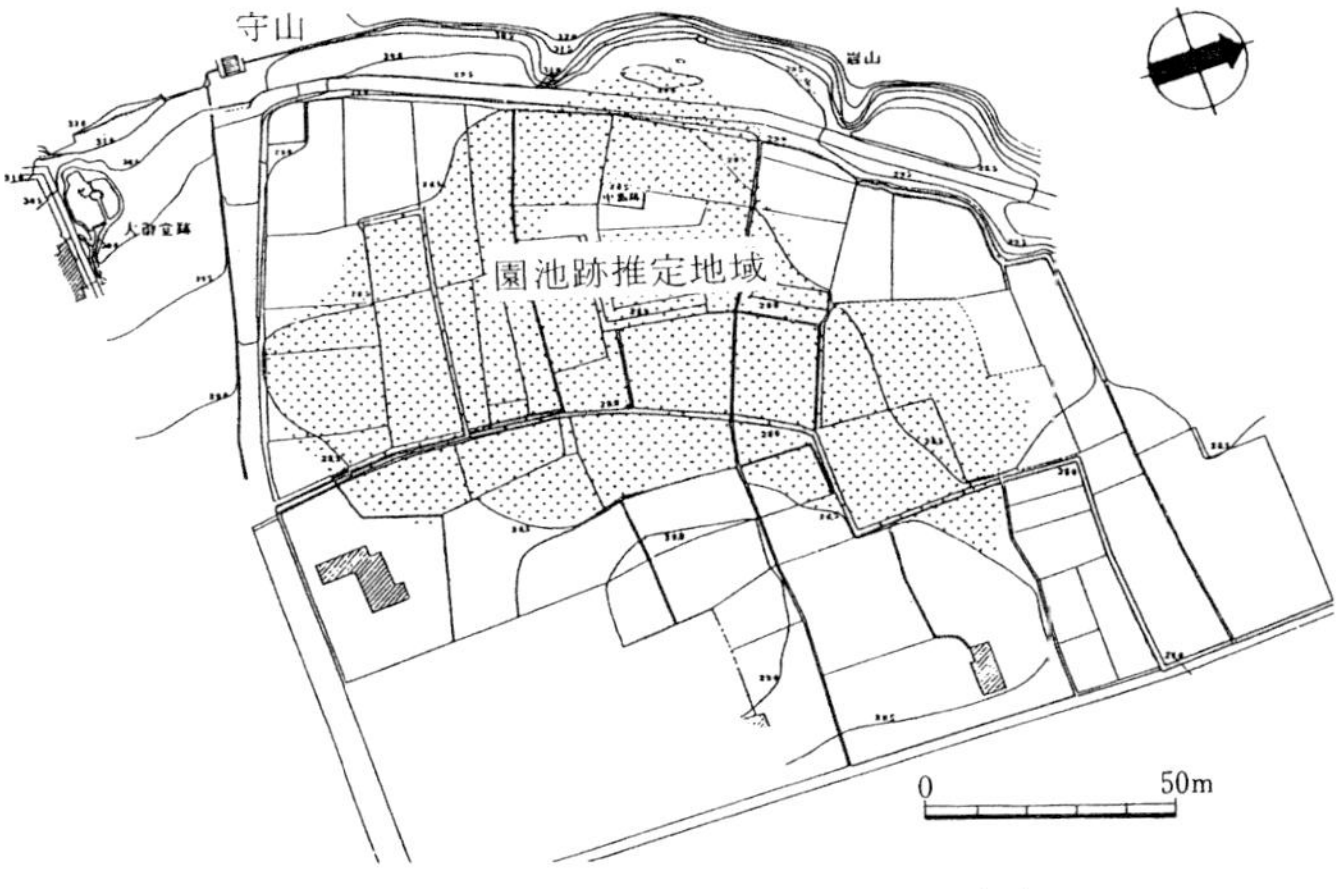

図169　願成就院園池想定図(116)

守山八幡宮宮司槇大和氏所蔵の絵図（年代、作者ともに不詳）には現鐘楼付近にまで広がる瓢箪形の池を描くことから、調査成果ともあわせて森蘊の推定範囲よりも園池はさらに西南方向に広がるものと推定している。いずれにしても願成就院における園池と堂宇の配置は不明だが、願成就院が狩野川東岸の独立峰、守山の東麓部、支稜線がコの字型に取り囲む低地を利用して立地し、しかも「西」を意識した東面する伽藍構成をとっている点は充分注目してよい（図166・168）。

(9)　称名寺

横浜市磯子区にある称名寺は、北条実時の造営した持仏堂を母胎として、文応元年（一二六〇）頃に成立したと推測されている。[(120)～(122)] 伽藍配置の詳細は不明であるが、『称名寺絵図並結界記』に「称名寺」と記す西方山麓に営まれた持仏堂たる阿弥陀堂を中心として、その東方に園池を擁する構成であったと推定されている。[(123)] その後西大寺叡尊の鎌倉下向に伴って、文永四年（一二六七）に実時は称名寺を真言律宗に改め、弥勒菩薩像を造立している。これが文保元年（一三一七）の金沢貞顕による称名寺再興に伴って、新たに造営された金堂の本尊となった弥勒菩薩像である。貞顕の再興工事はかなり大々的に実施されたことが金沢文庫に残る文書によって判明するが、とりわけ園池の造営には人夫五〇人を二〇日間、延べ一〇〇〇人を投入したこともあったらしいから、再興後の現存園池は文保元年以前の実時時代の園池を大規模に拡張して成立したものであることが推定できる。[(124)] したがって、称名寺が阿弥陀堂を中心とする持仏堂の段階にとどまっていた時期には、実時の住居に付随した住宅的施設として準備されたかなり小規模な園池が、極楽浄土荘厳のための施設として併用されていたとも考えられるだろう。そして再興後の園池は本尊を弥勒菩薩像とすることから、弥勒浄土を表現する装置として拡張整備が行われたものとみられる。西方の阿弥陀堂に伴う小規

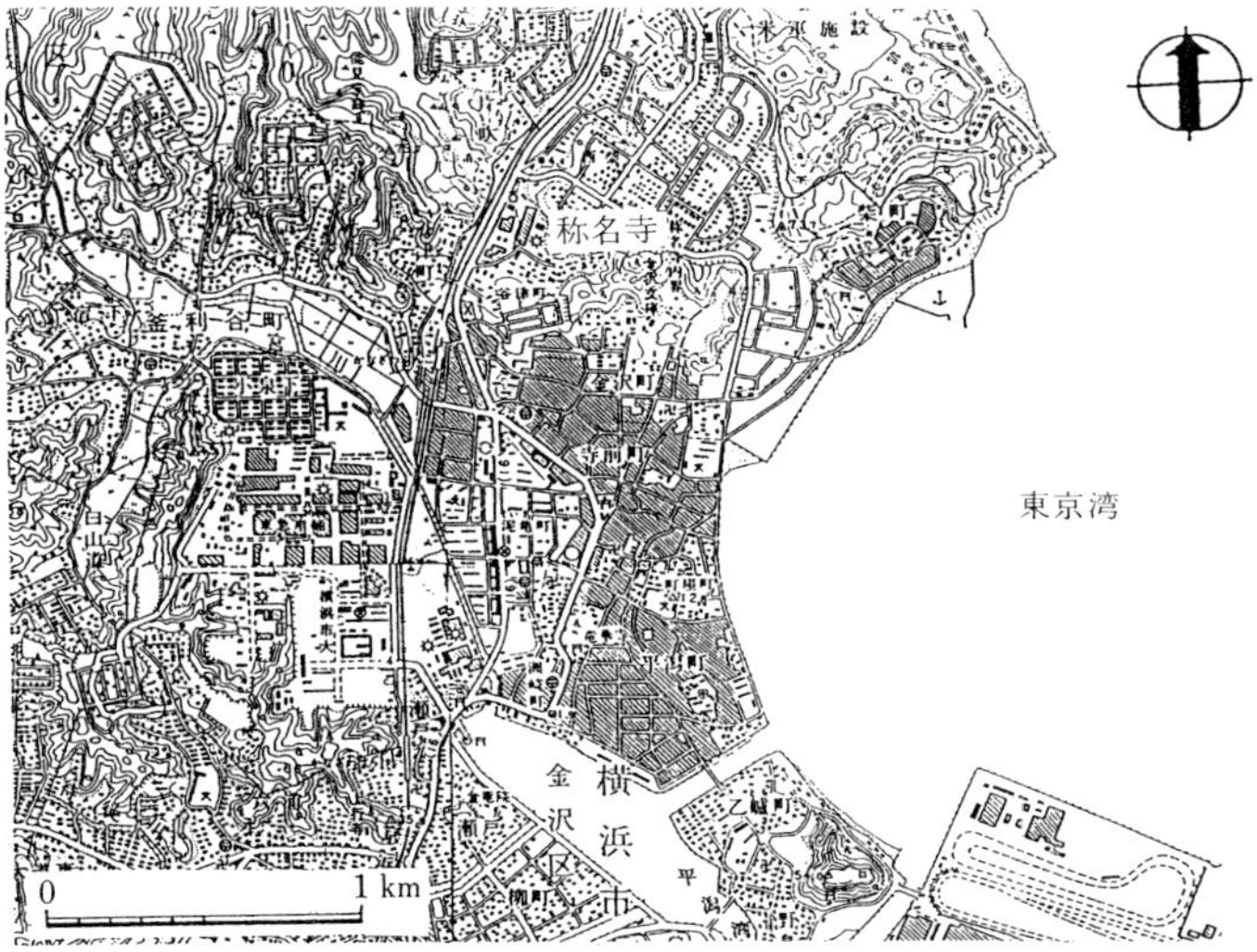

図170　称名寺位置図

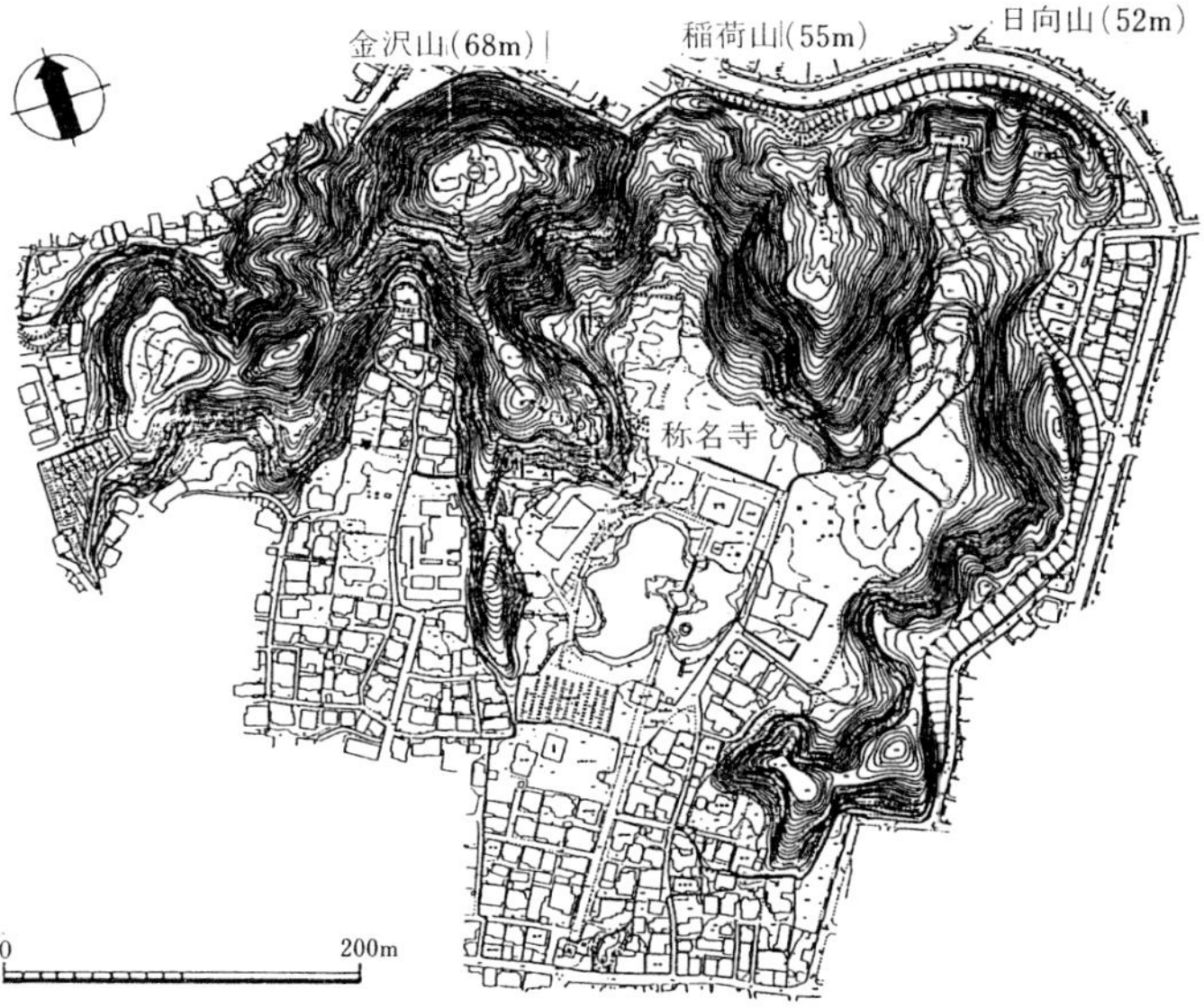

図171　称名寺周辺地形図

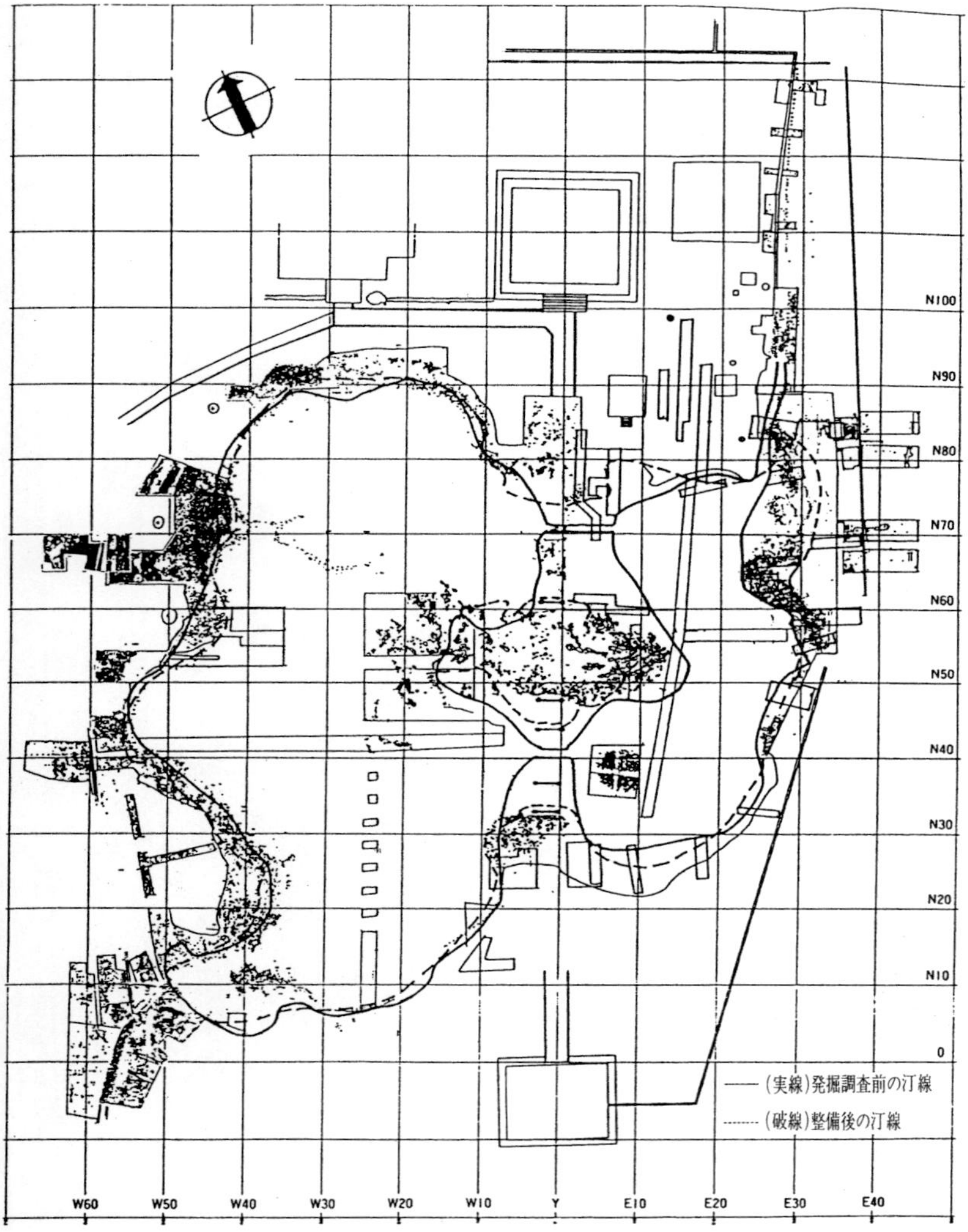

図172　称名寺遺構図(122)

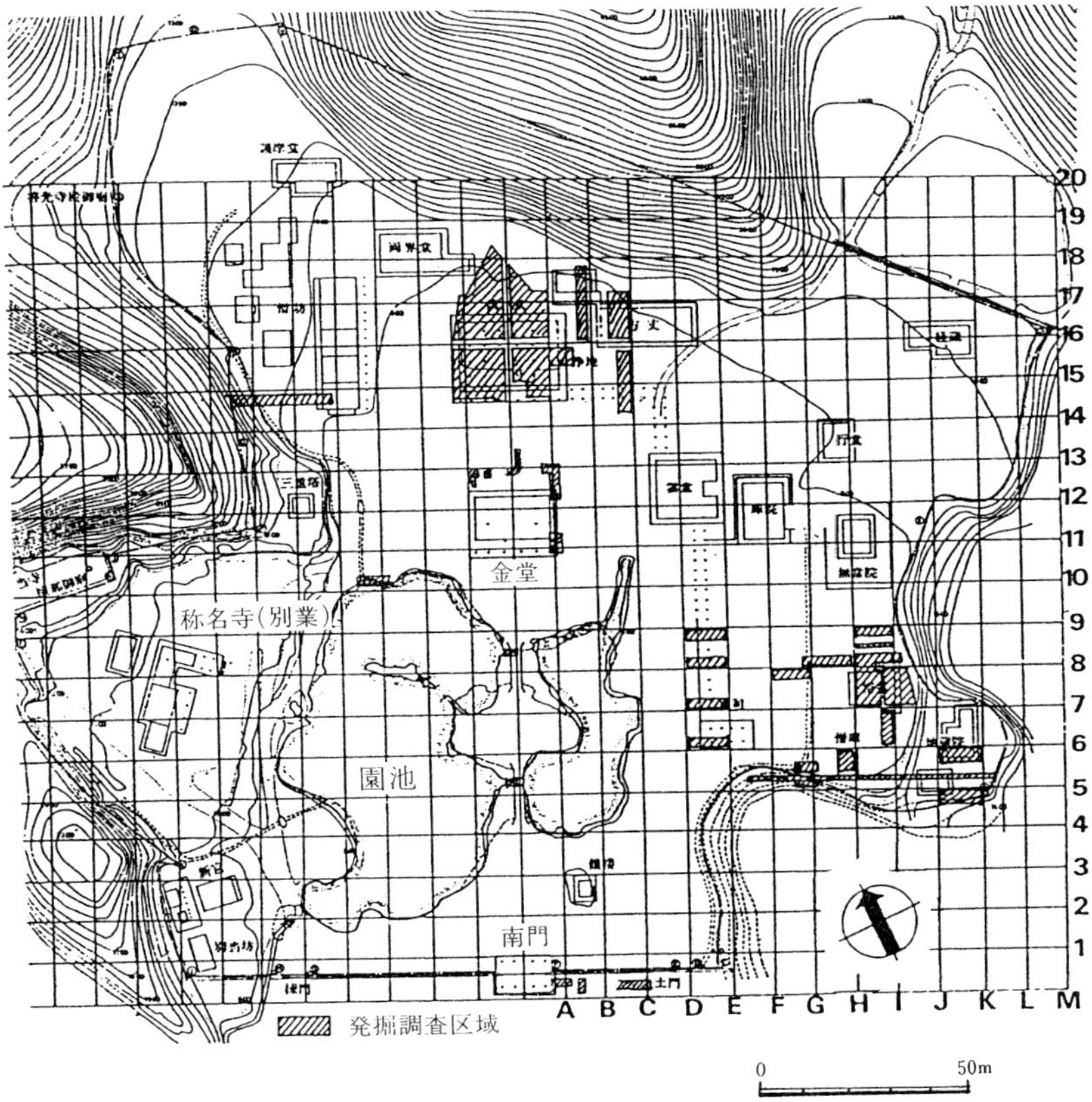

図173　称名寺伽藍復原図(122)

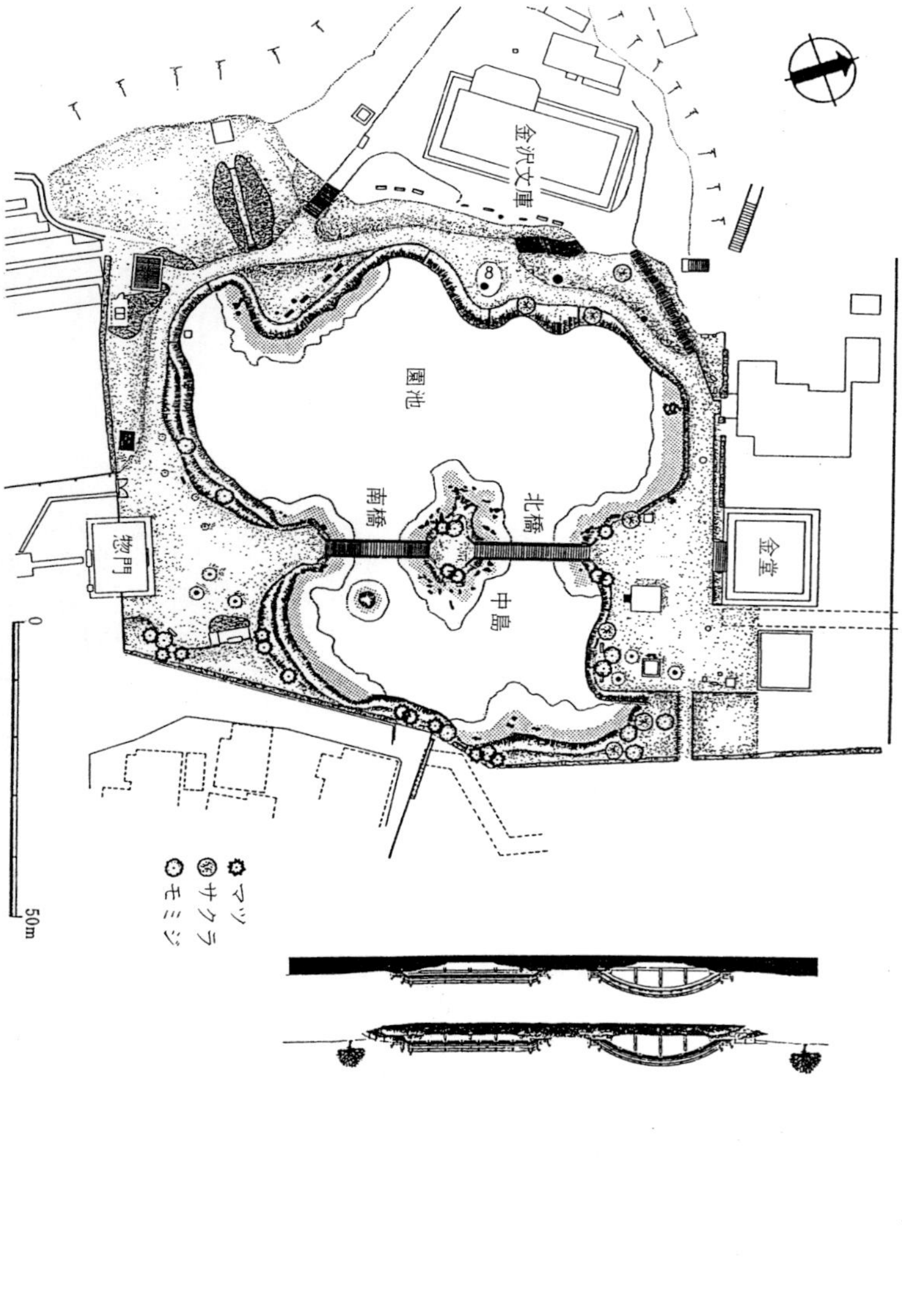

図174　称名寺復原整備図(122)

模な園池から、園池北方に南面して弥勒菩薩を安置する金堂を意識した大規模な園池へと、性格の転換が行われたのである。そして、拡張以前と以後は、ともに伽藍と背後の山との視覚的対応を考慮した立地が踏襲されている点も重要である（図171）。

⑽　足利法界寺

栃木県足利市の東北郊外に位置する法界寺は、鎌倉時代初頭に足利義兼が鑁阿寺の子院として造営した寺院である。樺崎八幡宮を山腹に擁する標高一五二〜一五五《メートル》の八幡山を西背面として、東麓に八幡池（亀池）が遺存する（図175・後掲図177）。一九九〇年にはこの八幡池の北の隣接地で発掘調査が実施され、園池北端汀線の一部と園池中島の全容を検出している[125]〜[127]（図176）。園池の汀線はいずれの時期も小角礫を疎に敷き詰めた州浜状をなす。また中島の汀線にはやや大きな景石を据え、部分的に立石も見られる。園池は三時期に分かれ、最終期には園池底部が礫敷によってかさ上げされ、北から張り出す岬から中島に向かって橋がかけられている。

八幡山東麓には数棟の建造物跡を発見しており[127]、法界寺は西方の八幡山を背景として前面に園池を擁する浄土庭園といえるだろう。ただ、すでに検出した東麓の建造物群が数棟におよぶため、安置仏は極楽浄土を表現する阿弥陀仏だけでなく多種の仏像が安置されていた可能性が想定され、立地条件からは多種の浄土の中でもとりわけ極楽浄土を優先させる「西」の方角に対する意識を読み取ることができる。こうした立地条件と建造物との関係は、鎌倉の永福寺と共通しているといえるだろう。

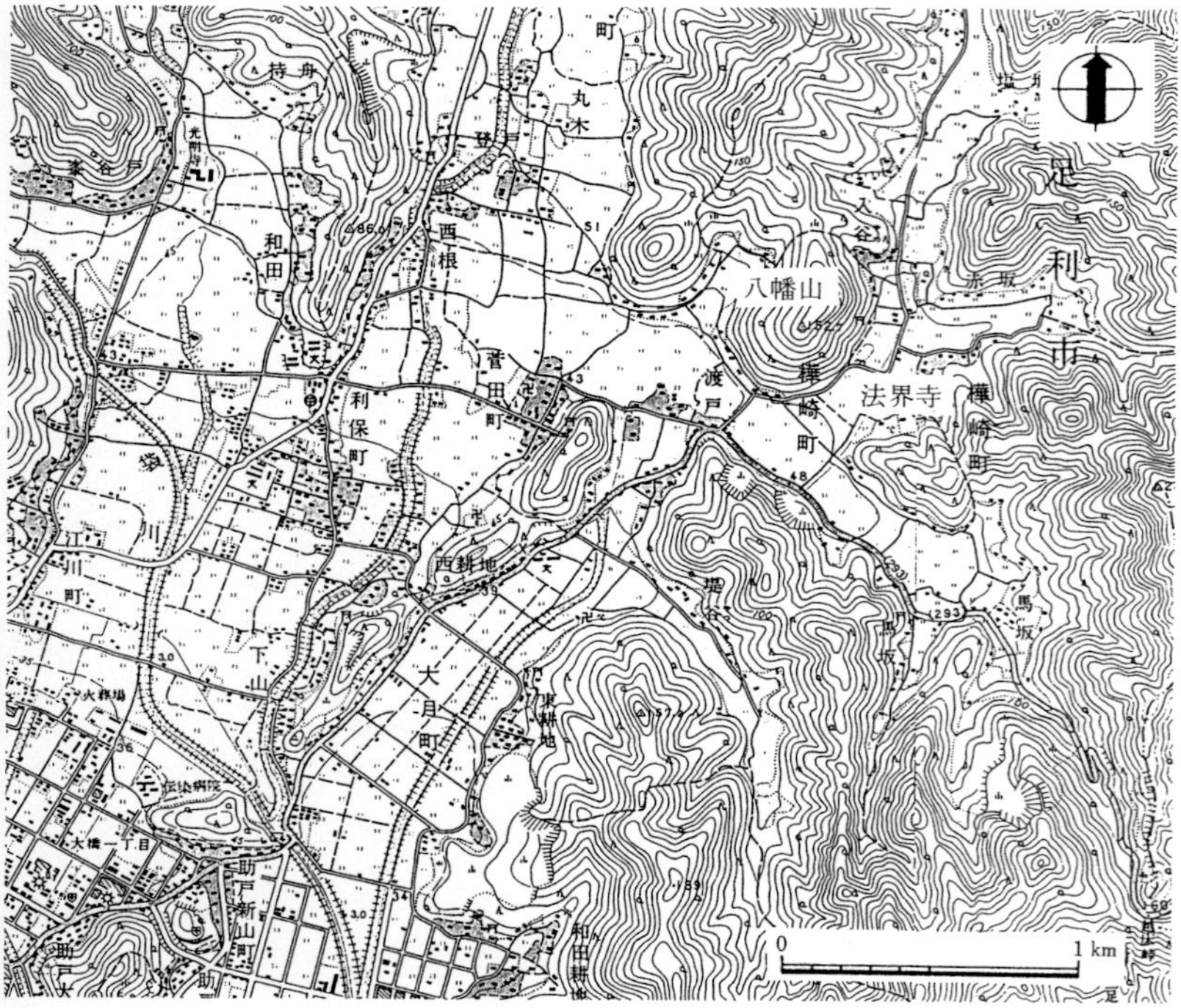
持舟
丸木
登戸
西根
和田
八幡山
足利市
赤坂
入谷
法界寺
樺崎町
樺崎町
渡戸
番田町
利保町
袋川
江川町
西耕地
堀谷
馬坂
馬坂
下山
大月町
東耕地
助戸新山町
和田耕地
0
1 km

図175　法界寺位置図

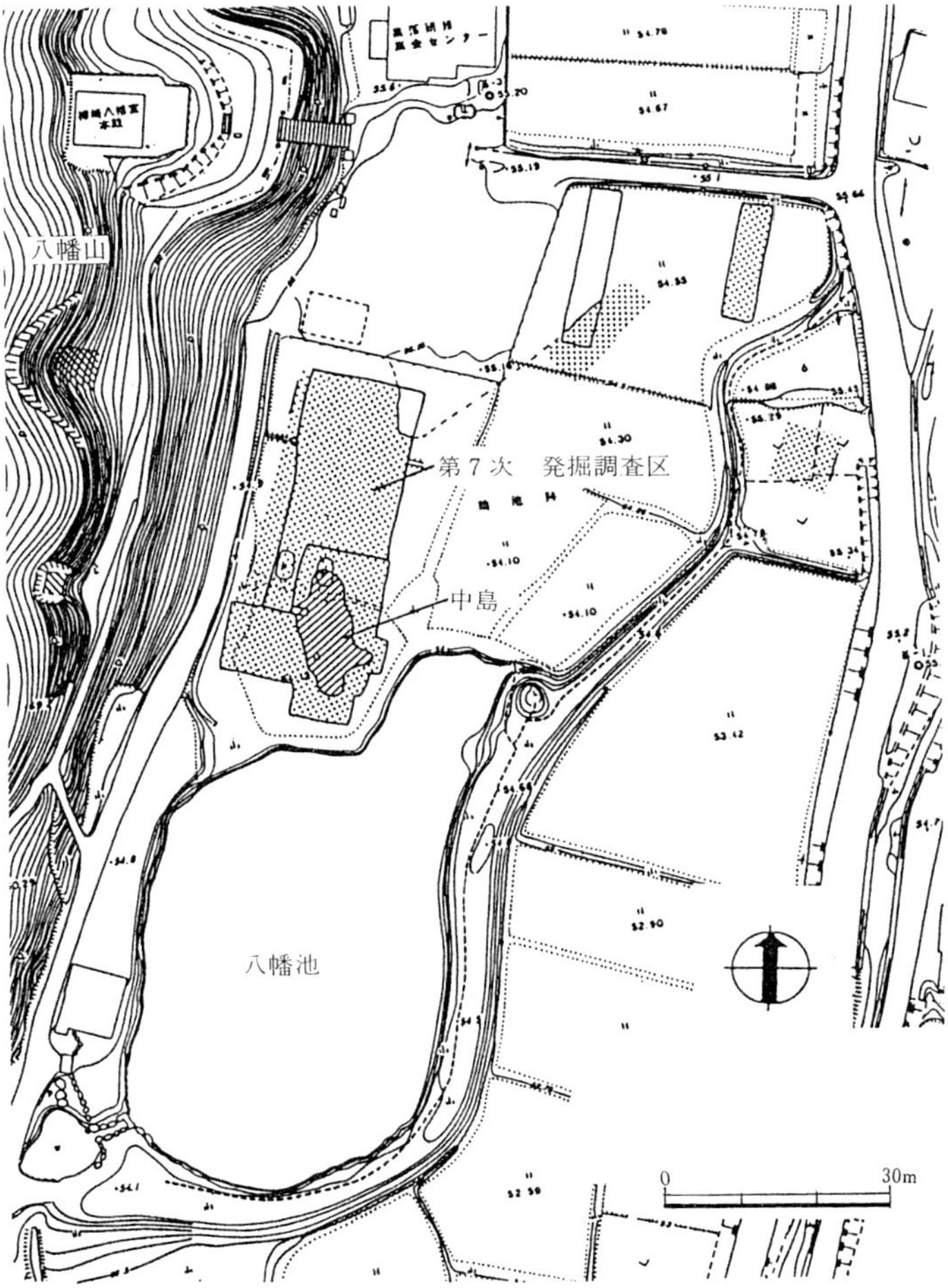

図176　法界寺遺構模式図(127)

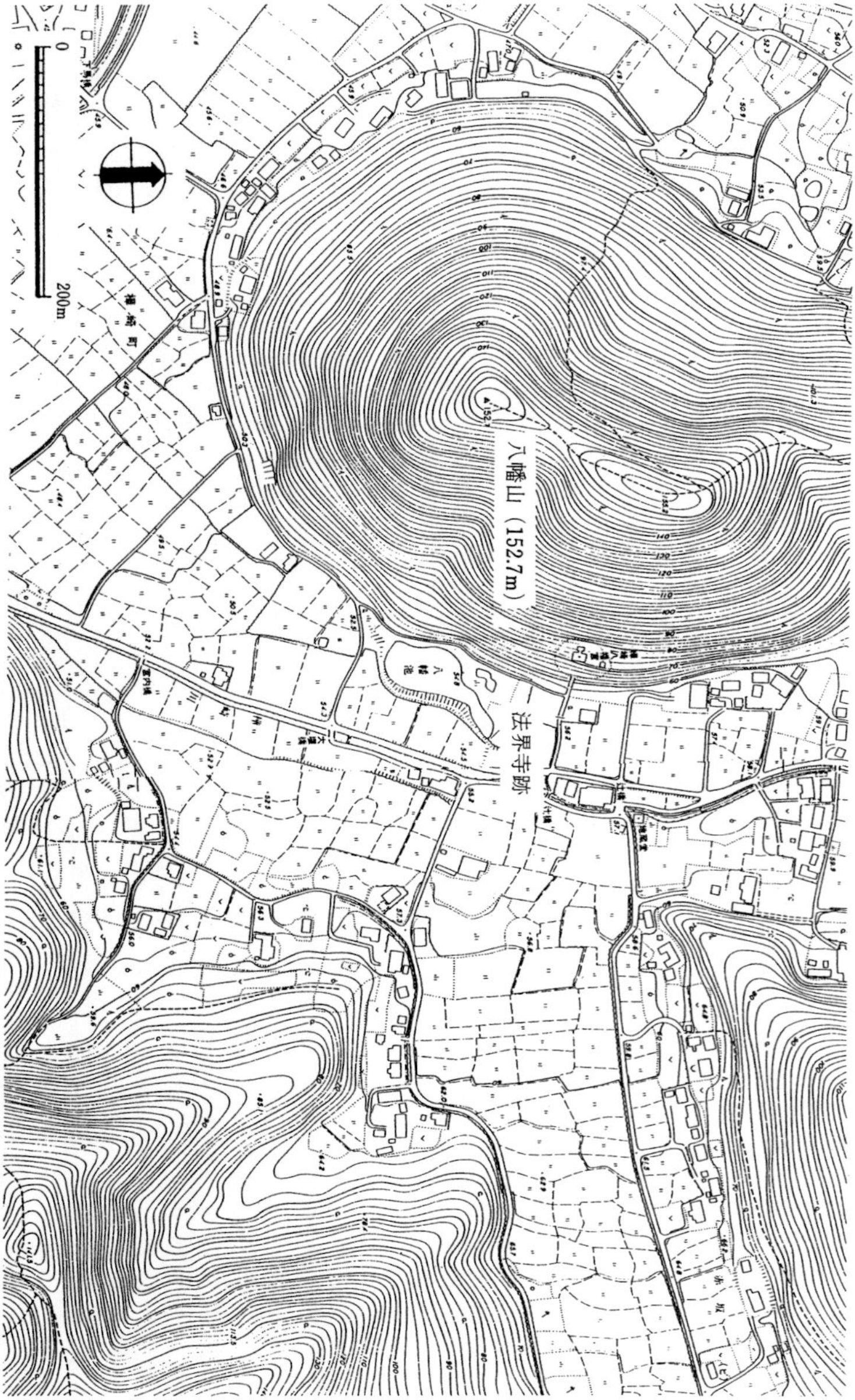

図177　法界寺周辺地形図

(11) 智光寺

智光寺は、足利市に伝存する諸々の古系図に見られるように、「智光寺殿」および「平石殿」と呼ばれていた足利泰氏が栃木県足利市の西郊平石に建立した伽藍である。その正確な創建年代や寺容に関する詳細は明確でないが、「足利市史」に伝える「法玄寺」寺伝には「即ちその本尊は山下村智光寺に在りしものにて、長一丈の阿弥陀如来木立像にして……」と伝承することから、阿弥陀堂を中心とする伽藍構成であったと推定されている。(128) また、一九二五～二六年出土の「智光寺」銘の刻印のある瓦(129)とともに、一九六四～一九六五年に実施された発掘調査(128)でも同じく「智光寺　文永二年三月□日」の刻印のある平瓦が出土したことから、おそらく文永二年（一二六五）には少なくとも存在したことが明らかとなっている。この調査によって伽藍配置の全容が明らかとなったわけではないが、図179のごとく園池中島とその対岸の園池南北の汀線、園池南方の基壇建物群、園池東方の南北方向の回廊状建物と鐘楼と思しき基壇建物などを検出している。これに加えて一九九〇年の調査では、園池北岸汀線から約二五メートル北方に中島とほぼ中軸線を揃えると思われる南北六メートル以上、東西一一メートル以上の土壇を伴う礎石建物跡が発見され、智光寺の阿弥陀堂跡とも考えられている。(130)

これらの調査結果から、智光寺は南に中島を擁する園池、北の山麓に阿弥陀堂を配置する浄土伽藍であったことが判明する。阿弥陀堂跡は緩傾斜面を切土によって造成した平坦面に立地し、そのさらに北方は「ドーヤマ」という小字名の遺存する小支丘陵地形から、智光寺の主要伽藍をコの字型に囲繞する山地形へと連接している。すなわち「西」を意識しない南面する扇状地形を利用した立地条件は、先述の白水阿弥陀堂などにも類似するものである（図178・180）。

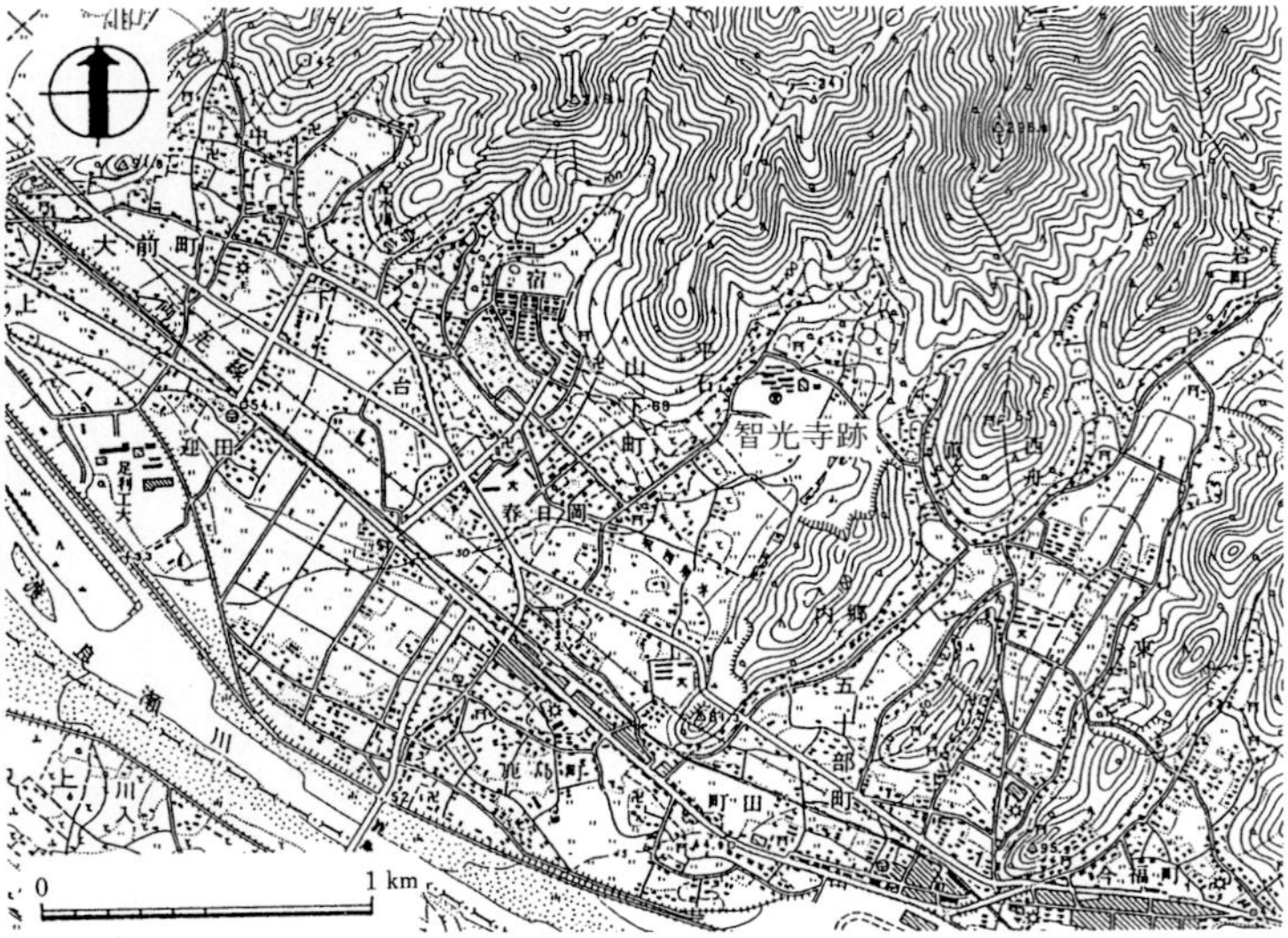

図178　智光寺位置図

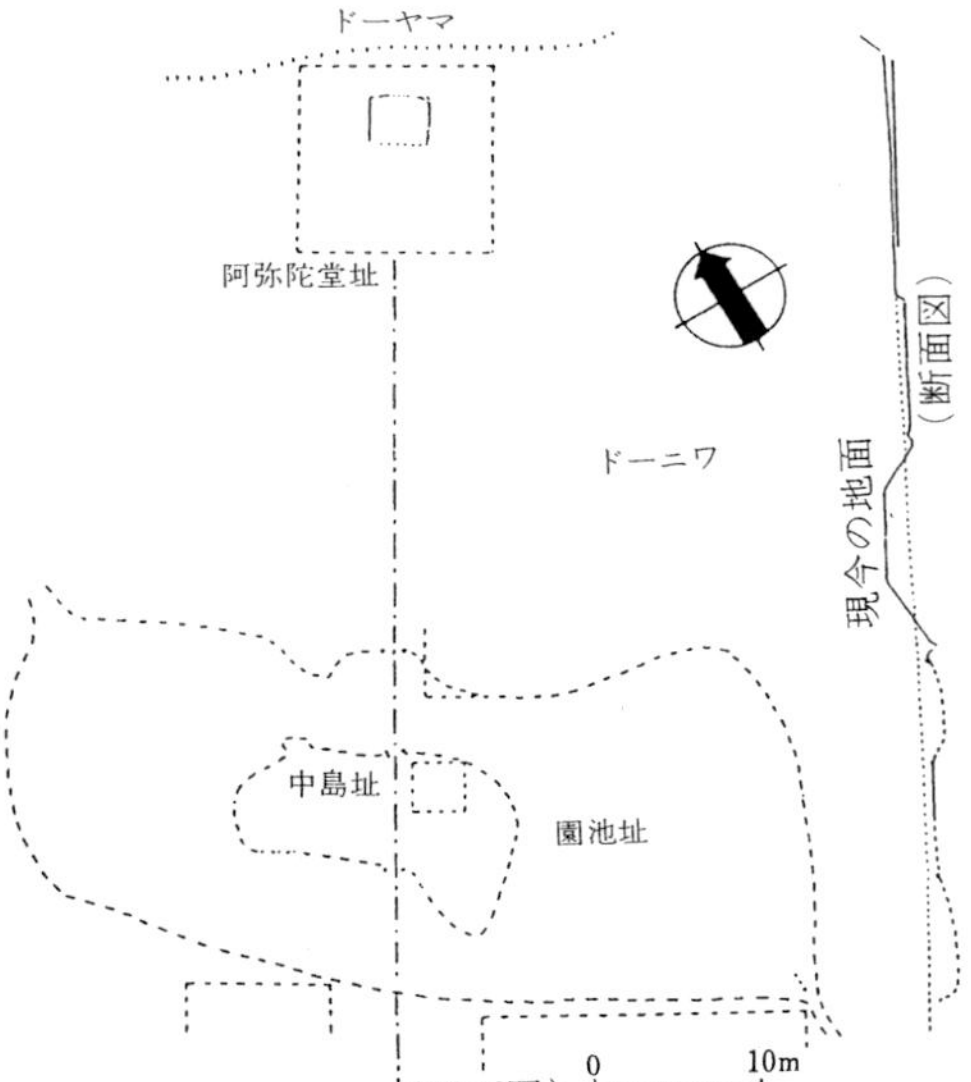

図179　智光寺伽藍配置模式図(128)

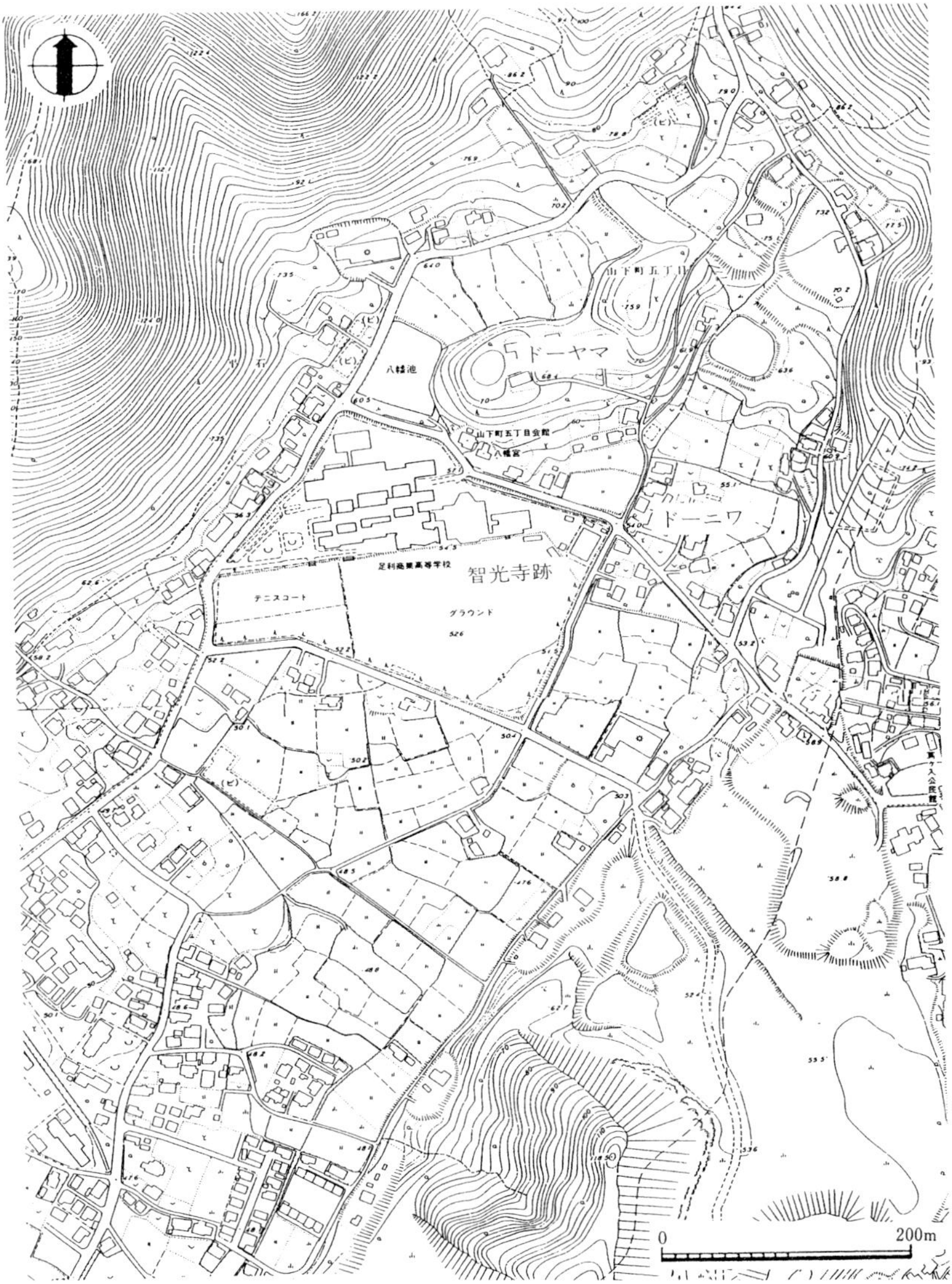

図180　智光寺周辺地形図

⑿　花山寺

宮城県は西北部の栗原郡花山村字本沢御堂、一迫川左岸の河岸段丘上に位置するのが花山寺跡である。河岸段丘上面の平坦部は一迫川河川敷より約一〇メートル高く、比高約四〇メートルの小丘陵地形が西南方向に向かって開口して半円形にとり囲んでいる（図181・183）。花山寺はこの丘陵地形に囲繞された平坦部中央に位置する。花山寺に関連する事項を記す史料はほとんど皆無で、安永年間（一七七二〜一七八〇）の製作とみられる『安永風土記書出』に「一大御堂跡　往古七間四面ノ御堂アリ。不動尊運慶作ナラビニ丈六ノ阿弥陀如来相立ツ。……閼伽井沢並ビニ音無滝、蓮池アリ、右池ノ中島ニ先年ハ鐘楼御座候由申シ伝エ候。右池ハ当時御田地ニ罷リ成リ、嶋形バカリ相残リ申シ候。……」とあって花山寺の来歴に関わる伝承を唯一知ることができるのみである。一九五六年に実施された発掘調査では大御堂跡の礎石群やその前面に園池・中島などを部分的に検出し、少なくとも江戸初期までは花山寺が存続していたことを確認している[131]。大御堂は丘陵裾部に位置する三間四面（桁行総長一五・〇六メートル、梁間総長一二・七三メートル）の礎石建物で、柱径は身舎西北隅の礎石上面に遺存した柱座造出しから約四八・五センチに復原でき、瓦片が出土しないことから茅葺、板葺、もしくは檜皮葺の建物と推定されている。大御堂の西南方約四〇メートルが園池北岸ラインに推定されており、そのさらに南約一五メートルの位置には約一六メートル×九メートルの不整楕円形の中島がある。中島北岸からは園池北岸に向かって橋が架けられていたものとみえ、五対（計一〇本）の橋脚が検出されている（図182）。出土遺物はいずれも中世および近世に属するが、花山村御嶽神社に伝わる銅像蔵王権現立像や現花山寺に伝わる不動明王立像などの様式から、報文[131]では花山寺の起源が鎌倉から平安末期にまで溯り得るものと推定している。

花山寺での特徴は、大御堂が西南面し、背後を囲む丘陵地形が西南方向に開口していることである。すなわち、も

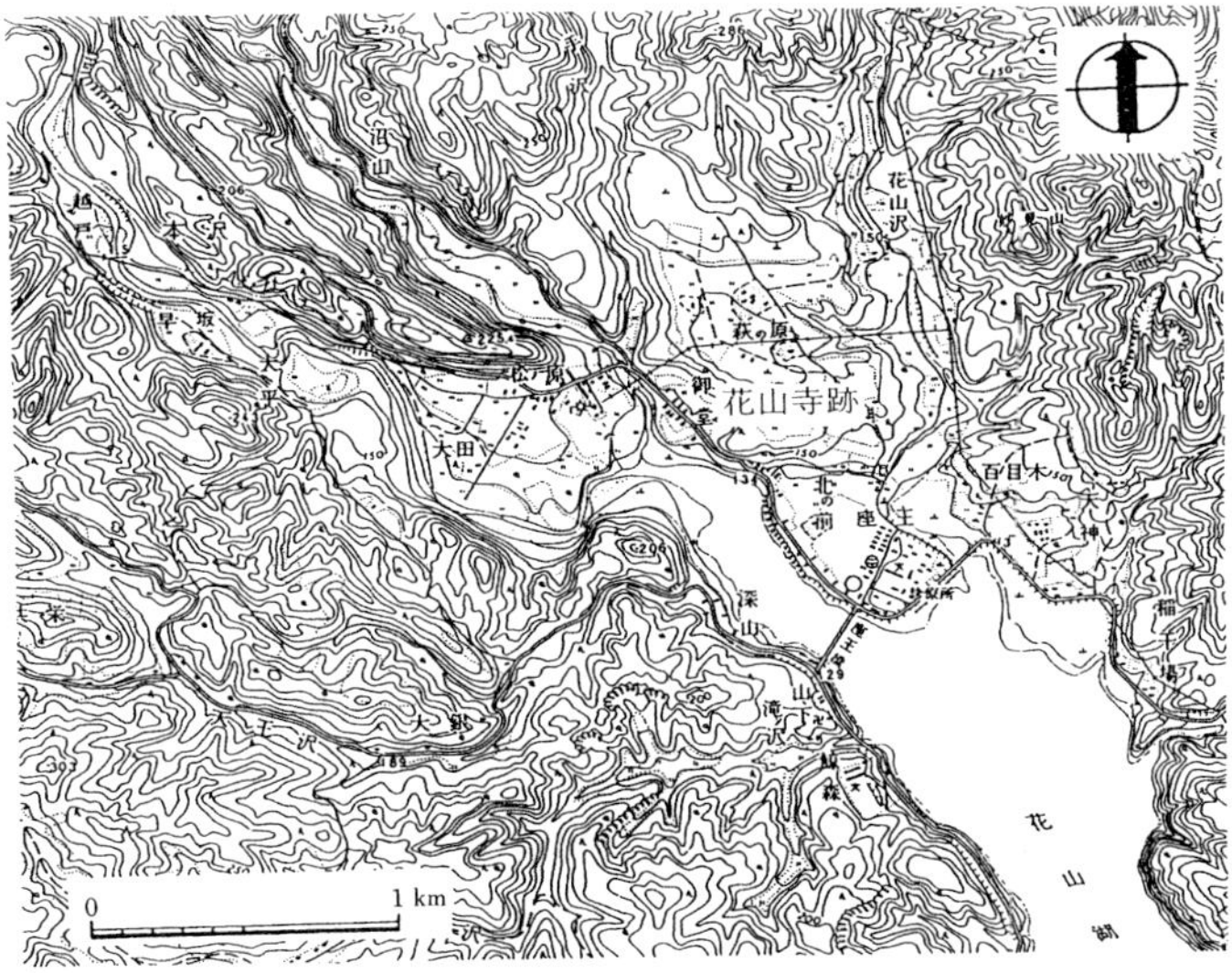

図181　花山寺位置図

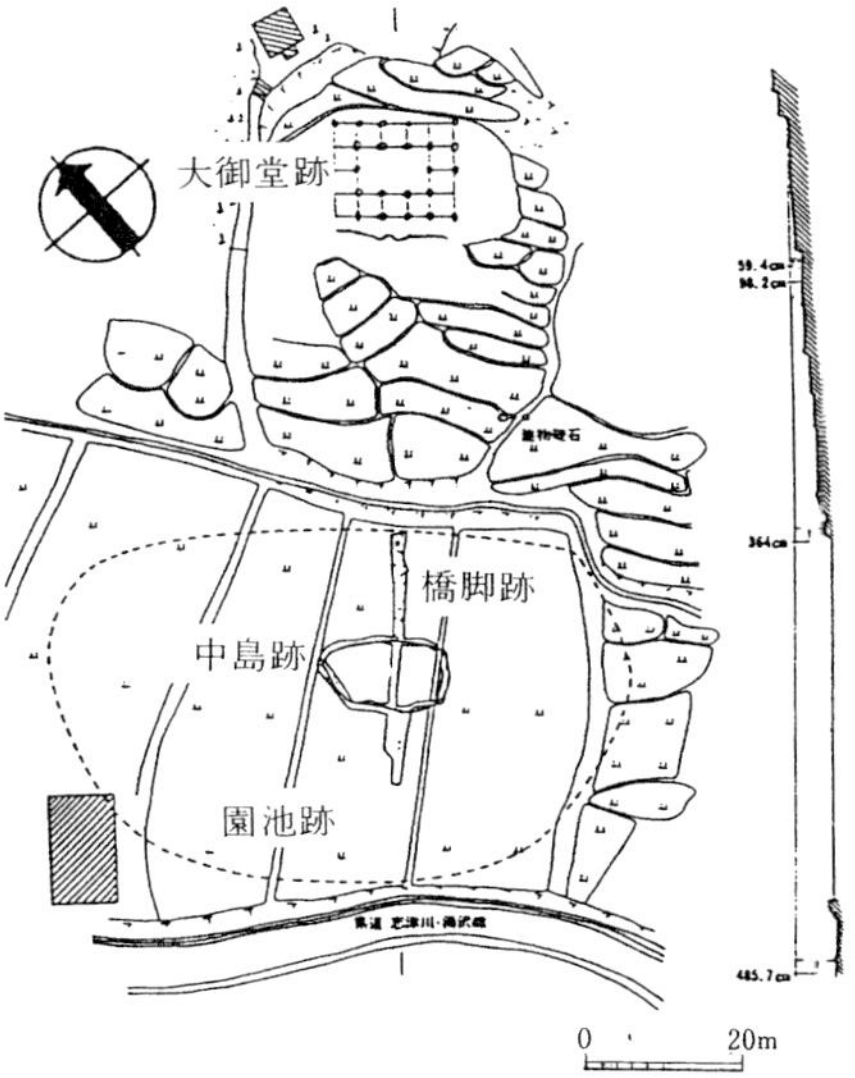

図182　花山寺遺構図(131)

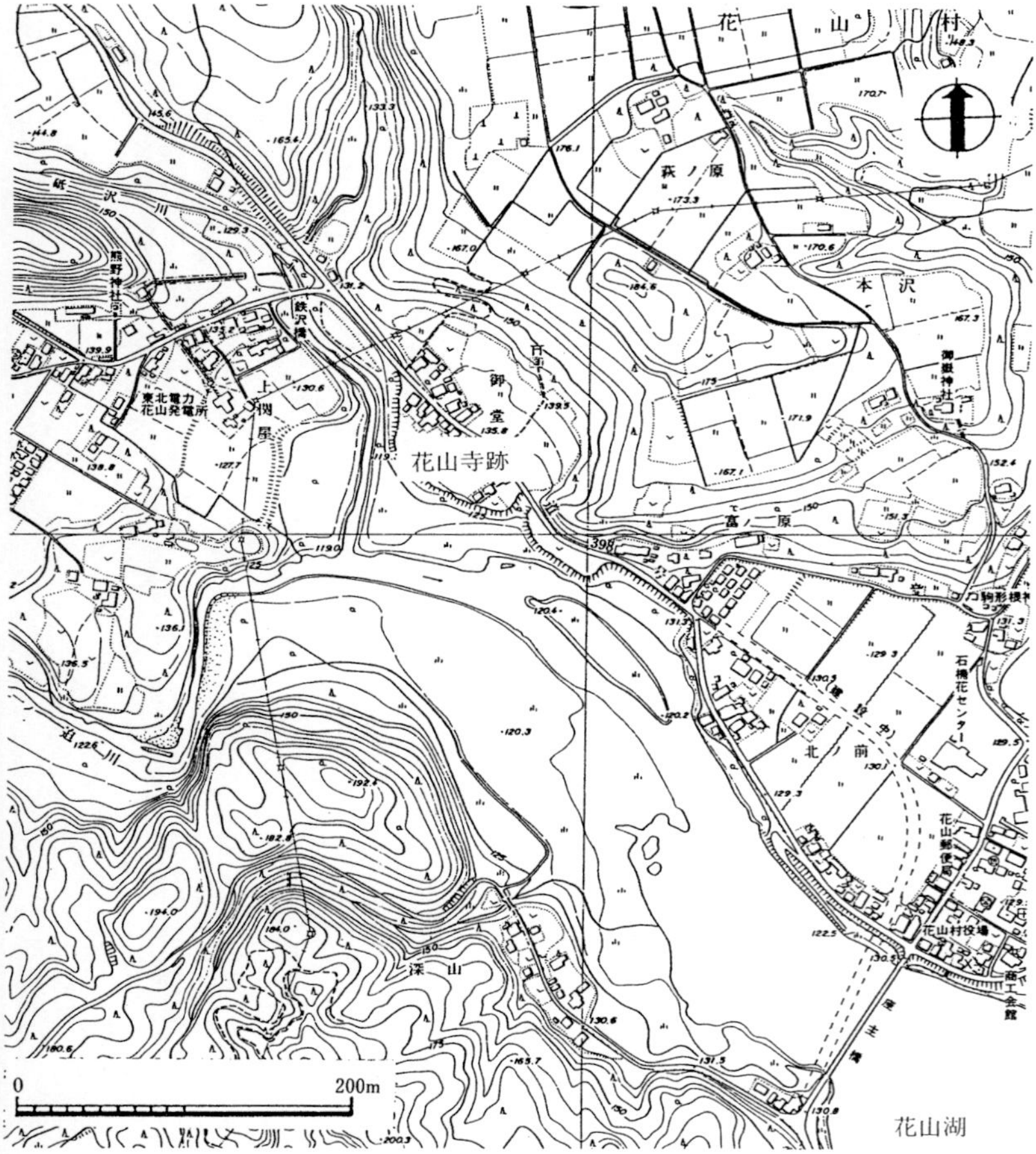

図183　花山寺周辺地形図

し大御堂の安置仏が『安永風土記書出』に記すごとく阿弥陀如来像であったとするなら、大御堂の位置は極楽浄土の方位、すなわち「西」をそれほど意識せずに決定されたといえるだろう。したがって、花山寺も観自在王院、白水阿弥陀堂などと同系譜に属する配置構成といえる。

4 浄土庭園にかかわる諸問題

筆者は、法成寺を手はじめとして庭園を具有する浄土伽藍の諸特性について論じ、さらには平安京だけでなく各地に出現した大規模な浄土伽藍を渉猟する中で、伽藍と周囲の自然景観との関連性について論究してきた。ここでは、こうした浄土庭園の特性を踏まえながら、その流行の背景となった諸問題について検討してみたい。

(1) 奈良時代の浄土庭園

現在のところ奈良時代に造営された阿弥陀堂で、文献上その存在を確かめ得るのは、法華寺浄土院と東大寺阿弥陀堂の二例のみである。しかしながら、両者ともに遺構として建物の位置や規模が確認されたわけではなく、もちろん庭園を伴っていたか否かについても未確認である。

東大寺阿弥陀堂については、すでに福山敏男が正倉院文書に残る『阿弥陀悔過資財帳』に基づいて、堂内荘厳の状況に関する詳しい復原考察を行っている。[132] その成果の概略はおおよそ次の二点にまとめることができる。

1 天平十三年（七四一）に完成した東大寺阿弥陀堂には阿弥陀三尊、音声菩薩一〇体、羅漢像二体、檀像観音菩薩一体を安置する高さ一丈六尺三寸の漆塗八角宝殿が据えられ、堂幡・小幡をはじめとする堂内荘厳とともに、阿弥陀浄土変相図も掛けられていた。

2　阿弥陀堂は阿弥陀悔過を修するための堂舎で、悔過には聖僧・導師の臨席のもと『阿弥陀経』『観無量寿経』『華厳経』『法華経』などの読誦が行われ、琴・箏・笛・琵琶・笙などの楽奏を伴ったこと。

井上光貞はこの成果を受け、東大寺阿弥陀堂の発願主旨が、平安時代以降の阿弥陀浄土信仰のように自己の極楽往生願求に根ざしたものではなく、自らと祖先の罪過を懺悔することによって滅罪を祈願し、あわせて死者の追福と子孫の安穏、反映をも願うという、かなり現世利益的な傾向を基調とするものであることを指摘した(133)。さらにこの基本精神は、次に述べる法華寺浄土院をも含めて奈良時代浄土信仰の普遍的底流を為し、「阿弥陀悔過」の語が示すように死者儀礼の変形としての阿弥陀信仰は、前代から継承されてきた日本古来の民族宗教儀礼の発展延長線上に位置づけられるものであることをも明らかにした。したがって、東大寺阿弥陀堂は阿弥陀如来を本尊とはするが、浄土庭園が盛行する平安時代後半期の二元的な世界観、つまり現世と来世とを寺院伽藍として実体化し、両空間の狭間に自らを位置づけて慰撫するとともに、自己の極楽往生を希求するものではあり得なかったといえるであろう。この点は、次に見る法華寺浄土院においても同様である。

平城京法華寺は、天平十七年（七四五）に紫香楽宮から平城宮に還都されるに際して皇后宮が宮寺となったことに端を発する。法華寺の地には平城宮遷都当初から藤原不比等の邸宅が存在したが、不比等の没後は光明皇后に伝領され、ながらく彼女の居所として皇后宮がおかれていたのであった。この寺の西南隅部に天平宝字三年（七五九）夏、光明皇太后の発願に基づき着工開始されたのが浄土院である(134)（図184）。

浄土院での特徴は、福山や井上が指摘するように、その造営主旨が造営の途中で変更された可能性があるということである。福山は大日本古文書に所収する石山寺関係の文書が、実は法華寺浄土院に関するものであることを明らか

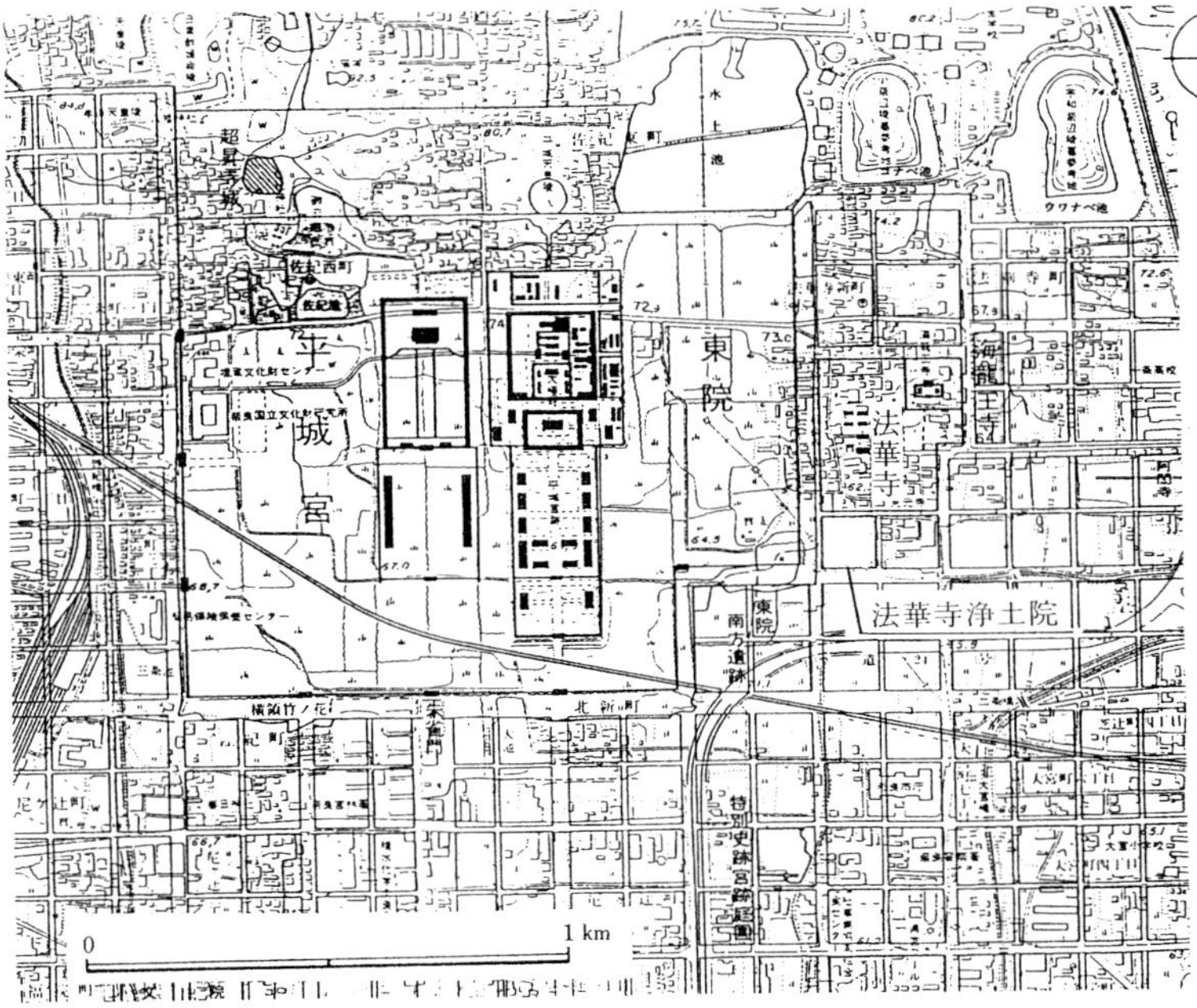

図184　平城京法華寺浄土院位置図

にし、併せてこれらの文書から復原される浄土院金堂の外観や天井等の装飾が、唐招提寺金堂に酷似していることを指摘した(135)。井上は福山の結論をさらに発展させ、浄土院金堂は唐招提寺金堂と同様に盧遮那仏を本尊とする蓮華蔵世界の具現を目的として造営が開始されたが、光明皇太后の死去を契機として彼女の追善供養のための阿弥陀堂に変更されたと推定する。すなわち天平宝字三年（七五九）十二月二十三日の日付を有するいわゆる『法華寺金版銘』によると、光明皇太后は生前、亡夫である聖武天皇、亡父母の藤原不比等や橘三千代の蓮華蔵世界への往生を祈願して法華寺内に一院の造営を開始したことが知られるが、これが藤谷俊雄(136)の指摘するように浄土院であったとするならば、浄土院が完成した天平宝字五年（七六一）の前年に光明皇太后が亡くなったため、浄土院金堂は彼女の追福を祈願するための阿弥陀像を本尊とする仏堂に改められたのではないかと推論するのである。この推論は、浄土院金堂の方位を推定する上できわめて示唆的である。それは、着工開始された浄土院金堂が、蓮華蔵世界の体現という当初の発願主旨から勘案して、唐招提寺金堂と同様に南面する堂舎であった可能性もあるからである。光明皇太后没後の工事はもっぱら堂内荘厳を中心とし、堂の概観は彼女の生前にほぼ完成の域に達していたとみてよい。したがって最終的に阿弥陀像を安置する堂舎として完成された金堂は、あるいは南面していた可能性が残されているのである。この場合、仏堂の方位と本尊の依拠するべき浄土の方位との関係は、それほど明確に意識されてはいなかったとみるべきであろう。

また法華寺浄土院で注目されるのは、庭園の存在を推定させることである。福山が指摘するように浄土院が「西花苑」「西花院」あるいは「右花院」の異称を持つことや、「浄土院」や「浄土尻」などの小字名が遺存する平城宮東院東方の左京二条二坊十坪のほぼ中央には高さ一メートル以上もある立石が遺存することなどは、浄土院と庭園との関連性を彷彿とさせるものである（図187）。一九七五年に坪の西北隅部で実施した奈良国立文化財研究所第八〇次発掘調査（図185・186）[137][138]では庭園を検出していないが、今後坪中央の立石周辺で庭園が発見される可能性は充分に残されている。もし庭園の存在が明らかとなれば、最古の仏堂前池型庭園ということになろう。先に触れたように唐招提寺金堂の前面には園池は存在しないから、これにならって仏堂の建設が開始された浄土院金堂が庭園を具有する仏堂であったとするなら、それは浄土院金堂が阿弥陀尊像を安置する仏堂として完成されたことに起因するものとみなければならない。すなわち園池は阿弥陀浄土を表現する空間装置として準備されたことになる。したがって、法華寺浄土院は阿弥陀堂の方位概念が未熟であるという弱点を持ちつつも、前面に園池を伴う平安時代以降の阿弥陀浄土伽藍の萌芽として位置づけることが可能となる。なお、この点に関しては4―(4)において再び述べることとなろう。

以上のように、奈良時代の浄土伽藍の造営目的は発願者個人の来世的欣求浄土に根ざすものではなく、とりわけ法

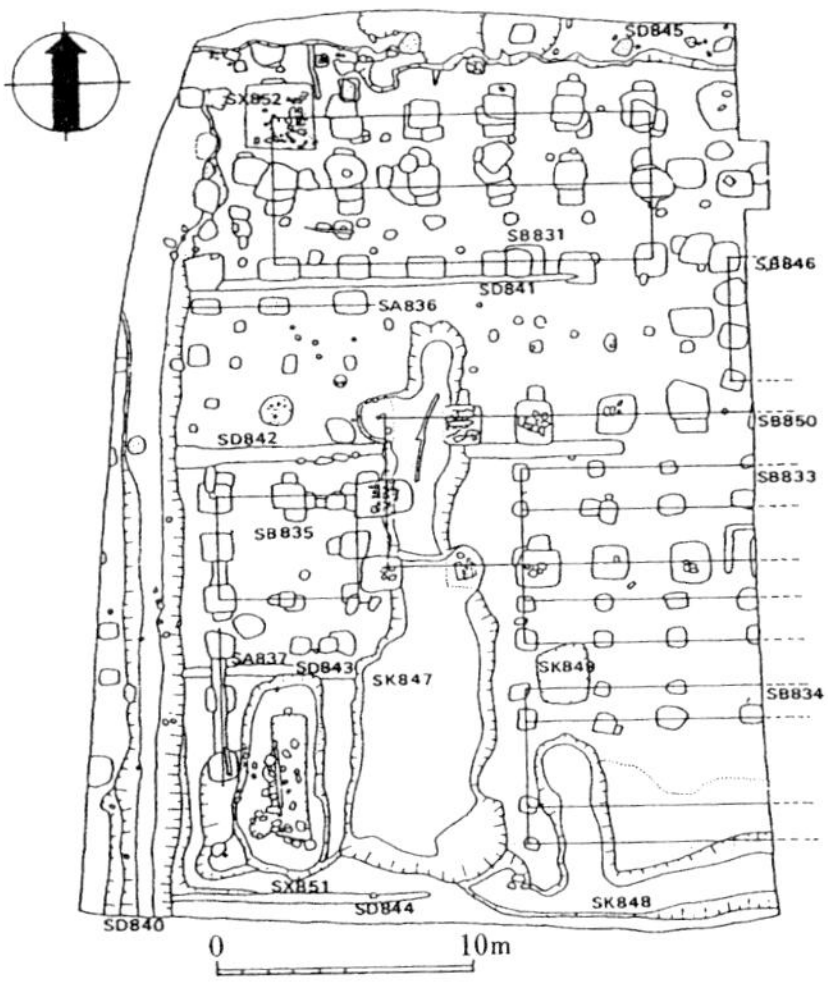

図186　平城宮跡第80次発掘調査遺構平面図(138)

図185　平城宮跡第80次発掘調査区位置図(137)

図187　平城京法華寺浄土院推定地の水田に残る立石（南から）

華寺浄土院に見られるように方位の概念が伽藍造営計画上それほど問題とされなかったといってよい。それはこの時代の浄土に対する観念がきわめて未分化の状況にあったことと無関係ではない。

漢訳経典にみる「浄土」とは、サンスクリット本の「仏国土を浄める」という思想を表現したもので[139]、中国で成語化されたものという。つまり「浄土」とは、大乗仏教成立の過程で釈尊以外にも十方世界に無量諸仏が現存すると説かれるようになり、その諸仏が仏道に励む場所として自らの出現すべき国土を清浄化するという語源を持つ。阿閦仏の東方妙喜世界や阿弥陀仏の西方極楽浄土の信仰をはじめとして、釈尊以外の種々の現在他方仏に固有の国土を想定する浄土信仰が生まれた。こうした大乗思想における各種の浄土信仰は、もともとインドに古くから形成されていた弥勒兜率天信仰に代表されるような、天界を解脱の世界とする生天思想を凌駕するものとして生成されたのだが、実際には兜率天信仰もまた各種の浄土信仰とともに疑似浄土とでもいうべき存在として根強い影響力を持ち続けた。

こうした弥勒兜率天信仰をも包摂する広義の浄土信仰を大陸から受容した頃の日本は、『万葉集』などからもうかがい知れるように、死後世界に関する観念が未だきわめて不明確な段階にあった[140]。首長クラスの豪族層を中心に行われていた古墳の墓前祭なども素朴な祖先崇拝や死霊鎮送の域を出るものではない。したがってこのような段階で受容された浄土信仰も、浄土経本来が持つところの自己救済的性格を持つものに純化されるはずもなく、多分に祖霊追善的要素の強いものであった。それゆえ六世紀の仏教公伝以来、主流をなしていた弥勒兜率天信仰と阿弥陀浄土信仰は奈良時代を通じて次第に前者から後者へと趨勢が変化していく過程を認めるものの、両者が長期にわたって並存、混淆ないしは混同という形態を採って出現したのも無理からぬことであった。諸先学が指摘するように[141]、六〜八世紀の阿弥陀如来造像銘に、しばしば阿弥陀仏の居所である西方世界へ死者が往生することを祈願するとともに、同時に弥勒下生後の龍華三会に知遇することをも希求するという主旨内容を発見するのは、このことを端的に示すものである。

いまなお論争の対象ともなっている聖徳太子の天寿国も、ひとえに当時の浄土観の未分化を示すものに他ならない。天寿国と呼ぶ一種の浄土概念が当時の人間の意識の中に形成される背景には、かかる多種の浄土や疑似浄土の混同や並存が想定されるのであり、天寿国とは特定の浄土を指すのではなく、死霊の赴くべき天寿の世界あるいは仏の住む理想世界の総体を意味していた可能性すら否定できないのである(142)。

以上のように、大陸から仏教を受容して以後八世紀に至る期間の日本では、死後世界の観念はきわめて不明確で、その結果浄土の概念も未分化の状況にあったといえる。奈良時代の阿弥陀浄土信仰は自己の極楽往生願求を第一義的な目的とするのではなく、もっぱら死者の追善儀礼や父母の報恩的性格を持つものであった。その結果、仏堂も死者の毎年の忌斎を行う堂舎としての機能しか持ち得なかったのであり、平安時代以降のように、自己救済的な目的のために、一方では浄土の内面的観想を行うための念仏生活の場として、また他方では浄土さながらの光景を現出させるための空間演出装置として仏堂を準備するということは、奈良時代には到底起こり得なかったといえるだろう。個別の仏にその居所たる浄土を個別に想定するという意識も、経典による単なる知識に留まっていた可能性があり、それらを実際の方位に基づいて空間として実体化するには至らなかった。もっとも奈良時代において、浄土と方位との関係が全く無視されていたかといえば、そうではない。法隆寺金堂西壁に描く阿弥陀三尊の壁画もしかり、写経の跋語や金石文に記す浄土観にも「西方浄土」や「西方安楽国」なる文字を発見するから、極楽浄土と「西」という方角は関連のあるものとして認識されていたことを物語る(143)。しかし『扶桑略記』天平宝字五年（七六一）二月の条によると、恵美押勝（藤原仲麻呂）が光明皇后のために興福寺東院堂内西辺に補陀落山浄土変、東辺に阿弥陀浄土変の繡帳を安置した例も確認されるから(144)、やはり阿弥陀浄土を「西」との関連性において把握するという意識は確実なものとはなっていなかったといえるだろう。法華寺浄土院は造営途中にして発願主旨の変更が行われたというかなり特殊な例ではあるが、推定し得る伽藍配置に必ずしも浄土空間と方位との不可分の関係を認めることができない点で、かかる奈良時代の浄土信仰の未分化な状況を反映するものと理解できる。

(2)　寝殿造住宅庭園と持仏堂

(1)において見たように、奈良時代の仏堂と園池の配置関係には「西」という方位概念が未だ希薄であったが、平安時代に入って阿弥陀浄土信仰が以前にも増して隆盛してくる中でこの意識は明確に定着してくる。平安時代の浄土経は伝教大師最澄が唐より摩訶止観に説く四種三昧、すなわち常坐・常行・半行半坐・非行非坐の行法を将来して以来、まず比叡山延暦寺に胚胎した。このうち最澄はとりわけ天台宗の根本経典である法華経の講説・読誦を主体とする半行半坐の法華三昧を奨励したため、弘仁三年（八一二）に東塔法華堂、天長二年（八二五）に西塔法華堂がそれぞれ先行したが、その後慈覚大師円仁が唐より五会念仏をもたらして以降、弥陀の唱名・念仏を通じて往生を祈願する常行三昧も重視されるようになり、嘉祥元年（八四八）の東塔常行堂、寛平五年（八九三）の西塔常行堂に続いて康保五年（九六八）に横川常行堂が完成するに及んで天台浄土経は名実ともに確立されることとなった。常行堂は九〇日を一期として名号を唱えながら弥陀の四周を行道し弥陀の相好を内面的に観想するための堂であり、法華堂も三七日の期間多宝小塔や本尊を中心に行道と座禅を通じて礼仏・懺悔・誦経を行うための堂であった。両堂は出離得脱のための自らの内面的行業を目的としており、行法の形態ゆえに方五間の小規模な求心形平面をなすものであった。したがって、必ずしも「西」を意識して建てられることもなかったし、また前面に園池を併設することを必要条件とするものでもなかった。内面的行業に方角概念や仏堂正面の視覚的効果が問題視される契機は存在しなかったのである。

しかしこの後、これらの堂を範として寝殿造住宅の中に持仏堂が多く営まれていく過程では、上記の二つの問題が大きくクローズアップされることとなる。住宅内の各装置は『作庭記』にも記すように神仙思想の方位の禁忌に基づいて位置関係が定められたが[145]、ここに阿弥陀像を本尊とする仏堂が導入されることによって、仏堂そのものが本来本尊の依拠すべき方位によって配置される端緒が生まれた。住宅内に設けられた持仏堂としては最初期の例である慶滋保胤の池亭では、園池の北に妻子の住む寝殿、東岸に文殿、そして西岸に阿弥陀仏を安置する仏堂を建設したことが知られ[146]（図188）、方位のもとに決定された住生活空間の配置に関する慣習が、新たに導入された仏堂にも適用される結果となり、安置仏の依拠すべき方角に基いて仏堂そのものが本来の方位を回復したことを物語る。

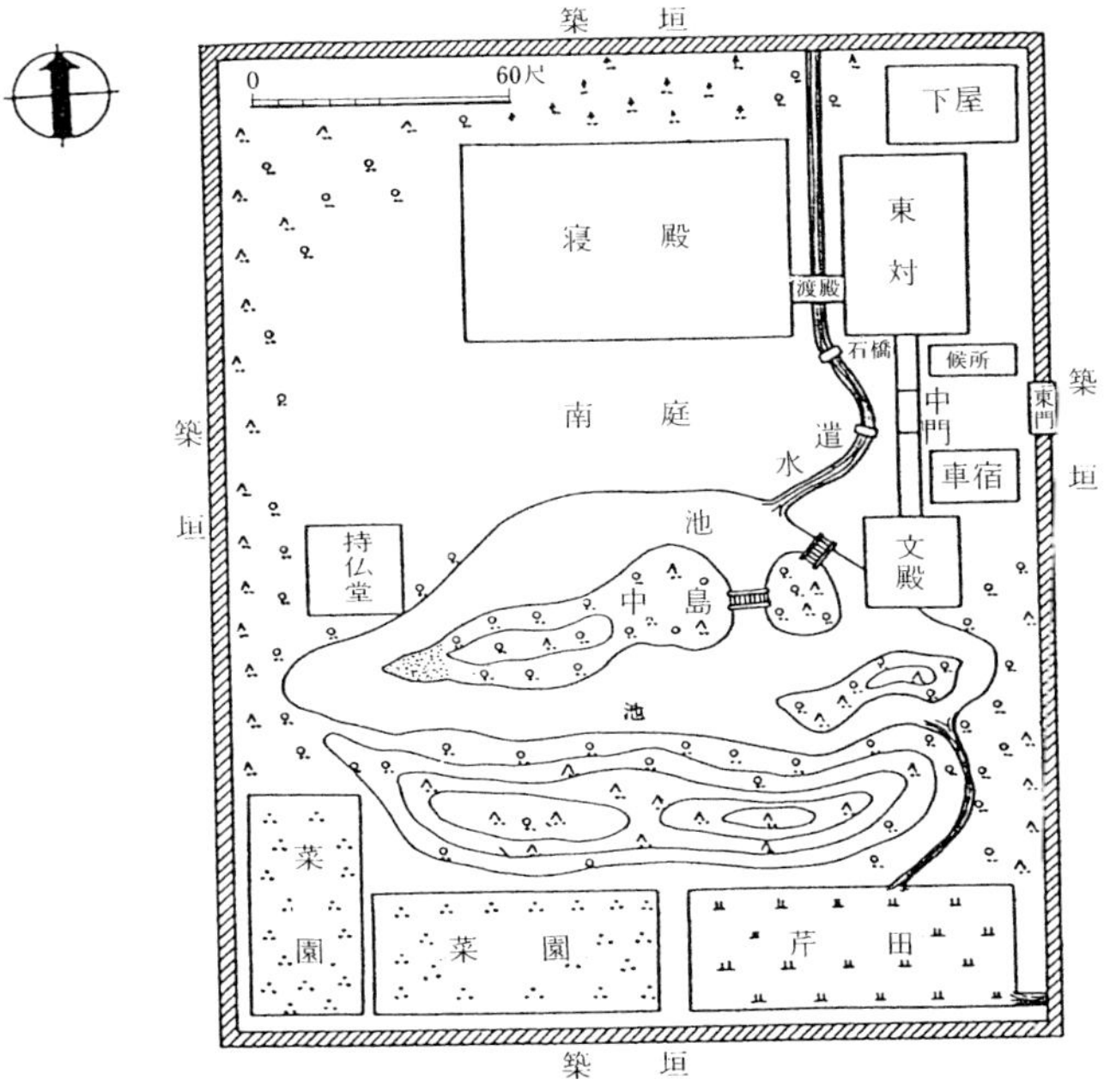

図188　慶滋保胤の池亭推定復原図[146]

保胤は池亭造営当時従五位下の比較的低い身分に甘んじた下級官僚であったが、若い頃から詩文・書道の才に優れ、文章道を通じて政治的に関与するいわゆる文人貴族の一員であった[147]。池亭造営に関する保胤の精神的・思想的背景についてはすでに諸先学が明らかにするところである。それによると荘園経済の進行は次第に藤原氏摂関家への権力集中を招くとともに律令国家体制そのものを崩壊に向かわせ、藤原氏の中でも傍流をも含めた上級・下級貴族層の全般的没落傾向を加速させ、とりわけ下級文人貴族層では詩文が政治的・公的意義を有するという文章経国思想の衰退傾向を背景に阿弥陀浄土信仰が先鋭化して行った、とする。[148][149]保胤が池亭を造営した背景には、かかる政治的・経済的不安と、その中に身を置く下級文人貴族層の身分的低位や経済的不遇に端を発する無常感があった。保胤の『池亭記』[150]には、五十歳にしてやっと手中にし得た六条坊門の小宅が、彼にとって長年の官人生活の証であると同時に、常に門戸を閉じて弥陀念仏と読書に明け暮れ、時には白楽天を慕いつつ詩文・吟詠に親しみ市中にあって山中にあるが如き隠遁生活を可能ならしめる場でもあったと記す。すなわち彼の思想構造の根底には、官人としての社会的立場と自らの無常感を救済する浄土経的な現世否定の論理との共存があり、前者が後者を裏付けるものと規定したところに特徴があった。康保元年（九六四）三月十五日に保胤を中心とする文人貴族層によって結成された勧学会も、彼らの極楽浄土信仰への深い傾斜を端的に示すとともに、その内実からは宴遊をも混えたかなり趣味的な性格がうかがえ、現世の享楽にも激しい未練を残す彼らの一側面をも物語っている。勧学会は昼の法華経講説、夜の弥陀念仏を主軸に会衆の極楽往生を互いに祈願する念仏結社であったが、一方では風月詩酒というサロン的性格をも兼ね備えていたのである。[151]勧学会は将来的に結社の道場として仏堂の建立を目標にも据えていたが、[152]最終的にそれは完成することはなく、諸寺を借用して行われていた。[153]各メンバーは保胤の池亭に集まって、おそらく一間四面程度のささやかな仏堂であったと思われる池亭の阿弥陀堂（持仏堂）で念仏を行い、園池に船を浮かべて風月詩酒の宴に臨んだこともあったであろう。そこでは庭園は宴遊に資する優れて住宅的な装置であるとともに、また極楽浄土の宝池にも擬せられるべく、仏堂と園池との相関関係をいやがうえにも認識させたに違いない。

このような平安京内の住宅に仏堂や道場を併設する行為は平安初期の頃こそ厳に禁止されていたが、[154]やがて律令国家体制の崩壊とともに貴族層の間に徐々に浸透し始め、『池亭記』に「高家比門連堂」と記すように十世紀末の頃にはかなり広範に認められる傾向となっていた[155]。格に定める禁止条項[154]の影響もあって檜皮葺の小規模な堂が多かったものと考えられるが、先述のごとく天台浄土経が弥陀の唱名・念仏を通じて往生を祈願する常行三昧とともに、往生のために懺悔滅罪を目的とする法華三昧をも同時に奨励したため、上記の堂の中には阿弥陀堂だけではなく法華懺法堂や法華経講説のための釈迦堂なども含まれていた。こうした邸内仏堂のうち、とりわけ阿弥陀像を安置する持仏堂や念誦所は阿弥陀仏の居所たる西方世界を象徴して邸内の園池西岸に設けられることが多かったものと考えられる。保胤の池亭や、本節の2―(1)でも例証した道長の土御門殿の「堂」も同様の例である。そこでは、住宅の装置の一環として邸内に準備されていた庭園、特に園池の水面と阿弥陀堂との景観的対応関係を認識させる素地ともなったことが想定できる。寝殿造住宅の中に阿弥陀堂を導入することによって、先行して存在した園池と堂との関係を浄土経の経理解釈のもとに視覚的に関連あるものとして意識することを可能としたわけである。4―(1)でみたように、仏堂と園池との相関関係は奈良時代の法華寺浄土院においてすでに端緒を想定し得るものであったが、それを方角概念に基づいて明確に実体化した法成寺が登場するまでには、約二六〇年という長期の時間的経過を必要とした。この間に、阿弥陀浄土信仰の優勢に伴って各種浄土の個性が明確化されるとともに、極楽浄土と「西」という方角との不可分の関係が認識されるようになり、さらには上記の住宅内における持仏堂と園池との関係が浄土伽藍における園池の位置づけを明確化させた。これらの現象の総合化は、必然的に法成寺の出現を措定するものであった。

(3) 「西」という方位概念の定着

浄土の方位概念が漠然とした教典の知識ではなく、可視領域において明確な空間として意識されるためには、それを実感できる地理的条件が必要不可欠となる。その要因として筆者が重視するのは、四天王寺西門における極楽浄土信仰の興隆である。台地上から浪速津に西面して建つ四天王寺西門前の広場は、平安時代以降極楽浄土を観想する場として急速に注目されるようになった(156)。『栄花物語』(殿上の花見)には「酉の刻ばかりに、天王寺の西の大門に御車とゞめて、波の際なきに西陽の入りゆく折しも、拝ませ給」と記し、長元四年(一〇三一)に上東門院が『観無量寿経』に説く日想観になぞらえて西門から西海に没する日没の光景に接したことを伝え、『宇治関白高野山御参詣記』永承三年(一〇四八)十月十九日条の「晩頭令参天王寺給、……入御西大門之比、……先令礼西方給、古人之所伝当極楽之東門云々」(「続続群書類従」第五所収)の記事や『四天王寺御手印縁起』に記す「宝塔金堂。相当極楽土東門中心」(「大日本仏教全書　寺誌叢書」二所収)の記事からは、四天王寺西門がすなわち極楽浄土に通じる東門として意識されていたことを伝える。門前で繰り広げられる百万遍念仏の功徳や(157)、時には捨身往生のために門前から西海中に投身入水した沙彌や聖の瑞相・奇跡(158)に預かろうと、貴賓を問わず多くの参詣者を集めた。その背景には律令体制の変質崩壊に伴う政治的社会的不安のたかまりと、天台浄土教の興隆とともに阿弥陀浄土信仰がことさら重視されてきたことが想定されるが、とりわけこの地が浄土信仰の場として注目されたのは、西海に面する自然地形と浄域を形成する寺院伽藍とが一体となって存在し、浄土観想のための地理的条件を充足していたからである。『栄花物語』に記す上東門院の日想観の記事が端的に示すように、そこでは水面と日没の光景、そして伽藍との対比関係が方位のもとに意識される契機をはらんでいた。したがって空間としての多種の浄土が方位との関連で明確に意識されるためには、まず阿弥陀浄土信仰の自己救済的性格が優勢になることによって、極楽浄土と「西」との関連性が自己救済という個人の切実な要求の中で明確化される必要があり、しかもそれを現実に空間化する上での自然的条件に恵まれる必要も同時にあったのである。四天王寺西門前における極楽浄土信仰の隆盛は、浄土空間と方位との関連を認識させる大きな要因を持っていたといえる。

(4) 浄土庭園における園池の形態

浄土伽藍が、各種の浄土変相図を三次元的に実体化したものであることは、つとに説かれるところである。『当麻曼荼羅』(図189)[159]や後世の写本として伝存する『清海曼荼羅』(図190)[160]などの遺品をはじめ、元興寺の僧智光の夢に依って製作されたという『智光曼荼羅』(図191)[160][161]、あるいは光明皇太后七十七日斎にちなんで諸国の国分寺・国分尼寺に作らせたという浄土図像[162]などに関する多くの説話や史実は、すでに平安時代以前にこうした浄土変相図の製作がかなり頻繁に行われていたことを示すものである。浄土変相図は浄土三部経、すなわち「無量寿経」「阿弥陀経」「観無量寿経」などの経典をもとに極楽浄土の光景を図像化したもので、極楽浄土の宝池に浮かぶ宝楼殿舎群を背景に阿弥陀尊像以下五二身の菩薩や化生を描くことを主たる構図とする。浄土三部経のうち無量寿経の日本への伝来は『日本書紀』舒明天皇十二年(六四〇)五月に入唐留学僧恵隠の帰朝に際して無量寿経講説を行ったのを初現とするが[163]、聖徳太子の『維摩経義疏』の仏国品に引用する阿弥陀仏第十八願を考慮すれば、それ以前の六世紀末から七世紀初頭においてもすでに伝来していた形跡がうかがえる[164]。あるいは浄土曼荼羅の日本への伝来も、実際の史実よりさらに古い時期に溯らせて考えることも可能であろう。

さて、こうした浄土曼荼羅に描く宝池の多くは宝楼や舞台などの矩形の壇に区画されて方形状を呈するが、その起源はインドの仏閣に現在も遺存する方形池に求め得ることが指摘されている[165]。日本の平安時代以降の浄土庭園に方形池は存在しないから、こうしたインドの事例や各種浄土曼荼羅の園池は直接的に日本の浄土庭園には影響しなかったとみなければならない。田中淡は史料から少なくとも八世紀の中国寺院庭園に方形池が存在したことを念頭に置きつ

図189　当麻曼荼羅図（貞享本，当麻寺蔵）(159)

図190　清海曼荼羅図（享保11年本，聖光寺蔵）(160)

図191　伝智光曼荼羅図（元興寺蔵）(159)

つも、同時代以前の中国庭園の多くが自然風景の写実的形象化を基調とする意匠であったことも明らかにし、日本の寝殿造住宅庭園や浄土庭園の原型が古く中国古代の事例にも求め得るものであることを指摘した[166]。発掘調査で判明している八世紀以前の日本庭園には、方形池とともに自然風景の模倣を作庭基調とする曲池も同時に存在し、かかる両者並存の意味を理解する上で田中の指摘はきわめて示唆的である。飛鳥島庄で一九七一～一九七三年に発見された一辺約四二メートルの方形石組園池遺構と[167][168]、その東北方で一九八七年に発見された渓流を象ったものと思われる最大幅約五メートル、深さ約一・二メートルの大溝遺構は[169][170]、対極に位置する園池の護岸デザインが少なくとも七世紀初頭にはすでに並存していたことを如実に示す好例である（図192～194）。

また明らかに仏教公伝以前に属する曲池遺構の例として、一九九一年に三重県城ノ越遺跡で発見された石組・石敷を主体とする曲池遺構を挙げることができる[171]（図195・196）。この曲池の造営年代は、埋土から出土した多量の土師器片から四世紀後半代に属し、発掘事例に見る方形池の実年代よりはるかに古いことが判明している。この事例は、自然風景の模倣を構築意識の根底に据え、石材で水辺を意匠するという行為が、浄土経をも含めた仏教の公伝以前に確実に日本に存在したことを示すものである。同時に出土した多量の土師器片は、この曲池が祭祀遺構である可能性をも物語っており、水辺に臨んで準備された祭儀場が後代の庭園の祖形的意匠を持っていたことを知る[172]。こうした構築技術が大陸伝来のものであるか否かは即座に決し難いが、もし農耕文化とともに大陸からもたらされたものであったとするなら、田中の指摘するように中国古代の作庭意匠や技術が日本固有の祖霊信仰に根ざした祭儀空間に導入された可能性は否定できないであろう。したがって浄土三部経が伝来した六～七世紀においては、大陸から伝来した方形池と曲池という対立する両極の園池デザインが同時並存していたのであり、このうちの曲池の系譜が後の寝殿造住宅庭園や浄土庭園へと連綿していった可能性は充分想定されてよい。

方形池と渓流跡との位置関係

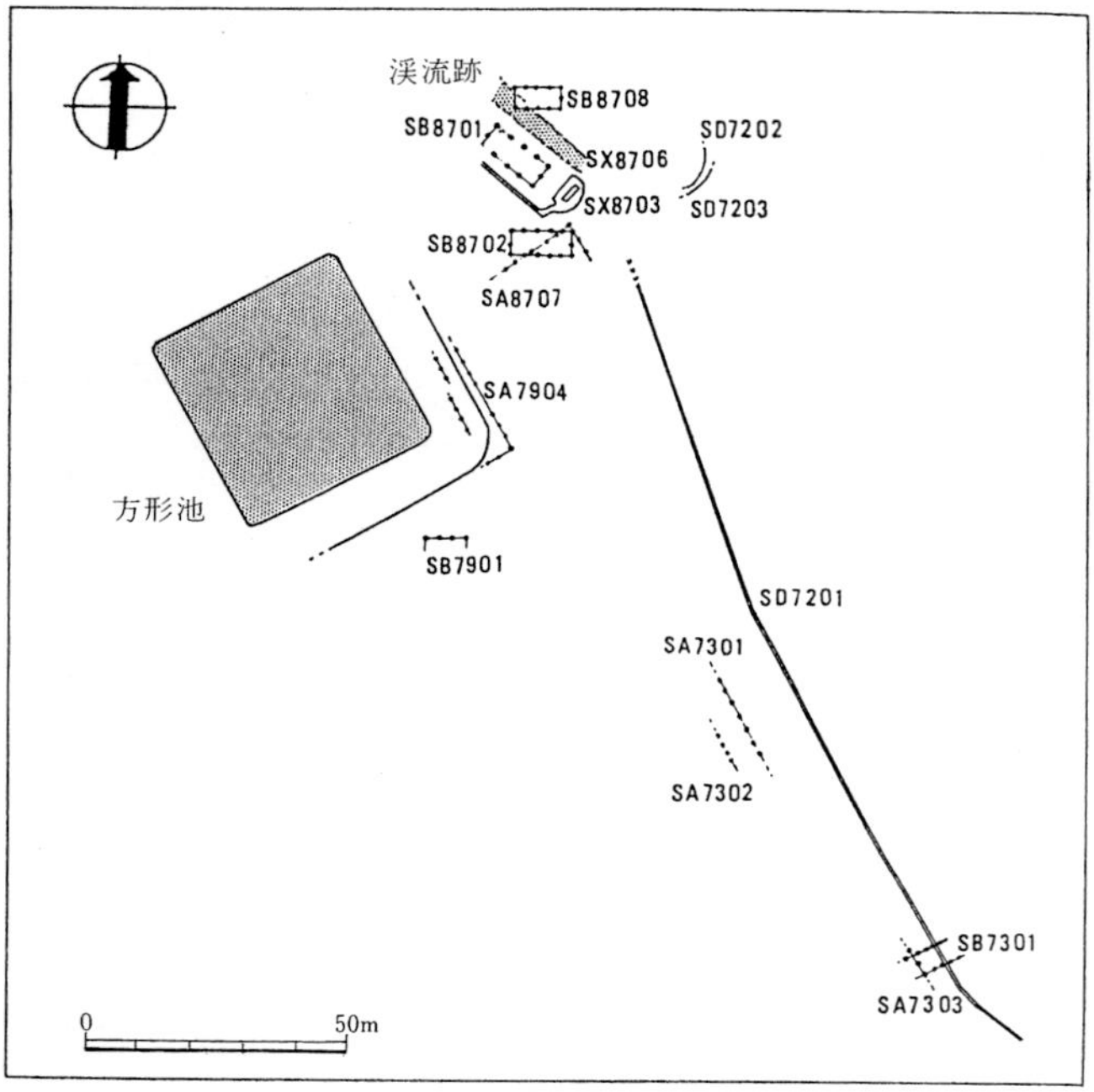

方形池と遺存畦畔

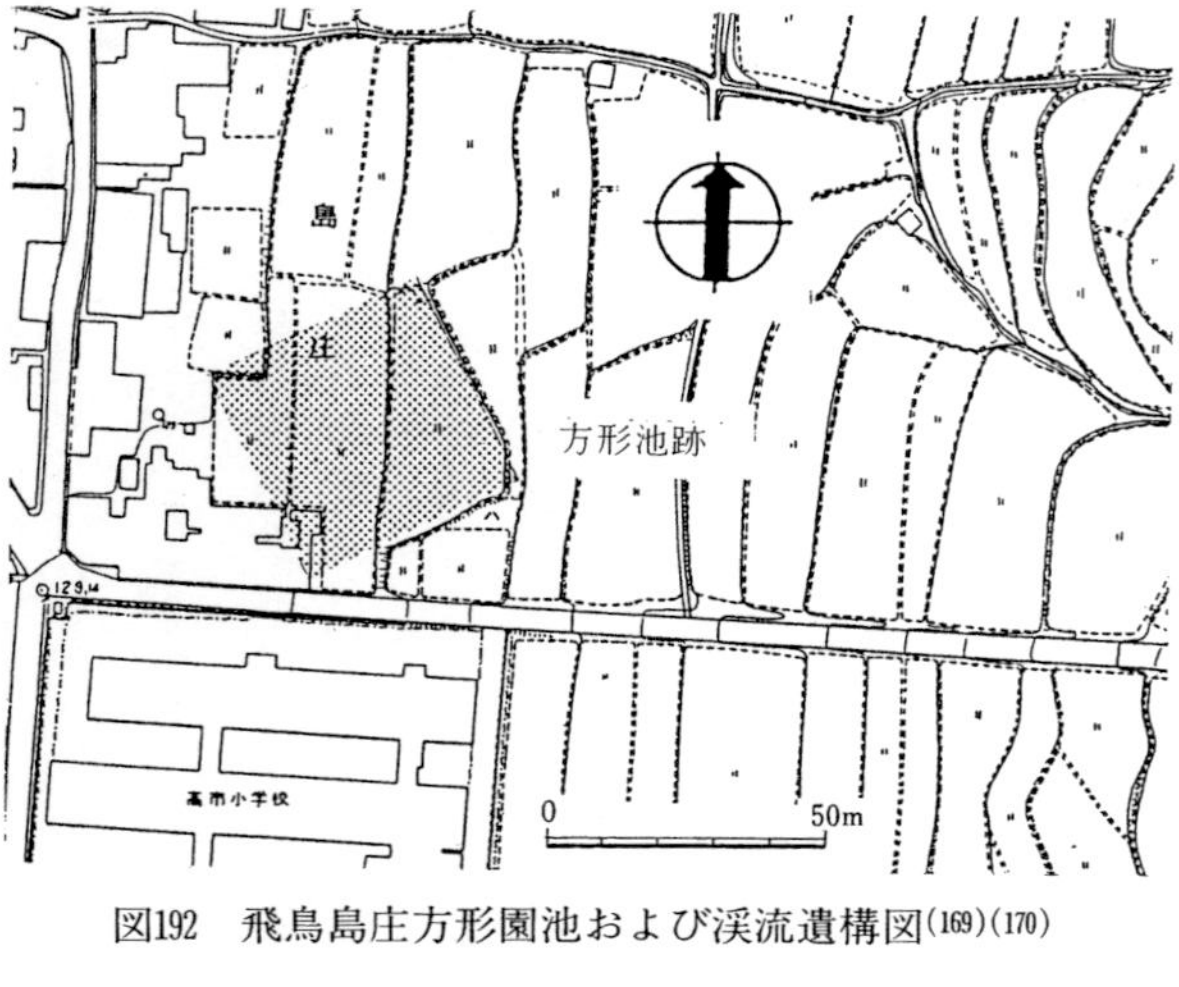

図192　飛鳥島庄方形園池および渓流遺構図(169)(170)

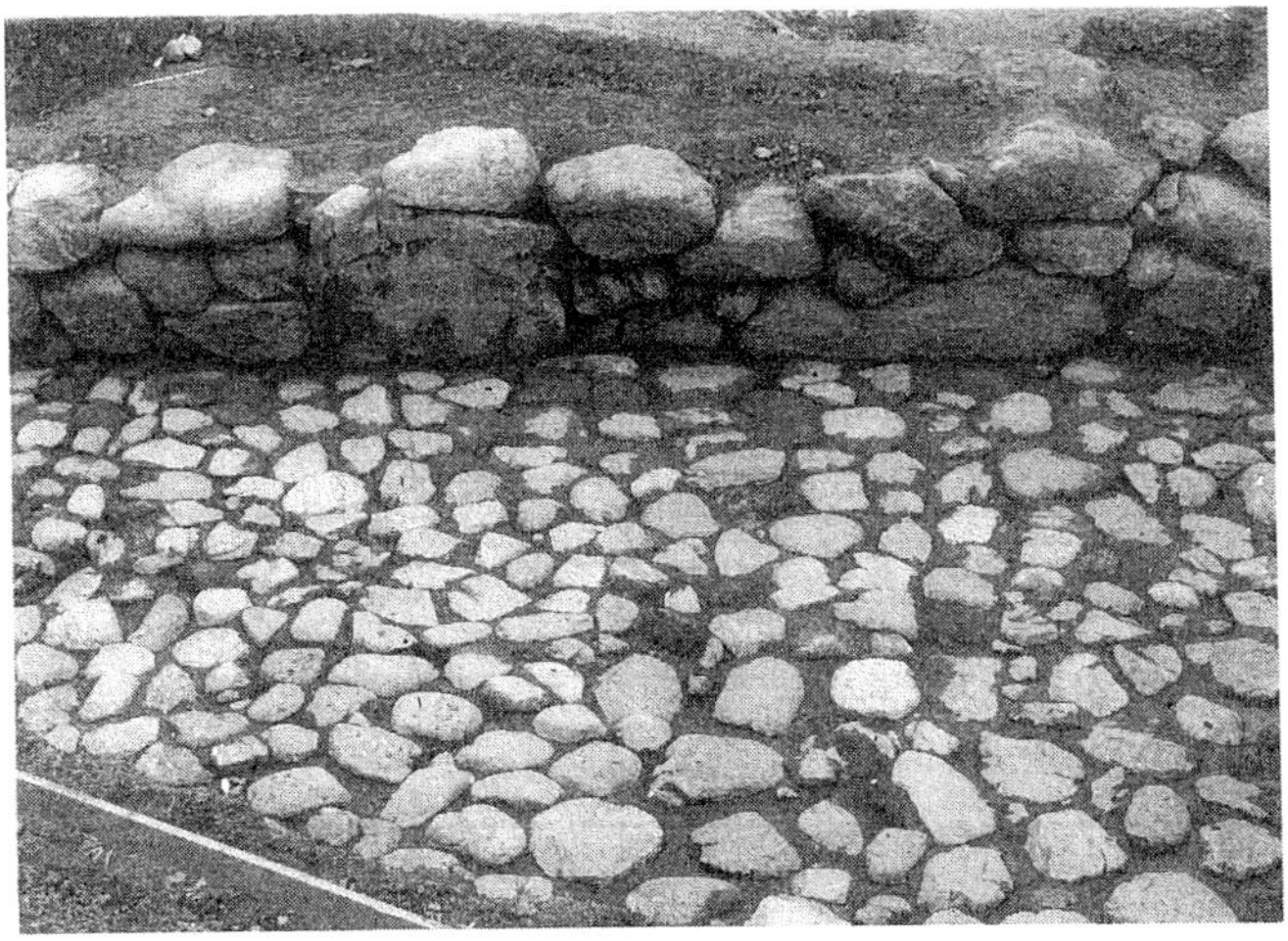

図193　飛鳥島庄方形園池遺構（東南から）

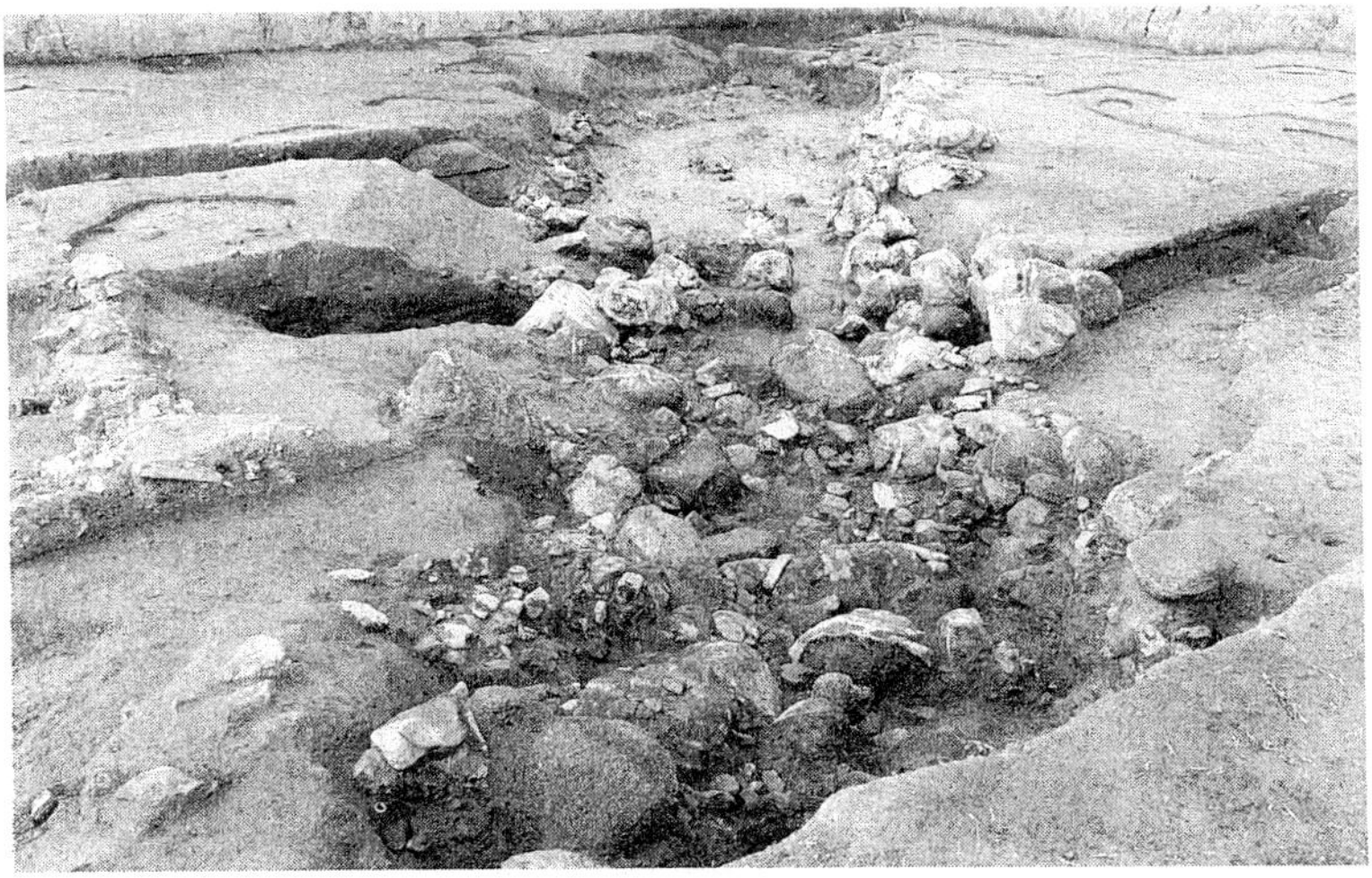

図194　飛鳥島庄渓流遺構（西北から）

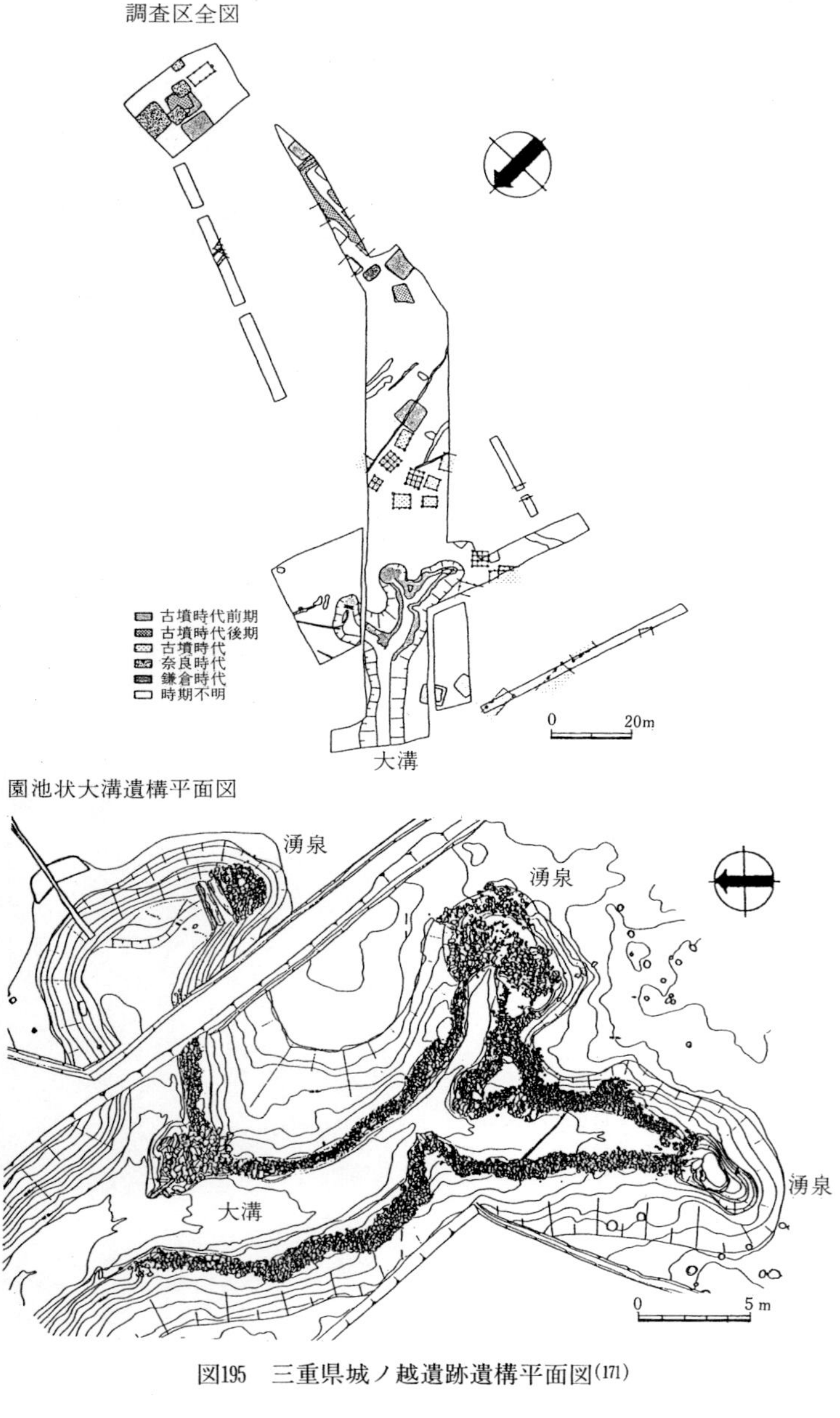

図195　三重県城ノ越遺跡遺構平面図(171)

図196　三重県城ノ越遺跡の大溝石組護岸（東北から）

同217窟　北壁変相図

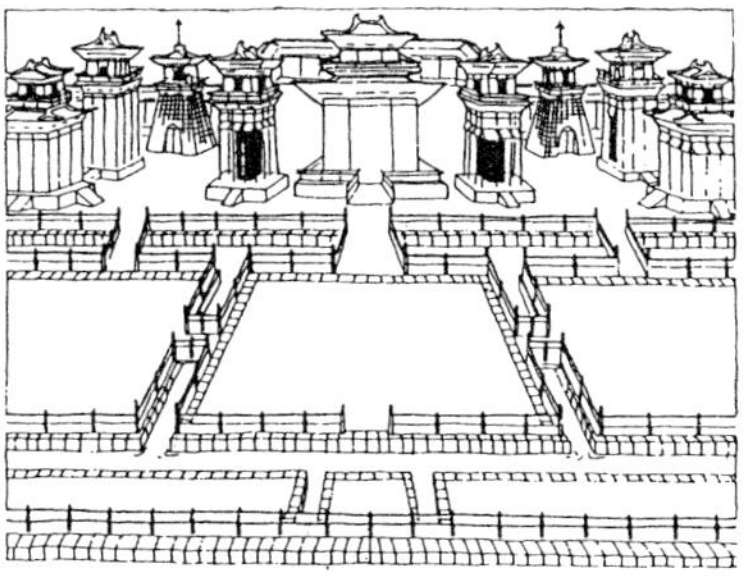

敦煌莫高窟172窟　北壁観経変相図

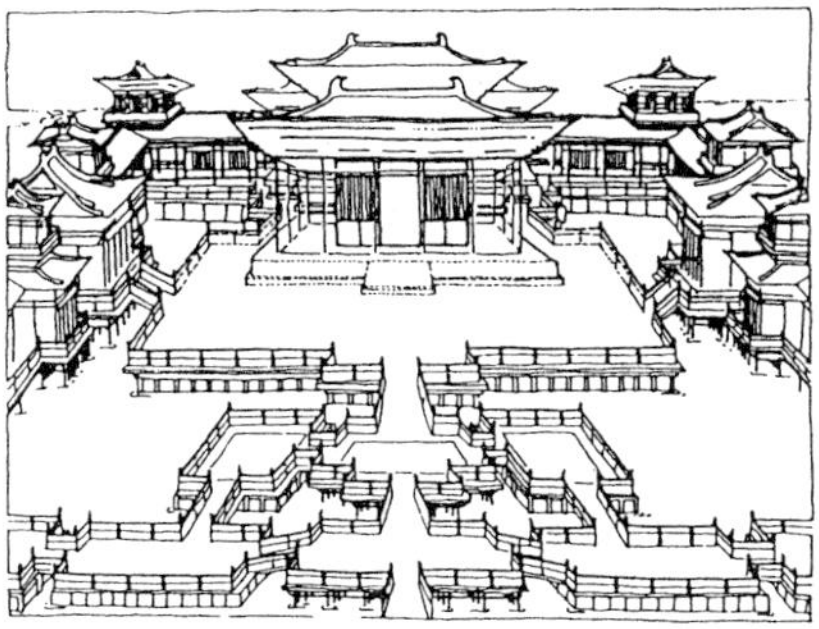

図197　敦煌莫高窟壁画模式図(166)

図198　園池汀線を曲線に描く浄土曼荼羅図（その１）
左は智光曼荼羅，右は二河白道図（香雪美術館蔵）

しかしながら一方では、寝殿造住宅庭園や浄土庭園の意匠・構造を、一義的に中国古代の造園技法に溯及・還元させてしまうことにも問題があろう。日本の八世紀は、浄土三部経の受容期から浄土信仰が本来の自己救済的性格を確立するまでの過渡的時期として位置づけられるが、外来庭園文化の直接的移入や影響こそが、この時期における日本庭園の展開を促進した第一義的な要因であったとは必ずしもいいきれない面があるからである。４―(6)においても再び触れることになるが、律令制下における古墳の墳丘や周濠の庭園的再評価の過程は、前代の古墳が律令制都城の中にとり込まれることによ

図199　園池汀線を曲線に描く浄土曼荼羅図（その２）
左は阿弥陀浄土曼荼羅図（清涼寺蔵），右は同（徳川美術館蔵）

り、もともと日本固有の氏族的祖霊信仰の対象として機能した営造物が山と水面とを主たる構成要素とするが故に、優れて造園的活動の対象として再評価されるようになったことを意味する（第Ⅰ章第三節―2参照）。古墳の周濠を園池に改造する中で確立された州浜状汀線の意匠や技術は、決して大陸の庭園文化の直接的影響のもとに出現したのではなく、むしろ八世紀における日本庭園独自の展開過程の一側面として捉えられるものである。『当麻曼荼羅』に描く宝池が矩形を呈するのに対し、十二世紀以降多く登場する浄土庭園の園池が自然風景の模写を基本とするのは、この間に住宅庭園をも含めた日本庭園全般が独自の展開を遂げたことに起因しているのであり、その最も顕著な変化が上述のごとく八世紀における古墳の庭園的再利用の中で確立した州浜状汀線の登場ということになろう。こうして州浜状汀線は奈良時代後半の平城宮東院庭園改修後の姿において完成され、やがて平安時代の寝殿造住宅庭園に継承されていく反面、直線を主体とする護岸デザインは衰退傾向に向かうこととなる。そして4―(2)においても述べたように、浄土寺院の仏堂が寝殿造住宅内に導入された持仏堂を母胎として生まれたのと同様、浄土寺院の庭園もまた基本的には住宅の庭園意匠を継承するものとなったのである。

このように、浄土曼荼羅に描く宝池と、実際の浄土伽藍の園池との間にみられる明らかな形態上の相違は、浄土曼荼羅伝来期から浄土伽藍の造営が普遍化する時期にいたる時間的経過の中で、庭園が住宅に付随するものとして日本独自の発展を遂げたことに大きく関係しているのである。中国の敦煌莫高窟壁画（図197）を含めて日本の『当麻曼荼羅』などに描く宝池がいずれも方形を基本とするのは、浄土曼荼羅がもともとインドの浄土経典を原典とし、インドに今なお遺存する方池デザインの影響を受けていたからである。この意識は古代日本人の知識の中に長く継承されて、多くの美術作品の中に援用されはしたが、本来的意味における阿弥陀浄土信仰の高揚に伴い十一世紀に登場した浄土伽藍の園池に再び方形地が採用されることはなかった。一方、いったん確立した浄土伽藍の園池デザインは、逆にそれ以降の絵画作品に影響を与えることとなる。十三世紀以降の製作になる浄土曼荼羅には、宝池に臨む宝楼基壇の裾部に部分的に州浜状汀線を描くものが多く見られ[173]（図198・199）、現実に実体化された浄土庭園のデザインが美術作品に反映したものと理解することが可能である。インドにおいて現実に存在した園池のスタイルが浄土経典を介して中国に伝播し、浄土曼荼羅に絵画化されてさらに日本へ伝来したが、それまでに確立していた住宅庭園のデザインを援用して成立した浄土伽藍の姿が、やがて美術作品に再び反作用することとなったのである。

(5)　儀礼に見る浄土空間の視覚化

浄土伽藍における法会のあり方が、奈良時代の方式から次第に仏堂に対面する位置に視点を固定化することによって法会の正面性を強調し、見ることを主体とするものに変化したことはすでに本節の2において言及した。すなわちそれは、浄土経に基づく仏教儀礼が、常行三昧などの自らの修行によって解脱を得る行業から、まさしく観るための儀礼へと変化したことに他ならない。この変化を最も象徴的に表現するものが迎講である。(174)臨終に際して極楽浄土の阿弥陀仏以下聖衆が来迎する情景を一枚の紙幅の上に二次元的に表現したものが来迎図であったとするなら、仏堂を含めた伽藍全体をステージに見立て演劇的効果を加味しつつ三次元的に表現する儀礼が迎講ということになろう。

『栄花物語』(うたがひ)に「六波羅蜜寺・雲林院の菩提講などの折節の迎講などにもおぼし急がせ給ふ」とあるのは道長の作善のかぎりを列挙する件りに見られる迎講の早期の例だが、『古事談』巻三には「迎講者。恵心僧都始給事也」とあってもともと源信の創始であったと伝える。その真偽はさておくとしても、教化を目的に述作された『往生要集』が優れて絵説き的要素を持ち、極楽浄土の可視的描出に力点を置いている点(175)から考えても、当時の極楽浄土信仰が如何に視覚的要素を重視するものであったかがうかがえる。往生伝に伝える多くの往生譚が信仰者の夢告によって語られることも夢幻の視覚化と捉えることができるし、(176)本節の課題でもある伽藍における浄土空間の視覚的表現手法も同一の範疇において理解し得るものである。念仏生活を通して功徳を積み、夢であれ現実であれ、如何に多くの浄土の静的光景や来迎の動的情景などを視覚的に体験するかが、臨終に際して浄土往生や来迎を確実に実現し得るための指標とも考えられていたのである。したがって、迎講は来迎の光景を動的に表現するところに最大の特色があるわけで、教化儀礼における視覚的効果は最大限にたかめられたといってよい。『今昔物語』に記す丹後の迎講(177)では、仏や聖衆の扮装もさることながら音楽的効果にも周到な配慮が為されていたことが知られ、『述懐抄』の花台院迎講の記事(178)には二十五菩薩に囲繞された阿弥陀如来が伎楽を伴いつつ寺域内の西方の山から登場する様を描くから、先述のごとく浄土の存在する山中から観者のもとに飛来する来迎図さながらの光景が現実に演出されたわけである。それは二次元の静的な絵画の世界ではなく、三次元の動的な表現に基づく来迎の瞬間的光景であり、見るものに強烈な衝撃と臨場感を与えたことは想像に難くない。このような迎講が庭園を具有する伽藍で行われた事実はいずれの文献にも認められないが、『吾妻鏡』安貞三年（一二二九）二月二十日の三浦三崎で行われた迎講(179)は海上を舞台としており、豊かな自然環境を背景に視覚的効果を一層高めたものであったことは十分注意してよい。三浦三崎は「山陰之景趣、海上之眺望」の故に将軍家の別業が営まれた地でもあり(180)、こうした良好な立地条件は宇治平等院の例にも見られるようにユートピアとしての極楽浄土と観念的に結びつきやすかったものと思われる。そこを舞台として来迎の所作が実地に執り行われた事実は、自然景観が極楽浄土の視覚的演出に大きな効果を持っていたことを示している。

(6)　浄土庭園と山

本節の2・3に見たとおり、浄土伽藍は仏堂や庭園などの狭義の伽藍だけではなく、周辺の環境をも含めて浄域をなすことが多く、法会時の視点の固定化と相俟って視界に展開する浄域内の山が、狭義の伽藍の背景として独自の意味を形成していたことが想定される。その根底には、山そのものを浄土と見なす意識が存在した。たとえば『栄花物語』（つるのはやし）には「涅槃の山に隠れ給ぬ」とあって山＝涅槃と位置づけ、死後世界を山中に求めようとする意識を読み取ることができる(181)。このような山中他界思想は、奈良時代以降人界を離れて山林に入った役行者や沙彌・優婆塞などの山岳修験者が、厳しい修行の故に呪術的能力や霊能を持つものと理解され、邪教禁遏の法令を犯してまで繰り広げられた彼らの布教活動を通じて貴顕を問わず次第に熟成されていったものと考えられる。『日本霊異記』に多出する彼らの奇跡に近い行業は、在俗の庶民に彼らの霊能力を誇示するだけでなく、彼らの奇瑞に与ることによって山中への畏怖の念を必然的に高めさえした。当時の修験者の多くは南都仏教の影響を受けていたため観音の補陀洛山浄土や弥勒の兜率天浄土に対する信仰が厚く、仏教公伝以前から山岳における民族的呪術信仰の拠点ともなっていた立山[182]や金峰山が彼らの道場として注目される中で、両山を弥勒浄土・密厳浄土と捉える観念が形成された[183]。厳しい修行に励む自らを菩薩業にいそしむ弥勒になぞらえ、人跡未踏の山中こそ当来仏たる弥勒の浄土と見なす方向へと向かったのである。とりわけ金峰山は、古代から祖霊的山岳信仰の場であるとともに、俗世間を離れて神霊力を保持するに至った神仙の住む山としても意識されるようになり、やがて上記の弥勒浄土の観念とも結合して「金峰山浄土」の概念が形成されるようになる[184]。寛弘四年（一〇〇七）の道長による金峰山埋経[185]は直接的には永承七年（一〇五二）の末法突入に起源するものだが、上記の山中他界思想をベースとしつつ金峰山を弥勒浄土に結び付けて意識したことの現れである。やや特殊ではあるが、弥勒浄土を象徴する経塚としての山と、極楽浄土を象徴する伽藍の仏堂や園池とを視覚的に結合することを試みた無量光院の例も、山中浄域思想に機縁するものである。

古代の山が、仏教の公伝以前にすでに祖霊的な信仰の対象になっていたことは先述のとおりだが、自然の山と庭園とが積極的に結び付く契機も浄土信仰の伝来以前にすでに存在していた。その祖形とも考えられるのは、各地に残る「神奈備山」などの神体山思想である。神体山思想は農耕文化における自然神崇拝から出発したもので、豊饒な収穫祈念の対象として、定住地周辺の山容の美しい円錐型の独立峰ないしは独立丘を神格、すなわち神奈備山に充てることが多かった[186]。有名な奈良の三輪山も春日連山の南方一画になだらかな山容を見せ、崇神天皇の磯城瑞籬宮が山麓に営まれた頃から神の鎮座する山として信仰の対象となり、大王を中心とする氏族集団の精神的紐帯としての意味を持っていた[187]。三輪山の頂上には大きな自然石からなる奥津磐座が存在し、神の依代として機能したことを示す。多くの庭園史研究者が指摘するように、こうした自然の大岩や崖地を神体として重視する磐境や磐座こそ、後代の庭園の石

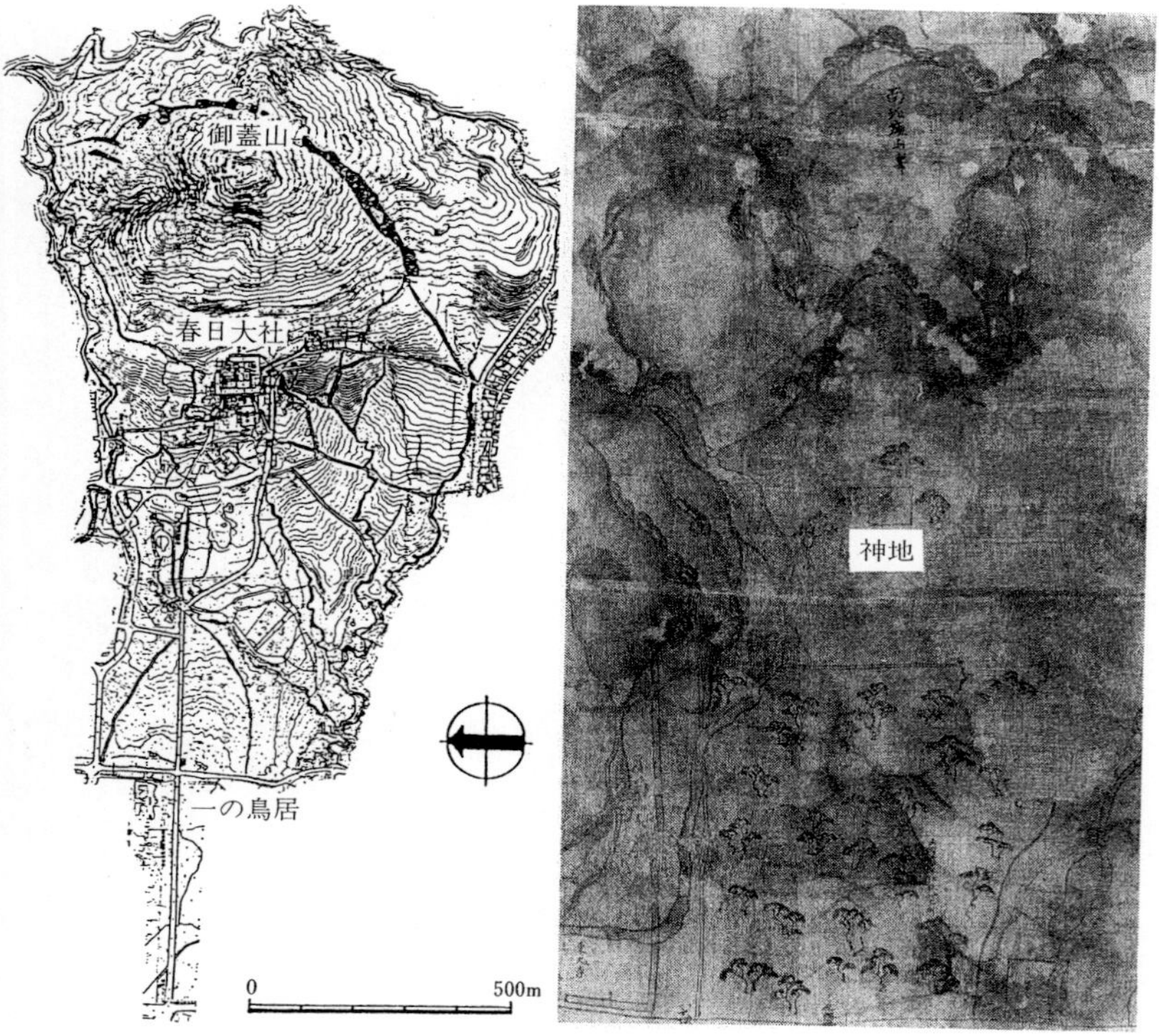

図200　御蓋山と神地
左は現況図，右は正倉院宝物『東大寺山堺四至図』（部分）

組や滝石組の祖形とも考えられるものであり[188]、自然の営力によって造形された山体そのものとともに、すぐれて自然を造形する活動の原点とも考えられる天然の営造物である。三輪山麓には五世紀後半～七世紀の祭祀関連遺構が多く発見されており[189]～[191]（図201）『延喜式』の式内社にもみえるとおり平安時代初頭には西麓に大神神社が造営され[192]、神体である三輪山と社殿との一体的結合がより一層促進されたことが判明する。また現在の春日大社東方に位置する御蓋山も神体山として認識され、奈良時代には西麓の浅茅ケ原に「神地」が形成されて、遣唐使の出発に際して航海の平穏無事を祈願する祭祀が行われた[193]～[194]（図200）。御蓋山の頂上にも磐座

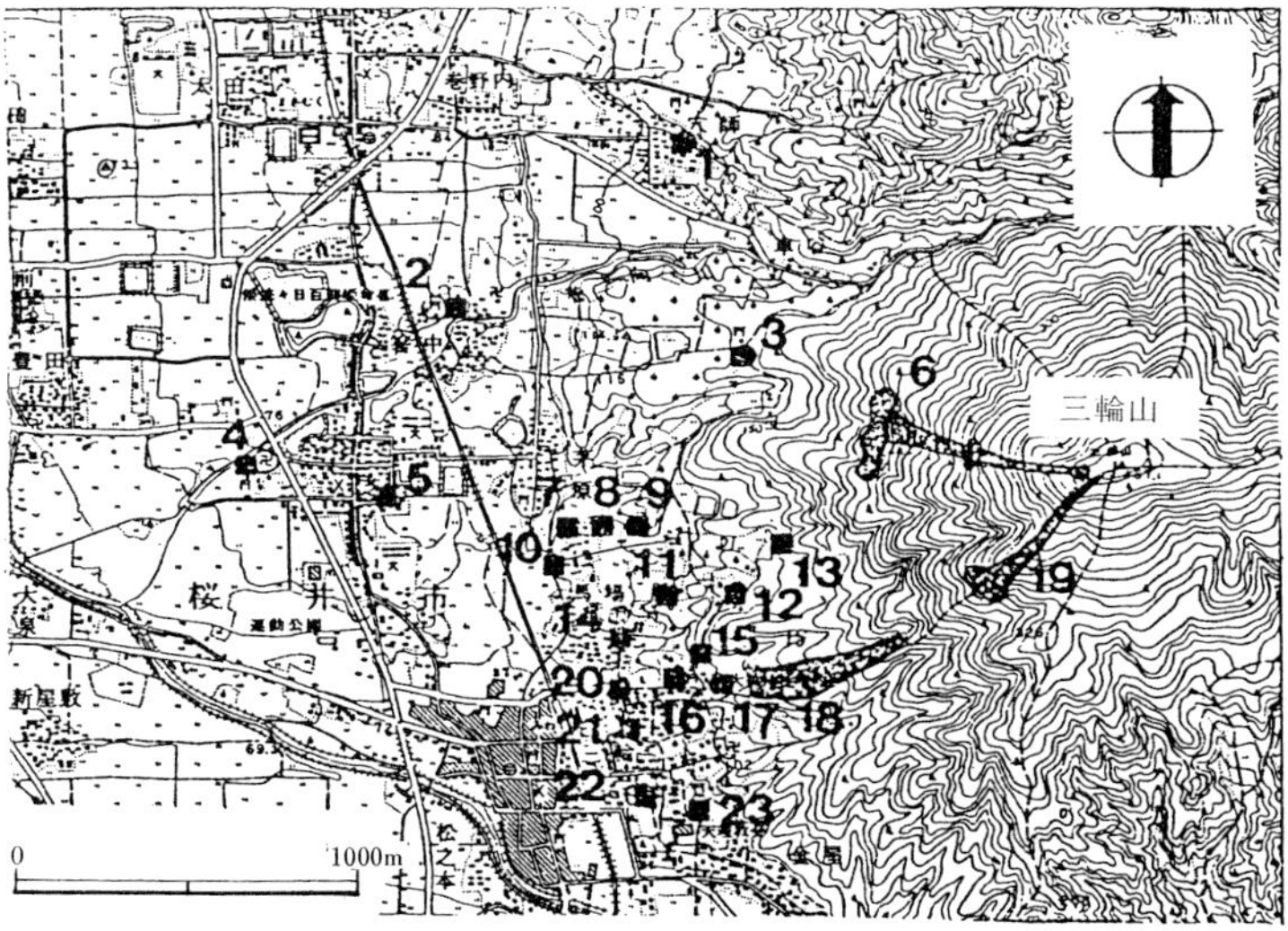

図201　三輪山麓の祭祀遺構(189)

1 穴師カタヤシキ(桜井市巻向穴師カタヤシキ)，2 箸中北垣内(同市箸中北垣内・国津神社)，3 檜原岡上(同市三輪町檜原岡上)，4 芝　慶田寺(同町芝慶田寺東側)，5 芝　九日神社(同町芝九日神社内)，6 オーカミ谷(同市松原オーカミ谷)，7 茅原源水(同市三輪町茅原字源水)，8 茅原堀田(同町茅原堀田)，9 茅原箕倉山(同町茅原箕倉山西南麓)，10 馬場　馬場遺跡内(同町馬場)，11 馬場奥垣内(同町馬場奥垣内)，12 狭井社　鏡池(同町馬場・狭井社)，13 山ノ神(同町馬場山ノ神)，14 馬場若宮社(同町馬場・若宮社)，15 馬場　磐座神社(同町馬場奥垣内・磐座社)，16 馬場　祓戸社(同町馬場奥垣内・祓戸社)，17 奥垣場　三ツ鳥居(同町馬場奥垣内・三ツ鳥居)，18 禁足地①(同町高宮禁足地)，19 禁足地②(同町高宮禁足地内)，20 馬場茶屋ノ前高宮口(同町茶屋ノ前・高宮口)，21 垣内薬師堂(同町薬師堂)，22 金屋　三輪遺跡内(同町金屋)，23 金屋　県主神社(同町金屋・県主神社内)

や磐境とおぼしき自然岩の集積地帯を認めるから、前述の三輪山と同様の思想に基づいて選地されたことを示す。こうした古来の自然神崇拝に端を発する神体山の思想も、宗教的認識のもとに伽藍と自然の山とを結合する端緒となっていることがわかる。

自然の山ではなく、人工的に構築した丘陵と園池との積極的結び付きを想定させるものが、律令制下における古墳の庭園的再利用である。本節4―(4)や第I章第三節―2においてもすでに触れたとおり、古墳の前面で定期的に行われた墓前祭等の祭祀行為は、死者の墳墓として人工的に構築された小独立丘を人格神として崇拝することに他ならなかったが、やがて律令制の整備に伴って都城が造営されるにおよび、造営対象地内に遺存した古墳に別の意味での新しい意味付けが行われるようになる。『続日本紀』和銅元年（七〇八）の平城京遷都の詔に「三山作鎮」とあるのは[195]、奈良盆地北端を三方からとりまく自然の山が神仙思想の方位概念に基づいて新都の選地条件として機能したことを示すが、この三山とは従来比定されてきた京北方の奈良山、西方の生駒山、東方の春日山など、漠然とした丘陵地帯を指すのではなく、実は現在もなお遺存する特定の古墳の墳丘に該当するのだとする説がある（五五頁　図44）。北の市庭古墳（平城天皇陵）、西の宝来山古墳（垂仁天皇陵）、東の杉山古墳（元興寺旧境内に遺存）の三古墳がそれに該当し、三者ともに平城京造営に際して計画的に遺存が図られたとするのである。この説は、人格神の体現を目的として構築された前時代の地形的営造物が、新規の地形改変計画を実行する上で選地のランドマークという新たな機能を付与されたことを想定させる点で、きわめて興味深い。しかも、市庭古墳は発掘調査の結果、もともと深さ三《メートル》以上もあった後円部周濠の九〇％近くが埋められ、新たに小礫を敷き足して州浜状の浅い園池に作り替えていることが判明した（第I章第三節　図38・41、本節　図202[196]）。市庭古墳に限らず平塚二号墳（図203[197]）や猫塚古墳[198]においても同様の州浜敷園池が発見されている（第I章第三節　図42）。したがって、都城の造営に伴って残された古墳の多くは、前代の祖霊的信

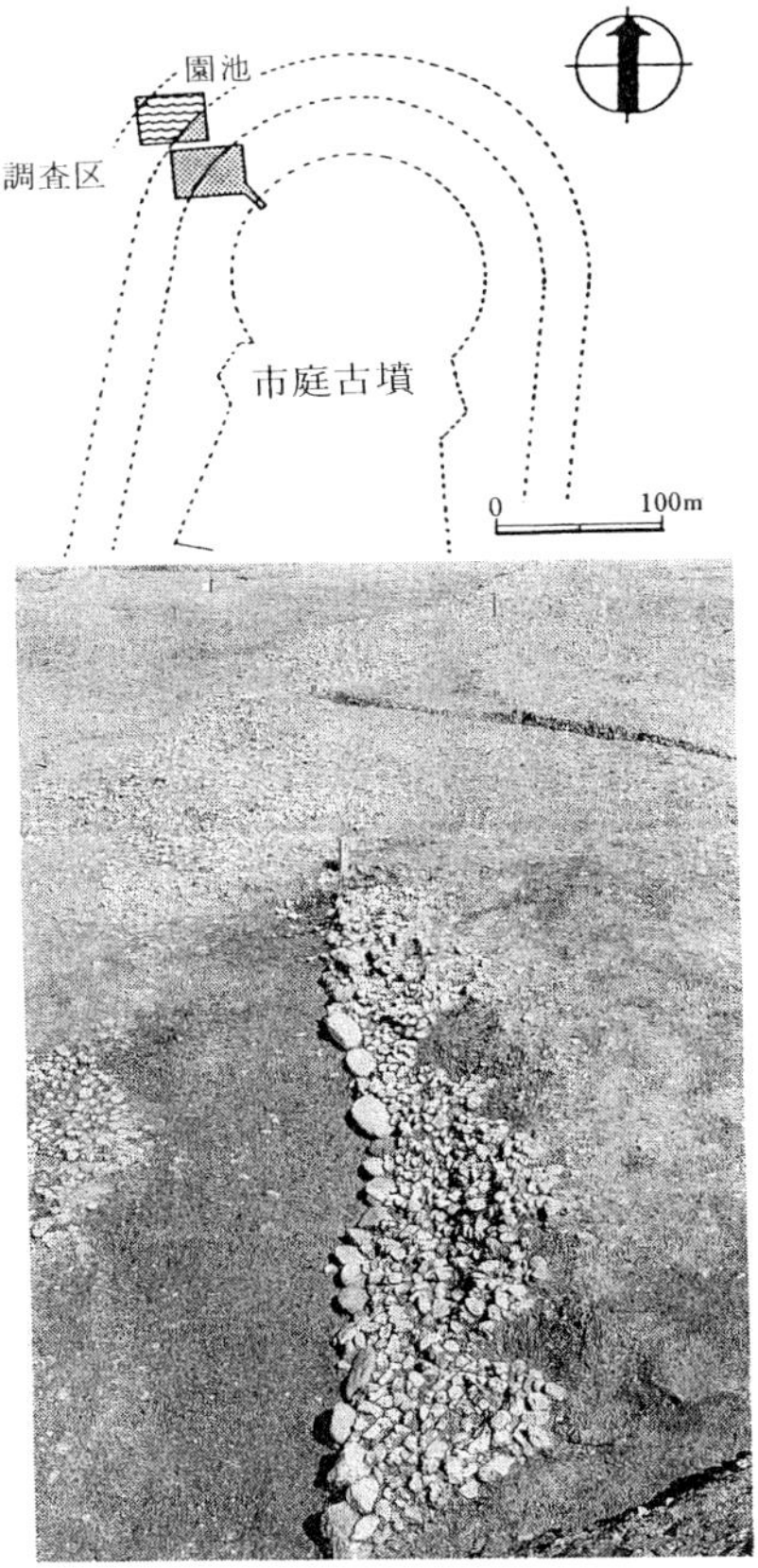

図202　市庭古墳の周濠と園池(196)

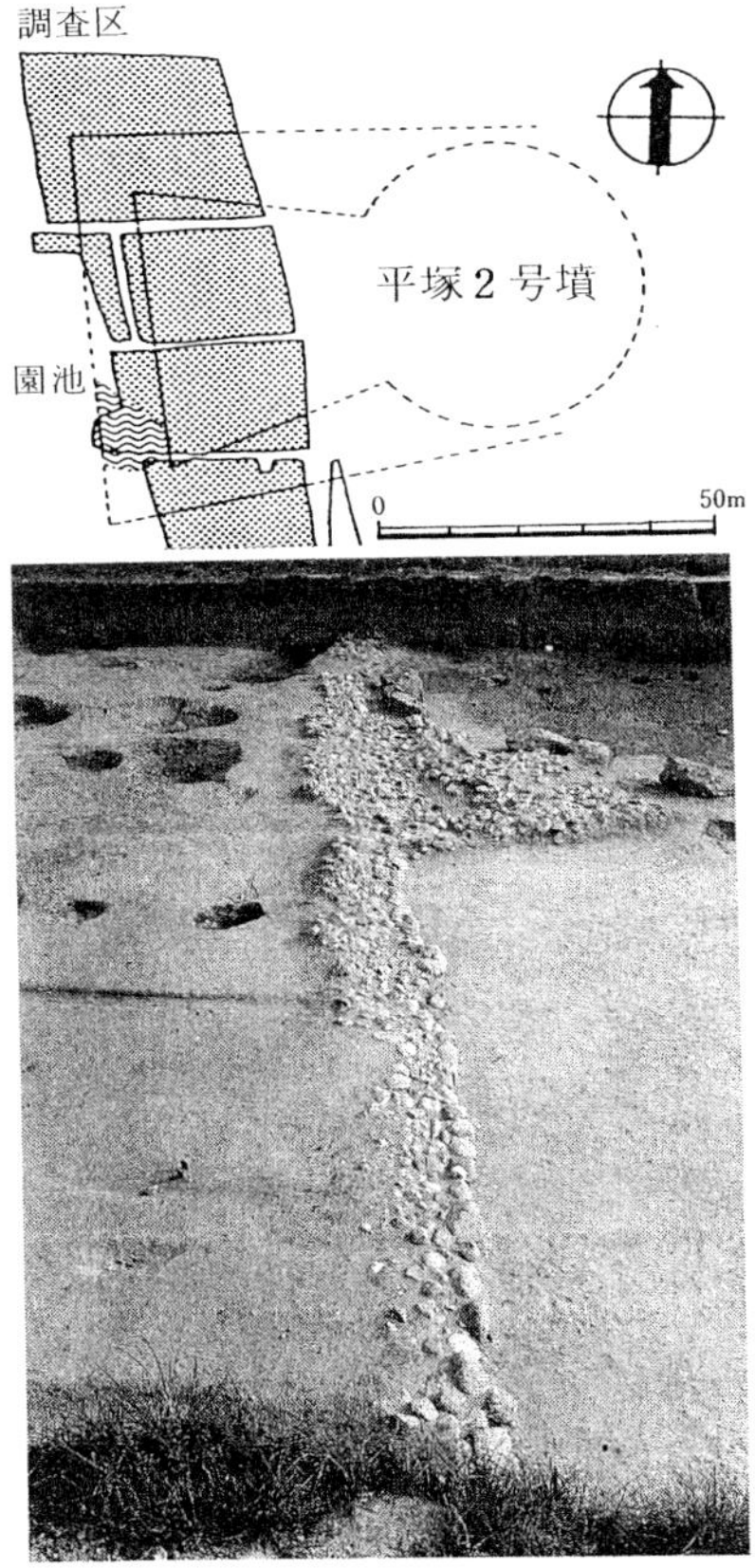

図203　平塚２号墳と園池(197)

図204　山越阿弥陀図(161)
上は金戒光明寺蔵，下は禅林寺蔵

仰の影響とともに、その構成要素が山を象徴する墳丘と水を象徴する周濠とを主たる構成要素としていたせいもあって、優れて庭園的な営造物へと再利用が図られたといえる。そこには山中浄土といった思想は認められないが、祖霊信仰を媒介に独立丘をなす山とその前面に展開する園池とを視覚的に結合するプロトタイプをみることができる。

さて、このような浄土と山とのかかわりあいは、平安時代中期以降に多く製作された「来迎図」「往生図」にも表現されることとなる。十二世紀製作の平等院阿弥陀堂四壁に見る九品往生図では、来迎および帰来迎の情景を大和絵の大自然風景を背景に点描するが、そうした日常生活に密着した自然風景は現世と西方極楽浄土世界との空間的隔絶感と来迎の速度を強調する演出効果を持つとともに、来迎の現実感を加味する効果をも同時に持っている。山の西方彼方に極楽浄土が存在するという意識の片鱗とも解することができるもので、このような意識はいわゆる山越阿弥陀像や早来迎と呼ばれる構図においてさらに増幅されることとなる。『山越阿弥陀図』（金戒光明寺蔵、禅林寺蔵、京都国立博物館蔵、ベルリン美術館蔵など　図204）では、山の背後に上半身をのぞかせる阿弥陀仏の正面像と、山のこなたの中腹に今や飛来した観音、勢至の両菩薩像を描き、臨終を目前にした観者にとって山中浄土、あるいは山の彼方の浄土を意識させる緊迫観に満ちている。[199]『阿弥陀二十五菩薩来迎図』（知恩院蔵　図205）では、桜花や松樹の点綴する峻厳な山腹を二十五菩薩を従えて往生者のもとに急スピードで飛来する阿弥陀像の姿を斜めから描き、山中浄土の観念を山越阿弥陀図以上に彷彿とさせる構図となっている。こうした美術作品にみる山と来迎の関係は、浄土庭園において背

図205　阿弥陀二十五菩薩来迎図[161]
上は知恩院蔵，下は小童寺蔵

後の山が持つ意味と基本的に共通するものである。

以上のように、浄土庭園において背後の自然の山が浄土空間として意識され、伽藍域から眺望される正面景観としての山容に特殊な意味付けがなされる背景には、上記のような古代の祖霊信仰に端を発する在来の山岳信仰と外来の浄土信仰との結合が想定されなければならないのである。

(7)　自然観の変遷と極楽浄土

これまで指摘してきたごとく、浄土伽藍に伴う園池は同時代の寝殿造住宅庭園の意匠や構造を規範としつつも、浄土伽藍が浄土空間の三次元的実体化を造営目的としていたため、住宅庭園に比して浄土荘厳のための人工的景物を多用したことが顕著な相違点として挙げられる。しかしこうした庭園景物の違いも、根源的には同種の発想に起因するものである。

寝殿造住宅庭園は、南庭や園池が邸内で行われる儀式や宴遊のために必要不可欠の場として準備され、寝殿をはじめとする内部空間と南庭・園池などの外部空間が儀式や宴遊に際して一体的に利用されるという特徴を持っている。寝殿造住宅における庭園はいわば儀式や宴遊の「うつわ」として機能しているのであり、後代の日本庭園に見るように純然たる鑑賞の対象として建物に併置されているのではない。このことは、すでに第Ⅱ章第一節において述べた。浄土伽藍においても庭園は法会のために準備された空間装置であり、仏堂と庭園は法会に際して不即不離の関係にあった。したがって住宅・伽藍を問わず内部・外部両空間の関係は、きわめて即時的な性格を持っていたといえる。

それでは庭園に導入された景物の取り扱い手法はどうか。住宅におけるそれは、「前栽堀」(200)などの遊びが端的に示すように、自然風物の即物的な移築と再配置を基調としていた。こうした庭園景物の多くは儀式や宴遊のための背景的効果を持つものとして機能し、物語絵巻にも確認されるように時には日常生活における人間の心情の刺激剤、あるいは感情表現のために自己移入する小道具としても取り扱われた。すなわち作庭意識の根底には、総体としての庭園全体の景観よりも、単体としての自然風物が寝殿軒先に集合体として引き寄せられていることが優先されていたともいえるであろう。浄土伽藍の庭園においても同様のことが指摘できる。鸚鵡・孔雀・鴛鴦・麋鹿・人工樹などのイミテーションを設置したことも、それらの人工的景物が単体として浄土荘厳に資する効果を狙っていたのであり、基本的に上記の住宅における景物の取扱手法と同種の意識に根ざしている。しかし、一方ではそれらが住宅庭園に比して、さらに強い視覚的効果を醸成する機能を持ったことも事実である。平等院において確立された一方向への視界の限定は仏堂と園池の正面景観をアンサンブル・コスチュウムとして強調する結果となり、この視界の中で人工的景物は浄土空間の視覚的具現に大きな役割を担うこととなったわけである。

さて、このような特性を持つ住宅や伽藍が、平安京域を離れて郊外に造営された時、周囲の自然景観とどのような関係を持ったであろうか。第Ⅱ章第三節で詳述したように、住宅では園外の自然景観の「眺望」が大きな意味を持ち、「眺望」を確保するための立地が別業の優劣を左右する条件とも見なされるようになった。しかしそれらの多くは庭園景観と自然景観とを明らかに区別するのではなく、両者が混然と融合し合った景観を呈していたことが知られる。多くの文学作品に見る庭園の叙景からは、庭園景観が近景から中景へ、さらには遠景の自然景観へと間断なく連続していく様相をうかがい知ることができる（第Ⅱ章第一節参照）。したがって「眺望」が強く意識されてはいても、庭園景観と園外の自然景観との相違を前提に、両景観が明確な対応関係を持つものとして視覚的に結合されていたわけではなかった。ところが郊外に営まれた浄土伽藍の場合には、「眺望」は住宅以上に大きな意味を持ってくる。すなわち山中浄土の思想とも相挨って、自然景観のなかでもとりわけ「山」が浄土を象徴するものと意識され、人工的に創出した浄土空間としての伽藍と背後の「山」とを視覚において積極的に結合することが求められるようになる。先述のごとく、浄土庭園は住宅庭園に比較して景物の取扱手法に人工的な要素が強い傾向を認めるが、庭園が人工的景観の色彩を増せば増すほど自然景観との対比はより鮮明となり、両者の視覚的結合はさらに強固なものとなる。住宅、とりわけ郊外の別業で意識された「眺望」は、やがて浄土伽藍が郊外に進出する段階で、「山」を視覚化するための措定条件ともなったのである。

また逆に郊外の浄土伽藍における伽藍と自然景観との積極的結合は、山里の草庵において「眺望」される自然景観に浄土経的意味を付与することにも効果を果たした。喧騒な市中を離れ、山中に隠遁した人間は、草庵から眺望される自然景観を現世否定的な浄土経の経理解釈のもとに認識しようとした。鴨長明に代表されるこの時期の隠遁者は、一方で自らの草庵を念仏三昧に明け暮れるための仏道修行の場と位置づけるとともに、他方では草庵に琴や琵琶を持ち込むなど詩歌管弦の享楽的意識も同時に捨てきれないでいた。両者の相反する立場の相克として「隠棲」というスタイルの現世否定的生活様式を編み出したわけで、そこでは自己を自然の一部に同化し、自然に没入することが求められた。そこに見る思想基盤は、4―(2)において触れたごとく、市中にありながら山中の隠遁生活を可能ならしめる場として自らの池亭に仏堂を営んで念仏生活と世俗生活とを両立させようとした慶滋保胤のそれと、基本的には変化がない。長明の『方丈記』に記す彼の草庵からの眺望景観の描写は、四季の変化の中で遷移していくあらゆる景物が浄土経的解釈のもとに把握されている点で特徴的である。春を代表する藤は紫雲になぞらえられて西方世界へと意味を拡大し、夏の郭公の鳴き声は死出の山路の契りとも、また秋のひぐらしの声はうつせみの世に生きるわが身の悲しみをそそり、そして冬の積雪は多くの罪障にも例えられるのである(201)。こうした眺望景観の叙景は、いみじくも石母田正が指摘したように、題材が浄土経的思想を述べる機縁にすぎず、自然描写というより自然の宗教的解釈にすぎないのである。[202] 浄土経を媒介として自然に没入し、自己を自然の付属物と位置づけることが、彼らの草庵を営む全目的であったとするなら、それは石母田の指摘どおり、共同体の自然的成員としての一個人が持ち得る自然観が個人と自然との無媒介な統一を基調としていたことに起因するものであろう。平安京が真の意味で農村から自立するのではなく、農村の副受胎的産物として造営されたという特性を持つが故に、[203] 都市に対立するところの自然を空間的にも景観的にも人間に認識させる余地は生まれ得なかったのである。したがって、この時期に住宅・伽藍の両者において大きく意識されはじめた「眺望」という行為は、個人をとりまく自然を景観として把握させることに寄与したが、しかしそれは宗教的解釈を媒介とするものであり、都市に対立し、都市ではない自然を空間的・景観的総体として認識させることはなかった。住宅・伽藍を問わず、眺望景観はあくまで人事の背景的効果や心情を刺激する素材として機能したのであり、この特性こそがこの時代の限界でもあった。

5 小結

本節で明らかにし得たことをまとめると、以下のようになる。

1 浄土庭園は藤原道長の法成寺によって伽藍として確立された。法成寺では、浄土空間を三次元的に表現する伽藍の一装置として園池を位置づけることに成功し、園池のデザインにも従来の住宅庭園を基本としつつも浄土を荘厳するための人工的景物が多く導入された。しかし伽藍で行われる法会では、やはり従来の形式を踏襲していたため、浄土を内部空間として実体化した仏堂に対する礼拝と、これを外部空間として実体化した庭園で行われる庭儀とは一八〇度逆の方向に展開し、両者を同一方向に展開するひとつの景観として統合するまでには至らなかった。また法成寺は平安京域に接して位置していたために、仏堂と園池、そして周辺の自然景観をも含めた広域にわたる空間を浄土と意識することも起こり得なかった。

2　続く法勝寺では「国王の氏寺」という性格上、奈良式の復古的伽藍構成が復活したが、伽藍の南面に法成寺に倣って園池を併設した点が新機軸となった。しかし、法成寺に比較して洛東でも東山に近接するという立地の故に、阿弥陀堂と園池、そして東山との視覚的結合が一層容易となった。

3　さらに平等院では、自然環境に恵まれた別業を喜捨して伽藍としたという造営経緯も手伝って、中心伽藍と周辺の自然環境とを一体的な浄土空間として捉えることを可能とした。視点を仏堂に対面する位置に設定することによって、同一方向に展開する視界の中に仏堂と園池の正面景観を同時的に把握する構成手法を生み出し、法成寺や法勝寺に比較してさらに両者は密接な関係に高められた。しかし、平等院は当初から別業として出発しており、純粋に浄土伽藍のための立地条件を兼ね備えてはいなかった。したがって、西方を意識して建てられた阿弥陀堂の西への延長線上に浄土を象徴する自然の山を背景として設定し、仏堂・園池・自然の山の三者関係を視覚的に関連あるものとして位置づけることが不可能であった。

4　宇治平等院の構成手法を踏襲しつつも、上記の限界を克服したのが平泉無量光院である。園池中島に視点となる舞殿ないしは拝所を設定し、対面する園池西岸に仏堂を、さらに寺域の西方の金鶏山を背景に位置づける手法が確立した。無量光院の伽藍が極楽浄土の現出を目的に造営されたのに対し、背後の金鶏山は経塚であるために弥勒浄土として認識され、両者を視点の固定化によって視覚的に結合したのである。ここでは、宇治平等院のように伽藍の位置する周辺環境全体を漠然とした浄土と見なす意識よりも、さらに特定の山を浄土として意識する思想にまで発展した形態を認めることができる。

以上の発展過程におけるそれぞれのタイプを模式化して図示すれば、図206のようになる。これらの四つの事例は、極楽浄土信仰の波及に伴って全国各地に出現した数々の浄土伽藍の中でも典型として位置づけられる。そして上記の1～4の発展を促進させたいくつかの重要な要因と全国各地に波及した類例の多様化の原因とは、第4項において指摘したとおり、山を浄土と捉える「山中浄土思想」の影響や、極楽浄土信仰の優勢とともに「西」という方角概念の定着化とその変容などを挙げることができる。その中でも、本節の主題ともなる浄土庭園をとりまく環境構成に関してとりわけ重要な点は、極楽浄土信仰の儀礼が次第に自らの出離得脱を得るための行業から教化を目的とする観るための行業へと変化することに伴って、浄土伽藍の立地条件が伽藍内部だけではなく周辺の自然環境をも含めて視覚的効果を重視する方向へと向かったことである。また同時代の郊外の別業では、「眺望」を確保するための「地形」が選地のための条件として大きくクローズアップされてきた事実も見逃すことができない。これらの事実は、浄土を象徴する自然の「山」と浄土を人工的に構築した伽藍とを視覚的に結合するための条件を整える下地が形成されつつあったことを示すものである。郊外に浄土庭園が数多く造営され、両景観の視覚的結合が促進されていく過程では、人工的な庭園景観に対応する自然の景観に対する意識を必然的に高める結果となったものと思われる。

しかしながら、一方ではこうした浄土庭園における庭園景観と自然景観との視覚的結合は、普遍的でしかも不変的な山を対象としないという点で、限界を持っている。本節2・3で見たごとく、多くの事例では視覚的結合の対象に山容の美しい独立峰や経塚の存在する山などが選択され、浄土経にまつわる命名がなされたりもした。そこに見る自然の山に対する姿勢は、後代の日本庭園のように両者間の視覚的対比を純粋な鑑賞目的とする姿勢とは明らかに異質のものである。浄土庭園における自然景観に対する意識は浄土経の経理解釈を介してなされるものであり、庭園景観と自然景観との視覚的結合もあくまで浄土経の範疇において意識されるものだからである。信仰という宗教的契機を

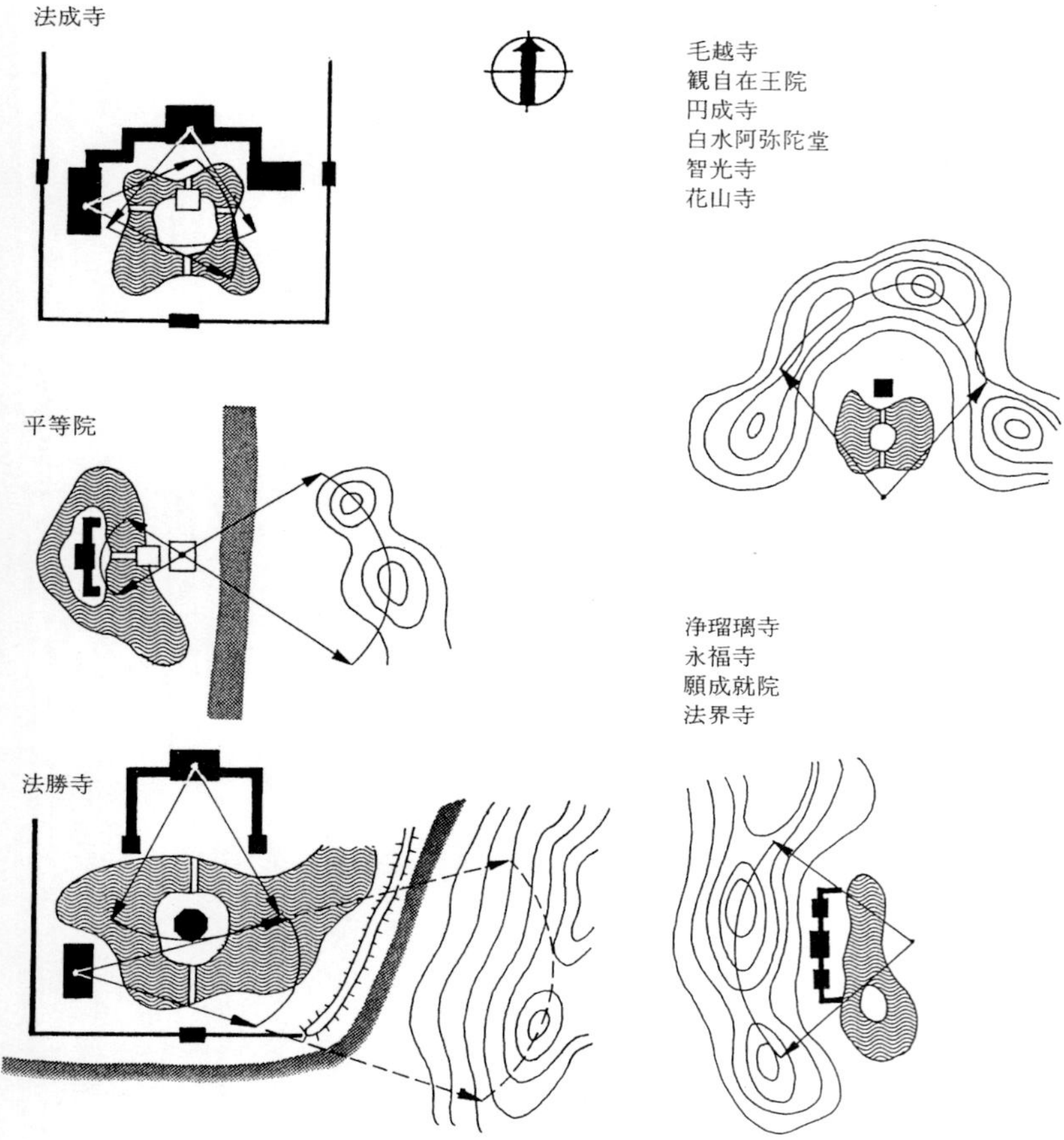

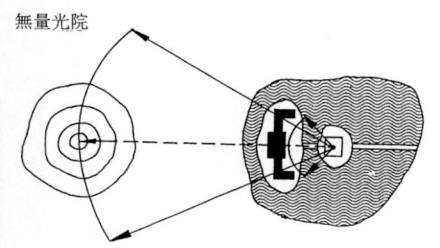

図206　浄土庭園の発展類型模式図

媒介として自然景観に対する意識は前進するとともに、また大きな限界もそこに横たわっていたわけである。

注

（1）村岡正「称名寺庭園の庭園史上の位置付け」『昭和五十三～六十二年度称名寺庭園苑池保存整備報告書』横浜市教育委員会、一九八八。

（2）村岡正「浄土教絵画と庭園」『浄土教美術の展開』（『仏教美術研究上野記念財団助成研究報告書』第一冊）、仏教美術研究上野記念財団助成研究会、一九七四。

（3）『阿娑縛抄』（『二百請寺略記』上）「法成寺者、在近衛北、京極東、入道大相国御建立」。

（4）『中古京師内外地図』「大日本史料」二―一八、東京帝国大学、一九七〇。

（5）杉山信三「法成寺について」『院家建築の研究』吉川弘文館、一九八一。

（6）鶴飼峯生「法成寺抄」『史迹と美術』二二七、一九五二。

（7）福山敏男「古代の寺院」『新訂建築学大系』四―一、彰国社、一九七五。

（8）清水擴「法成寺の伽藍とその性格」『日本建築学会計画系論文報告集』三六三、一九八六。

（9）『地図にみる京都の歴史』京都の歴史編さん会、一九七六。

（10）注（9）文献には園池改作に関して明記しないが、一九九二年に出版された『平安時代仏教建築史の研究』（中央公論美術出版）第四章「浄土教寺院の伽藍構成とその系譜」において、清水は金堂計画以降に池が順次拡大されたとの見解をとる。

（11）校刊美術史料所収『治安二年七月法成寺金堂供養記』の中の『不知記』に「庭池之南構舞台、通中洲、……中洲東西立七丈幄二宇……」などとある。

（12）『栄花物語』（第一七「おむがく」）の冒頭には「御堂供養、治安二年七月十四日と定めさせ給へれば、よろづを静心なく夜を昼におぼし営ませ給ふ。池掘る翁の、あやしき影の写るを見て、曇なき鏡と磨く池の面に写れる影の恥しきかな　といふをきゝて、頭白き老法師、かくばかりさやけく照れる夏の日にわが頂の雪ぞ消えせぬ　といふも、物を思ひ知るにやと、あはれなり」とあって金堂供養当日に園池掘削の人夫が出入りしていたことを推知し得るから、阿弥陀堂完成後に全く園池の改変がなかったとは断定できない。

（13）『栄花物語』（第一五「うたがひ」）に「年頃の御本意、たゞ出家せさせ給て、この京極どの、東に御堂建てゝ、そこにおはしまさんとのみおぼさるゝに、……」や「この御悩は、寛仁三年三月十七日より悩ませ給て、同廿一日に出家せさせ給へれば、……今はたゞいつしかこの東に御堂建てゝ、さゝしう住むわざせん。となん造るべき、かうなん建つべきといふ御心企いみじ」と記す。

（14）『権記』長保四年（一〇〇二）三月一日条には「於新堂安置釈迦普賢文殊弥陀観音勢至像」と長和五年（一〇一六）七月二十一日の焼失以前の堂の安置仏を明記する。

（15）焼失から再建後の土御門殿へ初めて移徙のあった寛仁二年（一〇一八）六月二十七日までは、およそ二年ほどしかない。ただし再建後の堂の安置仏は不明。

（16）『左経記』寛仁四年（一〇二〇）三月二十二日条には「廿二日癸酉、天晴、御堂会、准御斎会、皇太后宮、中宮、以寅剋自土御門院遷御々堂、……乗輿入御之間有船楽、……有内東宮三后幷諸家等御誦経、次有舞人事、入夜御念仏、……」とある。また『小右記抄』（「校刊美術史料」所収）には「召舞人、入道殿、関白、左右大臣已下居簀子、入道親王　故三条院四宮　被招出自西庇簾中、交着此座、入道殿幷入道親王、僧正、法印、関白、左右大臣及卿相殿上人地下者、悉脱衣終、大唐高麗舞人等、毎舞有此事……」とある。

（17）『左経記』寛仁四年（一〇二〇）七月二十二日条「廿二日、辛未……入道殿於無量寿院、請百僧、立百高座」。

（18）『権記』治安二年（一〇二二）七月十五日条「経阿弥陀堂西入南中門、先礼阿弥陀堂、次金堂、次五大堂、次三昧堂、次十斎堂、次経蔵（鐘）楼、又登上層□□□相次日漸傾還御、更御常行堂、上御堂也、御□阿弥陀堂東渡殿下給、諸卿退候阿弥陀堂禅下出給、……」（「校刊美術史料」〔『諸寺供養類記』〕所収）。

（19）『栄花物語』（第一七「おむがく」）「入らせ給て、西の中門の北の廊の南の階に、御輿寄せて下りさせ給。関白殿の御桟敷の前を渡らせ給て、阿弥陀堂の簀子よりおはしまして、東の渡殿に御座の所よそひておはします。次の廊に、東宮の御やすまくせさせ給へり」。

（20）『不知記』（『治安二年七月法成寺金堂供養記』に所載。「校刊美術史料」所収）。「皇帝御鳳輿、……到御於寺西門之間、暫留御輿於中門外、左右乱声、……留御輿於中門、楽船進出奏音楽、諸司敷莚道、宸儀下御輿、昇御従中門北廊東簀子敷、経阿弥陀堂同簀子敷、御金堂西廊、於阿弥陀堂中心之間御拝二度、此間前太相国被被渡東庭」。

(21) 「日本古典文学大系」七六『栄花物語』(六六ページ頭註) の校訂者は、阿弥陀堂東渡殿と金堂西廊とを同一のものと解釈する。
(22) 『不知記』「金堂……前庭立高座二脚、東咒願、西導師、中央立礼盤二脚」。
(23) 『春記』永承五年 (一〇五〇) 三月十五日条「東西有廊、更南折、其東西有経蔵鐘楼、経蔵東西、東西掖廊及自馬道以北廊各為女房住所」。
(24) 『小右記』万寿二年 (一〇二五) 三月十八日条「又云、廿九 (七) 日九体阿彌陀仏欲奉移新造西堂云々」。同記十月二十四日条「明旦法成寺阿彌陀堂九体阿彌陀仏奉移新造西堂、本堂可移立両 (西カ) 大門南腋之 (云々カ)」。同記十月二十五日条「両宰相来云、巳時奉遷九体阿彌陀仏于北当 (西堂カ)、午時可壊本堂者」。
(25) 『不知記』「導師延暦寺座主権僧正院源、咒願興福寺別当大僧都林懐、各乗腰輿入南門、到舞台両角標下、……但下輿経舞台着礼盤礼仏」。
(26) 『不知記』「庭位 (池カ) 之南構舞台、通中洲、其上北端立花机二前、中洲東西立七丈幄二宇、為左右楽所、池四辺立竜頭懸□ (糸カ) 幡、……五大堂西南廂為東僧座、阿彌陀堂東廂為西僧座、池面大門以東立幄、為積誦経物之所、南大門東西立幄、為衆僧集会之所」。
(27) 『不知記』「皇帝御鳳輿、……留御輿於中門、楽船進出奏音楽」。注(20)参照。
(28) 山岸常人『中世寺院社会と仏堂』塙書房、一九九〇。
(29) 『小右記』万寿二年 (一〇二五) 九月二十一日条には「今日故尚侍七々法事、於法成寺阿彌陀堂修之、未時許詣、両宰相経通、資平、相従、上達部在饗座、余着、其後一献、居汁物、下箸、二献了着堂前座……」とあって、藤原嬉子の七々日法要における「堂前座」は阿弥陀堂の東前庭であったことがわかる。この場合法要は阿弥陀堂で行われているから「座」からの視線は常に阿弥陀堂に向かうことになり、薬師堂に向かう視線が阿弥陀堂東端に設定されていたことの証左にはならない。もっとも諸記録に見える記事の多くは法会に関するもので、その法会は会場となる堂宇を中心に挙行されるのが常であるから、相対する堂宇からの二方向への視線の展開を、こうした法会の記事からのみ証明することは困難である。
(30) 『栄花物語』(第一七「おむがく」)「庭の砂は水精のやうにきらめきて、池の水清く澄みて、色いろの蓮の花並み生ひたり。その上に皆仏顕れ給へり。……池の廻に植木あり。枝ごとに皆羅網かゝれり。はなびら柔かにして、風なけれども動く。緑真珠の葉は瑠璃の色にして、頗梨珠の撓やかなる枝は、池の底に見えたり。柔かなる花ぶさ傾きて落ちぬべし。緑真珠の葉は、盛なるに夏の緑の松の如し。真金葉は、深き秋の紅葉の如し。虎魄葉（は）、仲秋黄葉の如し。白瑠璃の葉は、冬の庭の雪を帯びたるが如し。……風植木を吹けば、池の波、金玉の岸を洗ふ。七宝の橋は、金玉の池に横たはれり。雑宝の船、植木の蔭に遊び、孔雀、鸚鵡、中の洲に遊ぶ」。

『栄花物語』（第一九「御裳ぎ」）「四月十日の程に（は）、御堂に万燈会せさせ給はんとおぼしめして、……いみじう払ひみがゝせ給へる池の廻には、宝樹どもを廻りて立て並めさせ給へり。七宝をもて皆造りたり。それに皆銀、黄金の網をかけて、火をともしたり。車輪燈には車の形を造り、水車も形を造り、羅網燈とては、或は村濃の組色いろにして結び渡し、孔雀、鸚鵡、伽陵頻などの形を造りてともしたり。池には色いろの蓮を造りてそれが上に燈し、又各仏現れ給、その光にともしなし、又鴛鴦や鴨や水鳥やなどの事どもをしたり。又宝幢の形、衣笠、華鬘（など）の形にともしたり」。

(31)『栄花物語』（第一八「たまのうてな」）「この御堂の御前の池の方には、高欄高くして、その下に薔薇・牡丹・唐瞿麦・紅蓮花の花を植えさせ給へり」。

(32)『今鏡』（「ふしみの雪の朝」）「白河の院。いちのをもしろき所はいづこかはある。ととはせたまひければ。一にはいしだこそ侍れ。次にはとおほせられければ。高陽院ぞさぶらふらんと申に。第三にはとばありなんやとおほせられければ。鳥羽殿は君のかくしなさせ給たればこそ侍れ。地形眺望などいとなき所なり。第三には俊綱がふしみなどやさぶらふらんとぞ申されける。こと人ならばいと申にくきことなりかし。高陽院にはあらで平等院と申人もあり」。

(33)『栄花物語』（第一五「うたがひ」）「池を掘るとて四五百人下りたち、又山を畳むとて五六百人登りたち……」。

(34)『栄花物語』（第一七「おむがく」）「この御堂を御覧ずれば、七宝所成の宮殿なり。宝楼の真珠の瓦青く葺き、瑠璃の壁白く塗り、瓦光りて空の影見え、大象のつめいし、紫金銀の棟、金色の扉、水精の基、種々の雑宝をもて荘厳し厳飾せり。……柱には菩薩の願成就のかたを書き、上を見れば、諸天雲に乗りて遊戯し、下を見れば、紺瑠璃を地に敷けり」。

(35)『扶桑略記』永承七年（一〇五二）三月二十八日条「左大臣捨宇治別業為寺。安置仏像。初修法華三昧。号平等院」。

(36) 清水擴「平等院伽藍の構成と性格」『平等院大観』一九八八。太田博太郎「平等院鳳凰堂と藤原頼通」『平等院大観』一九八八。福山敏男「平等院の歴史」『平等院大観』一九八八。福山敏男「宇治平等院の小御所について」『考古学雑誌』三四―七、一九四四。福山敏男「宇治平等院境内古図に就いて」『史迹と美術』一六二、一九四四。村田治郎「鳳凰堂建築の研究

史」『仏教芸術』三一、毎日新聞社、一九五七。森蘊「京都・奈良近郊の浄土型式伽藍前池（a平等院庭園遺跡）」『寝殿造系庭園の立地的考察』（『奈良国立文化財研究所学報』第一三冊）、一九六二など。
(37) 太田静六「平等院鳳凰堂の源流」『寝殿造の研究』吉川弘文館、一九八七。
(38) 『駒競行幸絵巻』（静嘉堂本『日本絵巻物全集』一七、角川書店、一九六五）。万寿元年（一〇二四）九月十九日に高陽院で行われた競馬の模様を描く。詳細は『小右記』や『栄花物語』（第二三「こまくらべの行幸」）からうかがえる。
(39) 『為房卿記』寛治元年（一〇八七）五月二十日条「巳刻上皇、自泉殿渡御平等院、……次渡御東御所、可供腋御膳之由……」（『大日本史料』三―一）。
(40) 『扶桑略記』治暦三年（一〇六七）十月五日条「入御之後。即駕腰輿。奉礼阿弥陀堂。池上架錦繍仮屋。……」。
(41) 『中右記』元永元年（一一一八）閏九月二十二日条「廿一日、……戊剋許、太后従泉殿渡御小御所……又殿下姫君同渡小御所給、……廿二日、天晴、今日太后於宇治阿弥陀堂有十種供養、……東小御所為太后幷前斎院姫君御所」。
(42) 『中右記』長承元年（一一三二）九月二十四日条。『長秋記』長承三年（一一三四）五月十三日条など。
(43) 『中右記』元永元年（一一一八）閏九月二十二日条「……前池作蓮花水鳥樹林洲鶴砂鴿作立之、或桜花、或紅葉、水中岸上已無其隙」。
(44) 『平等院阿弥陀堂中島発掘調査報告』宗教法人平等院、一九九一。
(45) 『兵範記』仁平三年（一一五三）二月二十七日条「其道添池辺、経阿弥陀堂北廊北、自山路経円堂南五大堂後、依不可経堂前、不令直行給也、……」。
(46) 『都名所図会』（第Ⅱ章第三節、図11参照）。『平等院境内古図』（最勝院蔵、注(44)文献所載）。
(47) 『扶桑略記』康平四年（一〇六一）十月二十五日条「供養宇治平等院之塔。皇后（寛子）宮職造立件多宝塔一基。奉安置金色摩訶毘盧遮那如来像一体。阿閦如来像一体。宝生如来像一体。無量寿如来像一体。不空成就如来像一体。（以下、本論文中の引用文と同文）」。
(48) 『長秋記』保延元年（一一三五）六月一日条「良久乗御船渡御、顕頼卿、家成朝臣、忠隆朝臣候御船、下自御船、廻覧」。『兵範記』保元三年（一一五八）十月十七日条「釣殿前、自石橋下、経小嶋上、臨河畔、新構篊台、為船寄、重々畳階、左右造高欄、……上皇御船寄此岸之間、殿下令下釣殿南頭給、上皇移釣台御座本堂仏前……」。『玉葉』文治三年（一一八七）

八月二十一日条「到宇治川東岸税駕、……下車乗船、……寄船於釣殿下、自船経釣殿、……」。『玉葉』建久元年（一一九〇）三月二十五日条「……釣殿寄船、先参本堂暫候、……」など。

(49)『承暦元年十二月法勝寺供養記』（『校刊美術史料』所収）「承暦元年十二月十八日甲午、天晴、今日被供養両帝御願法勝寺、……」。

(50) 福山敏男「六勝寺の位置」『日本建築史研究』墨水書房、一九七二。

(51) 清水擴「六勝寺の伽藍と性格」『建築史学』五、一九八五。これ以外に法勝寺に関わる建築関係の論文で筆者が参考としたものは、福山敏男「年中行事絵巻の推定法勝寺大乗会図」『日本建築史研究』墨水書房、一九七二。

(52) 藪田嘉一郎「六勝寺の建立の意義（上・下）」『史迹と美術』二二一～二二二、一九五二。

(53) 林屋辰三郎「法勝寺の創建」『古典文化の創造』東京大学出版会、一九六四。

(54) 平岡定海「六勝寺の成立について」『日本寺院史の研究』吉川弘文館、一九八一。

(55)『愚管抄』「白河ニ法勝寺タテラレテ、国王ノウヂデラニコレヲモテナサレケルヨリ、代々ミナコノ御願ヲツクラレテ、六勝寺トイフ白河ノ御堂、大伽藍ウチツヅキアリケリ」。

(56)『栄花物語』（第三六「根あはせ」）「白河殿には尽きせず昔を恋させ給つゝ行はせ給ておはします。天狗などむつかしき辺りにて、いみじう煩はせ給」。『栄花物語』（第三九「布引の滝」）「白河殿とて宇治殿の年頃領ぜさせ給し所に、故女院もおはしましゝが、天狗ありなどいひし所を、御堂建てさせ給」。

(57)『承暦元年十二月法勝寺供養記』（『校刊美術史料』所収）「東堤上立五間幄二宇、北為兵衛陣、南為右衛門陣」。

(58)『中右記』永久二年（一一一四）四月十四日条「巳時許御出、従北御門方、経大炊御門、渡御泉殿、御覧新堂地形、遠山之体、前池之様、宛如蓬莱歟、乍御車御覧廻、午後還御」。これ以外に東山の眺望を伝えるものとして、『大鏡』（兼家）には法興院に関する次のような記事がある。「この殿、法興院におはしますことをぞ、こころよからぬ所と、人は、うけ申さざりしかど、いみじう興ぜさせたまひて、聞きも入れで、わたらせたまひて、ほどなくうせさせおはしましにき、東山などのいとほど近く見ゆるが、山里とおぼえて、をかしきなりと仰せられける」（ただし、この記事は「九大本系」にのみ記す記事である。『日本古典文学全集　大鏡』〔小学館〕による）。なお法興院の位置については本章の図113、124を参照のこと。

(59)『中右記』嘉保二年（一〇九五）五月十日条「今夜女院令参籠法勝寺円堂給……上皇同渡御法勝寺御所、前大僧正覚円坊也、本為御所、御寺西別処、水石風流地也」。

(60) 中郷敏夫「法勝寺八角九重塔雑攷」『史迹と美術』五一、一九三五。

(61) 『後二条師通記』永保三年(一〇八三)十月一日条「(朱)『九重塔供養』一日、癸酉、天晴、行幸法勝寺如常、御塔供養日也、……」。

(62) 杉山信三「白河御堂」『院家建築の研究』吉川弘文館、一九八一。

(63) 清水擴「白河・鳥羽を中心とした院政期寺院の構成と性格」『平安時代仏教建築史の研究』中央公論美術出版、一九九二。

(64) 八角九重塔の造営は、これを端的に物語るものである。

(65) 『承暦元年十二月法勝寺供養記』(『校刊美術史料』所収)「金堂南階壇下、東西相分敷座、東為上官座、西為殿上人、経蔵西壇下、鐘楼東壇下、各敷座、東式部、西弾正、堂前壇下左右立高座二脚、東咒願、西導師、中央立礼盤二脚、……庭前南構舞台……壇上東西各普立五間絹屋幄二宇、為左右楽屋、東西廻廊為諸僧座、南大門外左右立七間屋、為諸僧集会所、南中嶋立五間幄、為積物之所」。

(66) 『吾妻鏡』文治五年(一一八九)九月十七日条「一　無量光院　号新御堂事。秀衡建立之。其堂内四壁扉。図絵観経大意。加之。秀衡自図絵狩猟之体。本仏者阿弥陀丈六也。三重宝塔。院内荘厳。悉以所摸宇治平等院也」。

(67) 『無量光院』(『埋蔵文化財発掘調査報告』第三)、文化財保護委員会、一九五四。なお福山敏男は中島建物について第五章「建築跡」において詳述する。

(68) 荒木伸介「平泉の庭園遺跡」『仏教芸術』一九二、毎日新聞社、一九九〇。

(69) 注(67)文献の第六章「庭園」の部分。

(70) 菅野成寛「平泉無量光院考」『岩手史学研究』七四、一九九一。なお同論文は一九九二年に『奥州藤原氏と柳之御所跡』(平泉文化研究会編、吉川弘文館、一九九二)にも収録された。

(71) 『平泉志』(高平真藤他著、中尊寺願成就院刊、一八八八)には「金鶏山　高舘の西南に当れり秀衡其象を富士山に擬し高さ数十丈に築き黄金にて鶏の雌雄を作り此山上に埋めて平泉の鎮護とせしなりと又郷説に秀衡漆一万盃に黄金一万を混へて土中に埋蔵し置て子孫に譲り伝ふといへるは蓋し此所なるへしと其時の歌なりとて口碑に伝へ俗間に唱ふ。……山上に古木の杉一樹ありしか今は枯て無し昔時築きたる容ち今も瞭然たり山下の東北に向て熊野社祉金峰山花舘造山あり……」と記す。

(72)蔵田蔵「経塚（一）」『ミュージアム』一四七、東京国立博物館、美術出版社、一九六三。
(73)『元亨釈書』巻三「慧解」（二）「釋円仁。……初天長十年。年四十……結草菴屛居三年。……於是以石墨草筆書妙法華。且修四種三昧。以所書経。蔵小塔置一菴。名如法堂。其菴今之首楞厳院也」。
(74)蔵田蔵「経塚論（二）」『ミュージアム』一四八、東京国立博物館、美術出版社、一九六三。
(75)楢崎彰一「初期中世陶における三筋文の系譜」（第一部　三筋文陶器とその編年）『名古屋大学文学部研究論集』LXXⅣ（『史学』二五）、一九七八。
(76)本中真「平城京左京三条二坊六坪宮跡庭園における眺望景観の復原的考察」『造園雑誌』四四―四、一九八〇。ほか。
(77)清水擴「浄土教寺院の伽藍構成とその系譜」『平安時代仏教建築史の研究』中央公論美術出版、一九九二。
(78)『長秋記』長承三年（一一三四）四月十日条「丼堂中長押上廿五菩薩居像絵献覧……於二階上像、就仏所可被採色也、仰云、可依請、又云、御仏光十二光仏、廿五菩薩可就者、御堂母屋中外、可付供養幷楽天庇飛天歟」。
(79)『長秋記』保延元年（一一三五）六月一日条「一、可葺木瓦事」。
(80)『長秋記』長承三年（一一三四）五月十三日条には「佛座平事、是不可本、於小御所為奉見、為平座也、何可付此儀哉」とあって、宇治平等院視察の際に阿弥陀堂東方の小御所から拝仏し、宇治では小御所からの拝仏のため仏座が低くなっているが、本来こうあるべきではないと議論している。しかし、この議論から最終的に勝光明院の視点を宇治に倣って御堂対岸に求めたのか否かは不明である。
(81)『長秋記』長承三年（一一三四）六月四日条「今日仏壇幷池岸際作石事、引縄計定、相具石作可遣讃岐国之由、仰大工幷庁官等了、乃石寸法注進、予仰庁官云、池石可及五六尺歟、而二尺由注如何、重間石作可量定者」。同書保延元年（一一三五）七月八日条「又可池掘之定令引縄」。同書保延元年（一一三五）七月十三日条「池掘事、諸国可支配」。同書保延二年（一一三六）二月一日条「一、諸国支配池、尾張一国外皆不終其功、重可被加催促候」など。
(82)『長秋記』長承三年（一一三四）四月十九日条「御堂与業事所之間樹木、且可令切」。同書保延元年（一一三五）八月二十二日条「但池際柑子樹、（可カ）掘遷他所者、此後令師中仰云、平等院法印申近江国和貳、比良、草部、大浜、件四箇所、池掘事可裁免之由、可仰国司者」など。
(83)本中真「橘俊綱の名園選考基準（「地形」と「眺望」）について」『造園雑誌』五五―一、一九九一。本書第Ⅱ章第三節参照。

(84)『吾妻鏡』文治五年（一一八九）九月十七日条「一　毛越寺事　堂塔四十余宇。禅房五百余宇也。基衡建立之。先金堂号円隆寺。鏤金銀継紫檀赤木等。尽万宝交衆色。本仏安薬師丈六。同十二神将。……講堂。常行堂。二階惣門。鐘楼。経蔵等在之。……」。

(85) 板橋源「鎌倉時代以前の毛越寺」『平泉／毛越寺と観自在王院の研究』東京大学出版会、一九六一。

(86) 藤島亥次郎編『平泉／毛越寺と観自在王院の研究』東京大学出版会、一九六一。

(87)『昭和五十六年度　特別史跡特別名勝毛越寺庭園発掘調査報告書』平泉町教育委員会、一九八二。

(88)『昭和五十七年度　特別史跡特別名勝毛越寺庭園発掘調査報告書』（第四次）、平泉町教育委員会、一九八三。

(89)『特別史跡特別名勝毛越寺庭園発掘調査報告書』（第五次）、平泉町教育委員会、一九八四。『特別史跡特別名勝毛越寺庭園発掘調査報告書』（第六次）、平泉町教育委員会、一九八五。『特別史跡特別名勝毛越寺庭園発掘調査報告書』（第九次）、平泉町教育委員会、一九八七。

(90)『特別史跡観自在王院跡整備報告書』平泉町、一九七九。

(91)『史跡白水阿弥陀堂境域保存管理計画書』福島県いわき市教育委員会、一九八九。

(92)『国宝白水阿弥陀堂修理工事報告書』国宝白水阿弥陀堂修理工事事務所、一九五六。

(93)『重要文化財円成寺本堂・楼門修理工事報告書』奈良県教育委員会、一九六一。

(94) 工藤圭章「円成寺の歴史」『大和古寺大観』第四巻、岩波書店、一九七七。

(95)『名勝円成寺庭園環境整備事業報告書』円成寺、一九七七。

(96) 森蘊「浄瑠璃寺の建築と庭園」『建築史』建築史研究会、六―三、一九四四。

(97) 黒田昇義「浄瑠璃寺本堂に関する疑」『史跡と美術』一四一、一九四二。

(98)『国宝浄瑠璃寺本堂・三重塔修理工事報告書』京都府教育委員会、一九六七。

(99)『名勝浄瑠璃寺庭園環境整備事業報告書』浄瑠璃寺、一九七七。

(100) 赤星直忠「永福寺蹟の研究」『神奈川県史蹟名勝天然記念物調査報告書』六、一九三八。

(101)『史跡永福寺跡』（『国指定史跡永福寺跡環境整備事業に係る試掘調査報告書』〔昭和五十七年度〕）鎌倉市教育委員会、一九八二。

(102)『史跡永福寺跡』（昭和五十七～五十九年度）、鎌倉市教育委員会、一九八三～一九八五。

(103)『吾妻鏡』文治五年（一一八九）十二月九日条「今日永福寺事始也。於奥州。令覧泰衡管領之精舎。被企当寺花搆之懇府。……抑彼梵閣寺。並宇之中。有二階大堂。号大長寿院。専依被摸之。別号二階堂歟」。

(104)『吾妻鏡』建久二年（一一九一）二月十五日条「及晩幕下歴覧大倉山辺給。為建立精舎。得其霊地給之故也。是去々年征奥州給之時。合戦無為之後。鎌倉中可草創伽藍之由。有御立願。而彼年暮訖。……」。

(105)『吾妻鏡』建久三年（一一九二）十月二十九日条「永福寺扉并仏後壁画図終功。修理少進季長画之。是被摸秀衡建立円隆寺。至于画図。一事已上如彼云々」。

(106)『吾妻鏡』建久三年（一一九二）十一月二十日条「永福寺営作已終其功雲軒月殿。絶妙無比類。誠是西土九品荘厳。遷東関二階梵宇者歟。今日御台所有御参云々」。

(107)『吾妻鏡』建久四年（一一九三）十一月二十七日条「永福寺薬師堂供養也。将軍家渡御寺内。於南門外整行列。……」。

(108)『海道記』「群書類従」第一八輯（巻三三〇）「……南の山の麓に行て大御堂新御堂を拝すれば。仏像鳥瑟のひかり瓔珞眼にかゞやき。月殿画梁のよそほひは金銀色をあらそふ。次にひがしの山のすそに臨て二階堂を礼す。是は余堂の踔躒して感歎をよびがたし。第一第二の重檐には。玉のかはら鴛の翅をとばし。両目両足のならび給へし台は。金の盤鶴燈をかゝげたり。……見れば又山に曲木あり。庭に怪石あり。地形のすぐれたる仏室と言つべし。三壺雲に浮べり七万里の浪池辺によせ。五城霞に峙り十二楼の風階の上にふく。誤て半日の客たりうたがふらくは七世の孫に逢ん事を。夕にをよんで西に帰りぬ。鶴岡にとて鳩宮にまいらず。……」。

(109)『鎌倉市二階堂国指定史跡永福寺跡』（『国指定史跡永福寺跡環境整備事業に係る発掘調査概要報告書』（平成五年度））鎌倉市教育委員会、一九九四。平成二、五年度に実施された発掘調査の結果、二階堂正面の園池には、二階堂と中軸線をそろえて東西方向の橋が架けられていたことが判明した。上記の報文によると、中軸線上における園池汀線と橋の遺構には、Ⅰ期（創建期〔一一八九～一一九四〕～一二四〇年代）からⅡ-1期（一二四〇年代）、Ⅱ-2期（一二四〇年代～一二八〇年代）を経てⅢ期（十三世紀末以降）に至る計四時期の遺構変遷がたどれるという。当初、中軸線上における園池の幅は三五メートルあったが、時期の経過とともに東西から盛土され、Ⅲ期には約二〇メートルにまで狭められている。これに伴って橋にも変遷が認められ、Ⅱ期からⅢ期への変遷では幅が四・八五メートル（一六尺）と一定であるのに対し、特にⅡ-1期からⅡ-2期への移行過程では、長さが八間（一六・四七三メートル）から六間（一一・八九六メートル）へと縮小されている。また、Ⅱ-1期には汀線に貝砂をまくが、Ⅱ-2期には五〜六センチ大の砂利敷を主体として景石を多用するなど、独特な汀線意匠の変化にも注目すべきものがある。貝砂を用いた汀線意匠は他に類例がなく、あるいは浄土庭園ゆえに採られた特別な意匠かも知れない。

(110) 馬渕和雄「鎌倉永福寺とその苑池」『仏教芸術』一六四、毎日新聞社、一九八六。

(111) 『吾妻鏡』文治五年（一一八九）六月六日条「為北条殿御願。為祈奥州征伐事。伊豆国北条内。被企伽藍営作。今日択吉曜。有事始。立柱上棟。則同被遂供養。名而号願成就院。本尊者阿弥陀三尊。幷不動多聞形像等也。是兼日造立之尊容云々。北条殿直被下向其所。殊加周備之荘厳。令致鄭重之沙汰給。当所者。田方郡内也。所謂南条。北条。上条。中条。各並境。……」。

(112) 『吾妻鏡』承元元年（一二〇七）十一月十九日条「為遠州禅門御願。伊豆国願成就院南傍。被建立塔婆。今日被遂供養。本仏者大日五仏等尊容云々」。

(113) 『吾妻鏡』建保三年（一二一五）十二月十六日条「又今日。伊豆国願成就院南新御堂被遂供養。本仏阿弥陀三尊。幷四天王像云々。是為相州御願。此間所被新造也」。

(114) 『吾妻鏡』寛喜二年（一二三〇）十月十六日条「武州御願北条御堂上棟也。左近入道々然。斎藤兵衛入道浄円為奉行」。

(115) 『吾妻鏡』嘉禎二年（一二三六）六月五日条「武州於北条修右京兆十三年追善給。正日雖為来十三日。故被引上之。此間。願成就院北傍。建立塔婆。本尊則大日釈迦弥陀等尊像也。行曼荼羅供。彼遂供養儀。……駿河伊豆両国以下御家人群参作善。……」。

(116) 森蘊「願成就院庭園遺跡の調査」『奈良国立文化財研究所年報一九六〇』奈良国立文化財研究所、一九六一。

(117) 森蘊「願成就院庭園遺跡」『寝殿造系庭園の立地的考察』（『奈良国立文化財研究所学報』第一三冊）、奈良国立文化財研究所、一九六二。

(118) 『伊豆韮山願成就院発掘調査概報』（鎌倉時代初期寺院址の調査）、韮山町教育委員会、一九七一。

(119) 『国指定史跡願成就院跡第四次発掘調査概報』韮山町文化財調査報告一六、韮山町教育委員会、一九八二。

(120) 吉永義信「称名寺庭園」『史蹟名勝天然記念物』一三―九、一九三八。

(121) 柴田常恵「称名寺の前庭」『庭園と風景』一三―二、一九三一。
(122) 森蘊「称名寺の建築と庭園」『建築史』六―四、建築史研究会、一九四四。
(123) 前田元重「金沢北条氏と称名寺について」『昭和五十三～六十二年度称名寺庭園苑池保存整備報告書』横浜市教育委員会、一九八八。
(124) 金沢文庫古文書二五一号「金沢貞顕書状」。
(125) 「法界寺跡第二次発掘調査」『昭和六十年度埋蔵文化財発掘調査概報』（『足利市埋蔵文化財調査報告』第一四集）、足利市遺跡調査団・足利市教育委員会、一九八六。
(126) 「法界寺跡第三次発掘調査」『昭和六十一年度埋蔵文化財発掘調査概報』（『足利市埋蔵文化財調査報告』第一五集）、足利市遺跡調査団・足利市教育委員会、一九八七。
(127) 「法界寺跡第七次発掘調査」『平成二年度埋蔵文化財発掘調査概報』（『足利市埋蔵文化財調査報告』第二三集）、足利市遺跡調査団・足利市教育委員会、一九九一。『法界寺跡発掘調査基本計画書』足利市教育委員会、一九九二。
(128) 前沢輝政『足利智光寺址の研究』綜芸舎、一九六七。
(129) 関野貞『日本の建築と芸術』岩波書店、一九四〇。
(130) 「智光寺跡第二次発掘調査」『平成二年度埋蔵文化財発掘調査概報』（『足利市埋蔵文化財調査報告』第二三集）、足利市遺跡調査団・足利市教育委員会、一九九一。
(131) 『花山寺跡』（『花山村文化財調査報告書』第一集）、花山村教育委員会、一九七九。
(132) 福山敏男「大和法華寺」『日本建築史の研究』綜芸舎、一九四三。
(133) 井上光貞『日本浄土教成立史の研究』山川出版社、一九五六。
(134) 太田博太郎「法華寺の歴史」『大和古寺大観』第五巻　法華寺、岩波書店、一九七八。
(135) 福山敏男「奈良時代における法華寺の造営」『日本建築史の研究』綜芸舎、一九四三。
(136) 藤谷俊雄「大和法華寺の沿革」『国分寺の研究』京都考古学研究会、一九三八。
(137) 『昭和四十七年度平城宮跡発掘調査概報』（二）奈良国立文化財研究所、一九七三。
(138) 吉田恵二「阿弥陀浄土院跡（第八〇次）」『奈良国立文化財研究所年報　一九七三』奈良国立文化財研究所、一九七三。

(139) 中村元編『仏教語大辞典』上巻、東京書籍、一九七五。

(140) 堀一郎「万葉集にあらはれた葬制と他界観・霊魂観について」『万葉集大成』八　民俗篇、平凡社、一九五三。堀による と墳墓を築造するという行為は高みを築いて霊魂が天上に登ることを求める死者昇天・入山の思想の証であるという。『万葉集』に現われる「山」のうち、「山丘に隠れる」「山隠る」など、山によって故人を偲ぶ例は約半数を占めるという。それらの多くは大和近傍に存在する山容の美しい独立峰が多く、急峻な山は皆無である。すなわちその対象には自らの生活に密着した山が選ばれ、死者の霊魂が高所につくという発想のもとに捉えられたのである。しかし、それらはいずれも雲霧に乗り白雲をたなびきつつ「山」や「黄泉」など、はるかな漠然とした領域に到達することを謡っている点で、死後世界に対する意識は浄土のように確固たる楽土をイメージするまでには至らなかった。

(141) 大野達之助『上代の浄土教』「日本歴史叢書」一八、吉川弘文館、一九七二。

(142) 橋本凝胤「天寿国曼陀羅攷」『夢殿』第四冊、鵤故郷舎、一九三一。

(143) 例えば天平勝宝二年（七五〇）の『維摩詰経跋』には「今西方浄土、涅万行之国土……」とあることによって知れる。前掲井上論文参照。

(144) 『扶桑略記』天平宝字五年（七六一）二月条には「大師従一位藤原恵美押勝奉為光明皇后興福寺内造一堂宇。安置観音□像。繡補陀落山浄土変而安西辺。繡阿弥陀浄土変而安東辺。件堂。山階寺東院也」とある。

(145) 『作庭記』（林家辰三郎校訂、「日本思想大系」二三　古代中世芸術論、岩波書店、一九七三）には「又池ならびにやり水の尻ハ、未申の方へいだすべし。青竜の水を白虎の方へ、出すべきゆへなり。……東より南へむかへて西へながすを順流とす。西より東へながすを逆流とす。しかれバ東より西へながす、常事也。又東方よりいだして、舎屋のしたをとおして、未申方へ出す、最吉也。青竜の水をもちて、もろもろの悪気を白虎のみちへあらいだすゆへなり。その家のあるじ疫気悪瘡のやまひなくして身心安楽寿命長遠なるべしといへり。四神相応の地をえらぶ時、左より水ながれたるを、青竜の地とす。かるがゆへに遣水をも殿舎もしハ寝殿の東より出て、南へむかへて西へながすべき也。北より出ても、東へまわして南西へながすべき也。経云、遣水のたわめる内ヲ竜の腹とす、居住をそのハらにあつる、吉也。背にあつる、凶也。……」と記す。

(146) 角田文衛「慶滋保胤の池亭」『王朝の映像』、東京堂出版、一九六〇。

(147) 増田繁夫「慶滋保胤伝攷」『国語国文』三三―六（通巻三五八）、一九六四。

(148) 小原仁『文人貴族の系譜』「中世史研究選書」吉川弘文館、一九八七。

(149) 速水侑『浄土信仰論』「古代史選書」三、雄山閣出版、一九七八。

(150) 『池亭記』『正続本朝文粋』国書刊行会、前野書店、一九四四。

(151) 『本朝文粋』（『正続本朝文粋』国書刊行会、一九四四）巻一〇には「法会……五言。暮秋勧学会於禅林寺。聴講法華経。同賦聚沙為仏塔。　慶保胤……方今令一切衆生。入諸仏知見。莫先於法華経。故起心合掌。講其句偈。滅無量罪障。生極楽世界。莫勝於弥陀仏。故開口揚声。唱其名号。凡知此会者。謂為見仏聞法之張本。軽此会者。恐為風月詩酒之楽遊」とあって、ややもすれば趣味的なサロンに傾斜しがちであった勧学会の体質がうかがえる。

(152) 『本朝文粋』巻一三「勧学会所　欲被故人党結同心合力。建立堂舎状　慶保胤　堂一宇　一間四面可有礼堂　廊二宇　各七間僧俗房　屋一宇　七間炊爨所」。

(153) 『本朝文粋』巻一三「緇素帰心。内外勧学。善哉此会。未曾有之。但有会名無会処。毎至期日。借求諸寺」とあって会所設立の主旨を示す。禅林寺、法興院の他、同巻一二には多く勧林寺、月林寺を会場としたことを記すが、会所設立に対する強い意志は「件寺有触穢故障者。及会日以営求佗処、是仏事之耻。緇素之所歎也」という記述からもうかがえる。

(154) 『類聚三代格』巻第一九（『新訂増補国史大系』二五）。「太政官符　禁断京職畿内諸国私作伽藍事……定額諸寺。其数有限。私自営作。先既立制。……延暦二年六月十日」。

(155) 『池亭記』「東京四条以北。乾艮二方。人人無貴賤。多所群聚也。高家比門連堂。少屋隔壁接簷。……」。

(156) 川勝政太郎「四天王寺西門と鳥居」（一）・（二）『史迹と美術』一四二、一九四三。前掲井上論文にも詳しい記述がある。

(157) 三善為康の『拾遺往生伝』（巻上幷序）（『大日本仏教全書』潮書房版）には、康和元年（一〇九九）九月十三日に為康本人が「参天王寺修念仏行。経九箇日満百万遍」したことを記す。同記事は『本朝新修往生伝』にもみられる。

(158) 『拾遺往生伝』巻下。金峯山の永快が治暦年間に「沙門永快者。……彼岸中詣天王寺。一心念仏満百万遍。……向西而行。臨海而滅」とある。これは海中に滅した記録であるが、自ら焼身に及んだ僧もあり、同書（巻中）には「有上人失其名。康平年中。於阿弥陀峯下。焼身入滅。貴賤男女結縁攀躋之徒」とある。

(159) 川原由雄「浄土図」『日本の美術』二七二、至文堂、一九八九。

(160) 元興寺文化財研究所編『日本浄土曼陀羅の研究』中央公論美術出版、一九八七。

(161) 浜田隆「来迎図」『日本の美術』二七三、至文堂、一九八九。

(162) 『続日本紀』天平宝字四年（七六〇）「設皇太后七々斎於東大寺并京師諸小寺。其天下諸国。毎国奉造阿弥陀浄土画像」。

(163) 『日本書紀』巻第二三。舒明十二年（六四〇）五月「大設斎。因以請恵隠僧令説無量寿経」。

(164) 前掲井上論文参照。

(165) 中村元『大乗仏典Ⅲ　浄土経典』東京書籍、一九八八。

(166) 田中淡「中国建築・庭園と鳳凰堂―天宮飛閣・神仙の苑池―」『平等院大観』第一巻　建築、岩波書店、一九八八。

(167) 『嶋宮伝承地』（『昭和四十六～四十八年度発掘調査概報』）奈良県教育委員会、一九七四。

(168) 秋山日出雄「飛鳥島庄の園池遺構」『仏教芸術』一〇九、毎日新聞社、一九七八。

(169) 島庄「大和を掘る」『一九八七年発掘調査速報展Ⅷ』奈良県立橿原考古学研究所、一九八八。

(170) 亀田博「飛鳥地域の苑池」『橿原考古学研究所論集』第九、吉川弘文館、一九八八。

(171) 『三重県上野市比土　城ノ越遺跡』三重県埋蔵文化財センター、一九九一。『城之越遺跡―三重県上野市比土―』三重県埋蔵文化財センター、一九九二。

(172) 一九九〇～一九九三年度に奈良市南紀寺町において住宅開発の事前調査として実施された「南紀寺遺跡」の発掘調査では、古墳時代中期後半（五世紀中葉～後葉）に属する石敷の井戸と蛇行溝、大溝などが発見された。井戸は一辺約四・五メートルの方形で、深さは五〇～六〇センチと浅い。全体を玉石で組み固めるが、縁辺部の石積は緩勾配で、底部中央に直径一・八メートル、深さ三〇センチの水溜めがあって泉状をなす。井戸から蛇行する石組溝が石積護岸の大溝に連続する。これらの形状、デザインには「城ノ越遺跡」と共通するものがあり、時期はやや異なるが、ともに水辺を石で修景した祭祀関連遺構として注目に値するものである（『南紀寺遺跡第四次発掘調査成果概要』奈良市教育委員会、一九九四年二月十七日）。

(173) この点については、すでに村岡正による指摘がある（村岡正「平等院の庭園」『平等院大観』第一巻　建築、岩波書店、一九八八）。宝池縁辺部に描く州浜は、山越阿弥陀図（金戒光明寺蔵）や二河白道図（香雪美術館蔵）、阿弥陀浄土曼荼羅図（徳川美術館蔵、清涼寺蔵）などに顕著である。

(174) 伊藤真徹「迎講の一考察」『民族宗教史叢書』一一　阿弥陀信仰、雄山閣出版、一九八四。

(175) 『往生要集』「日本思想大系」六、岩波書店、一九七〇。とりわけ大文第一の「厭離穢土」の地獄に関する描写と、大文第二の「欣求浄土」の極楽浄土に関する描写は対称的で、ともに絵解き的性格を持っている。なお『往生要集』の理解のために、速水脩『源信』（「人物叢書」吉川弘文館、一九八八）を参考とした。

(176)『拾遺往生伝』（巻上序）によれば、三善為康は承徳二年（一〇九八）八月四日の暁の夢に自らの往生と弥陀来迎の夢告を得たことを記し、翌年四天王寺に参籠した折に舎利三粒が出現するのをみて前年の夢告を信敬するに至ったことが知られる。大治二年（一一二七）に学生惟宗遠清が見た三善為康の往生に関する夢告については『後拾遺往生伝』（下巻）に詳しい記載がある。大江匡房の『続本朝往生伝』には後三条天皇・源信・慶滋保胤などの往生にまつわる夢告をつたえる。また『栄花物語』（巻第三〇「つるのはやし」）には、天台座主院源は道長が極楽の上品上生に生まれ代わることを確信したものの、中宮の夢告には下品下生であったことを伝え、少なからず周囲の人間に衝撃を与えたことを記している（曾根正人「『栄花物語』に表れた浄土信仰の一側面―道長の下品下生について―」『栄花物語研究』第一集、国書刊行会、一九八五）。

(177)『今昔物語』（巻第一五「本朝付仏法」）「日本古典文学大系」二四。「始丹後国迎講聖人、往生語第廿三……聖人、極テ喜テ、此ノ迎講ノ時ニ、我レ、極楽ノ迎ヲ得ルゾト思ハムニ、……既ニ迎講ノ日ニ成テ、儀式共微妙ニシテ事始マルニ……楽天ノ菩薩ハ一ノ鶏婁ヲ前トシテ微妙ノ音楽ヲ唱ヘテ、仏ニ随テ来ル。……音楽ノ音ニ交レテ、聖人絶入タリト云フ事ヲモ不知ザリケリ」。

(178)『述懐抄』（一一）（「続浄土宗全書」四）「……西山ノ端ヨリ紫雲斜ニ聳ヘテ。伎楽遥カニ聞ヱ。……弥陀如来。安祥トシテ相好光明鮮カニ。二十五菩薩。前後ニ圍遶シテ。雲ニ袖ヲ翻ヘシ。念仏ノ声ニ随ヒテ草菴ニ近附キ。……」。

(179)『吾妻鏡』寛喜元年（安貞三）（一二二九）二月二十日条「竹御所幷武州室令出三浦三崎津給。是駿河前司義村可搆来迎講之儀由。依申之也」。

(180)『吾妻鏡』建久五年（一一九四）閏八月大一日条「将軍家渡御三浦。……是於三浦津。可被建御山庄之故也。……此所之眺望。鋪白浪倚青山。凡地形之勝絶。得興遊之便者歟」。同書建久五年（一一九四）九月六日条「将軍家渡御于三浦三崎別業。被召若宮垂髪等。飜廻雪袖云々。……」。同書建久六年（一一九五）正月二十五日条「将軍家渡御于三浦三崎津。有船中遊興等云々」。同書寛喜元（安貞三）年（一二二九）四月十七日条「将軍家御出于三崎津。……凡山陰之景趣。海上之眺望。於勝地無比類歟」。

(181)『栄花物語』（巻第三〇「つるのはやし」）に記す、道長薨去に際して尼僧の述べた「仏（道長公）の世に出で給て、世をわたし給へる、涅槃の山に隠れ給ぬ」という言葉からは山＝涅槃と捉える意識がうかがえ、「消え残るかしらの雪を払ひつゝ寂しき山を思ひやる哉」などの和歌には山中を死後世界と捉える意識が明瞭にみられる。
(182) 高瀬重雄「古代における山中浄土の思想―特に立山の場合―」『西田先生頌寿記念　日本古代史論叢』吉川弘文館、一九六〇。
(183) 村山修一『浄土教芸術と弥陀信仰』「日本歴史新書」至文堂、一九六六。
(184) 村上俊雄「山嶽と修験道」(一)〜(六)『史蹟名勝天然記念物』一三―八〜一一、一四―一・二、一九三八。
(185) 『御堂関白記』寛弘四年（一〇〇七）八月二日〜十二日条。とりわけ八月十一日条には「……又前年手奉書金泥（法脱）華経一部・此度奉書弥勒経三巻・阿弥陀経・心経等、……件経等、宝前（立）金銅燈楼（籠カ）、其下埋、供常燈也」とある。
(186) 景山春樹『神体山』学生社、一九七一。
(187) 直木孝次郎「三輪山・香久山と雄略天皇」『エコール・ド・ロイヤル古代日本を考える』一〇　古代日本の山と信仰、学生社、一九八七。
(188) 堀口捨巳『庭の空間構成の伝統』鹿島研究所出版会、一九六五。
(189) 和田萃「三輪山祭祀の再検討」『国立歴史民俗博物館研究報告』第七集、一九八五。
(190) 佐々木幹雄「三輪と陶邑」『大神神社史』大神神社、一九七五。
(191) 佐々木幹雄「三輪君氏と三輪山祭祀」『日本歴史』四二九、一九八四。
(192) 池田源太「大神神社の鎮座」『大神神社史』吉川弘文館、一九七五。
(193) 岸俊男「平城京と社寺」『奈良公園史』奈良県、一九八二。
(194) 綾村宏「春日大社境内の沿革」『史跡春日大社境内地実態調査報告及び修景整備基本構想策定報告書』春日顕彰会、一九九〇。
(195) 『続日本紀』巻第四　和銅元年（七〇八）二月条「方今平城之地。四禽叶図。三山作鎮……」。
(196) 『平城宮北辺地域発掘調査報告書』奈良国立文化財研究所、一九八一。
(197) 『平城宮発掘調査報告』Ⅵ（『奈良国立文化財研究所学報』第二三冊）、奈良国立文化財研究所、一九七四。

(198)『平城宮松林苑—第一〇～一二次発掘調査概報』(『一九八三年度奈良県遺跡調査概報』第一分冊)、奈良県立橿原考古学研究所、一九八四。

(199) 中野玄三「山越阿弥陀図の仏教思想史的考察」『仏教芸術』四四、毎日新聞社、一九六〇。

(200) 前栽堀に関する事項は頻範にみられるが、『小右記』寛弘九(長和元)年(一〇一二)九月六日条には「今日雲上人々向嵯峨野、掘前栽、可殖皇大后宮之由……」とある。

(201)『方丈記』「日本古典文学大系」三〇、岩波書店、一九五七。「春は藤波を見る。紫雲のごとくして、西方に匂ふ。夏は郭公を聞く。語らふごとに、死出の山路を契る。秋はひぐらしの声、耳に満(て)り。うつせみの世をかなしむほど聞こゆ。冬は雪をあはれぶ。積り消ゆるさま、罪障にたとへつべし」。

(202) 石母田正「古代末期の貴族精神—その一側面について—」『石母田正著作集』第一一巻、岩波書店、一九九〇。

(203) 狩野久「日本古代の都市と農村」『日本史研究』五九、一九六二。

結　語

第Ⅰ章と第Ⅱ章において、日本の古代庭園における園外景観の眺望形式を問う中で、景観構成上における眺望景観の性格や位置づけについて追求し、それらの諸特性が古代という時間系の中でどのように変化したかを追跡してきた。それらをいま一度整理してみると以下のように要約できる。

まず古代前期では、日本古来の祭祀儀礼に端を発する水辺の修景技法をベースとしつつ、六世紀の仏教公伝に伴って作庭に関わる文化や技術が中国や朝鮮半島から伝来し、文献や遺物で知られる須彌山、呉橋、石人男女像、酒船石などの石造物や、発掘調査によって判明した飛鳥島庄遺跡、推定推古朝小墾田宮などの園池遺構から、日本が外来文化の一環として庭園文化の接収にもかなり勢力的であったことが判明する。こうした中で、庭園から園外景観を眺望する行為は律令制の整備に伴って都城が建設されるに及び、次第に重視される方向に向かった。水や岩、みどりを素材に構成された日本古来の祭祀儀礼の場を母胎としつつ、仏教公伝とともに庭を造るという作庭行為そのものが大陸から伝播した頃には、未だ庭園とその外側の自然風景との景観的対比はそれほど意識されてはいなかった。山容の美しい甘樫丘に隣接するにも拘らず眺望の全く不可能な石神遺跡の例や、人工的な造山外周を自然景観と区別するべく石垣で強調表現した酒船石北遺跡の例は、これを端的に示すものである（第Ⅰ章第五節）。また、『万葉集』からうかがい知れる当時の自然観が自然に同化する傾向を呈するのもこのことを暗に示すものといえる（第Ⅰ章第四節）。諸処に造営された宮は豊かな自然環境に包まれ、ことさら自己を取り巻く自然を自己に対置するものとして意識することもなかったのである。

しかし、藤原宮の造営から平城宮への遷都の過程で律令体制は強化され、これに伴って宮都の外観も整備拡充されることとなる。中国都城を規範として宮の外周に囲い込まれた京は都市的街区の成立を意味し、ここに集住する人間の自然に対する意識を次第に変化させる結果となった。そして、都城の中心地に形成された人工的な庭園から都城外の自然の風景を遠望する行為が行われるようになる。『万葉集』にも並列的に風景を叙述する姿勢から、風景の遠近を意識した歌への方向性がうかがえるのも、都城と外周の自然との景観的対比関係を意識する素地が次第に醸成され始めたことを示すものである。

こうした中で都城の中心地に立地する平城京左京三条二坊宮跡庭園が、園池に臨むSB一五四〇から東方の自然景観の遠望を充分想定させる遺構配置プランを持つことは充分注目してよい。しかしながらSB一五四〇前面には比較的広い空閑地が準備され、この前庭部や園池は儀式・宴遊を行うための空間としてSB一五四〇東面に準備されていた可能性がきわめて大であることも指摘しておかねばなるまい。このことは園池が純粋に観る（鑑賞する）ための造形空間として建物前面に準備されているのではないことを示しており、東方の遠望景観は上記の儀式・宴遊の背景的効果を担うもので、決して眺望そのものが庭園景観構成手法の中心に据えられているのではないことをも同時に示すものである。

都城の住人は公地公民の制に則ってその大半がいわゆる京中農民と呼ばれる農耕民で占められ、都城は生産手段を所有し農業から遊離した自由な都市民による集住地ではなく、あくまで王侯の政治的意図のもとに宮外周に農村空間が囲い込まれたいわば疑似都市空間であった。都城内の建蔽率もきわめて低く(3)、京中農民による農耕が行われていた可能性さえ指摘されている。したがって都市的空間とはいっても未だ稠密な建蔽空間を形成していたのではなく、都城と外周の自然空間との景観的対比関係も明瞭に意識される段階には至っていなかった。それゆえ、平城京左京三条二坊宮跡庭園において東方の眺望景観を庭園景観構成手法の一環に位置づけた可能性は否定できないが、同時代の平城宮東院庭園やその他の庭園遺跡において普遍的にみられる手法ではなく、この時代にきわめて端緒的に出現したものともいえるだろう。

また、この時代の住宅建築は、いわゆる一棟一室形式と呼ばれるひとつの建物の内部全体が基本的にひとつの部屋で構成される形式を持ち、ひとつの宅地内に上記の建物群がそれぞれ独立して点在する配置構成をとる。そのうえ、平城京左京三条二坊宮跡庭園のＳＢ一五四〇内部に設定された視点からは園外景観の眺望が予定されていたことを充分想定し得るが、それは平城京内のいたるところにおいて眺望可能な景観であり、平城京左京三条二坊六坪の敷地内の随所においても眺望可能な普遍的景観である。したがって庭園に面する特定の建物、ＳＢ一五四〇内部に限定して園外景観の眺望を可能とする景観の特殊化ないしは止揚が認められないのも重要な特色のひとつに数えることができるだろう。

さて次に古代後期では、まず平安京域に多く造営された寝殿造住宅庭園でも奈良時代と同様の事実を確かめることができる。寝殿造住宅では建物の内部空間分化が進行するが、まだまだ初歩的段階にとどまり、「一棟一室形式」の建物構造は完全には克服されない。住宅敷地内に点在する建物を連結する廊も開放的な構造を持っており、人間の動線上では完全に視界が閉鎖されることがない。視界の開閉操作を可能とする内部空間の配列が完成されないこのような段階では、邸宅内外を問わず園外の眺望景観は間断なく視界に映ずることとなり、都市内の随所において眺望可能な普遍的景観を邸内のある特定の地点においてのみ眺望を可能とする景観の止揚に関する技法が開発される余地もなかったのである。

また庭園も寝殿前面で行われる儀式や宴遊のための必要不可欠の外部空間として位置づけられ、園外の眺望景観はそれらの人事の背景的性格を持つものであった。しかも、作庭意識が自然の山野に存在する風物の即物的移築と再配置に基調を置く点で、庭園と自然との質的な相違も明瞭に意識されてはいないことが読み取れる。つまり自然を人工的に昇華した造形空間としての庭園景観構成手法が微塵も看守されないのである。こうした作庭手法は自然景物を軒先に引き寄せて楽しむ意識に根ざしており、庭園を自然景物の集合体として取り扱い、個々の景物が全体的に調和してひとつの景観を形成するという意識がやや希薄であることも指摘される。園外の眺望もそうした個別の構成部分のひとつとして位置づけられていた可能性がある。

しかし、やがて平安京域から郊外へと別業が数多く造営されていく過程で、別業からの眺望の当否が別業の評価にも関わる重要な要素として認識されるようになってくる。すなわち橘俊綱が指摘した庭園をも含めた別業の評価基準は「地形」と「眺望」を重視するものであったことが知られ、ややもすれば政治的なかけひきに利用されたアイロニーの要素を多く含むものであるとはいえ、園外の景観に対する意識がかなり高揚していたことを示すものである。彼の選定した名園の立地環境からは、広大な自然水面と遥か遠くの山岳とを一八〇度遠望可能であることが名園選考の条件ともなっていたことがうかがえる。しかし一方では他の庭園の中に、庭園と自然との境界が不分明で、両景観が半連続的に視覚されていた事例も多く認め、なおこの時代の限界として留意すべきである。

このような都市や都市周辺の寝殿造住宅における自然景観と庭園景観との不分明な対応関係は、続く浄土庭園においてさらに明確化する方向へと向かう。浄土に関わる儀礼が視覚を重視する構成をとることとも関連して、浄土を内部空間として実体化した仏堂と、仏堂を荘厳する外部空間として仏堂前面に併置された庭園とを景観構成上一体的に把握する必要に迫られた。山を浄土空間とも見なす思想とも相挨って、仏堂・庭園・自然の山の三者の対応関係が視覚的にきわめて緊密に意識されたところに浄土庭園の意義がある。もはや浄土庭園では、園外の眺望は必要不可欠の条件とも見なされるようになった。しかし、ここにおいても眺望はある宗教儀礼を媒介に行われるもので、純粋な自然景観の鑑賞を目的とした眺望には脱皮し得なかった。こうした儀礼行為の呪縛の中にあり、その背景という二次的機能しか持ち得なかった点が、とりもなおさず古代後期の庭園における眺望の特性であり、また同時に限界でもあった。

以上のように、古代という限られた時間枠の中においてさえ、庭園から園外の自然景観を眺望するという行為の形式と、そこにみる庭園・自然の両景観に対する意識の変化を認めることができる。それは庭園が質的に昇華していくのに呼応して、眺望の特性が未熟な側面を徐々に克服していく過程でもある。この後、古代の終焉とともに庭園文化は中世という多彩な時期を迎えることとなるが、そこにおいてもなお未熟な点を内在させつつ、それらの克服の過程が継続されるのである。したがって序言でも述べたように、こうした時間の経過とともに形式や性格を変化させていく眺望を、近世以降に定式化する「借景」というような特殊な外来語で一括呼称できないことは、もはや明らかであろう。

注

（1）『日本書紀』推古二十年（六一二）条「亦臣有小才能構山岳之形、其留臣而用則為国有利……仍令須彌山形及呉橋於南庭、時人号其人路子工」。

（2）『飛鳥の石造物』奈良国立文化財研究所飛鳥資料館、一九八六。

（3）本中真「宅地利用の実際」『季刊考古学』二二、雄山閣出版、一九八八。平城京内で発見された奈良時代の住宅地の建蔽率は、高い場合で二五％から三三％でおおむね一〇％以下の宅地が多く、近世の城下町のように四〇％以上にもなるものは皆無であることを指摘した。

あとがき

筆者は大学を卒業後、約一七年間奈良国立文化財研究所に在職した。その間、終始遺跡の発掘調査と復原整備に従事し、一方では多数の歴史的庭園の実測調査に参加する機会にも恵まれた。そして研究所に所蔵する古代庭園に関わる膨大な量の情報や、歴史・考古学関係の文献史料に接し得たことは、本研究を進める上で絶好の環境をもたらすものでもあった。こうした条件のもとに、筆者は主として古代庭園の意匠・工法について深い関心を抱き、やがてそれらの立地環境と景観構成との関係について統一的な研究テーマを設定するようになった。思えば奈良盆地の緑豊かな山なみと田園景観とに囲まれた発掘現場に日々臨んだ経験が、テーマ設定の伏線となっていたことは否めない。

こうして書き貯めた小論のうち標記テーマに関連するものを取りまとめて、一九九二年度には京都大学に農学博士の学位請求論文として提出することとした。論文の標題は「日本古代の庭園における景観構成に関する研究」で、古代前・後期の他に古代から中世への過渡期の事例として亀山殿庭園や天竜寺庭園に関する検討を加え、全体で三部から構成されるものであった。なお、本書はそのうちの中世への過渡期の部分を割愛し、分析対象を古代の所産である奈良時代とそれ以前の庭園、および平安時代の寝殿造住宅庭園や浄土庭園などに限定して集約したものである。本書を構成する各章節は、日本造園学会誌である『造園雑誌』等に筆者がすでに発表したものを主たる内容とするが、学位論文と本書の作成にあたっては、前述の統一テーマのもとに既発表の小論を部分的に取捨選択して再構成するとともに、いくつかの章節を新規に書き加えることとした。既発表と未発表との別は、以下の成稿一覧に示すとおりである。

序言　新稿

I—一　新稿

二　「平城京左京三条二坊六坪宮跡庭園における眺望景観の復原的考察」（『造園雑誌』四四—四、一九八二）を一部加筆修正。

三—1　新稿

三—2　「平城宮東院庭園に見る意匠・工法の系譜について」（『造園雑誌』五五—五、一九九二）

三—3　「奈良時代庭園における眺望行為の特性」（『文化財論叢』〔奈良国立文化財研究所創立三十周年記念論集〕奈良国立文化財研究所、一九八三）の一部を加筆修正。

四　「奈良時代庭園における眺望行為の特性」（『文化財論叢』〔奈良国立文化財研究所創立三十周年記念論集〕奈良国立文化財研究所、一九八三）、「平城京左京三条二坊六坪宮跡庭園、慈光院庭園、依水園庭園における眺望行為——三者の形態論的相違」（『造園雑誌』四六—三、一九八三）、「平城京左京三条二坊六坪宮跡庭園、慈光院庭園、依水園庭園における眺望行為——形態論的相違の因果性」（『造園雑誌』四六—五、一九八三）。以上の小論を大幅に加筆修正、再構成。

五　新稿

II—一　「寝殿造住宅庭園における眺望行為」（『造園雑誌』四七—二、一九八三）

二　「石田殿の立地について」（『造園雑誌』五一—三、一九八八）を一部加筆修正。

三―1　新稿

三―2　「橘俊綱の名園選考基準（「地形」と「眺望」）について」（『造園雑誌』五三―一、一九九一）

三―3　「橘俊綱の名園選考と、その政治的背景」（『造園雑誌』五三―三、一九九二）

四　新稿

結　語　新稿

なお、それぞれの小論を草するに際しては、多くの先輩諸氏に有益なるご教示をいただいたほか、奈良国立文化財研究所の諸氏からも多数助言をいただいた。未熟な筆者が本書をまとめることができたのも、こうした多くの先学・学友に支えられてのことである。とりわけ、筆者の独断と偏見に満ちた研究を常に暖かく見守り、学位論文の審査にあたって主査の労をとられた京都大学農学部名誉教授（現、京都造形大学教授）の中村一先生には感謝の念に堪えない。東京大学助教授の佐藤信氏には、本書の出版に向けて有益なる御助言をいただいたほか、吉川弘文館の大岩由明氏には本書の企画について、また杉原珠海氏には校正実務の詳細に至るまで大いに手を煩わせるところとなった。各種資料の収集については千葉大学園芸学部助手の仲隆裕氏、京都府宇治市教育委員会の荒川史氏、岩手県平泉町平泉郷土館の本沢慎輔氏、神奈川県鎌倉市教育委員会の永井正憲氏、静岡県韮山町教育委員会の石津英治氏、元宮城県立東北歴史資料館の古川雅清氏、京都市埋蔵文化財研究所のご協力を得た。負うところを記し、深甚の謝意を表する次第である。また、私事になるが、筆者の研究生活を影ながら支えてくれた妻宣代にも、この場を借りて感謝の気持ちを表わしたいと思う。

一七年間に蓄積したとはいうものの、若い頃に草した小論には事実の誤認や欠点、または思い込みによる独断なども随所にみられ、本書のとりまとめに際して、それらの大幅な加筆修正を迫られたのも事実である。筆者の浅学・怠慢はもちろんのこと、日常業務のかたわら短い時間を見つけての資料収集や原稿執筆であったため、とりまとめ作業も思うに任せなかった面もある。対象とする時代をおおむね古代に限定せざるを得なかったのは、主としてそのような理由による。とりあえず筆者が取り組んで来た研究の前半部を公表し、大方のご批判を仰ぎたいと考える次第である。そして、いつの日か必ず日本庭園における眺望の変化発展の全過程を解明することを期し、今後とも上記のテーマのもとに研究を継続していくことを誓って本書の結びとする。

一九九四年九月二十日

本中　眞

著者略歴

一九五四年　大阪府に生まれる
一九七七年　千葉大学園芸学部造園学科卒業
一九七七〜一九九三年　奈良国立文化財研究所勤務
一九九四年　日本造園学会賞受賞
現　在　文化庁文化財保護部記念物課文化財調査官・農学博士

〔主要著書・論文〕
造園修景大事典一〜一〇〈共著〉（一九八〇年、同朋舎出版）
図説発掘が語る日本史〈共著〉（別巻　整備・復原された遺跡、一九八六年、新人物往来社）
造園を読む〈共著〉（一九九三年、彰国社）
松花堂の露地遺跡（『仏教芸術』一九二、一九九〇年、毎日新聞社）

日本古代の庭園と景観

一九九四年十二月十日　第一刷発行

著　者　本《もと》中《なか》眞《まこと》
発行者　吉川圭三
発行所　株式会社　吉川弘文館
郵便番号一一三
東京都文京区本郷七丁目二番八号
電話〇三―三八一三―九一五一〈代〉
振替口座〇〇一〇〇―五―二四四番
印刷＝明和印刷・製本＝石毛製本

日本古代の庭園と景観（オンデマンド版）

2019年9月1日　発行

著　者　本中《もとなか》　眞《まこと》

発行者　吉川道郎

発行所　株式会社 吉川弘文館
〒113-0033　東京都文京区本郷7丁目2番8号
TEL　03(3813)9151(代表)
URL　http://www.yoshikawa-k.co.jp/

印刷・製本　株式会社　デジタルパブリッシングサービス
URL　http://www.d-pub.co.jp/

本中　眞（1994～）
ISBN978-4-642-72275-9